普通高等教育经管类专业"十三五"规划教材

成本会计学
（第 2 版）

来 华　乾惠敏　主编

清华大学出版社
北　京

内 容 简 介

本书以新企业会计准则体系为指导，侧重于成本会计基础知识、基本技能和基本方法，并通过Excel在成本核算中的应用，强化成本会计学科的技术性应用及拓展。

本书在保持成本核算理论结构原貌的同时，专注于理论知识系统化与计算机应用两方面的创新。主要内容包括：总论、制造业成本核算的要求和一般程序、要素费用的核算、部门费用的核算、损失的核算、生产费用在完工产品与在产品之间的分配和归集、产品成本计算方法概述、产品成本计算的基本方法、产品成本计算的辅助方法、成本报表和成本分析、Excel在成本核算中的应用和成本计算与管理前沿等。

本书提供教学课件和习题答案，适用于高等院校财会类专业的本、专科教学使用，也适合在职会计人员和待进入会计行业的人员作为自学、参考用书。

本书封面贴有清华大学出版社防伪标签，无标签者不得销售。
版权所有，侵权必究。举报：010-62782989，beiqinquan@tup.tsinghua.edu.cn。

图书在版编目(CIP)数据

成本会计学 / 来华，乾惠敏 主编. —2版. —北京：清华大学出版社，2018(2022.1重印)
(普通高等教育经管类专业"十三五"规划教材)
ISBN 978-7-302-49142-2

Ⅰ.①成… Ⅱ.①来… ②乾… Ⅲ.①成本会计—高等学校—教材 Ⅳ.①F234.2

中国版本图书馆 CIP 数据核字(2017)第 312706 号

责任编辑：崔　伟　高晓晴
封面设计：周晓亮
版式设计：思创景点
责任校对：成凤进
责任印制：杨　艳

出版发行：清华大学出版社
网　　址：http://www.tup.com.cn，http://www.wqbook.com
地　　址：北京清华大学学研大厦A座　　邮　编：100084
社 总 机：010-62770175　　邮　购：010-62786544
投稿与读者服务：010-62776969，c-service@tup.tsinghua.edu.cn
质 量 反 馈：010-62772015，zhiliang@tup.tsinghua.edu.cn

印 装 者：涿州市京南印刷厂
经　　销：全国新华书店
开　　本：185mm×260mm　　印　张：20.25　　字　数：492千字
版　　次：2011年2月第1版　　2018年2月第2版　　印　次：2022年1月第3次印刷
定　　价：58.00元

产品编号：077094-02

重庆理工大学"品牌专业"资助项目

前　言

成本会计与会计学基础、财务会计等课程一样，都是会计专业的重要课程。该门课程理论和实务性都较强，且随着社会经济和管理等学科的发展，成本会计的理论和实务都在不断更新，出现了许多新的研究领域。本次再版是在近几年大批会计准则修订及税制变更的基础上，总结了第 1 版《成本会计学》的教学实践，更替了新版的 Excel 核算软件编写而成。

本书以"成本会计原理"为主线，在"夯实基础、扩展技能"的指导方针下，强化成本会计学科的技术性应用及拓展。教材在内容设置上，保持成本核算理论结构原貌，专注于理论知识教学与计算机应用两方面的创新，能够在成本会计学还未形成全新系统之前，帮助读者搭建符合现有会计规范、行为以及业内共同认识的平台。理论知识教学与计算机应用两方面的创新，将沿着现代技术发展的轨迹，强调成本核算方法应用的环境和手段。"Excel 在成本核算中的应用"既可作为计算机应用与成本会计结合教学的一个窗口，也可作为检验成本会计学习成果的课程配套实验。教材的内容将帮助读者确立为满足不同目的而提供成本信息的思想，赋予其应用计算机技术解决成本核算问题的能力。

作为一本财经类专业基础课程的教材，本书适用于高等院校财会类专业的本、专科教学使用，也适合在职会计人员和待进入会计行业的人员作为自学、参考用书。教材的理论知识点并不以文字形式孤立成形，而是以 Excel 模板的形式创建自学辅助方法。自学者可在理论学习之后，通过教材中 Excel 模板设计的演示进行初步的理论推导性复习，甚至自编案例验证模板，培养自身的应用能力。

为方便教学，本书还提供教学课件(PPT)和习题答案，教师可扫描右侧二维码获取。

本书获重庆理工大学教材出版重点资助。在撰写中获得了会计学院领导、老师的大力支持，谨此致谢。本次修订由来华、乾惠敏担任主编，各章的撰写分工如下：第一、二、十章由乾惠敏修订；第三、四、五、六、七、八、九章由来华修订；第十一章由黄娇丹修订；第十二章由田冠军修订。

由于成本会计理论和实务的发展对成本会计教材提出了新的要求，受作者水平所限，未能尽数展现，书中必有不足之处，欢迎广大读者、同行批评指正，以期得到进一步的改进和提高。

编　者
2017 年 12 月

目 录

第一章 总论 …………………………… 1
　第一节 成本的经济实质和作用 …… 1
　　一、成本的经济实质 ……………… 1
　　二、成本的作用 …………………… 2
　第二节 成本会计的对象 ……………… 3
　　一、成本会计的起源与发展 ……… 3
　　二、成本会计的对象 ……………… 6
　第三节 成本会计的职能与任务 …… 8
　　一、成本会计的职能 ……………… 8
　　二、成本会计的任务 ……………… 9
　第四节 成本会计工作的组织 …… 11
　　一、成本会计机构 ………………… 11
　　二、成本会计人员 ………………… 12
　　三、成本会计制度 ………………… 12
　思考题 …………………………………… 13

第二章 制造业成本核算的要求和
　　　　一般程序 …………………………… 15
　第一节 成本核算的原则和要求 …… 15
　　一、成本核算的原则 ……………… 15
　　二、成本核算的要求 ……………… 17
　第二节 费用的分类 …………………… 20
　　一、费用按经济内容分类 ………… 20
　　二、费用按经济用途分类 ………… 21
　　三、生产费用的其他分类 ………… 22
　第三节 产品成本核算的账户
　　　　体系和一般程序 …………………… 23
　　一、成本核算的账户体系 ………… 23
　　二、成本核算的一般程序 ………… 25
　思考题 …………………………………… 27

第三章 要素费用的核算 ……………… 29
　第一节 要素费用核算概述 ………… 29
　　一、要素费用分配的基本原则 …… 29
　　二、要素费用分配的基本方法 …… 30

　第二节 外购材料费用的核算 …… 30
　　一、外购材料费用核算的基础
　　　　工作 ……………………………… 30
　　二、发出材料成本的确定 ………… 31
　　三、外购材料费用的分配 ………… 32
　　四、燃料费用的核算 ……………… 35
　　五、低值易耗品摊销的核算 …… 36
　第三节 外购动力费用的核算 …… 37
　　一、外购动力费用的分配 ………… 37
　　二、外购动力费用的账务处理 …… 39
　第四节 职工薪酬的核算 …………… 39
　　一、职工薪酬的内容 ……………… 39
　　二、职工薪酬费用的分配 ………… 40
　第五节 固定资产折旧费用的
　　　　核算 ………………………………… 44
　第六节 利息费用和其他费用的
　　　　核算 ………………………………… 45
　　一、利息费用的核算 ……………… 45
　　二、其他费用的核算 ……………… 47
　思考题 …………………………………… 47
　练习题 …………………………………… 48

第四章 部门费用的核算 ……………… 49
　第一节 辅助生产费用的核算 …… 49
　　一、辅助生产费用的归集 ………… 49
　　二、辅助生产费用的分配 ………… 51
　第二节 制造费用的核算 …………… 58
　　一、制造费用的归集 ……………… 58
　　二、制造费用的分配 ……………… 60
　第三节 期间费用的核算 …………… 62
　思考题 …………………………………… 64
　练习题 …………………………………… 65

第五章　损失的核算……………………67
第一节　废品损失的核算…………67
一、废品及废品损失……………67
二、不可修复废品损失的核算……68
三、可修复废品损失的归集和分配……………………70
第二节　停工损失的核算…………71
一、停工损失及其内容……………71
二、停工损失的核算……………71
思考题………………………………71
练习题………………………………72

第六章　生产费用在完工产品与在产品之间的分配……………73
第一节　在产品数量的核算………73
一、在产品收发结存的日常核算…73
二、在产品清查的核算…………74
第二节　完工产品和在产品之间分配费用的方法…………75
一、不计算在产品成本法…………75
二、按年初数固定计算在产品成本法…………………………76
三、在产品按所耗原材料费用计价法………………………76
四、在产品按定额成本计价法……76
五、在产品按完工产品成本计算法……………………………78
六、约当产量比例法……………78
七、定额比例法…………………82
第三节　完工产品成本的结转……85
思考题………………………………85
练习题………………………………85

第七章　产品成本计算方法概述………87
第一节　生产特点和管理要求对产品成本计算的影响…………87
一、企业按生产工艺过程特点分类……………………………87
二、企业按生产组织特点分类……88
三、生产特点和管理要求对产品成本计算的影响……………88
第二节　产品成本计算的方法……90
一、产品成本计算的基本方法……90
二、产品成本计算的辅助方法……91
三、产品成本计算方法的实际运用…………………………91
思考题………………………………92

第八章　产品成本计算的基本方法……93
第一节　产品成本计算的品种法…93
一、品种法的含义及其特点………93
二、品种法的核算程序…………94
三、品种法核算举例……………96
第二节　产品成本计算的分批法…104
一、分批法及其特点……………104
二、分批法的核算程序…………106
三、一般分批法…………………107
四、简化分批法…………………114
第三节　产品成本计算的分步法…118
一、分步法及其特点……………118
二、逐步结转分步法……………120
三、平行结转分步法……………137
思考题………………………………144
练习题………………………………144

第九章　产品成本计算的辅助方法……149
第一节　产品成本计算的分类法…149
一、分类法及其特点……………149
二、类内产品成本的计算方法……151
三、分类法的适用范围…………153
四、联产品的成本计算…………154
五、副产品的成本计算…………157
六、等级品的成本计算…………159
第二节　产品成本计算的定额法…159
一、定额法的特点和适用条件……159
二、定额法的计算变量…………160

三、定额法的计算程序 ……………166
　　四、定额法的优缺点 ……………168
　　五、各种成本计算方法的实际
　　　　运用 ……………………………169
　思考题 ………………………………170
　练习题 ………………………………170

第十章　成本报表和成本分析 ………173
　第一节　成本报表 …………………173
　　一、成本报表的作用、种类和
　　　　编制要求 ……………………173
　　二、商品产品生产成本表的编制 ··175
　　三、主要产品单位成本表 ………177
　　四、制造费用明细表 ……………178
　　五、期间费用明细表 ……………180
　第二节　成本分析 …………………182
　　一、成本分析概述 ………………182
　　二、全部商品产品成本计划完成
　　　　情况分析 ……………………185
　　三、可比产品成本降低任务完成
　　　　情况的分析 …………………187
　　四、主要产品单位成本分析 ……188
　思考题 ………………………………192
　练习题 ………………………………192

**第十一章　Excel 在成本核算中的
　　　　　　应用** ……………………195
　第一节　成本核算信息系统概述 ··195
　　一、成本核算信息系统 …………195
　　二、成本核算信息系统的类型 …195
　　三、基于 Excel 的成本核算信息
　　　　系统 …………………………196
　　四、创建 Excel 成本核算模型 …197
　　五、Excel 成本核算模型的应用 …198
　第二节　Excel 的基本应用 ………200
　　一、Excel 的基本操作 …………200
　　二、Excel 电子表格的组成与
　　　　结构 …………………………202

　　三、工作簿管理 …………………203
　　四、工作表管理 …………………205
　　五、单元格区域管理 ……………208
　第三节　Excel 在要素费用分配
　　　　　中的应用 …………………211
　　一、要素费用分配原理 …………211
　　二、Excel 在材料费用分配中的
　　　　应用 …………………………212
　　三、Excel 在职工薪酬分配中的
　　　　应用 …………………………219
　　四、Excel 在固定资产折旧费用
　　　　分配中的应用 ………………223
　第四节　Excel 在辅助生产费用
　　　　　核算中的应用 ……………229
　　一、Excel 在辅助生产费用归集中的
　　　　应用 …………………………229
　　二、Excel 在辅助生产费用分配中的
　　　　应用 …………………………235
　　三、Excel 在辅助生产费用直接分配
　　　　法中的应用 …………………236
　　四、Excel 在辅助生产费用顺序分配
　　　　法下的应用 …………………238
　　五、Excel 在辅助生产费用交互
　　　　分配法下的应用 ……………242
　　六、Excel 在辅助生产费用代数
　　　　分配法下的应用 ……………246
　　七、Excel 在辅助生产费用计划
　　　　成本分配法下的应用 ………249
　　八、利用 Excel 完成辅助生产费用
　　　　分配方法的选择 ……………250
　第五节　Excel 在制造费用核算
　　　　　中的应用 …………………264
　　一、Excel 在制造费用归集中的
　　　　应用 …………………………264
　　二、Excel 在制造费用分配中的
　　　　应用 …………………………266

三、利用 Excel 按分配标准分配
　　制造费用·················267
四、利用 Excel 按年度计划分配率
　　分配法分配制造费用·········269
五、利用 Excel 完成制造费用分配
　　方法的选择·················271
第六节　Excel 在完工产品成本和在
　　　　产品费用分配中的应用···276
一、完工产品和在产品之间费用
　　分配的方法·················276
二、Excel 在不计算在产品成本法
　　下的应用···················276
三、Excel 在按年初数固定计算在
　　产品成本法下的应用·········279
四、Excel 在在产品按所耗直接材料
　　费用计价法下的应用·········280
五、Excel 在约当产量比例法下的
　　应用·······················284
六、Excel 在在产品按完工产品成本
　　计算法下的应用·············287
七、Excel 在在产品按定额成本计价
　　法下的应用·················288
八、Excel 在定额比例法下的
　　应用·······················291
九、利用 Excel 完成完工产品成本和
　　在产品费用分配方法的选择···294

第七节　Excel 在成本报表编制
　　　　中的应用·················295
一、成本报表的种类·············295
二、利用 Excel 编制成本报表·····295
三、利用 Excel 编制成本报表
　　示例·······················296
练习题·························297

第十二章　成本计算与管理前沿·······301
第一节　作业成本计算·············301
一、作业成本法的含义···········301
二、作业成本法的程序···········302
三、作业成本法举例·············303
四、作业成本法的优缺点和适用
　　范围·······················307
第二节　作业成本管理·············307
一、作业成本管理概述···········307
二、作业的分类·················308
三、产品盈亏分析和生产分析·····309
第三节　战略成本管理·············310
一、战略成本管理概述···········310
二、价值链分析·················311
三、战略定位分析···············312
四、战略成本动因分析···········312
练习题·························314

第一章

总 论

第一节 成本的经济实质和作用

一、成本的经济实质

成本作为商品经济的产物,属于价值范畴,与商品的价值有着密切关系。马克思在分析资本主义商品价值时指出:按照资本主义生产方式生产的每一个商品的价值 W,用公式表示是 $W=c+v+m$,如果我们从这个产品价值中减去剩余价值 m,那么在商品中剩下的只是一个在生产要素上耗费的资本价值 $c+v$ 的等价物或补偿价值。这部分的商品价值,即补偿所消耗的生产资料价格和所使用的劳动力价格部分,只是补偿商品使资本家自身耗费的东西,所以对资本家来说,这就是商品的成本价格。马克思从耗费和补偿两方面对成本进行了论述:从耗费的角度看,成本是商品生产中所消耗的物化劳动和活劳动中必要劳动的价值,即 $c+v$ 部分,它是成本的基本经济内涵;从补偿的角度看,成本是补偿商品生产中资本消耗的价值尺度,即成本价格,它是成本最直接的表现形式,成本是已耗费而又必须在价值或实物上得以补偿的支出。

因此,$c+v$ 部分就构成了成本的理论经济内涵,是对成本的一种高度理论抽象和概括,即构成商品的理论成本。

综上所述,可将成本的经济实质概括为:生产经营过程中所耗费的生产资料转移的价值和劳动者为自己劳动所创造的价值的货币表现,也就是企业在生产经营过程中所耗费的资金总和。

马克思关于商品成本的论述,是对成本经济实质的高度理论概括,这一理论是我们进行成本核算、研究的指南,也是实际工作中制定成本核算规则、考虑劳动耗费价值补偿尺度的重要理论依据。但是,在现实经济工作中,为了适应经济管理的需要,强化企业经营管理水平,提高企业竞争能力,其理论成本与实际工作中应用到的一些成本概念存在一定差异。

实际成本是理论成本的具体化，它是按照现行制度规定的成本开支范围，以正常生产经营活动为前提，根据生产过程中实际消耗的物化劳动的转移价值和活劳动所创造价值中应纳入成本范围的那部分价值的货币表现。理论成本不考虑生产经营活动中偶然因素和异常情况的消耗，只对正常的物化劳动和活劳动消耗进行货币计量，而实际成本往往受客观条件包括经济方针政策和各期生产经营条件变化的影响。同时，理论成本在结合实际经济活动中又有不同的表现形式，形成不同的成本概念。

理论成本与实际成本存在的差异，主要表现在以下几个方面。

第一，法规制度规定方面的差异。实际工作中，国家为了满足经济管理需要和提高企业生产经营管理水平，在制定成本开支内容、范围时，将一些不应形成产品价值的损失性支出，计入了成本。如企业在生产中发生的废品损失、季节性和修理期间的停工损失等，制度规定应计入产品成本。这些损失性支出从实质上讲，并不属于生产性耗费，不形成产品价值，但为了加强经济核算，促使企业减少生产损失，强化经济责任意识，按规定要计入成本。

第二，成本对象化方面的差异。理论成本强调的"成本"是企业在生产经营过程中所发生的物化劳动和活劳动的耗费，是"全部成本"的概念。在实际工作中，围绕产品发生的费用是全部对象化，或是部分对象化，取决于成本核算制度的决定。我国现行企业会计制度规定，工业企业应采用制造成本法计算产品成本，从而使企业生产经营过程中所发生的全部劳动耗费，相应地分为产品制造(生产)成本和期间费用两部分。制造成本是指为生产产品而发生的各种生产费用的总和，包括直接材料费用、直接人工费用和制造费用。期间费用是指企业在生产经营过程中发生的、与产品生产没有直接联系，属于某一时期发生并直接计入当期损益的费用，它包括管理费用、销售费用和财务费用。

第三，成本表现形式方面的差异。理论成本所表现的经济内涵是一种高度概括的抽象理论，在与现实经济活动结合时，又有不同的表现形式，形成不同的成本概念，如工程成本、开发成本、资产成本、筹资成本、可控成本、机会成本、边际成本、质量成本等。这些都是以理论成本为重要依据，但又不同于理论成本。

二、成本的作用

在市场经济条件下，成本的经济实质，决定了成本在经济管理中具有极其重要的作用，主要表现在以下几个方面。

(一) 成本是补偿生产耗费的尺度

为了保证企业再生产的不断进行，企业必须通过销售商品获取收入对生产耗费进行补偿，成本则是衡量这一补偿份额大小的尺度。成本的高低，反映了生产耗费的多少，从而决定了补偿份额的大小。只有按照成本数额得到足额的补偿，才能保证再生产的正常进行。同时，成本也是划分生产经营耗费和企业净收入的依据，在一定的销售收入中，成本越低，净收入就越多。因此，成本作为补偿尺度对确定企业经营损益同样具有重要意义。

(二) 成本是反映企业工作质量的综合指标

成本是一项综合性经济指标，企业生产经营管理中，各方面的工作业绩都会直接或间接地在成本中反映出来。如产品设计好坏，生产工艺是否先进、合理，劳动生产率的高低，固定资产利用的好坏，原材料的利用程度，费用的节约和浪费，产品质量的好坏，管理工作和生产组织的水平，以及供产销环节是否衔接协调等，也就是说，企业全部工作的好坏，最终都会在成本指标的高低上反映出来。因此，成本是衡量企业生产经营活动质量的综合指标。

(三) 成本是制定产品价格的重要因素

产品价格是产品价值的货币表现。产品价格的制定，虽然要考虑价格政策、其他经济政策、市场供求关系、市场竞争态势等，但也必须考虑企业的实际承受能力，即产品成本水平，这是产品价格制定的最低经济界限。如果商品的价格低于其成本，其耗费就不能全部从商品销售收入中得到补偿。所以，成本是制定产品价格的重要因素。

(四) 成本是企业进行经营预测、决策的重要依据

企业要在激烈的市场竞争中生存、发展，必须采取科学的管理方法进行正确的生产经营预测、决策；而正确的预测、决策离不开成本信息，包括对新产品开发、产品生产工艺方案改进、生产计划安排等方面的预测、决策，都需要成本信息。所以，成本是企业经营预测、决策的重要数据资料。

第二节 成本会计的对象

一、成本会计的起源与发展

成本会计作为会计学相对独立的分支学科，其理论与方法是随着社会生产力水平的提高和经济管理的客观需要逐步形成和发展的。

对于成本会计产生于何时，学者们见解各异。一种观点认为，成本计算的若干方法，早在14世纪就已经发生[1]；也有观点认为，成本会计是在19世纪下半叶，商人们为了决定交易价格而产生的[2]。实际上，在人类社会发展的初期，人们通过生产实践，很早就认识到在进行生产的同时，有必要将生产活动过程的内容记录下来，特别是数量方面的收入和耗费支出活动，只是这些活动的记录十分简单，不需要专门的计算方法。随着生产力的发展和商品经济的出现，经济关系开始复杂化，客观上要求重视和计算耗费支出，于是，出现了成本会计的萌芽。

---

[1] 成本会计史的发展——美国会计学会所属成本会计委员会之初步报告之一[J]. 工商经济月刊，1948，2(3).
[2] 番场嘉一郎. 会计学大辞典[M]. 东京：中央经济社，1982.

成本会计是随着商品经济的形成而产生的，生产成本产生于资本主义的简单协作和工场手工业时期，完善于资本主义大机器工业生产阶段。随着资本主义简单协作的发展，工场手工业产生了。工场主在接受顾客订货时需要定价和估算盈亏，于是出现了满足定价需要的估计成本。为了使估计成本接近实际，开始使用简单的统计方法粗略地计算和汇总生产过程中发生的直接费用，对数额不大的间接费用则作为损失处理，这种极其粗略的匡算为成本计算奠定了基础。

尽管对于成本会计产生的年代众说纷纭，但工业革命的兴起与发展对真正意义上的成本会计产生具有重要的影响。19世纪英国工业革命的高潮使企业数量日益增多，规模逐渐扩大，企业之间出现竞争，企业生产成本的计算越来越受到重视。同时由于股份公司的频频涌现，要求采用完整的会计方法，这就促使会计人员逐步把成本记录和计算与复式记账科目设置紧密地结合起来，使成本记录与会计账簿一体化，从而产生了成本会计，并迅速扩展到欧洲的其他国家和美国。当时英国会计人员对成本会计作了很多的研究，提出许多既有理论又有实践意义的创见。如英国电力工程师E.卡克(E.Garcke)和会计师J.M.费尔斯(J.M.Fells)合著的《工厂会计》一书，将成本记录与会计记录完全结合，指出在总账中设立"生产""产成品""营业"等账户来结转产品成本，最后通过"营业"账户借贷双方余额的结转，计算营业毛利。该书对成本会计的建立具有极其重要的意义，在会计发展史上被认为是19世纪最著名、最有影响的成本会计专著。

随着社会经济和社会生产力的不断发展与进步，成本会计也在日益完善和提高。成本会计的发展先后经历了早期成本会计、近代成本会计和现代成本会计3个阶段。

(一) 早期成本会计(1880—1920年)

由于产业革命在西方国家的逐步完成，使社会生产力得到极大发展，机器代替手工劳动，工厂代替手工工场，大量机器设备的运用，使得间接费用在资产中所占比重越来越大，产品制造程序日趋复杂，使间接费用越来越重要，产品种类的增多，又使间接费用的计算和分配变得复杂起来。随着工业化大生产基本格局的形成，不少公司的组织规模一直处于不断扩张之中，大公司，尤其在工业中具有垄断组织特征的大公司，开始在经济发达国家处于支配地位。它们从整体上进一步提出成本计算的系统化和科学化问题，要求将成本计算纳入复式簿记体系，实现成本记录与会计账户体系的有机结合，以提供准确的生产成本资料。同时，这一时期，泰罗科学管理制度的逐渐兴起，也给成本管理带来了直接影响。

这一阶段，成本会计取得了以下进展。

(1) 建立材料核算和管理办法。如设置材料卡片和材料账户，进行材料的数量和金额核算；建立材料管理的永续盘存制，采用领料单制度控制材料耗用量，按先进先出法计算消耗材料成本等。

(2) 建立工时记录和人工成本计算方法。如设置人工使用时间卡片，登记工作时间和完成的产量；将人工成本先按部门归集，再分配给产品，以便控制和正确计算人工成本。

(3) 确立了间接制造费用的分配方法。由于生产设备大量增加，间接制造费用快速增长，从而提出了间接制造费用分配计入成本和分配标准的确定问题。

(4) 采用分批法或分步法计算产品成本。英国和美国等国家的制造业已经开始根据生产特点，运用分批（订单）法或分步法计算产品成本。

(5) 成本理论研究上的发展。1885 年 H. 梅特尔夫(H.Metcalfe)所著的《制造成本》一书被认为是第一本成本会计著作，书中介绍了一种新颖的成本表，并阐述了这个表的记录和计算方法；英国的巴特斯比提出了主要成本概念，认为主要成本是指直接材料和直接人工成本之和；诺顿在《纺织工厂簿记》一书中，主张将制造成本与非制造成本分别进行核算；刘易斯的《工厂的商业组织》一书，主张将成本分为主要成本和间接成本两大部分，主要成本按产品进行分配，间接成本则直接转到损益账户。

早期研究成本的会计专家 W.B.劳伦斯(W.B.Lawrence)对成本会计作过如下定义："成本会计就是应用普通会计的原理、原则，系统地记录某一工厂生产和销售产品时所发生的一切费用，并确定各种产品或服务的单位成本和总成本，以供工厂管理当局决定经济的、有效的和有利的产销政策时参考。"

(二) 近代成本会计阶段(1921—1950 年)

20 世纪初，随着泰罗科学管理制度在欧美企业的广泛应用，现代化大工业生产思维方式得到确立，标准化生产和标准化管理得到逐步推广。泰罗科学管理制度的主要内容是研究操作合理化，把每人的合理操作归结为某一种标准操作法，再要求一般工人普遍实施；同时制定劳动定额，实行有刺激的计件工资制度。其目的是强调提高生产和工作效率，将企业生产经营中一切可以避免的损失和浪费尽可能缩减到最低限度，通过实现各项生产和工作的标准化来提高企业利润。它为"标准成本制度"的确立奠定了理论基础。这一阶段成本会计取得了以下进展。

(1) 标准成本制度的产生与实施。以泰罗科学管理理论为基础，诺顿(Norton)、卡克(Garcke)和费尔斯(Fells)先后提出了标准成本制度(即根据历史资料等建立标准成本)；海尔森(Harrison)和麦克亨利(McHenry)在此基础上提出了差异分析法，据此进行日常成本控制和成本分析。实行标准成本制度后，成本会计不只是事后计算产品生产成本和销售成本，还要事先制定成本标准，并据以控制日常的生产耗费和定期分析成本。这样，成本会计职能扩大了，由单纯产品成本计算发展到成本计算与成本控制相结合，形成管理成本会计的雏形，它标志着成本会计已经进入一个新的阶段。

(2) 预算控制方法的完善。标准成本制度和预算控制是成本控制的两大支柱。1921 年美国国会公布了《预算和会计法案》，对民间企业实行预算控制产生了很大影响。1922 年 J.O.麦金赛(J.O.Mckinsey)出版《预算控制》一书，对预算控制的发展产生了重大影响。1928 年西屋公司的会计师和工程师根据成本与产量的关系设计出一种弹性预算方法，分别编制弹性预算和固定预算，使企业预算更合理地控制不同属性的费用支出，有效控制成本。弹性预算是 20 世纪 30 年代成本会计的重大进步，也是节约间接费用的最好方法。

(3) 成本理论研究方面。这一时期出版了不少成本会计名著。美国的 J.L.尼科尔森(J.L.Nicholson)和 F.D.罗尔巴克(F.D.Rohrback)合著的《成本会计》，J.L.陀耳(J.L.Dohr)所著的《成本会计原理与实务》等，使成本会计具备了完整的理论和方法，形成了完全独立的学科体系。

这一时期，成本会计定义引用会计学家杰·贝蒂(J.Batty)的表述："成本会计是用来详细地描述企业在预算和控制它的资源(指资产、设备、人员及所耗用的各种材料和劳动)利用情况方面的原理、惯例、技术和制度的一种综合术语。"

(三) 现代成本会计阶段(1950年以后)

20世纪50年代以后，科学技术迅速发展，生产自动化程度日益提高，跨国公司大量涌现，高新技术与大经济发展的基本格局已经形成，生产经营规模与水平达到前所未有的高度。另一方面，国际国内市场竞争十分激励，失业率增加，通货膨胀、银根紧缩、经济危机发生频繁。世界经济的发展迫切要求把现代自然科学、技术科学和社会科学的一系列成就综合应用到企业管理上来。管理现代化、运筹学、系统工程、电子计算机和各种信息技术的蓬勃发展，为成本会计的应用与发展提供了有力支持，使成本会计发展到一个新的阶段，成本会计发展的重点已由事后核算、分析成本和事中控制成本转移到如何预测、决策和规划成本，形成新型的着重管理的经营型成本会计。这一阶段成本会计取得了以下进展。

(1) 开展成本预测和决策。这一时期的成本会计逐步把成本的预测和决策放在重要的位置。为了有效控制成本，运用过去的经验数据和设计、实验数据，借助预测理论与方法，对成本的发展趋势做出科学的评估和推测；运用决策理论和方法，研究各种方案的可行性，选取最优方案，使企业成本向预防性方向发展，谋取企业的最佳效益。

(2) 实行变动成本法。变动成本法是在计算产品成本时，其产品成本只包括直接材料、直接人工和随产量的变化成正比例变化的变动制造费用，不包括固定制造费用，所有固定成本均作为期间成本在变动当期从收入中扣除。这种方法免除了固定成本的分配计算程序，还为企业进行预测和决策创造了便利条件。

(3) 推行目标成本管理。随着目标管理理论的应用，在成本会计基础上推行了目标成本管理。在产品设计前，按照客户所能接受的价格确定产品售价和目标利润，然后确定目标成本；用目标成本控制产品设计，使产品设计方案达到技术上适用、经济上合理的要求。

(4) 实施责任成本计算。责任成本计算是由于分权制的出现而产生的。为了加强企业内部各级单位的业绩考核，1952年美国会计学家J.A.希金斯(J.A.Higgins)开创了责任会计，提出建立成本中心、利润中心和投资中心相结合的会计制度，将成本目标进一步分解为各级责任单位的责任成本，进行责任成本核算，使成本控制和业绩考核更为有效。

(5) 推行质量成本核算。随着市场竞争的加剧，企业对质量管理日益重视，到20世纪50年代末，质量成本概念基本形成，并在60年代开展了质量成本计算，确定了质量成本项目，质量成本的计算和分析控制方法，大大拓展了成本会计的研究领域。

二、成本会计的对象

成本会计的对象是指成本会计核算和监督的内容。从理论上讲，成本所包括的内容，也就是成本会计应该核算和监督的内容。但在实际工作中，由于企业具体的生产经营活动不同，现行会计制度规范的不同，其核算和监督的内容也有一定的差异。下面以工业企业为例加以说明。

工业企业的基本经营活动是生产和销售工业产品。在产品的生产过程中，一方面制造出产品来，另一方面要发生各种各样的生产耗费，包括劳动对象的耗费、劳动资料的耗费和活劳动的耗费。其中房屋、机器设备等作为固定资产的劳动资料，在生产过程中长期发挥作用，直至报废而不改变实物形态，但其价值随着固定资产的磨损，通过计提折旧的方式，逐渐地、部分地转移到制造的产品中去，构成产品生产成本的一部分；原材料等劳动对象，在生产过程中或被消耗掉，或者改变其实物形态，其价值也随之一次性转移到新产品中去，构成产品生产成本的一部分；生产过程是劳动者借助劳动工具对劳动对象进行加工、制造产品的过程，通过劳动者对劳动对象的加工，才能改变原有劳动对象的使用价值，并且创造出新的价值来。其中劳动者为自己劳动所创造的那部分价值，则以工资形式支付给劳动者，用于个人消费，因此，这部分工资也构成产品生产成本的一部分。

所以，在产品制造过程中发生的各种生产耗费，包括原料及主要材料、辅助材料、燃料等支出，生产单位(如分厂、车间)固定资产的折旧，直接生产人员和生产单位管理人员的工资以及其他一些货币性支出等。所有这些支出，构成了企业在产品生产过程中的全部生产费用，而为生产一定种类、一定数量产品发生的各种生产费用支出的总和，就构成了产品的生产成本。上述产品制造过程中各种生产费用的支出和产品生产成本的形成，是成本会计应核算和监督的主要内容。

在产品的销售过程中，企业为了销售产品也会发生各种各样的费用支出，如运输费、装卸费、包装费、保险费、展览费、差旅费、广告费、业务费，以及为销售本企业商品而专设销售机构的职工薪酬等。所有这些为销售本企业产品而发生的费用，构成了企业的销售费用。销售费用也是企业在生产经营过程中所发生的一项重要费用，它的支出及归集过程，也应成为成本会计核算和监督的内容。

企业的行政管理部门为组织和管理生产经营活动也会发生各种各样的费用，如行政管理部门人员的薪酬、固定资产折旧费、工会经费、业务招待费、董事会费、聘请中介机构费、咨询费、研究费用等，这些费用统称为管理费用。管理费用也是企业在生产经营过程中所发生的一项重要费用，它的支出及归集过程，也应成为成本会计核算和监督的内容。

企业为筹集生产经营所需资金也会发生一些费用，如利息净支出、汇兑净损失、金融机构手续费、现金折扣等，这些费用统称为财务费用。财务费用也是企业在生产经营过程中所发生的费用，它的支出及归集过程，也应成为成本会计核算和监督的内容。

上述销售费用、管理费用和财务费用的发生，与产品生产没有直接联系，而与会计期间相关，因而应按发生的期间归集，直接计入当期损益，所以构成了企业的期间费用。

综上所述，工业企业成本会计的对象，可概括为：企业生产经营过程中发生的产品生产成本和期间费用。

商品流通企业、交通运输企业、施工企业、旅游企业、农业企业等企业的生产经营过程虽然各有其特点，但按照现行企业会计准则的有关规定，从总体上看，它们在生产经营过程中所发生的各种费用，同样是部分构成企业生产经营业务成本，部分作为期间费用直接计入当期损益。因此，从现行会计准则的有关规定出发，可以把成本会计对象概括为：企业生产经营过程中发生的生产经营业务成本和期间费用。

随着社会经济发展和企业管理要求的提高，成本概念和内容不断发展和丰富。美国会计学会所属的成本概念与标准委员会将成本定义为：成本是指为达到特定目的而发生或应发生的价值牺牲，它可用货币单位加以衡量。即成本是为了实现一定目的而支付或应支付的可以用货币计量的代价。

这一定义扩大了成本会计的内容，使成本会计对象的内涵得以丰富和发展。例如，为了正确计算利润以及进行成本管理，需计算产品生产成本；为了进行生产经营短期的预测和决策，应计算变动成本、固定成本、机会成本和差别成本等；为了加强企业内部的成本控制和考核，应计算可控成本和不可控成本；为了进一步提高成本信息的决策相关性，还可计算作业成本等。

上述按照现行会计准则制度的有关规定所计算的成本(包括生产经营业务成本和期间费用)可称为财务成本；为企业内部经营管理需要所计算的成本，称为管理成本。

第三节 成本会计的职能与任务

一、成本会计的职能

成本会计的职能，是指成本会计在经济管理中的功能。成本会计的职能是随着成本会计的产生与发展，而得到不断完善的。由于成本会计的内容不断扩大，成本会计的职能也相应地得到丰富与发展。从成本会计职能的发展来看，最初的成本会计只是进行成本核算，随着企业经营管理要求的提高，成本会计在成本核算的基础上还进行成本分析。随着管理科学的发展，以及成本会计与管理科学相结合，又逐步增加了成本的预测、决策、计划、控制和考核等职能。

（一）成本预测

成本预测是指根据成本的有关数据及其与各种技术经济因素的依存关系，结合发展前景及采取的各种措施，利用一定程序、方法和模型，对未来期间成本水平及变化趋势做出科学的估计与推测。

（二）成本决策

成本决策是指利用决策理论，在成本预测的基础上，按照既定或要求的目标，根据定性与定量的方法，对有关方案进行正确的计算和判断后，从中选出最优成本方案的过程。

(三) 成本计划

成本计划是指根据成本决策所确定的目标，依据计划期的生产任务、降低成本的要求及相关资料，通过一定的程序，运用一定方法，以货币计量形式具体规定计划期内产品生产耗费和各种产品的成本水平，并且提出达到规定成本水平所应采取的措施方案。

(四) 成本核算

成本核算是指根据确定的成本计算对象，采用适当的成本计算方法，按照选定的成本项目，严格划分各种费用界限，采用一系列归集与分配方法将生产费用计入各受益产品，进而计算出成本计算对象的总成本和单位成本。

(五) 成本控制

成本控制是指在产品成本形成过程中，通过对产品成本形成的监督，及时纠正发生的偏差，并采取相应措施，使在生产经营过程中发生的各种消耗和费用被限制在成本计划和费用预算标准范围内，以保证达到降低产品成本的目标。

(六) 成本分析

成本分析是指利用成本核算资料和有关资料，运用一系列专门的方法，将本期实际成本与目标成本、上期实际成本、国内外同类产品的成本进行比较，揭示成本升降变动情况及影响因素，以便采取有效措施，寻找降低成本的潜力。

(七) 成本考核

成本考核是指定期对成本计划及有关指标实际完成情况进行考察和评价，以实现各责任者努力完成责任成本的目标。

要充分发挥成本会计在现代企业管理中的重要作用，必须充分利用各种职能的联合作用。成本核算是最基本的职能，离开了成本核算，成本的预测、决策、计划、控制、分析和考核就无法进行，也就不存在成本会计，更谈不上其他职能的发挥；成本核算是对决策目标是否实现的最后检验；成本决策是成本预测的结果，成本预测是成本决策的前提，成本计划是成本决策所确定目标的具体化；成本控制则是对成本计划的实施进行监督，以保证决策目标的实现；决策目标是否如期实现，必须通过成本分析，才能查明原因和责任，才能做出正确的判断和评价。所以上述 7 项职能是相互联系、互为条件的，放松或削弱任何一项职能，都不利于现代成本会计职能的发挥。

二、成本会计的任务

成本会计的任务是成本会计职能的具体化，也是人们期望成本会计应达到的目的和对成本会计的要求。

根据我国现时经济发展的客观要求，成本会计的根本任务是在保证产品质量的前提下，促进企业尽可能节约产品生产经营过程中物化劳动和活劳动的消耗，不断提高经济效益。成本会计的具体任务包括以下几个方面。

(一) 正确计算产品成本，及时提供成本信息

及时核算产品成本，正确计算产品成本，提供真实、可靠的成本信息是成本会计的基本任务。企业只有正确计算与核算产品成本，及时提供成本信息，才能保证盈亏计算和存货计价的正确性，有效地考核成本计划的完成情况，为成本的预测、决策和成本目标的规划，以及财务报表的编制提供成本信息。为此，企业要严格遵守成本开支范围规定，依据企业会计准则、制度、财务通则和成本管理规定的有关要求，根据企业生产特点采用相应的成本计算方法，正确、及时地计算产品成本，这也是做好成本会计工作的基本要求。

(二) 开展成本预测，进行成本决策

开展成本预测应根据历史成本资料、市场调查情况以及其他有关方面(如生产、技术、财务等)的资料，采取科学的方法来预测成本水平及发展趋势。开展成本预测，不仅要在生产过程中进行成本预测，而且还要在产品投产前进行预测。

进行成本决策应在成本预测的基础上，占有充分的信息资料，通过经济评价，合理判断，做出正确决策。决策的结果必须是经济上合理、技术上先进、资料上充足，并有具体行动规划作保证。

(三) 制定目标成本，加强成本控制

目标成本是企业在一定时期内为保证实现目标利润而制定的成本控制目标。目标成本是进行成本控制的依据，直接影响着成本控制的有效性。因此，目标成本的制定，必须以可靠的数据为依据，切实可靠，既能激发员工积极性，又能通过主观努力实现，使其制定的目标成本能真正起到成本控制的作用。成本控制是在目标成本分解的基础上进行的，是目标成本的实施过程。加强成本控制，必须对目标成本的分指标进行归口分组控制，以产品成本形成的全过程为对象，结合生产经营各阶段的特点进行有效控制，从人力、物力和财力的使用效果出发，立足于成本效益的提高。

(四) 做好成本分析，严格成本考核

成本分析是在成本核算的基础上进行的。通过将实际成本与基数(如计划成本、定额成本、上期实际成本、本企业历史先进成本等)进行对比，确定其差异及差异产生的原因，以便采取措施，消除不利差异，从而降低成本。

成本考核是落实成本责任制的有力保证。通过成本考核可以分清责任，正确评价各责任单位工作业绩和揭示成本工作中存在的问题，从而促使各责任单位(人员)改善成本管理

工作，努力降低成本，不断增加效益。

综上所述，成本会计的任务包括成本的预测、决策、计划、控制、核算、考核和分析。其中进行成本核算，提供真实、有用的成本信息，是成本会计的基本任务。有鉴于此，本书主要以生产经营环节最为全面、典型的工业企业为例，全面、系统地阐述成本核算的基本原理和各种成本计算方法，以及成本报表的编制与分析，其他内容参见相关教材。

第四节　成本会计工作的组织

为了建立正常的成本会计工作秩序，充分发挥成本会计的作用，保证成本会计任务的完成，企业必须科学地组织成本会计工作。成本会计工作的组织主要包括：设置成本会计机构，配备必要的成本会计人员，制定科学、合理的成本会计制度。

一、成本会计机构

成本会计机构是组织和完成成本会计工作的主要职能部门。设置成本会计机构，必须与企业生产经营的特点、生产规模的大小和成本管理的要求相适应，体现精简高效的原则，贯彻落实经济责任制，做到经济与技术相结合、统一与分散管理相结合、专业与群众管理相结合的原则，来开展成本工作。

企业成本会计机构设置，就一般而言，大中型企业通常在专设的会计机构中单独设置成本会计科、组或室，配备具有成本会计专业知识的会计人员，从事成本会计工作。在规模较小、会计人员不多的企业，可以在会计部门中指定专人负责成本会计工作。

成本会计工作在厂部成本职能部门和企业内部各单位之间，可以采取集中核算和非集中核算(即分散核算)两种不同的组织形式。

在集中核算形式下，企业的全部成本会计工作，由厂部成本会计科室或组负责进行处理，车间等其他单位的成本会计机构或人员只负责原始记录和原始凭证的填制，并对它们进行初步的审核、整理和汇总，为厂部成本会计机构进一步工作提供基础资料。这种核算形式的优点是便于厂部成本会计机构及时掌握整个企业与成本有关的全面信息，集中进行成本数据处理，减少核算层次，保证质量。但不利于内部各单位及时掌握和控制成本。

在非集中核算形式下，厂部成本会计机构负责组织、领导、协调企业内部各级成本会计工作，汇总成本资料，进行成本预测、决策；各级成本会计机构或人员则负责本单位(分厂、车间、部门等)成本计划的制定、成本的计算与控制、成本分析等具体事务。这种核算形式有利于企业基层单位及时了解本单位的成本水平与变化情况，强化成本意识和成本控制，但会增加核算层次和核算人员。

二、成本会计人员

成本会计人员，是指在会计机构或专设成本会计机构中所配备的成本工作人员，对企业日常的成本工作进行处理。为了保证成本会计信息质量，企业的成本会计人员应具有较高的素质与能力。首先，应具有良好的职业道德；其次，应有较为精通的专业知识，熟悉成本会计理论和实务，掌握一定的经营管理知识；第三，对企业生产技术、工艺流程等有所了解，熟悉企业生产经营各环节。

成本会计人员应认真履行职责，在企业总会计师和会计主管人员的领导下，行使以下职责：①进行成本会计核算。成本会计人员必须根据实际发生的经济业务进行会计核算，认真填制和审核原始凭证，编制记账凭证，登记成本账簿，正确计算各项支出、成本、费用。按期结算、核对账目，定期进行财产清查，在保证账证、账账、账实相符的基础上，按照要求编制成本会计报表，提供有用的成本信息。②实行会计监督。通过成本会计工作，对本单位涉及成本的各项经济业务和会计手续的合法性、合理性进行监督。对不真实、不合法的原始凭证不予受理，对账簿记录与实物、款项不符要查明原因，对违反财务制度规定的支出不予受理。③编制成本计划及费用预算，考核、分析其执行情况。根据成本预测、决策确定的方案和成本计划执行反馈的信息，及时编制下期成本计划和费用预算，加强企业成本控制，同时督促检查各内部单位成本计划和费用预算的执行情况。④拟订本企业成本会计规章、制度和具体办法，参与制订企业生产经营计划和各项定额。

三、成本会计制度

成本会计制度是组织和从事成本会计工作所必须遵循的规范和依据，是会计法规和制度的重要组成部分。成本会计制度要以《企业会计准则》《企业财务通则》《企业会计制度》和《企业内部控制基本规范》的有关规定为依据，体现市场经济的要求；要在适应企业生产经营特点和内部成本管理要求，并与其他法规制度相协调的基础上加以制定。

成本会计制度的内容，应包括对成本进行预测、决策、计划、控制、核算、分析和考核等方面所做出的有关规定，一般应包括以下几方面：

(1) 关于成本岗位责任制。
(2) 关于成本预测、决策的制度。
(3) 关于成本定额、费用预算和成本计划编制的制度。
(4) 关于成本控制的制度。
(5) 关于成本核算的制度。
(6) 关于成本报告和分析的制度。
(7) 关于内部价格制定和结算的办法。
(8) 关于其他有关成本会计的制度。

应当指出的是，成本会计制度一经确定，就应严格执行，保持相对稳定。但客观情况发生变化时，应对成本会计制度进行修订和完善，以保证成本会计制度的科学性和先进性。

目前，企业遵循的成本核算方面的制度主要有：《企业产品成本核算制度(试行)》(2014年1月1日实施)、《企业产品成本核算制度——石油石化行业》(2015年1月1日实施)、《企业产品成本核算制度——钢铁行业》(2016年1月1日实施)、《企业产品成本核算制度——煤炭行业》(2017年1月1日实施)。

思 考 题

1. 成本的经济内涵是什么？
2. 理论成本与实际成本有何差异？
3. 简述成本有哪些作用？
4. 什么是全部成本法？
5. 什么是制造成本法？
6. 早期成本会计阶段取得了哪些成果？
7. 近代成本会计阶段成本会计取得了哪些进步？
8. 简述不同行业企业成本会计对象的内容。
9. 简述成本会计的职能与任务。
10. 成本会计机构有哪些？
11. 成本会计应遵循的会计规范有哪些？
12. 工业企业成本会计制度一般应包括哪些方面的内容？

第二章 制造业成本核算的要求和一般程序

第一节 成本核算的原则和要求

企业在产品生产过程中，一方面制造出各种产品(包括产成品、自制半成品、自制材料、自制工具、自制设备以及供应非工业性劳务等)，另一方面要发生各种耗费(包括材料费用、人工费用和其他费用)，这些耗费应按照耗用对象进行归集，构成产品成本。为了保证产品成本真实、可靠，提高成本信息质量，企业在对生产过程中发生的各种费用进行处理时，必须遵循成本核算的基本原则和要求。

一、成本核算的原则

成本核算作为成本会计的重要内容，既要符合企业会计准则、企业会计制度对会计核算的基本要求，也要符合生产特点和成本管理的特定要求。为了正确核算产品成本，提供有用的成本信息，应该严格遵循以下成本核算原则。

(一) 分期核算原则

分期核算是指分期进行成本计算和报告成本信息。企业的生产经营活动是连续不断进行的，为了计算一定期间所生产产品的成本，企业就必须将其生产经营活动划分为若干个相等的成本会计期间，分别计算各期产品的成本。成本核算的分期，必须与会计期间(月、季、年)的划分一致，这样有利于经营成果的确定。但需指出的是，成本核算的分期与产品成本的计算期不一定一致，产品成本计算期是对产品负担生产费用所规定的起讫期，它受产品生产类型的影响，可以与会计期间一致，也可以与各批或各件产品的生产周期一致。产品成本的分期核算则与产品的生产类型无直接联系，无论生产类型如何，成本核算中的费用归集、汇总、分配都必须按月进行。

(二) 权责发生制原则

权责发生制原则，是以收入和支出是否在本期已经发生作为确认其应否作为本期的收入与支出的一种方法。权责发生制原则的基本内容是：凡是应计入本期的收入或支出，不论其款项是否收付，均作为本期的收入或支出；凡不应计入本期的收入或支出，即使其款项已经收到或付出，也不应作为本期的收入或支出。在进行成本核算时，必须遵循权责发生制原则，也就是要求企业正确地处理跨期费用，不能借此人为地调节成本费用，使各期的成本资料失去其合理性和真实性。

(三) 实际成本计价原则

实际成本计价，是指各项财产物资应当按照取得或购建时发生的实际成本入账，并在会计报告中也按成本反映。所以，成本核算按实际成本计价包括两个方面的含义：一是对生产耗用的原材料、燃料、动力和折旧等费用都必须按实际成本计价；二是对完工产成品成本的结转也要按实际成本进行计价。按实际成本计价，可以减少成本计算的随意性，能正确计算企业当期盈利水平，使成本信息保持其客观性和可验证性。

如果按计划成本、定额成本或标准成本进行产品成本核算，对实际成本与预计成本的差异可另设账户归集，但应在会计期末及时调整，将产品的计划成本、定额成本或标准成本调整为实际成本。企业内部对原材料、燃料按计划成本进行日常核算的，实际成本与计划成本的差异也应在会计期末合理分摊，将生产产品所耗材料、燃料的计划成本调整为实际成本。

(四) 合法性原则

合法性原则是指计入成本的费用都必须符合国家法律、法令、制度等的规定。在实际工作中，为了加强成本管理，防止乱挤乱摊成本，国家在企业会计准则、企业财务通则，以及其他有关法律法规中做出了明确规定。如购置和建造固定资产的支出，购入无形资产和其他资产的支出，不能直接计入成本；对外投资、被没收的财物、各种罚款性质的支出以及赞助、捐赠的支出等不得列入成本支出。

(五) 一致性原则

一致性原则是指与成本核算有关的会计处理方法应保持前后期一致，使前后期的成本核算资料衔接，便于相互比较，不能通过任意改变会计处理方法调节各期成本和利润。如因情况特殊确需改变原有会计处理方法，应在有关报表中说明变更情况和原因，并根据需要揭示会计处理方法的改变对企业财务状况和经营成果所产生的影响。

(六) 重要性原则

重要性原则是指为了充分发挥成本信息对经营管理的作用，对于一些主要产品、主要费用，应单独设立项目，采用比较详细的方法进行分配、计算；对于一些次要的产品、费用则可采用简化的方法，进行合并计算和分配。例如，构成产品实体的原料及主要材料、生产工人的工资一般应直接计入产品成本明细账,在"直接材料"和"直接人工"项目中单独反映;其他制造费用可归集后分配计入产品成本,在综合性项目中合并反映。

二、成本核算的要求

为了完成成本核算的各项任务,充分发挥成本核算的作用,不断改善企业的生产经营管理,在成本核算工作中应遵守以下要求。

(一) 严格执行国家规定的成本开支范围和费用开支标准

成本开支范围是根据企业在生产过程中发生的生产费用的不同性质,根据成本的内容和加强经济核算的要求,由国家综合经济管理部门在有关的财经法规中制定的。如企业会计准则规定,企业为生产产品所发生的各项费用应列入产品成本;企业购建固定资产、无形资产等发生的支出,不能列入产品成本。再如《职工薪酬》准则规定,企业应当在职工为其服务的会计期间,将应付的职工薪酬确认为负债,除因解除与职工的劳动关系给予补偿外,应当根据职工提供服务的受益对象,分别按下列情况处理:应由生产产品、提供劳务负担的职工薪酬,计入产品成本或劳务成本;应由在建工程、无形资产负担的职工薪酬,计入建造固定资产或无形资产成本;上述之外的其他职工薪酬,计入当期损益。企业应当按照企业会计准则、企业财务通则和企业产品成本核算制度规定,确定成本开支范围。

费用开支标准,是对某些费用支出的数额、比例所做出的具体规定。如国家有关制度对养老保险、医疗保险、失业保险、工伤保险和生育保险等缴费比例(即计入成本费用比例)做出了明确规定;再如《企业财务通则》第 37 条规定:企业实行费用归口、分级管理和预算制度,应当建立必要的费用开支范围、标准和报销审批制度。企业严格遵守成本开支范围和费用开支标准,既能保证产品成本的真实性,使同类企业以及企业本身不同时期的产品成本内容一致,具有分析对比的可能,又能正确计算企业利润。因此,严格执行成本开支范围和费用开支标准,是企业成本核算的一项基本要求,每个企业必须遵守。

(二) 正确划分各种费用界限

为了正确核算产品成本,保证产品成本真实可靠,对企业发生的各项费用要认真分辨,划清以下几方面的费用界限。

1. 正确划分生产经营管理费用和非生产经营管理费用的界限

企业在生产经营过程中发生的费用是多种多样的,其用途也是多方面的,必须按其用途的不同,确定生产经营管理费用和非生产经营管理费用的界限。对于购建固定资产、无形资产的支出和对外投资的支出不能计入或不能直接计入产品成本。对于罚款、税收滞纳金、捐赠、赞助费等与生产经营无直接关系的支出,也不能计入产品成本。混淆生产经营管理费用和非生产经营管理费用的界限,会影响本期及以后期间产品成本、企业损益的正确计算,也会影响企业利润构成的客观性。

2. 正确划分生产费用和期间费用的界限

企业发生的各种生产经营管理费用,并不是全部都计入产品成本的。企业生产经营费用包括两部分:一是生产费用;二是经营管理费用。其中,生产费用计入产品成本,如直接材料费用、直接人工费用、制造费用等;经营管理费用即期间费用不计入产品成本而直接计入当期损益,如销售费用、管理费用、财务费用。由于这两种费用与收入配比的时间不同,两者混淆也会影响成本和利润的真实性。

3. 正确划分各个月份的费用界限

企业的成本核算与损益计算是以权责发生制为核算基础。在对成本进行核算时,必须按权责发生制要求处理。凡应由本期产品成本负担的费用,不论是否在本期发生,应全部计入本期产品成本;不应由本期产品成本负担的费用,即使在本期支付,也不能计入本期产品成本,如长期待摊费用等。企业应正确划分各个月份的费用界限,防止人为调节各月成本费用,从而调节各月损益。

4. 正确划分各种产品的费用界限

为了考核各种产品的成本计划完成情况或成本定额的执行情况,企业还应划清各种产品之间所应负担的费用界限。凡属于某种产品单独发生,能够直接计入该种产品的费用,均应直接计入该种产品成本;凡属于几种产品共同发生,不能直接计入某种产品的费用,应采用适当的分配方法,分配计入这几种产品成本。在划分时,应防止盈利产品与亏损产品、可比产品与不可比产品之间任意转移生产费用,借以掩盖成本超支或以盈补亏的错误做法。

5. 正确划分完工产品与在产品的费用界限

对需要计算在产品成本的某些产品,企业应采取合理的方法,将生产费用在完工产品和在产品之间进行分配,分别计算完工产品成本和月末在产品成本。防止任意压低或提高月末在产品的成本,人为地调节完工产品成本,影响企业损益的正确计算和资产价值的真实性。

(三) 正确确定财产物资的计价和价值结转方法

企业的生产经营过程,同时也是财产物资的耗费过程。在生产中,原材料等实物形态逐渐地转变成了在产品、半成品和产成品等形态,同时直接材料、直接人工和制造费用等价值也逐渐转移到产成品中。因此,这些财产物资的计价和价值结转方法是否恰当,会对成本计算的正确与否产生重要影响。国家为了使成本指标具有合理性、准确性和可比性,对一些财产物资的计价和价值结转方法进行了规定,企业应根据规定和自身的实际情况,选择合理的财产物资计价和价值结转方法。方法一经确定,应保持相对稳定,不能随意改变,以保证成本信息的合理性。企业财产物资的计价和价值结转方法主要包括:固定资产的原值计算方法、折旧方法；固定资产与低值易耗品的划分标准；存货进出的计价方法和价值的确定；低值易耗品和包装物价值的摊销方法等。

(四) 做好各项基础工作

为了加强成本审核、控制，正确、及时地计算成本，保证成本信息的质量，应当做好以下各项基础工作。

1. 做好定额的制定和修订工作

定额是指企业在生产经营过程中，对人力、物力、财力的消耗所规定的标准。制定定额是编制成本预算、成本计划，制定半成品、产成品定额成本的基础。企业对各种原材料、燃料、动力、工具的消耗，以及工时、设备利用、物资储备、资金占用、费用开支等都要根据企业已达到的水平，制定先进合理的定额，实行严格的定额管理制度。在计算产品成本时，往往要用产品的原材料和工时的定额费用或定额消耗量作为分配实际费用的标准。因此，企业必须建立和健全定额管理制度，凡是能够制定定额的各种消耗，都应该制定先进合理、切实可行的消耗定额，并随着生产发展、技术进步、劳动生产率的提高不断修订消耗定额。

2. 建立和健全存货的计量、收发、领退和盘点制度

要使原始记录正确，就必须有完善的计量验收制度，利用一定的计量工具(如仪表、仪器、量具、容器、衡器等)对各种物资进行测量，准确计算其数量。成本核算是以价值形式来核算企业的生产经营中的各项费用的，而价值核算又是以实物计量为基础的。因此，要正确计算成本，就必须建立和健全存货的计量、验收、领退和盘点制度。凡是材料物资的收发、领退，在产品、半成品的内部转移及成品的入库等，均应填制相应的原始凭证，办理审批手续，并严格计量和验收。对存货要进行定期或不定期的清查盘点，以确保账实相符。对盘点的损益及时处理，按发生原因计入有关账户。这不仅是进行成本核算、加强成本管理的需要，也是加强物资管理、保护企业财产的有效措施。

3. 建立和健全原始记录工作

原始记录是反映企业生产经营活动的原始资料，是进行成本预测、编制成本计划、进行成本核算、分析消耗定额和成本计划执行情况的依据。因此，企业对生产经营过程中领用的各种材料、消耗的工时和人工工资支出、动力和其他制造费用的发生以及其他成本费用的支出都要做好真实的原始记录。成本会计部门要会同计划统计、劳动人事、生产技术及供应和销售等有关部门制定科学合理、经济有效、简便易行的原始记录制度。全面记录各项成本费用的发生，健全原始凭证，为进行成本核算、加强成本管理提供良好的基础。

4. 内部转移价格和结算制度的制定和修订工作

在计划管理基础较好的企业中，为了分清企业内部各单位的经济责任，便于分析和考核企业内部各单位成本计划的完成情况和管理业绩，加速和简化核算工作，对于企业

内部的物资、半成品、产成品在各单位之间的流转，以及相互提供的劳务可以采用内部结算的形式进行核算和管理。内部结算价格是企业内部核算的依据。内部结算价格要尽可能符合实际，保持相对稳定，一般在年度内不变。在制定了内部结算价格的企业中，各种原材料的耗用、半成品的转移，以及各车间与部门之间相互提供劳务等，都要首先按计划价格计算成本。月末计算实际成本时，再在计划价格成本的基础上，采用适当的方法计算应负担的价格差异(如材料成本差异)，将计划价格成本调整为实际成本。这样，既可以加速和简化核算工作，又可以分清内部和各单位的经济责任，真正地落实责任成本制度。

(五) 选择适当的成本计算方法

企业在进行成本核算时，应根据本企业的生产特点，包括生产组织的特点和生产工艺的特点以及成本管理的要求，选择适当的成本计算方法。在同一个企业里，可以采用一种成本计算方法，也可以采用多种成本计算方法，即多种成本计算方法同时使用或多种成本计算方法结合使用。成本计算方法一经选定，原则上不能随意变动。

第二节　费用的分类

企业的生产费用构成复杂，发生频繁，为了正确核算生产费用，满足成本管理的要求，首先应对生产费用按照一定标准进行分类。生产费用有两种最基本的分类：一是按生产费用的经济内容进行分类，分为若干要素费用；二是按生产费用的经济用途进行分类，分为若干成本项目。

一、费用按经济内容分类

企业在生产经营过程中发生的费用，按经济内容(或性质)所做的分类，称为费用要素。其主要包括劳动对象、劳动手段和活劳动方面的耗费。前两者为物化劳动耗费，即物质消耗；后者为活劳动耗费，即非物质消耗。具体可进一步划分为下列七项要素。

(1) 外购材料。外购材料是指企业为进行生产经营而从外部购入的一切原料及主要材料、半成品、辅助材料、修理用备件、包装物和低值易耗品等。

(2) 外购燃料。外购燃料是指企业为进行生产经营而从外部购入的各种燃料。

(3) 外购动力。外购动力是指企业为进行生产经营而从外部购入的各种动力。

(4) 职工薪酬。职工薪酬是指企业为进行生产经营而发生的各种职工薪酬。

(5) 折旧费。折旧费是指企业按规定计提的固定资产折旧费。出租固定资产的折旧费不包括在内，以免重复统计。

(6) 利息费用。利息费用是指企业在生产经营期间发生的利息净支出。

(7) 其他费用。其他费用是指不属于以上各要素的费用，例如租赁费、外部加工费、差旅费、邮电通信费、保险费等。

生产费用按经济内容划分，将同一性质的费用均按生产费用发生时的原始形态归集于同一要素之内，能够反映企业在一定时期内发生哪些费用，数额各是多少；可以分析企业各个时期费用的支出水平和结构的合理性；可以反映外购材料、燃料、动力等费用的实际支出，为核定各项消耗定额和编制材料供应计划提供依据。但是这种分类不能说明各项费用的用途，因而不便于分析各种费用支出是否合理、是否节约，不能说明这些费用与企业成本之间的关系。

二、费用按经济用途分类

工业企业发生的费用(广义)可分为生产经营管理费用和非生产经营管理费用。生产经营管理费用又可分为计入产品成本的生产费用和经营管理费用。

(一) 生产费用按经济用途的分类

生产费用是指与生产产品直接有关的费用。计入产品成本的生产费用，按经济用途所做的分类，称为产品生产成本项目，简称成本项目。

工业企业的产品生产成本项目可分为下列几项。

1. 直接材料

直接材料指产品生产过程中直接消耗的原材料和外购半成品，它们或构成产品的实体，或有助于产品的形成。

2. 直接人工

直接人工指直接从事产品制造的生产工人的薪酬费用。

3. 制造费用

制造费用指间接用于产品生产的各项费用，以及直接用于产品生产但不便于直接计入产品成本，因而未专设成本项目的费用(如机器设备折旧费)。制造费用包括企业内部生产单位(车间或分厂)管理人员的薪酬费用、生产用固定资产折旧费用、租赁费用(不包括融资租赁费)、无形资产摊销、机物料消耗、低值易耗品摊销、取暖费、水电费、办公费、运输费、保险费、设计制图费、试验检验费、国家规定的有关环保费用、劳动保护费、信息系统维护费、季节性或修理期间的停工损失以及其他制造费用。

对于以上成本项目，企业可根据实际情况和成本管理要求做适当调整，对管理上需要单独反映、控制和考核的费用，以及产品成本中比重较大的费用，应专设成本项目，如工艺上耗用燃料和动力较多的产品可增设"燃料及动力"成本项目；如果废品损失在产品成本中所占比重较大，在管理上需要对其进行重点控制和考核，可单设"废品损失"成本项目等。企业设立的成本项目一经确定，就不应经常变动，以便于对不同时期的成本资料进行比较和分析。

生产费用按经济用途分类，有利于反映产品生产成本的具体构成以及产品消耗定额和费用预算的执行情况，便于进行成本分析和挖掘降低成本的潜力。

(二) 期间费用按经济用途的分类

期间费用是指企业在生产经营过程中发生的与产品生产活动没有直接关系，属于某一时期耗用的费用。这些费用容易确定发生期间和归属期间，不容易确定它们应归属的成本计算对象。期间费用按一定期间(月份、季度、年度)进行汇总，直接计入当期损益。企业的期间费用包括：管理费用、财务费用和销售费用。将期间费用直接计入当期损益，不列入产品成本，可大大减轻会计核算的工作量；又由于未出售的库存产品不负担期间费用，可避免企业发生潜在亏损，产生虚假利润；同时还有利于考核企业生产经营单位的成本管理现状及进行成本预测和决策。

三、生产费用的其他分类

为了正确进行成本核算，便于成本分析，生产费用还可以根据需要进行其他分类。主要有以下几类。

(一) 生产费用按计入产品成本的方法分类

生产费用按其计入产品成本的方法，可以分为直接计入费用和间接计入费用。直接计入费用是指为某特定产品耗用，因而可以直接计入某种产品成本中的费用，如直接用于制造某种产品的原材料；间接计入费用是指为几种产品共同耗用，不能直接计入，需要采用适当的标准分配计入某种产品的费用，如车间所发生的制造费用等。将生产费用分为直接计入费用和间接计入费用，对于正确组织产品成本核算有着重要的意义。就是说，凡是直接计入费用都必须根据原始凭证直接计入该种产品的成本；对于间接计入费用，则要选择合理的分配标准分配计入。间接计入费用分配标准选择是否妥当，直接影响成本计算的正确性，它是成本计算工作中的一个重要问题。

(二) 生产费用按与生产工艺的关系分类

计入产品成本的各项生产费用，按与生产工艺的关系，可以分为直接生产费用和间接生产费用。直接生产费用是指由生产工艺引起的、直接用于产品生产的各项费用，如原料费用、主要材料费用、生产工人薪酬和机器设备折旧费。间接生产费用是指与生产工艺没有联系，间接用于产品的各项费用，如机物料消耗、辅助工人工资和车间厂房折旧费等。

(三) 生产费用按其与产品产量的关系划分

生产费用按其与产品产量的关系划分，可分为变动费用和固定费用。变动费用是指总额随产品产量变动而成正比例增减变化的费用，如原材料费用。但就单位产品来说，则不随产品产量的增减发生变动。固定费用是指在一定期间和一定产量范围内，其总额不随产量增减而变动的费用。至于单位产品中的固定成本则随产量增减变化而成反比例变动。将生产费用分为变动费用和固定费用，是进行成本规划和成本控制的前提条件，同时对于分析成本升降原因和寻求降低成本的途径是有很大作用的。

第三节　产品成本核算的账户体系和一般程序

一、成本核算的账户体系

(一) 账户体系形式

为了反映和监督企业生产经营过程中发生的各项成本费用，满足企业成本核算的需要，必须设置有关成本费用账户。对于成本类账户的设置主要有以下三种形式。

第一种，设置"生产成本"总账，在该总账科目下，分别设置"基本生产成本""辅助生产成本"二级账；在各二级账下，按成本计算对象(或车间)设置明细账。

第二种，设置"基本生产成本""辅助生产成本"总账，在各总账科目下，分别设置"基本生产成本""辅助生产成本"二级账；在各二级账下，按成本计算对象(或车间)设置明细账。本书采用此形式设置成本类账户。

第三种，设置"生产费用"总账，在该总账下，分别设置"基本生产成本""辅助生产成本"和"制造费用"二级账，在各二级账下，按成本计算对象(或车间)分别设置各明细账。

(二) 开设账户

工业企业一般设置"基本生产成本""辅助生产成本""制造费用""长期待摊费用""管理费用""销售费用"和"财务费用"等成本费用类账户。另外，企业如果单独核算废品损失和停工损失，还可增设"废品损失"和"停工损失"账户。

1."基本生产成本"账户

"基本生产成本"账户核算企业进行的各种工业生产，包括生产各种产品(产成品、自制半成品、工业性劳务等)、自制材料、自制工具、自制设备，以及提供非工业性劳务等所发生的各项生产费用。企业基本生产车间在产品生产过程中所发生的各种耗费，计入该账户的借方；结转完工产品实际成本时，计入该账户的贷方，本账户的期末借方余额即为期末在产品的成本。

"基本生产成本"账户应按成本计算对象设置明细账户，明细账户内按成本项目分设专栏，如表2-1所示。对于"基本生产成本"总账、二级账和产品成本明细账，均要按照平行登记的原则进行登记。

表2-1　产品成本明细账

车间名称：第一车间　　　　　　　　产品：A产品　　　　　　　　单位：元

年		摘　要	直接材料	燃料及动力	直接人工	制造费用	合计
月	日						
		月初在产品成本					
		本月生产费用					

(续表)

年		摘　　要	直接材料	燃料及动力	直接人工	制造费用	合计
月	日						
		生产费用合计					
		完工产品总成本					
		单位成本					
		月末在产品成本					

2. "辅助生产成本"账户

"辅助生产成本"账户是用以核算辅助生产车间为基本生产车间、其他辅助生产车间和企业管理部门生产产品或提供劳务所发生的生产费用，计算辅助生产成本的账户。辅助生产所发生的各项费用，计入该科目的借方；完工入库产品的成本或转出的劳务费用，计入该科目的贷方；该科目的期末借方余额，就是辅助生产车间在产品的成本。该账户一般按辅助生产车间(或产品)设置明细账户，明细账户内按成本项目(或参照费用项目)分设专栏。

3. "制造费用"账户

"制造费用"账户用来核算企业为生产产品和提供劳务所发生的各项间接费用，它不能直接计入产品成本。本期制造费用的发生额计入该账户的借方；分配计入产品成本的制造费用计入该账户的贷方；期末一般无余额。

为了适应企业管理的要求，"制造费用"账户可按生产单位设置明细分类账，进行明细核算。明细账户内按费用项目分设专栏，但辅助生产单位一般不单独设置"制造费用"账户，发生的制造费用全部计入"辅助生产成本"账户内。

4. "长期待摊费用"账户

长期待摊费用账户用来核算企业已经发生但应由本期和以后各期负担的、分摊期限在一年以上的各项费用，如以经营租赁方式租入的固定资产发生的改良支出等。该账户按费用项目设置明细账，进行明细核算。企业发生的长期待摊费用，借记本科目，贷记"银行存款""原材料"等科目；摊销长期待摊费用，借记"管理费用""销售费用"等科目，贷记本科目，期末借方余额反映企业尚未摊销完毕的长期待摊费用。

5. "废品损失"账户

"废品损失"账户用来核算企业因各种原因形成废品而造成的损失。企业发生的不可修复废品的成本和可修复废品的修复费用计入该账户的借方；回收的残料价值、赔款和计入产品制造成本的废品净损失计入该账户的贷方；期末无余额。一般应按产品品种和成本项目登记废品损失的详细情况。

6. "停工损失"账户

"停工损失"账户核算企业因计划减产、停电、待料、设备故障等引起停产所造成的各项损失。该账户的借方登记企业发生的各项停工损失费用；贷方登记应收的各项赔款及结转到营业外支出账户和生产成本账户的停工净损失；期末一般无余额。

7. "销售费用"账户

"销售费用"账户是用以核算企业在销售产品和提供劳务过程中所发生的各项费用的费用类账户。如在销售过程中发生的广告费、展览费、运输费、租赁费(不包括融资租赁费)、包装费和保险费,以及为销售本公司商品而专设的销售机构的职工薪酬等经常性费用。另外,商品流通企业在进货过程中发生的运输费、装卸费、包装费、运输途中的合理损耗和入库前的挑选整理费用,也在该账户中核算。企业实际发生的各项销售费用计入"销售费用"账户的借方;期末结转到"本年利润"账户的销售费用计入该账户的贷方;期末无余额。该账户应按费用项目设置明细账。

8. "管理费用"账户

"管理费用"账户是用以核算企业行政管理部门为管理和组织整个企业的生产经营活动所发生的各项费用的费用类账户,包括职工薪酬、职工教育经费、业务招待费、无形资产摊销、咨询费、诉讼费、提取的坏账准备和公司经费、聘请中介机构费、矿产资源补偿费、研究与开发费、劳动保险费、国家规定的有关环保费用、信息系统维护费、董事会会费以及其他管理费用。"管理费用"账户借方登记企业发生的各项管理费用;贷方登记已结转到"本年利润"账户的管理费用数额;期末无余额。该账户按费用项目设置明细账,进行明细核算。

9. "财务费用"账户

"财务费用"账户是用以核算企业为筹集生产经营所需资金而发生的各项费用的费用类账户。这些费用包括:利息净支出(减利息收入)、汇兑净损失(减汇兑收益)、金融机构手续费以及为筹集生产经营资金发生的其他费用等。"财务费用";账户借方登记企业发生的利息支出、汇兑损失和金融机构手续费等各项财务费用;贷方登记企业取得的利息收入、汇兑收益和结转到本年利润中的财务费用数额;期末无余额。"财务费用"科目应按费用项目设置明细账,进行明细核算。

二、成本核算的一般程序

1. 确定成本计算对象,开设产品成本计算单

成本计算对象是指在一定的时间和空间范围内归集成本费用的实体,是承担生产费用的对象。确定成本计算对象是进行成本核算、计算产品成本的前提和基础,只有确定了成本计算对象,才能进行成本的计算和分配。而成本计算单就是根据成本计算对象设立的生产成本明细账。在实际工作中,我们要注意根据企业的生产特点和管理要求确定成本计算对象和选择不同的成本计算方法。

2. 审核原始凭证,归集和分配要素费用

对原始凭证进行审核,主要就是审核各项费用是否合理,是否在符合成本费用开支的范围内。在此基础上,将可以直接计入产品成本的费用直接计入产品成本,将不可以直接计入产品成本的费用作为间接费用,先计入其他有关综合费用项目,然后再采用适当的方

法进行分配。对于与产品制造无关的要素费用,则应计入期间费用。

3. 正确处理费用的跨期摊提工作

各项生产费用分配于有关费用账户后,还要划清本月生产费用和非本月生产费用的界限。企业应将本月发生的,但应由本月和以后各月产品成本和期间费用共同负担的费用,计入长期待摊费用;将以前月份发生的长期待摊费用中属于本月应摊销的费用,摊入本月生产成本和期间费用。

4. 归集和分配辅助生产费用

辅助生产车间发生的各种费用,除对完工入库的自制材料、自制工具等将其生产成本转入存货成本项目外,在月末要根据其提供产品或劳务的数量、发生的费用和各部门耗用产品或劳务的数量,编制"辅助生产费用分配表",分配于受益的车间、部门或产品中。

5. 归集和分配制造费用

基本生产车间在生产多种产品的情况下,应将制造费用明细账所归集的费用,采用适当的方法在该车间生产的产品之间,通过编制"制造费用分配表"进行分配。

6. 计算完工产品和在产品成本

通过上述 1~5 个步骤计算和分配后,企业所发生的用于产品生产的各项费用,都归集于"生产成本——基本生产成本"账户和各"产品成本计算单"中。这时,应采用适当的方法,将生产费用在完工产品和月末在产品之间进行分配,计算出完工产品和在产品的成本。

结合本节所讲述的成本核算的一般程序和成本核算所设置的账户,可用图 2-1 列示成本核算账务处理的基本程序。通过这一图示,可以对成本核算的账务处理有一个概括的了解,进一步理解成本核算的一般程序。

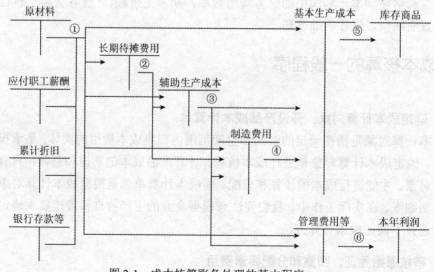

图 2-1 成本核算账务处理的基本程序

说明:①分配各项要素费用;②分配长期待摊费用;③分配辅助生产费用;④分配制造费用;⑤结转完工产品成本;⑥转销各项期间费用。

思 考 题

1. 企业进行成本核算时应遵循哪些基本原则?
2. 简述成本核算的要求是什么?
3. 国家规定的成本开支范围有哪些?
4. 在进行成本核算时应正确划分哪些成本费用的界限?
5. 简述成本核算的基础工作有哪些?
6. 简述费用按经济内容分类的项目内容?
7. 简述费用按经济用途分类的项目内容?
8. 成本核算的账户设置程序有哪些?
9. 简述成本核算的一般程序是怎样的?

第三章 要素费用的核算

第一节 要素费用核算概述

一、要素费用分配的基本原则

各项要素费用应该按其用途和发生的地点,进行分配和归集。在进行分配时,应按照有关制度规定计入成本费用和其他支出中,具体按以下原则处理。

(1) 对于基本生产车间直接用于产品生产,且专设成本项目的各项费用,如构成产品实体的原材料费用,车间生产工人的薪酬费用等,应记入"基本生产成本"总账,并直接记入或分配记入有关产品成本明细账的相关成本项目。即凡是能够根据原始凭证直接认定是某种产品消耗的费用,直接记入该种产品成本明细账的相关成本项目;凡是几种产品共同耗用,不能直接确定该产品消耗数额的费用,则应采用适当的方法,在各个产品之间进行分配,根据分配结果登记有关产品成本的明细账的相关成本项目。

(2) 对于基本生产车间直接用于产品生产,但没有专设成本项目的各项费用,以及间接用于产品生产的费用,应先记入"制造费用"科目及所属明细账有关费用项目。月末通过一定的分配程序,转入或分配转入"基本生产成本"总账及其所属明细账的"制造费用"成本项目。

(3) 对于用于辅助生产的费用,应分不同情况进行处理。①若辅助生产车间设有"制造费用"明细账,则其费用处理可以比照上述基本生产车间生产费用处理方法进行;②若辅助生产车间未设"制造费用"明细账,则对于直接或间接用于辅助生产车间的各项费用,均记入"辅助生产成本"总账及所属明细账的相关费用项目;期末按照其受益对象,采用一定方法进行分配。

(4) 在生产经营过程中发生的用于产品销售的费用、行政管理部门的费用以及筹集资金过程中所发生的费用等各项期间费用不计入产品成本,而应分别记入"管理费用""销售费用""财务费用"的总账科目及所属明细账的相关费用项目,然后转入"本年利润"科目,计入当期损益。

各要素费用的分配是通过编制各种费用分配表进行的,根据费用分配表登记各种产品成本、费用总账及所属明细账。

二、要素费用分配的基本方法

对于各项间接计入费用应该选择适当方法进行分配。所谓分配方法适当,是指分配所依据的标准与分配对象有比较密切的关系,使其分配结果比较合理,且分配标准的资料也需比较容易取得。

分配间接计入费用的基本公式如下:

$$费用分配率=待分配费用\div 分配标准总额$$
$$某分配对象应分配的费用=该对象的分配标准额\times 费用分配率$$

待分配费用为涉及的间接计入费用,如几种产品共同消耗材料费用,其待分配费用就是材料费用。分配标准总额是指所选择的分配标准之和。分配间接计入费用的标准通常有:①成果类,如产品重量、体积、产量、产值等;②消耗类,如生产工时、生产工资、机器工时,原材料消耗量或原材料消耗费用等;③定额类,如定额消耗量、定额费用等。

第二节 外购材料费用的核算

企业在生产经营过程中领用的各种原材料及主要材料,无论是自制或外购,都应根据审核后的领退料凭证,按照材料的具体用途进行归集和分配。材料费用的核算包括材料费用的归集和分配两个方面。

一、外购材料费用核算的基础工作

(一)选择合理的盘存制度,加强材料数量核算

对于材料的核算应明确采用何种盘存制度来核算材料发出数量,尽可能防止和减少错误的发生。存货计量制度包括永续盘存制和实地盘存制两种。

永续盘存制又称账面盘存制,材料的永续盘存制必须按材料的品种开设明细账,逐日逐笔记录材料的收入和发出数量,并随时结出余额。其优点在于:对材料的收发控制严密,对材料发出的计量比较准确;能随时了解材料的收发结存情况,易于加强材料的进一步管理。但是,在企业材料收发品种较多时,该方法会给会计人员增加工作量。

实地盘存制又称以存计耗制,对于材料发出数量的确定,月末要按品种进行实地盘存,平时对该种材料只记其收入数量,不记发出数量,从而倒挤材料发出数量。该方法最大的优点是简单,易于掌握;缺点是不能揭示材料管理工作中的缺点与失误,不便于掌握库存情况。本方法适用于领用频繁、价值不高的材料领发。

(二) 建立材料收发、领退、盘点制度，加强材料发出手续和材料退库管理

材料发出的凭证一般有限额领料单、领料单、领料登记表、退料单等。

限额领料单是一种在有效期和限额内可多次重复使用的累计领发料凭证。它适用于经常使用，并有消耗定额的材料领用。采用限额领料单，其优越性不仅在于可减少原始凭证数量，减轻填制人员工作量，更重要的是能有效地加强对生产领用材料的监督，促使企业尽可能地节约使用材料，而使产品成本得到控制。

领料单是一种一次使用的原始凭证，常用于不经常领用或未制定限额材料的领用。仓库发料时，将实发数量填入单内，并由领发双方签章以明确材料的领发责任。领料单一般一式三联，其中一联留给领料单位备查；一联留存发料单位据以登记明细账；一联送交会计部门据以核算。

在材料领发过程中，除可以采用以上两种原始凭证外，还可用领料登记表。领料登记表是一种可多次使用的累计凭证。

采用上述各种领料凭证领到材料后，各领料车间或部门在月末未用完时，应办理退料手续。对于下一个月不再使用的材料，应填写"退料单"，并将材料退归仓库；对于下一个月仍要使用的材料，可办理假退料手续，即填制本月份的"退料单"与下一个月的"领料单"，并按发生时间办理退料和领料手续，但材料的实体仍在原车间、部门，并不退回仓库。

二、发出材料成本的确定

由于材料的日常核算可以按实际成本计价，也可以按计划成本计价，因此，企业发出材料的成本确定，就需要在不同的计价方法下进行核算处理。

(一) 实际成本计价法下发出材料成本的确定

在按实际成本法计算材料发出成本时，由于材料取得的过程不同，比如购入时间、购入地点或生产时间等原因，造成对同一种材料的记录可能出现多种不同单价的情况。因此，为解决发出材料成本的计量，必然会采用特定的方法来进行。在实际工作中可采用先进先出法、加权平均法、移动平均法、个别计价法等方法对发出材料进行计算登记，并按算出的实际成本对发料凭证进行计价。

(二) 计划成本计价法下发出材料成本的确定

材料按计划成本计价，是指每种材料的收发存都按预先确定的计划成本计价。至于计划成本与实际成本的差异额，则专设"材料成本差异"账户核算。

在采用计划成本的前提下，应通过对成本差异率的计算、分摊而将发出材料的计划成本调整为实际成本。材料成本差异率及发出材料应负担的差异额公式如下：

$$\text{材料成本差异率} = \frac{\text{月初结存材料成本差异} + \text{本月收入材料成本差异}}{\text{月初结存材料计划成本} + \text{本月收入材料计划成本}}$$

$$\text{发出材料应负担的成本差异} = \text{发出材料的计划成本} \times \text{材料成本差异率}$$

三、外购材料费用的分配

(一) 材料费用分配的原则

(1) 对于直接用于产品生产、构成产品实体的原料和主要材料，通常专门设有"原材料"或"直接材料"成本项目，可根据领料凭证直接记入某种产品成本明细账的"直接材料"成本项目。

(2) 对于由几种产品共同耗用的材料费用，应采用适当的分配方法，分配记入各有关产品成本明细账的"直接材料"成本项目。材料费用的分配标准一般是按产品的重量比例、体积比例等标准进行分配。如果难以确定适当的分配方法，或者作为分配标准的资料不易取得，原料或主要材料的消耗定额比较准确，可以按照材料的定额消耗量或定额费用比例分配。

(3) 直接用于产品生产、有助于产品形成的辅助材料，一般属于间接计入费用，应采用适当的方法分配后记入各种产品成本明细账的"直接材料"成本项目。

(4) 直接用于辅助生产的原材料费用，应记入"辅助生产成本"总账及其所属明细账借方的相应成本项目。

(5) 用于基本生产车间管理的材料费用，应记入"制造费用——基本生产车间"账户的借方。

(6) 用于厂部组织和管理生产经营活动等方面的材料费用，应记入"管理费用"账户的借方。

(7) 用于产品销售的材料费用，应记入"销售费用"账户的借方。

(8) 除了生产过程中使用的材料外，对于发出的其他用途的材料，应根据其发生的具体用途，分别记入"其他业务支出""在建工程"等相关的会计科目中。

(二) 材料费用分配的方法

材料费用的分配标准很多，可以按照产品的重量、体积分配，在材料消耗定额比较准确的情况下，材料费用也可以按照产品原材料定额消耗量的比例或原材料定额费用的比例分配。

1. 定额消耗量比例法

如果是几种产品共同耗用同种原材料，很难划清其各种产品的耗用量时，这些原材料费用则属于间接计入费用，应采用适当的分配方法分配记入各有关产品成本明细账的"直接材料"成本项目。如果材料有比较准确的消耗定额，则材料费用可采用定额消耗量比例分配。定额消耗量比例法计算程序如下：

第一，计算各种产品原材料定额消耗量。

第二，计算单位原材料定额消耗量应分配的原材料实际消耗量(即原材料消耗量分配率)。

第三，计算出各种产品应分配的原材料实际消耗量。

第四,计算出各种产品应分配的原材料实际费用。

定额消耗量比例法计算公式如下:

某产品材料定额消耗量=该种产品产量×该种产品材料消耗量定额

材料消耗量分配率=原材料实际消耗总量÷各种产品材料定额消耗量之和

某产品应分配材料实际消耗量=该种产品材料定额消耗量×材料消耗量分配率

某产品应分配实际材料费用=该种产品应分配材料实际消耗量×材料单价

【例3-1】 某企业生产甲、乙两种产品,共同耗用A材料7048.2千克,每千克10元,甲产品的实际产量为1650件,单位产品材料定额耗用量为3千克;乙产品的实际产量为980件,单位产品材料定额耗用量为2千克;根据上述资料,采用定额消耗量比例法分配各种产品应负担的材料费用。

甲产品原材料定额消耗量=1650×3=4950(千克)

乙产品原材料定额消耗量=980×2=1960(千克)

原材料消耗量分配率=7048.2÷(4950+1960)=1.02

甲产品应负担的原材料数量=4950×1.02=5049(千克)

乙产品应负担的原材料数量=1960×1.02=1999.2(千克)

甲产品应负担的原材料费用=5049×10=50490(元)

乙产品应负担的原材料费用=1999.2×10=19992(元)

上述计算分配过程提供的资料,可以用于考核原材料消耗定额的执行情况,有利于加强原材料消耗的实物管理,但分配计算工作量较大。在各种产品共同耗用原材料种类较多的情况下,为进一步简化分配计算工作,也可以按照各种材料的定额消耗量比例直接分配原材料费用。其计算分配程序如下:

第一,计算各种产品原材料定额消耗量。

第二,计算单位产品原材料定额消耗量应负担的原材料费用。

第三,计算各种产品应该分配的实际材料费用。

仍以【例3-1】资料计算如下:

甲产品原材料定额消耗量=1650×3=4950(千克)

乙产品原材料定额消耗量=980×2=1960(千克)

原材料费用分配率=7048.2×10÷(4950+1960)=10.2

甲产品应负担的原材料数量=4950×10.2=50490(千克)

乙产品应负担的原材料数量=1960×10.2=19992(千克)

上述两种分配方法结果相同,后一种分配方法计算过程相对简单,但不能够提供各种产品原材料实际消耗量的资料,不利于加强原材料消耗的实物管理。

2. 定额费用比例法

在生产多种产品或多种产品共同耗用多种原材料费用的情况下,为简化核算,也可以采用按原材料定额费用比例分配原材料费用。定额费用比例法计算分配程序如下:

第一,计算各种产品原材料定额费用。

第二,计算单位原材料定额费用应分配原材料实际费用(即原材料费用分配率)。

第三,计算出各种产品应分配的原材料实际费用。

定额费用比例法计算公式如下:

某产品材料定额费用＝该种产品实际产量×单位产品材料定额费用

材料费用分配率＝原材料实际费用总额÷各种产品材料定额费用之和

某产品应分配实际材料费用＝该种产品材料定额费用×材料费用分配率

以【例 3-1】资料为依据,采用定额费用比例分配法计算各产品应承担的材料费用:

甲产品原材料定额费用＝1 650×3×10＝49 500(元)

乙产品原材料定额费用＝980×2×10＝19 600(元)

原材料消耗量分配率＝7 048.2×10÷(49 500＋19 600)＝1.02

甲产品应负担的原材料数量＝49 500×1.02＝50 490(元)

乙产品应负担的原材料数量＝19 600×1.02＝19 992(元)

(三) 编制原材料费用分配表

原材料费用的分配通过原材料费用分配表进行,原材料费用分配表是按车间、部门和原材料的类别,根据归类后的原材料领退料凭证和有关资料编制。原材料费用分配表的编制见表 3-1。

表 3-1 原材料费用分配表

20××年 6 月

应借科目		直接计入金额/元	分配计入		材料费用合计/元
			定额消耗量/千克	分配金额/元(分配率:12.5)	
基本生产成本	甲产品	15 200	36 000	450 000	465 200
	乙产品	117 400	12 000	150 000	267 400
	小计	132 600	48 000	600 000	732 600
辅助生产成本	供水	42 000			42 000
	运输	22 000			22 000
	小计	64 000			64 000
制造费用	基本生产车间	5 000			5 000
	运输车间	2 000			2 000
	供水车间	1 500			1 500
	小计	8 500			8 500
管理费用		2 000			2 000
销售费用		1 800			1 800
合计		208 900		600 000	808 900

根据原材料费用分配表编制会计分录：

借：基本生产成本——甲产品　　　　　465 200
　　　　　　　　　——乙产品　　　　　267 400
　　辅助生产成本——供水车间　　　　　42 000
　　　　　　　　　——运输车间　　　　　22 000
　　制造费用——基本生产车间　　　　　5 000
　　　　　　　——供水车间　　　　　　　1 500
　　　　　　　——运输车间　　　　　　　2 000
　　管理费用　　　　　　　　　　　　　　2 000
　　销售费用　　　　　　　　　　　　　　1 800
　　贷：原材料　　　　　　　　　　　　808 900

上述原材料费用的分配是按实际成本进行的分配。如果按照计划成本进行分配，计入产品成本和期间费用的原材料费用是计划成本，此时还应该分配原材料成本差异额。

四、燃料费用的核算

在燃料费用比重较大时，可与动力费用一起在产品成本明细账内专设"燃料及动力"成本项目。同时，应增设"燃料"一级科目，并将燃料费用单独进行分配。直接用于产品生产的燃料费用，记入"基本生产成本"总账和所属明细账借方的"燃料及动力"成本项目。车间管理消耗的燃料费用、辅助生产消耗的燃料费用、厂部进行生产经营管理消耗的燃料费用、进行产品销售消耗的燃料费用等，应分别借记"制造费用——基本生产车间""辅助生产成本""管理费用""销售费用"等账户的费用(或成本)项目。已领用的燃料费用总额，贷记"燃料"账户。

【例3-2】某工厂8月份生产的甲、乙两种产品本月共发生燃料费用40 000元，生产甲产品2 000件、乙产品6 000件，甲产品燃料费用定额为8元，乙产品燃料费用定额为4元，按燃料定额费用分配。甲、乙产品成本明细账均开设"燃料及动力"成本项目。计算甲、乙产品分别应承担的燃料费用。

应负担的燃料费用计算如下：

燃料费用分配率＝40 000÷(2 000×8＋6 000×4)＝1
甲产品应分摊的燃料费用＝2 000×8×1＝16 000(元)
乙产品应分摊的燃料费用＝6 000×4×1＝24 000(元)

会计分录如下：
借：基本生产成本——甲产品　　　　　16 000
　　　　　　　　　——乙产品　　　　　24 000
　　贷：燃料　　　　　　　　　　　　　40 000

五、低值易耗品摊销的核算

低值易耗品是指不作为固定资产核算的各种工具、管理用具、玻璃器皿，以及在经营过程中周转使用的包装容器等各种用具物品。低值易耗品在领用以后，其价值应该摊销计入成本、费用。用于生产的低值易耗品摊销应计入制造费用科目；用于组织和管理生产经营活动的低值易耗品摊销，则应计入管理费用科目。

低值易耗品的摊销方法有三种：一次摊销法、分次摊销法和五五摊销法。

1. 一次摊销法

采用这种方法，在领用低值易耗品时，就将其全部价值一次计入当月成本、费用，借记"制造费用"和"管理费用"等账户，贷记"低值易耗品"账户。在低值易耗品报废时，将报废的残料价值，冲减有关的成本、费用，借记"原材料"等账户，贷记"制造费用"或"管理费用"等账户。

一次摊销法的核算方式简便。但是，低值易耗品的使用期一般不止一个自然月份，采用此种方法会使各月成本费用的负担不合理，也易形成账外财产，不便于实行价值监督。因此，一次摊销法适用单位价值较低、使用期限较短、一次领用数量不多或易消耗的低值易耗品。

2. 分次摊销法

分次摊销法是指低值易耗品的价值按其使用期限的长短分月摊入成本、费用。采用分次摊销法，应在"低值易耗品"一级科目下设"在库""在用""摊销"三个二级科目。从仓库领用低值易耗品时，借记"低值易耗品——在用"科目，贷记"低值易耗品——在库"科目；月末摊销价值时，借记"制造费用""管理费用"等科目，贷记"低值易耗品——摊销"科目；报废低值易耗品时，收回残料价值作为当月低值易耗品摊销额的减少，冲减有关的成本费用，借记"原材料"科目，贷记"低值易耗品——摊销"科目；同时，注销其累计已摊销额，借记"低值易耗品——摊销"科目，贷记"低值易耗品——在用"科目。如果低值易耗品的日常核算是按计划成本计价进行的，领用低值易耗品的会计分录应按计划成本编制，并应于月末调整所领低值易耗品的成本差异。

分次摊销法将低值易耗品价值均衡分摊到使用期间，耗费分配比较合理，但核算工作量较大。这种方法适用于单位价值较高、使用期限较长的低值易耗品，或者那些虽然单位价值不高、使用期限不长，但一次领用的数量较多的低值易耗品。

3. 五五摊销法

五五摊销法也称五成摊销法。采用这种方法，低值易耗品在领用时摊销其价值的一半；在报废时再摊销其价值的另一半。

在五五摊销法下，为了核算在用低值易耗品的价值和低值易耗品的摊余价值，也需在"低值易耗品"一级科目下，分设"在库""在用"和"摊销"三个二级科目。在领用低值易耗品时，应按其价值(实际成本或计划成本)，借记"低值易耗品——在用"科目，贷记

"低值易耗品——在库"科目。同时，按领用低值易耗品价值的 50%进行摊销，借记"制造费用""管理费用"等科目，贷记"低值易耗品——摊销"科目；在低值易耗品报废时，应按回收残料的价值借记"原材料"等科目，按报废低值易耗品价值的 50%减去残料价值后的差额，借记"制造费用""管理费用"等科目，按报废低值易耗品价值的 50%，贷记"低值易耗品——摊销"科目。同时，注销报废低值易耗品的价值及其累计摊销额，借记"低值易耗品——摊销"科目，贷记"低值易耗品——在用"科目。如果低值易耗品按计划成本进行日常核算，月末也要调整分配所领用低值易耗品的计划成本，分配成本差异。

五五摊销法下，低值易耗品在报废以前账面上一直保留一半的价值，因而便于对低值易耗品进行价值监督；同时，低值易耗品的价值分两次摊销，对于成本、费用的负担比一次摊销法合理。但其核算工作量比较大，一般，需要按车间、部门进行在用低值易耗品数量和金额明细核算的企业，应采用这种方法。此外，对于每月领用、报废比较均衡，因而每月摊销额相差不多的低值易耗品，如生产过程中经常领用、经常报废的生产工具，采用这种方法也比较合理。

第三节　外购动力费用的核算

企业所消耗的动力，按其所提供的来源分，包括自制动力和外购动力两种。对自制动力费用的核算，主要通过辅助生产费用的核算进行，将在第四章部门费用的核算中具体讲解，本节重点讲述外购动力费用的核算。

一、外购动力费用的分配

外购动力费用的分配，在有仪表记录的情况下，应根据仪表所示耗用动力的数量和动力的单价计算；在没有仪表的情况下，可按生产工时比例、机器工时比例、定额耗电量比例分配。

外购动力(以电力为例)费用的分配计算公式如下：
电力费用分配率＝电力费用总额÷各车间部门动力和照明用电度数之和
某车间照明用电费用＝该部门照明用电度数×电力费用分配率
某车间用电动力费用＝该部门用电动力度数×电力费用分配率
某车间用电动力费用分配率＝该车间用电动力费用÷该车间各产品工时之和
某产品分配用电动力费用＝该车间某产品生产工时×该车间用电动力费用分配率

直接用于产品生产，且产品成本明细账内设有"燃料及动力"成本项目的动力费用，应单独记入"基本生产成本"总账账户和所属产品成本明细账的借方；直接用于辅助生产的动力费用、用于基本生产(或辅助生产)但未专设成本项目的动力费用、用于组织和管理生产经营活动的动力费用，则应分别记入"辅助生产成本""制造费用"和"管理费用"总账账户和所属明细账的借方；外购动力费用总额应根据有关转账凭证或付款凭证记入"应付账款"或"银行存款"账户的贷方。

【例 3-3】 某公司20××年6月耗电度数合计48 125度,金额为86 625元,每度电1.8元,直接用于产品生产耗电23 750度,金额42 750元,由于没有分产品安装电表,按机器工时比例分配。甲产品机器工时为5 550小时,乙产品机器工时为3 000小时。该企业设有"燃料及动力"成本项目,甲、乙产品用电动力费用分配计算如下:

用电动力费用分配率=42 750÷(5 550+3 000)=5(元/机器小时)
甲产品承担用电动力费用=5 550×5=27 750(元)
乙产品承担用电动力费用=3 000×5=15 000(元)

外购动力费用分配是通过编制外购动力费用分配表进行的,根据【例3-3】的资料编制会计分录,据以登记总账和明细账,外购动力费用分配表格式及举例详见表3-2。

表3-2 外购动力费用分配汇总表

20××年6月

项目 应借科目		成本(费用)项目	机器工时 (分配率:5)	度数 (分配率:1.8)	金额/元
基本 生产 成本	甲产品	直接燃料和动力	5 550		27 750
	乙产品	直接燃料和动力	3 000		15 000
	小计		8 550	23 750	42 750
辅助 生产 成本	供水	燃料及动力		7 500	13 500
	运输	燃料及动力		5 000	9 000
	小计			12 500	22 500
制造 费用	基本生产车间	水电费		5 625	10 125
	供水车间	水电费		125	225
	运输车间	水电费		125	225
	小计			5 875	10 575
管理费用		水电费		4 500	8 100
销售费用		水电费		1 500	2 700
合计				48 125	86 625

根据"外购动力费用分配表",应做如下会计分录。

借:基本生产成本——甲产品　　27 750
　　　　　　　　——乙产品　　15 000
　　辅助生产成本——供水车间　13 500
　　　　　　　　——运输车间　9 000
　　制造费用——基本生产车间　10 125
　　　　　　——供水车间　　　225
　　　　　　——运输车间　　　225
　　管理费用　　　　　　　　　8 100
　　销售费用　　　　　　　　　2 700
　贷:银行存款(或应付账款)　　86 625

二、外购动力费用的账务处理

外购动力费用是指企业从外部单位购入的电力、蒸汽等动力费用。一般，外购动力费用的计算，是根据专门的计量器具记录下来的数量与其单位动力价格的乘积。供应单位根据定期抄录的耗用量，开列账单向使用单位收取费用。企业在支付动力费用时，通常是借记相关成本费用科目，贷记"银行存款"等科目。但是，如果外购动力费用实际支付的期间与实际会计期间不一致，并且实际支付的动力费用与应付动力费用不一致时，应按照权责发生制原则，正确计量本期应计的动力费用，此时，可通过"应付账款"科目核算。即在付款时先作为暂付款处理，借记"应付账款"科目，贷记"银行存款"科目；期末，按照外购动力费用的用途分配费用时，借记相关成本费用科目，贷记"应付账款"科目，冲销已记入"应付账款"科目借方的暂付款项。期末，"应付账款"科目如为借方余额，表示本月支付款大于应付款的预付动力费用，可以抵冲下月应付费用；如果为贷方余额，表示本月应付款大于支付款的应付未付动力费用，可以在下月支付。

第四节 职工薪酬的核算

一、职工薪酬的内容

职工薪酬是指企业为获得职工提供的服务或解除劳动关系而给予的各种形式的报酬或补偿。根据《企业会计准则第9号——职工薪酬》的规定，职工薪酬包括短期薪酬、离职后福利、辞退福利和其他长期职工福利。企业提供给职工配偶、子女、受赡养人、已故员工遗属及其他受益人等的福利，也属于职工薪酬。

短期薪酬，是指企业在职工提供相关服务的年度报告期间结束后十二个月内需要全部予以支付的职工薪酬，因解除与职工的劳动关系给予的补偿除外。短期薪酬具体包括：职工工资、奖金、津贴和补贴，职工福利费，医疗保险费、工伤保险费和生育保险费等社会保险费，住房公积金，工会经费和职工教育经费，短期带薪缺勤，短期利润分享计划，非货币性福利以及其他短期薪酬。

带薪缺勤，是指企业支付工资或提供补偿的职工缺勤，包括年休假、病假、短期伤残、婚假、产假、丧假、探亲假等。利润分享计划，是指因职工提供服务而与职工达成的基于利润或其他经营成果提供薪酬的协议。

离职后福利，是指企业为获得职工提供的服务而在职工退休或与企业解除劳动关系后，提供的各种形式的报酬和福利，短期薪酬和辞退福利除外。

辞退福利，是指企业在职工劳动合同到期之前解除与职工的劳动关系，或者为鼓励职工自愿接受裁减而给予职工的补偿。

其他长期职工福利，是指除短期薪酬、离职后福利、辞退福利之外所有的职工薪酬，包括长期带薪缺勤、长期残疾福利、长期利润分享计划等。

二、职工薪酬费用的分配

(一) 计时工资和计件工资的计算

1. 薪酬费用的原始记录

工业企业可以根据具体情况采用各种不同的工资制度,其中最基本的工资制度是计时工资制度和计件工资制度。进行工资费用核算,必须以一定的原始记录作为依据。不同的工资制度所依据的原始记录不同。

计算职工工资的原始记录,有考勤记录和产量记录。计算计时工资费用,应以考勤记录中的工作时间记录为依据;计算计件工资费用,应以产量记录中的产品数量和质量记录为依据。企业应按每个职工设置"工资卡",内含职工姓名、职务、工资等级、工资标准等资料。

(1) 考勤记录是登记职工出勤和缺勤情况的记录,为计时工资计算提供依据。其形式有考勤簿、考勤卡片(考勤钟打卡)、考勤磁卡(刷卡)等。

(2) 产量记录是登记工人或生产小组在出勤时间内完成产品的数量、质量和耗用工时的原始记录,是计件工资计算的依据,同时也是统计产量和工时的依据。如派工单、加工路线单、产量通知单等。

2. 计时工资的计算

职工的计时工资,是根据考勤记录登记的每一职工出勤或缺勤日数,按照规定的工资标准计算的。工资标准按计算的时间不同,有年薪制、月薪制、周薪制、日薪制、钟点工资制等。月薪制下计时工资有两种计算方法:

(1) 按月标准工资扣除缺勤天数应扣工资额计算(减法)

$$某职工本月应得工资 = 该职工月标准工资 - 事假天数 \times 日标准工资 - 病假天数 \times 日标准工资 \times 病假扣款率$$

(2) 按出勤天数直接计算(加法)

$$某职工本月应得工资 = 该职工本月出勤天数 \times 日标准工资 + 病假天数 \times 日标准工资 \times \left(1 - 病假扣款率\right)$$

日标准工资的计算方法如下:

按 30 天计算日工资率:日标准工资=月标准工资÷30

按 20.83 天计算日工资率:日标准工资=月标准工资÷20.83

其中,20.83 为 365 日减去 104 个双休日和 11 个法定节假日,再除以 12 个月算出来的月平均工作日数。

在按 30 天计算日工资率的企业中,由于节假日也计算工资,因而出勤期间的节假日,也按出勤日算工资;事假病假等缺勤期间的节假日,也按出勤日扣工资。在按 20.83 天计算日工资率的企业中,节假日不算、不扣工资。

【例3-4】 某工人的月工资标准为900元。3月份31天,事假4天,病假2天,星期休假10天,出勤15天。根据该工人的工龄,其病假工资按工资标准的90%计算。该工人病假和事假期间没有节假日。试计算该工人本月应得的工资。

(1) 按30天计算日工资率,日工资率=900÷30=30(元/天)

按月标准工资扣除缺勤天数应扣工资额计算(减法):

某职工本月应得工资=900-4×30-2×30×(1-90%)=774(元)

按出勤天数直接计算(加法):

某职工本月应得工资=30×(15+10)+2×30×90%=804(元)

(2) 按20.83天计算日工资标准,日工资率=900÷20.83≈43.21(元/天)

按月标准工资扣除缺勤天数应扣工资额计算(减法):

某职工本月应得工资=900-4×43.21-2×43.21×10%=718.52(元)

按出勤天数直接计算(加法):

某职工本月应得工资=15×43.21+2×43.21×90%=725.93(元)

3. 计件工资的计算

(1) 个人计件工资的计算

职工个人的计件工资,应根据产量记录中登记的每一工人的产品产量乘以规定的计件单价计算。同一工人在月份内可能从事工资单价不同的各种产品的生产,因而计件工资的计算公式应为

应付计件工资=∑(某工人本月生产每种产品产量×该种产品计件单价)

每种产品产量=合格品数量+料废品数量

某种产品计件单价=生产单位产品所需的工时定额×该级工人小时工资率

料废品是指非工人本人过失造成的不合格产品,应计算并支付工资;工废品是指由于本人过失造成的不合格产品,不计算、支付工资。

【例3-5】 假定甲、乙两种产品都由8级工人加工。甲产品单件工时定额为30分钟,乙产品单件工时定额为45分钟。8级工人的小时工资率为2元。某8级工人加工甲产品500件,乙产品400件。试计算其计件工资。

甲产品的计件单价=30÷60×2=1(元/件)

乙产品的计件单价=45÷60×2=1.5(元/件)

应付计件工资=500×1+400×1.5=1 100(元)

为了简化工资计算,也可以根据每一工人完成的产量定额工时总数和工人所属等级的小时工资率计算计件工资。

应付计件工资=某工人生产各种产品定额工时之和×该级工人小时工资率

仍以上例资料为基础,计算结果如下:

应付计件工资=(500×30÷60+400×45÷60)×2=1 100(元)

以上两种方法计算结果相同。由于产量记录中记有每种产品的定额工时数，而且每一工人完成的各种产品的定额工时数可以加总，因而后一种方法比较简便。

(2) 集体计件工资的计算

按生产小组等集体计件工资的计算方法与个人计件工资的计算基本相同。不同之处在于集体计件工资还需在集体内部各工人之间按照贡献大小进行分配。一般应以每人的工资标准和工作日数的乘积为分配标准进行分配。

【例 3-6】 某生产小组集体完成若干生产任务，按一般计件工资的计算方法算出并取得集体工资 20 000 元。该小组由 3 个不同等级的工人组成，每人的姓名、等级、日工资率、出勤天数资料如表 3-3 所示。

表 3-3 职工工资计算资料

20××年×月

工人姓名	等级	日工资率/元	出勤天数	分配标准	分配率	分配额/元
魏明	6	20	25			
赵严	5	18	23			
张虹	4	16	22			
合计			70			20 000

现以日工资率和出勤日数计算的工资额为分配标准计算每个工人应得的工资。计算结果如表 3-4 所示。

表 3-4 某小组工资计算表

20××年×月

工人姓名	等级	日工资率/元	出勤天数	分配标准	分配率	分配额/元
栏次		(1)	(2)	(3)=(1)×(2)	(4)	(5)=(4)×(3)
魏明	6	20	25	500		7 898.90
赵严	5	18	23	414		6 540.29
张虹	4	16	22	352		5 560.81
合计			70	1 266	15.7978(=20 000÷1 266)	20 000.00

(二) 薪酬费用的分配

企业通常按车间、部门编制工资结算单，用以反映企业与职工的工资结算情况。为了反映整个企业全部工资的结算情况，还应根据工资结算单汇总编制工资结算汇总表。工资结算汇总表是进行工资结算、总分类核算和工资费用分配的依据。

企业发生的工资费用先按其发生的地点和用途，记入"基本生产成本""辅助生产成本""制造费用""管理费用"等科目。对于应计入产品成本的直接从事产品生产人员的工资区分直接计入费用和间接计入费用后，计入各成本计算对象生产成本明细账的"直接人工"成本项目中。在计件工资形式下，生产工人工资通常属于直接计入费用；在计时工资形式下，如果只生产一种产品，那么生产工人工资也属于直接计入费用，都可以直接计入该成本计算对象生产成本明细账的"直接人工"成本项目中，如果生产多种产品，则生产工人工资属间接计入费用，需采用一定的分配方法进行分配后，计入各成本计算对象的生产成本明细账的"直接人工"成本项目中。分配标准通常是按各种产品的生产工时(实际工时或定额工时)比例进行分配，计算公式如下：

$$\text{工资费用分配率} = \frac{\text{某车间生产工人计时工资总额}}{\text{该车间各种产品生产工时(实际或定额)总数}}$$

$$\text{某产品应分配计时工资} = \text{该产品生产工时(实际或定额)} \times \text{工资费用分配率}$$

企业应当在职工为其提供服务的会计期间，将应付的职工薪酬(不包括辞退福利)确认为负债，并根据职工提供服务的受益对象，分别计入相关资产的成本或当期损益。企业在计量职工薪酬时，国家规定了计提基础和计提比例的，应当按照国家规定的标准计提。如社会保险费、住房公积金、工会经费和职工教育经费等，应当在职工为其提供服务的会计期间，根据工资总额的一定比例计算确定。国家没有规定计提基础和计提比例的，企业应当根据历史经验数据和实际情况，合理预计当期应付职工薪酬。当期实际发生金额大于预计金额的，应当补提应付职工薪酬；当期实际发生金额小于预计金额的，应当冲回多提的应付职工薪酬(如职工福利费)。

【例3-7】某企业生产甲、乙两产品的生产工人工资中，应直接计入的工资分别为3 240元和1 480元；需要按生产工时比例分配计入的共为1 230元。生产工时为：甲产品20 600小时，乙产品10 150小时。分配计算如下：

间接计入生产工资分配率＝1 230÷(20 600＋10 150)＝0.04
甲产品承担间接计入工资＝20 600×0.04＝824(元)
乙产品承担间接计入工资＝10 150×0.04＝406(元)
职工薪酬费用分配表，见表3-5(设职工福利费按工资的14%提取)。

表3-5 职工薪酬费用分配表

20××年×月 单位：元

应借科目		成本(费用)项目	应付职工薪酬			职工福利费	合计
一级科目	明细科目		直接计入金额	分配计入金额	合计		
基本生产成本	甲产品	直接人工	3 240	824	4 064	568.96	4 632.96
	乙产品	直接人工	1 480	406	1 886	264.04	2 150.04
		小计	4 720	1 230	5 950	833.00	6 783.00
辅助生产成本	供电车间	职工薪酬费用	400		400	56.00	456.00
	供水车间	职工薪酬费用	200		200	28.00	228.00
		小计	600		600	84.00	684.00

(续表)

应借科目		成本(费用)项目	应付职工薪酬			职工福利费	合计
一级科目	明细科目		直接计入金额	分配计入金额	合计		
制造费用	基本生产车间	职工薪酬费用	800		800	112.00	912.00
管理费用		职工薪酬费用	1 200		1 200	168.00	1 368.00
销售费用		职工薪酬费用	500		500	70.00	570.00
合计			7 820	1 230	9 050	1 267.00	10 317.00

根据职工薪酬费用分配表编制会计分录，据以登记有关总账和明细账。会计分录如下。

(1) 工资分配

借：基本生产成本——甲产品　　　　　　4 064
　　　　　　　　——乙产品　　　　　　1 886
　　辅助生产成本——供电车间　　　　　　400
　　　　　　　　——供水车间　　　　　　200
　　制造费用——基本生产车间　　　　　　800
　　管理费用　　　　　　　　　　　　　1 200
　　销售费用　　　　　　　　　　　　　　500
　　贷：应付职工薪酬——工资　　　　　9 050

(2) 职工福利费分配

借：基本生产成本——甲产品　　　　　　568.96
　　　　　　　　——乙产品　　　　　　264.04
　　辅助生产成本——供电车间　　　　　　56
　　　　　　　　——供水车间　　　　　　28
　　制造费用——基本生产车间　　　　　　112
　　管理费用　　　　　　　　　　　　　　168
　　销售费用　　　　　　　　　　　　　　　70
　　贷：应付职工薪酬——职工福利　　　1 267

第五节　固定资产折旧费用的核算

固定资产在长期使用过程中保持实物形态不变，但其价值随着固定资产的损耗逐渐减少，这部分由于损耗而减少的价值就是固定资产折旧，它应该以折旧费用计入产品成本或期间费用。企业生产单位(车间或分厂)固定资产的折旧费用也是产品成本的组成部分，企业管理部门、销售部门固定资产的折旧则应计入期间费用。固定资产的折旧应按其使用车间、部门等进行汇总，并进行相应的会计处理。

在这里需要指出的是，企业生产某种产品往往需要使用多种机器设备，而某种机器设备可能生产多种产品。因此，机器设备的折旧费用虽是直接用于产品生产的费用，但一般属于分配工作比较复杂的间接计入费用，为了简化成本计算工作，没有专门设立成本项目，而是与生产车间的其他固定资产折旧费用一起记入"制造费用"科目借方。企业行政管理部门和销售部门的固定资产折旧费用，则分别记入"管理费用""销售费用"等科目的借方，固定资产折旧总额，记入"累计折旧"科目的贷方。

企业根据确定的折旧计算方法和计算折旧的范围提取折旧。采用工作量法计提折旧，应根据固定资产完成的工作量计提折旧；采用其他方法计提折旧，一般来说，交付使用前的固定资产、已提足折旧继续使用的固定资产以及过去已经估价单独入账的土地不计提折旧，其他固定资产(含未使用和不需用的固定资产)均应计提折旧。此外，提前报废的固定资产不计提折旧，未提足折旧的净损失列为营业外支出。为了简化折旧计算工作，当月增加的固定资产当月不计提折旧，当月减少的固定资产当月照提折旧，从下月起停止计提折旧。

折旧费用的分配是通过编制折旧费用分配表，企业据以编制会计分录，登记有关总账及所属明细账。折旧费用分配表格式如表 3-6 所示。

【例 3-8】 长江公司 6 月份的折旧费用分配表，如表 3-6 所示。

表 3-6　折旧费用分配表

20××年6月　　　　　　　　　　　　　　　单位：元

项目	基本生产车间	辅助生产车间		行政管理部门	专设销售机构	合计
		供水车间	运输车间			
折旧费	20 000	4 500	3 700	3 000	1 000	32 200

企业编制会计分录如下：
```
借：制造费用——基本生产车间      20 000
            ——供水车间          4 500
            ——运输车间          3 700
    管理费用                      3 000
    销售费用                      1 000
    贷：累计折旧                          32 200
```

第六节　利息费用和其他费用的核算

一、利息费用的核算

要素费用中的利息费用，不是产品成本的组成部分，而是期间费用中财务费用的组成部分。短期借款的利息一般是按季结算支付。按照权责发生制原则，可以采用分月按计划计提的方法，季末实际支付利息时冲减已经计提的利息，实际支付的利息费用与预提利息之间的差额，调整计入季末月份的财务费用。每月计提利息费用时，借记"财务费用"科目，贷记"应付利息"科目；季末实际支付利息费用时，借记"应付利息"科目，贷记"银行存款"科目。季末调整实际利息费用与按计划预提利息费用的差额。如果利息费用数额不大，为了简化核算也可以不采用预提利息费用的方法，而应将季末实际支付的利息全部计入当月的财务费用，借记"财务费用"科目，贷记"银行存款"科目。长期借款利息费用一般是每年计算一次应付利息，到期一次还本付息。每年计算结转应付利息时，借记"财务费用""在建工程"科目，贷记"长期借款"科目，到期还本付息时，借记"长期借款"科目，贷记"银行存款"等科目。

【例3-9】 假定长江公司20××年4月1日从银行取得期限3个月、年利率10%的短期借款120 000元，用于生产经营周转；该企业对此项短期借款的利息支出采用按月预提的办法进行处理。编制的有关会计分录如下。

(1) 取得借款时

借：银行存款　　　　　120 000
　　贷：短期借款　　　　　　120 000

(2) 各月末(4月、5月、6月末)预提利息费用时

月末预提利息费用 $= 120\,000 \times 10\% \times \dfrac{1}{12} = 1\,000(元)$

借：财务费用　　　　　1 000
　　贷：应付利息　　　　　　1 000

(3) 该项借款到期，按期归还本息

按期归还本息 $= 120\,000 + 1\,000 \times 3 = 123\,000(元)$

借：短期借款　　　　　120 000
　　应付利息　　　　　　3 000
　　贷：银行存款　　　　　　123 000

如果季末月份的利息不再进行预提，则(2)(3)项会计分录为

4月末和5月末

借：财务费用　　　　　1 000
　　贷：应付利息　　　　　　1 000

归还短期借款利息时

借：短期借款　　　　　120 000
　　财务费用　　　　　　1 000
　　应付利息　　　　　　2 000
　　贷：银行存款　　　　　　123 000

二、其他费用的核算

其他费用支出是指上述各项费用以外的其他费用支出,包括差旅费、邮电费、保险费、劳动保护费、运输费、办公费、水电费、技术转让费、业务招待费等。这些费用有的是产品成本的组成部分,有的则是期间费用等的组成部分,即使是应计入产品成本的,也没有单独设立成本项目,因此,这些费用发生时,根据有关的付款凭证,按照费用的用途进行归类,分别记入"制造费用""辅助生产成本""管理费用""销售费用"科目的借方,"银行存款"等科目的贷方。

【例3-10】 长江公司以银行存款支付应由6月负担的费用38 069.6元,其中,基本生产车间的劳保费13 969.6元,修理车间的劳保费4 000元,运输车间的劳保费4 000元,专设销售机构的广告费3 000元、办公费4 000元,企业行政管理部门的办公费9 000元,支付金融机构的手续费100元。

会计分录如下:

借:制造费用——基本生产车间　　　　13 969.6
　　　　　　——修理车间　　　　　　 4 000.0
　　　　　　——运输车间　　　　　　 4 000.0
　　管理费用　　　　　　　　　　　　 9 000.0
　　销售费用　　　　　　　　　　　　 7 000.0
　　财务费用　　　　　　　　　　　　　 100.0
　　贷:银行存款　　　　　　　　　　38 069.6

上述费用若其支出数额较大,收益期限较长,为了正确计算各月的成本、费用,应采用待摊或预提的方法进行处理,以体现权责发生制原则对成本核算的要求。

通过对上述各种要素费用的核算、分配,已经将这些费用按照用途分别记入有关总账科目及其所属明细科目的借方,如记入"基本生产成本"科目借方的费用,同时也记入了其所属明细账的"直接材料""燃料及动力""直接人工"等成本项目。这就是说,在成本、费用核算中,已经划分了计入产品成本和期间费用与不计入产品成本和期间费用的界限;划分了应计入产品成本还是应计入期间费用的界限,即第2章中所述的第一、二两个方面费用的界限。

思 考 题

1. 要素费用分配的一般原则是什么?
2. 要素费用分配的标准有哪些,如何选择?
3. 采用定额消耗量比例分配法分配材料费用的优缺点是什么?
4. 采用定额费用比例分配法分配材料费用的优缺点是什么?

5. 分配低值易耗品有哪些方法，这些方法各适用于什么环境？
6. 如何通过会计账户核算外购动力费用？
7. 在什么时候外购动力费用的分配通过"应付账款"科目？
8. 职工薪酬包含哪些内容？
9. 工资费用的核算方式有哪些？各需要注意些什么问题？
10. 企业资产的折旧范围有哪些？

练 习 题

1. 某企业生产 A、B 两种产品，耗用原材料共计 10 000 元。本月投产 A 产品 100 件，B 产品 300 件。单件原材料费用定额：A 产品 60 元，B 产品 10 元。

要求：采用原材料定额费用比例法分配 A、B 产品实际耗用原材料费用（计算材料费用分配率、分配实际原材料费用）。

2. 某企业低值易耗品采用五五摊销法。本月企业行政管理部门领用管理用具一批，计划成本 10 000 元，本月低值易耗品成本差异率为超支 5%，本月报废另一批管理用具，计划成本 1 000 元，回收残料计价 100 元，已验收入库。

要求：编制领用、摊销、报废和调整成本差异等的会计分录。

第四章 部门费用的核算

第一节 辅助生产费用的核算

一、辅助生产费用的归集

（一）辅助生产车间的类别

辅助生产是指为基本生产车间、企业行政管理部门等单位提供服务而进行的产品生产和劳务供应。根据辅助生产的生产性质和任务不同，可将辅助生产部门分为两类：

第一类是提供产品的辅助生产部门。这类辅助生产部门的主要任务是为基本生产车间及有关部门生产工具、模具、修理用备件等产品。

第二类是提供劳务的辅助生产部门。这类辅助生产部门的任务是为基本生产车间及有关管理部门提供动力、修理、运输等劳务。

（二）辅助生产费用的归集

辅助生产费用的归集与分配，是通过"辅助生产成本"科目进行的。该科目应按车间和产品品种或劳务种类设置明细账，进行明细核算，账页内按成本项目或结合费用项目归集辅助生产车间发生的费用。对于辅助生产车间发生的直接生产费用和间接生产费用，可采用两种方法进行处理。

(1) 设置"辅助生产成本"明细账和辅助生产车间"制造费用"明细账进行辅助生产费用归集。采用此方法，对于辅助生产发生的直接生产费用，发生时直接记入"辅助生产成本"明细账；发生的间接生产费用，记入辅助生产车间的"制造费用"明细账，月末再分配转入"辅助生产成本"明细账。这种方法适用于辅助生产车间对外销售产品或提供劳务，需要按成本项目提供辅助生产成本，或者辅助生产车间规模较大，发生的费用较多的企业或车间。

(2) 只设置"辅助生产成本"明细账来归集辅助生产费用。在这种情况下，辅助生产车间不设"制造费用"科目，无论是直接生产费用，还是间接生产费用，在发生时都记入"辅助生产成本"明细账中，期末按其提供的产品或劳务数量，在各受益对象之间进行分配。这种方法主要适用于辅助生产车间规模较小，发生的辅助生产费用较小，不对外销售产品或提供劳务，不需要按照规定的成本项目计算辅助生产成本的企业或车间。

【例4-1】 甲企业有供电、供水两个辅助生产车间，因规模较小，不单独开设辅助生产车间的"制造费用"明细账，其辅助生产成本明细账详见表4-1和表4-2。

表4-1 辅助生产成本明细账

车间名称：供电车间　　　　　　20××年×月　　　　　　　　　　单位：元

摘要	材料费	动力费	职工薪酬费用	折旧费	办公费	水电费	其他	合计	转出
材料费用分配表	225							225	
燃料费用分配表		1 000						1 000	
外购动力费用分配表		800						800	
工资及福利费分配表			456					456	
折旧费分配表				1 000				1 000	
其他费用汇总表					260	660		920	
合计								4 401	
辅助生产费用分配表									4 401
本月合计	225	1 800	456	1 000	260	660	0	4 401	4 401

表4-2 辅助生产成本明细账

车间名称：供水车间　　　　　　20××年×月　　　　　　　　　　单位：元

摘要	材料费	动力费	职工薪酬费用	折旧费	办公费	水电费	其他	合计	转出
材料费用分配表	325							325	
外购动力费用分配表		699						699	
工资及福利费分配表			228					228	
折旧费分配表				400				400	
其他费用汇总表					280	300		580	
合计								2 232	
辅助生产费用分配表									2 232
本月合计	325	699	228	400	280	300	0	2 232	2 232

二、辅助生产费用的分配

由于辅助生产车间所生产的产品和劳务的种类不同,其费用转出、分配的程序也不相同。

若辅助生产车间为生产相关配套产品,如工具、模具和修理用备件等产品,应在产品完工时,从"辅助生产成本——××辅助生产车间"科目的贷方分别转入对应的"低值易耗品"和"原材料"科目的借方。此时,辅助生产车间生产产品的成本计算方法,与基本生产车间产品成本计算基本相同。

若辅助生产车间提供劳务,如修理、运输等劳务,应采用一定的分配方法,分配已归集的辅助生产费用。由"辅助生产成本"科目及其所属明细账的贷方转出,按各受益单位的受益程度分别记入"制造费用""管理费用"等科目的借方。

辅助生产车间提供产品或劳务,主要是为基本生产车间和管理部门服务的,但在某些辅助生产车间之间,也存在着相互提供产品或劳务的情况。这样,就存在如何处理辅助生产车间之间费用负担的问题,即辅助生产费用的交叉分配。辅助生产费用分配的方法通常有:直接分配法、顺序分配法、交互分配法、代数分配法和计划成本分配法。

(一) 直接分配法

采用这种分配方法,不考虑各辅助生产车间相互提供劳务或产品的情况,而是将各种辅助生产费用直接分配给辅助生产车间以外的各受益单位。即某辅助生产车间费用分配率为该辅助生产车间生产费用总额除以该辅助生产车间对非辅助生产车间提供劳务的总量。

【例 4-2】续【例 4-1】,甲企业有供电和供水两个辅助生产车间,主要为本企业基本生产和行政管理部门提供服务。本期辅助生产费用账簿如表 4-1 和表 4-2,供电车间本月发生费用为 4 401 元,供水车间本月发生费用 2 232 元,各辅助生产车间供应产品和劳务数量见表 4-3。采用直接分配法分配辅助生产费用。

表 4-3 辅助生产车间劳务供应统计表

受 益 单 位	耗电/度	耗水/吨
基本生产——甲产品	4 500	
基本生产车间一般耗用	1 800	400
辅助生产车间——供电车间		200
辅助生产车间——供水车间	1 000	
行政管理部门	1 500	200
专设销售机构	1 002	144
合　　计	9 802	944

供电车间费用分配率＝4 401÷8 802＝0.5(元/度)
供水车间费用分配率＝2 232÷744＝3(元/吨)

采用直接分配法编制的辅助生产费用分配表见表 4-4。

表 4-4 辅助生产费用分配表(直接分配法)

20××年×月

项 目		供电车间	供水车间	合计
待分配辅助生产费用/元		4 401	2 232	6 633
供应辅助生产以外的劳务数量		8 802 度	744 吨	
费用分配率(单位成本)		0.5 元/度	3 元/吨	
甲产品生产耗用	耗用数量	4 500 度		
	分配金额/元	2 250		2 250
基本生产车间耗用	耗用数量	1 800 度	400 吨	
	分配金额/元	900	1 200	2 100
行政管理部门耗用	耗用数量	1 500 度	200 吨	
	分配金额/元	750	600	1 350
专设销售机构耗用	耗用数量	1 002 度	144 吨	
	分配金额/元	501	432	933
分配金额合计		4 401	2 232	6 633

根据上列辅助生产费用分配表，应编制会计分录如下：

借：基本生产成本——甲产品　　　　　　　2 250
　　制造费用——基本生产车间　　　　　　2 100
　　管理费用　　　　　　　　　　　　　　1 350
　　销售费用　　　　　　　　　　　　　　　933
　　贷：辅助生产成本——供电车间　　　　　　4 401
　　　　　　　　　　——供水车间　　　　　　2 232

采用这种分配方法，各辅助生产费用只进行对外分配，仅需进行一次分配，计算工作最简便，但分配结果不准确，只宜在辅助生产内部相互提供劳务或产品不多，不进行费用的交互分配，且对辅助生产成本和企业产品成本影响不大的情况下采用。

(二) 顺序分配法

顺序分配法又称梯形分配法。采用这种分配方法时，各种辅助生产之间的费用分配应按照辅助生产车间受益多少的顺序排列，受益少的排列在前，先将费用分配出去，受益多的排列在后，后将费用分配出去。

各辅助生产车间费用分配率等于该车间生产费用总额加上排列在前的辅助生产车间

分入该车间的费用之和,除以该车间劳务总量减去排列在前辅助生产车间对本车间劳务的耗用量之差。而各受益单位应承担的费用则为,该受益单位受益的劳务数量乘以上述分配率。

【例 4-3】 某企业有供电和机修两个辅助车间,由于供电车间耗用机修车间的费用较多,而机修车间耗用供电车间费用较少,因而排列顺序为机修车间、供电车间。该企业"基本生产成本"明细账账内开设"直接材料""燃料及动力""直接人工"和"制造费用"四个成本项目。两个车间本月归集的辅助生产费用和提供的劳务数量如表 4-5 所示。

表 4-5 辅助生产车间劳务供应统计表

20××年×月

车间名称	待分配辅助生产费用/元	计量单位	各部门耗用劳务数量							
			供电车间	机修车间	基本生产车间			管理部门	在建工程	合计
					A产品	B产品	一般耗用			
供电车间	35 200	度		1 000	20 000	12 000	7 000	5 000	5 000	50 000
机修车间	240 000	小时	2 00		3 500	1 500	1 000	3 800	2 000	12 000

根据上述资料,编制辅助生产费用分配表,见表 4-6。

表 4-6 辅助生产费用分配表(顺序分配法)

20××年×月

项目		机修车间		供电车间		合计
		数量/小时	分配金额/元	数量/度	分配金额/元	
待分配数量金额		12 000	240 000	49 000 (50 000−1 000)	39 200 (35 200+4 000)	279 200
分配率			20		0.8	
供电车间		200	4 000			4 000
基本生产成本	A产品			20 000	16 000	16 000
	B产品			12 000	9 600	9 600
制造费用		6 000	120 000	7 000	5 600	125 600
在建工程		2 000	40 000	5 000	4 000	44 000
管理部门		3 800	76 000	5 000	4 000	80 000
合计		12 000	240 000	49 000	39 200	279 200

由于企业在产品成本明细账内开设"燃料及动力"成本项目,动力用电可记入"基本生产成本"账户及其所属明细账内,但机修服务在产品成本明细账内无对应的成本项目进

行核算，因此机修车间对 A 产品、B 产品及车间一般耗用的服务全部记入"制造费用——基本生产车间"明细账。

根据上列辅助生产费用分配表，应编制会计分录如下：

借：基本生产成本——A 产品　　　　　　16 000
　　　　　　　　——B 产品　　　　　　 9 600
　　辅助生产成本——供电车间　　　　　　4 000
　　制造费用　　　　　　　　　　　　　125 600
　　管理费用　　　　　　　　　　　　　 80 000
　　在建工程　　　　　　　　　　　　　 44 000
　贷：辅助生产成本——供电车间　　　　 39 200
　　　　　　　　　——机修车间　　　　240 000

这种方法部分地考虑了辅助生产车间相互耗用劳务的因素。但是，由于未全面考虑辅助生产车间之间相互耗用因素，因此，分配结果不够准确。另外，各辅助生产部门费用分配的先后顺序也较难确定。所以，这种方法一般只适用于辅助生产车间相互提供产品或劳务有明显顺序的单位。

（三）交互分配法

采用这种方法，需要经过交互分配和对外分配两个层次的分配核算。首先，根据各辅助生产车间待分配费用和辅助生产车间提供的产品(或劳务)的数量计算交互的单位成本(费用分配率)，并在各辅助生产车间之间进行一次交互分配；然后，根据各辅助生产车间交互分配后的实际费用(交互分配前的成本费用加上交互分配转入的成本费用，减去交互分配转出的成本费用)，结合各辅助生产车间对非辅助生产部门提供的产品(或劳务)的数量计算对外分配的单位成本(费用分配率)，并在辅助生产车间以外的各受益单位进行分配。

1. 交互分配层次的计算

(1) 计算各辅助生产车间的交互分配率。

某辅助生产交互分配率＝该辅助生产车间待分配费用÷该车间提供劳务总量

(2) 计算各受益辅助生产车间应分配辅助生产费用，即交叉受益劳务量乘以交互分配的费用分配率。

2. 对外分配层次的计算

(1) 计算辅助生产车间对外分配费用。由于对外分配在交互分配以后，对外分配的费用除了辅助生产车间相关核算账户归集的费用以外，还在交互分配过程中分入和分出了部分辅助生产车间之间交叉受益的费用。其对外分配费用应该在已归集费用基础上，加上交互分入费用，减去交互分出费用。

(2) 计算辅助生产车间对外分配的劳务量。由于对外分配层次仅对非辅助生产部分进行分配，因此对外分配的劳务量为，辅助生产车间提供的劳务总量减去各辅助生产部门交叉利用劳务量(或非辅助生产部门劳务耗用量之和)。

(3) 计算对外分配的分配率。

某辅助生产车间对外分配率＝该辅助生产车间对外分配费用÷对外分配劳务量

(4) 利用辅助生产车间对外分配率与各非辅助生产部门劳务耗用量相乘，计算得出各非辅助生产部门承担的辅助生产费用。

【例4-4】 某企业有供电和机修两个辅助车间，两个车间本月归集的辅助生产费用和提供的劳务数量如表 4-7 所示。该企业"基本生产成本"明细账账内不开设 "燃料及动力"成本项目。采用交互分配法分配辅助生产费用。

表 4-7 辅助生产车间劳务供应统计表

20××年×月

车间名称	待分配辅助生产费用/元	计量单位	各部门耗用劳务数量					
			供电车间	机修车间	基本生产车间一般耗用	管理部门	在建工程	合计
供电车间	76 800	度		8 000	32 000	4 000	4 000	48 000
机修车间	108 000	小时	2 000		6 000	2 000	2 000	12 000

采用交互分配法，编制辅助生产费用分配表，见表 4-8。

表 4-8 辅助生产费用分配表(交互分配法)

20××年×月

项 目			交 互 分 配			对 外 分 配		
			供电	机修	合计	供电	机修	合计
待分配辅助生产费用			76 800	108 000	184 800	82 000	102 800	184 800
劳务供应量			48 000	12 000		40 000	10 000	
单位成本			1.6	9		2.05	10.28	
辅助生产成本	供电车间	数量		2 000				
		金额		18 000				
	机修车间	数量	8 000					
		金额	12 800					
制造费用		数量				32 000	6 000	
		金额				65 600	61 680	127 280
在建工程		数量				4 000	2 000	
		金额				8 200	20 560	28 760
管理费用		数量				4 000	2 000	
		金额				8 200	20 560	28 760
合 计						82 000	102 800	184 800

根据上列辅助生产费用分配表，应编制会计分录如下。

(1) 交互分配

借：辅助生产成本——供电车间　　　　　18 000
　　　　　　　　　——机修车间　　　　　12 800
　贷：辅助生产成本——供电车间　　　　　12 800
　　　　　　　　　——机修车间　　　　　18 000

(2) 对外分配

借：制造费用——基本生产车间　　　　　127 280
　　管理费用　　　　　　　　　　　　　28 760
　　在建工程　　　　　　　　　　　　　28 760
　贷：辅助生产成本——供电车间　　　　　82 000
　　　　　　　　　——机修车间　　　　　102 800

交互分配方法进行了辅助生产费用的全面交叉分配，克服了直接分配法和顺序分配法的不足，分配结果更加准确。但是，交互分配法也存在一定的局限性。首先，交互分配法的计算结果并不准确。用于计算交互分配率计算的辅助生产费用并未包含辅助生产车间交叉受益费用，导致计算结果不够准确。同时，在实行厂部、车间两级核算的企业，采用这种方法，各辅助生产车间只能在接到财会部门转来其他车间分配费用后，才能算出实际费用，这往往影响成本核算的及时性。

(四) 计划成本分配法

计划成本分配法是指辅助生产车间生产的产品(或劳务)，按照计划单位成本计算、分配辅助生产费用的方法。辅助生产车间为各受益单位提供的产品(或劳务)，一律按产品(或劳务)的实际耗用量和计划单位成本进行分配。辅助生产车间实际发生的费用(包括辅助生产发生费用和按计划单位成本交互分配转入的费用)，与按计划单位成本分配转出的费用之间的差额，也就是辅助生产产品或劳务的成本差异，可以追加分配给辅助生产以外的各受益单位，为了简化计算工作，也可以全部记入"管理费用"科目。

采用按计划成本分配法，由于辅助生产车间的产品(或劳务)的计划单位成本有现成资料，只要有各受益单位耗用辅助生产车间的产品(或劳务)量，便可进行分配，从而简化和加速了分配的计算工作；按照计划单位成本分配，排除了辅助生产实际费用的高低对各受益单位成本的影响，便于考核和分析各受益单位的经济责任；还能够反映辅助生产车间提供产品或劳务的实际成本脱离计划成本的差异。但是采用该种分配方法，辅助生产产品或劳务的计划单位成本必须比较正确。

【例4-5】仍以【例4-4】的资料为基础，假设每度电计划单位成本为2元/度，机修劳务每小时计划单位成本为10.5元/小时。编制辅助生产费用分配表，见表4-9。

表 4-9 辅助生产费用分配表(计划成本分配法)

20××年×月

项目			供电车间		机修车间		合计/元
			数量/度	金额/元	数量/小时	金额/元	
分配数量及成本			48 000	76 800	12 000	108 000	184 800
计划分配率				2元/度		10.5元/小时	
按计划成本分配	辅助生产成本	供电车间			2 000	21 000	21 000
		机修车间	8 000	16 000			16 000
	制造费用		32 000	64 000	6 000	63 000	127 000
	管理费用		4 000	8 000	2 000	21 000	29 000
	在建工程		4 000	8 000	2 000	21 000	29 000
按计划成本分配合计				96 000		126 000	222 000
辅助生产实际成本				97 800(a)		124 000(b)	221 800
成本差异				1 800(c)		-2 000(d)	-200

注: (a)97 800=76 800+21 000; (b)124 000=108 000+16 000; (c)1 800=97 800-96 000; (d)-2 000=124 000-126 000

根据上表,编制辅助生产费用分配的会计分录如下。

(1) 按计划成本分配

借: 辅助生产成本——供电车间　　　21 000
　　　　　　　　　　——机修车间　　　16 000
　　制造费用——基本生产车间　　　127 000
　　管理费用　　　　　　　　　　　29 000
　　在建工程　　　　　　　　　　　29 000
　　贷: 辅助生产成本——供电车间　　　96 000
　　　　　　　　　　——机修车间　　　126 000

(2) 结转成本差异(全部转入"管理费用"科目)

借: 辅助生产成本——机修车间　　　2 000
　　贷: 管理费用　　　　　　　　　　200
　　　　辅助生产成本——供电车间　　　1 800

(五) 代数分配法

代数分配法,是运用代数中多元一次联立方程的原理在辅助生产车间相互提供产品(或劳务)情况下的一种辅助生产成本费用分配方法。采用这种分配方法,首先应根据各辅助生产车间消耗费用及相互提供产品(或劳务)的数量建立方程组,然后求解联立方程式并计算辅助生产产品(或劳务)的单位成本,再根据各受益单位(包括辅助生产内部和外部各单位)耗用产品或劳务的数量和单位成本,计算分配辅助生产费用。

【例 4-6】 仍以【例 4-4】的资料为基础,假设每度电单位成本为 x 元,机修车间的修理劳务每小时为 y 元,则可以列出如下联立方程。

$76\,800+2\,000y=48\,000x$ (1)

$108\,000+8\,000x=12\,000y$ (2)

解方程组得 $x=2.03$(元/度) $y=10.35$(元/小时)

根据以上资料,可编制辅助生产费用分配表,见表 4-10。

表 4-10 辅助生产费用分配表(代数分配法)

20××年×月

项目		供电车间		机修车间		合计/元
		数量/度	金额/元	数量/小时	金额/元	
分配率			2.03 元/度		10.35 元/小时	
辅助生产成本	供电车间			2 000	20 700	20 700
	机修车间	8 000	16 240			16 240
制造费用		32 000	64 960	6 000	62 100	127 060
管理费用		4 000	8 120	2 000	20 700	28 820
在建工程		4 000	8 120	2 000	20 700	28 820
合计		48 000	97 440	12 000	124 200	221 640

根据上表,编制辅助生产成本分配的会计分录如下。

借:辅助生产成本——供电车间   20 700
               ——机修车间   16 240
   制造费用——基本生产车间   127 060
   管理费用   28 820
   在建工程   28 820
  贷:辅助生产成本——供电车间   97 440
               ——机修车间   124 200

采用代数分配法分配辅助生产费用,结果最精确,但计算较为复杂。该方法一般适用于在成本会计中已运用电子计算技术的企业,采用手工计算的企业,较少采用代数分配法。

第二节 制造费用的核算

一、制造费用的归集

制造费用是指工业企业为生产产品(或提供劳务)而发生的、应该计入产品成本但没有专设成本项目的各项生产费用。制造费用中大部分不是直接用于产品生产的费用，而是间接用于产品生产的费用，如机物料消耗、车间辅助人员的职工薪酬，以及车间厂房的折旧费等。也有一部分直接用于产品生产，但管理上不要求单独核算，没有专设成本项目的费用，如机器设备的折旧费等。生产工艺用燃料和动力，如果没有专设成本项目也不单独核算，其成本也应包括在制造费用中。制造费用还包括车间用于组织和管理生产的费用，如车间管理人员职工薪酬，车间管理用房屋和设备的折旧费、车间照明费、水费、取暖费、差旅费和办公费等，这些费用虽然具有管理费用的性质，但由于车间是企业从事生产活动的单位，其管理费用和制造费用很难严格划分，为了简化核算工作，这些费用也作为制造费用核算。

企业发生的各项制造费用，应按其用途和发生地点，通过"制造费用"科目及其明细账进行归集和分配。根据管理的需要，"制造费用"科目可以按生产车间开设明细账，账内按照费用项目设置专栏，进行明细核算。费用发生时，根据支出凭证借记"制造费用"科目及其所属有关明细账。材料费、职工薪酬、折旧费等，应在月末，根据汇总编制的各种费用分配表记入。归集在"制造费用"科目借方的各项费用，月末一般应全部分配转入"基本生产成本"科目，计入产品成本。除季节性生产的车间外，"制造费用"科目期末应无余额。应该指出，辅助生产车间发生的费用，如果辅助生产车间的制造费用是通过"制造费用"科目单独核算的，则应比照基本生产车间发生的费用核算；如果辅助生产车间的制造费用不通过"制造费用"科目单独核算，则应全部记入"辅助生产成本"科目及其明细账的有关成本或费用项目。

制造费用明细账是根据前述各种费用分配表登记的，见表4-11。

表4-11 制造费用明细账

车间：基本生产车间　　　　20××年×月　　　　　　　单位：元

摘要	机物料消耗	电费	职工薪酬费用	折旧费	办公费	水电费	报刊费	其他	合计	转出
材料费用分配表	200								200	
外购动力费用分配表		493							493	
工资及福利费分配表			912						912	
折旧费分配表				6 000					6 000	
其他费用汇总表					200	100		50	350	
待摊费用分配表							400		400	
辅助生产费用分配表						2 100			2 100	
制造费用分配表										10 455
合计	200	493	912	6 000	200	2 200	400	50	10 455	10 455

二、制造费用的分配

在仅生产一种产品的企业,制造费用可直接计入其产品成本。在生产多种产品的企业,应采用合理的分配方法,将制造费用分配计入各种产品成本。制造费用分配方法有生产工时比例法、生产工人工资比例法、机器工时比例法以及按年度计划分配率分配法等。

(一) 生产工时比例法

生产工时比例法是按照各种产品所用生产工人工时的比例分配制造费用的一种方法。

制造费用分配率＝制造费用总额÷车间各种产品生产工时总额

某种产品应负担的制造费用＝该种产品生产工时×制造费用分配率

【例4-7】 某企业生产甲、乙两种产品,本期基本生产车间归集制造费用104 550元,基本生产车间甲产品生产工时为2 060小时,乙产品的生产工时为1 015小时,则制造费用计算分配如下。

制造费用分配率＝104 550÷(2 060＋1 015)＝34(元/小时)

甲产品承担制造费用＝2 060×34＝70 040(元)

乙产品承担制造费用＝1 015×34＝34 510(元)

按生产工时比例法编制制造费用分配表,见表4-12。

表4-12 制造费用分配表(生产工时比例法)

车间:基本生产车间　　　　　　　　　　　　201×年×月

应 借 科 目		生产工时/小时	分配金额/元 (分配率 34 元/小时)
基本生产成本	甲产品	2 060	70 040
	乙产品	1 015	34 510
合计		3 075	104 550

根据上表,编制制造费用分配的会计分录如下:

借:基本生产成本——甲产品　　70 040
　　　　　　　　——乙产品　　34 510
　　贷:制造费用——基本生产车间　　104 550

按生产工时比例分配是较为常见的一种分配方法,它能将劳动生产率的高低与产品负担费用的多少联系起来,分配结果比较合理。但是,必须正确组织好产品生产工时的记录和核算工作,以保证生产工时的正确、可靠。

(二) 生产工人工资比例法

生产工人工资比例法是以各种产品的生产工人工资的比例分配制造费用的一种方法。计算公式如下：

制造费用分配率＝制造费用总额÷车间各种产品生产工人工资总额

某种产品应负担的制造费用＝该种产品生产工人工资×制造费用分配率

由于工资费用分配表中具有生产工人工资的资料，所以该种分配核算工作很简便。但是这种方法适用于各种产品生产机械化的程度大致相同的企业，否则会影响费用分配的合理性。例如机械化程度低的产品，所用工资费用多，分配的制造费用也多；反之，机械化程度高的产品，所用工资费用少，分配制造费用也较少，出现不合理情况。该种分配方法与生产工时比例法的原理基本相同。

(三) 机器工时比例法

机器工时比例法是按照各种产品所用机器设备运转时间的比例分配制造费用的一种方法。计算公式如下：

制造费用分配率＝制造费用总额÷车间各种产品机器工时总额

某种产品应负担的制造费用＝该种产品机器工时×制造费用分配率

这种方法适用于机械化程度较高的车间，因为在这种车间中，折旧费用、修理费用的大小与机器运转的时间有着密切的联系。采用这种方法，必须正确组织各种产品所耗用机器工时的记录工作，以保持工时的准确性。该方法的计算程序、原理与生产工时比例法基本相同。

(四) 按年度计划分配率分配法

按年度计划分配率分配法是指无论各月实际发生的制造费用是多少，每月各种产品成本中的制造费用都按年度计划确定的计划分配率分配的一种方法。年度内如果发现全年制造费用的实际数和产品的实际产量与计划数发生较大的差额时，应及时调整计划分配率。计算公式如下：

$$某车间年度计划分配率 = \frac{年度该车间制造费用计划总额}{年度该车间生产的各种产品计划产量的定额工时总数}$$

某月某产品应分配的制造费用＝该月该种产品实际产量的定额工时数
×该车间年度计划分配率

【例 4-8】 某车间全年制造费用计划为 27 500 元；全年各种产品的计划产量为：甲产品 1 300 件，乙产品 1 125 件；单件产品的工时定额为甲产品 5 小时，乙产品 4 小时。6 月份实际产量为：甲产品 120 件，乙产品 75 件；本月实际发生的制造费用为 2 450 元。计算如下：

制造费用年度计划分配率＝27 500÷(1 300×5+1 125×4)＝2.5(元/小时)
该月甲产品应分配制造费用＝120×5×2.5＝1 500(元)
该月乙产品应分配制造费用＝75×4×2.5＝750(元)
该车间本月按计划分配率分配转出的制造费用为＝1 500＋750＝2 250(元)

假定"制造费用"科目6月初为贷方余额150元,则该月制造费用的实际发生额和分配转出额登记结果如图4-1所示。

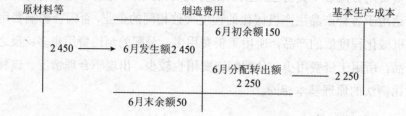

图4-1 制造费用归集与分配程序图(年度计划分配率分配法)

"制造费用"科目如果有年末余额,就是全年制造费用的实际发生额与计划分配额的差额,一般应在年末调整计入12月份的产品成本。实际发生额大于计划分配额,借记"基本生产成本"科目,贷记"制造费用"科目;实际发生额小于计划分配额则用红字冲减,或用相反方向记账。

这种分配方法核算工作简便,特别适用于季节性生产的车间,因为它不受淡季和旺季产量相差悬殊的影响,从而不会使各月单位产品成本中制造费用忽高忽低,便于进行成本分析。但是,采用这种分配方法要求计划工作水平较高,否则会影响产品成本计算的正确性。

第三节 期间费用的核算

期间费用是指企业在生产经营过程中发生的、与产品生产活动没有直接联系,属于某一时期发生的直接计入当期损益的费用。工业企业的期间费用一般包括销售费用、管理费用和财务费用3个项目。

销售费用是指企业在销售商品和材料、提供劳务的过程中发生的各种费用,包括企业在销售商品过程中发生的保险费、包装费、展览费和广告费、商品维修费、预计产品质量保证损失、运输费、装卸费等,以及为销售本企业商品而专设的销售机构(含销售网点、售后服务网点)的职工薪酬、业务费、折旧费、固定资产修理费等费用。

管理费用是指企业为组织和管理企业生产经营所发生的管理费用。包括企业在筹建期间内发生的开办费、董事会和行政管理部门在企业的经营管理中发生的或者应由企业统一负担的公司经费(包括行政管理部门人员的职工薪酬、物料消耗、低值易耗品摊销、办公费和差旅费等)、工会经费、董事会费(包括董事会成员津贴、会议费和差旅费等)、聘请中介机构费、咨询费(含顾问费)、诉讼费、业务招待费、技术转让费、矿产资源补偿费、研究费用、排污费以及企业生产车间(部门)和行政管理部门等发生的固定资产修理费用等。

财务费用是指企业为筹集生产经营所需资金等而发生的筹资费用,包括利息支出(减利息收入)、汇兑损益以及相关的手续费、企业发生的现金折扣或收到的现金折扣等。

期间费用不计入产品的生产成本,不参与产品成本计算,也不存在分配问题,而是直接计入当期损益。这种费用应该按年、季、月和费用项目编制费用计划,进行核算和考核。

企业发生的管理费用、财务费用、销售费用,应分别通过设置"管理费用""财务费用"和"销售费用"科目进行核算,并按费用项目设置进行明细核算。在各项期间费用发生时,借记"管理费用""财务费用""销售费用"科目,贷记"银行存款""原材料""应付职工薪酬""累计折旧""应付账款"等科目;期末,将"管理费用""财务费用"和"销售费用"科目的余额,结转至"本年利润"科目,结转后无余额。可见,企业当期发生的期间费用,期末结转计入当期损益,是影响企业利润的重要因素。

【例4-9】根据各种费用分配表和有关凭证,登记销售费用明细账、管理费用明细账、财务费用明细账,见表4-13、表4-14、表4-15。

表4-13 销售费用明细账

20××年×月　　　　　　　　　　　　　　　　　　　单位:元

摘　要	水电费	职工薪酬费用	修理费	折旧费	其他	合计	转出	余额
材料费用分配表					180	180		
外购动力费用分配表	100					100		
工资及福利费分配表		570				570		
折旧费分配表				500		500		
其他费用汇总表			400			400		
辅助生产费用分配表	933					933		2 683
转账凭证转出							2 683	
本月合计	1 033	570	400	500	180	2 683	2 683	0

月末,将销售费用转入"本年利润"科目。编制会计分录如下:

借:本年利润　　　　　　　　　2 683
　　贷:销售费用　　　　　　　　　　　　2 683

表 4-14 管理费用明细账

20××年×月　　　　　　　　　　　　　　　　　　　　　　　单位：元

摘要	消耗材料	水电费	职工薪酬费用	折旧费	修理费	办公费	税金	报刊费	合计	转出	余额
材料费用分配表	200								200		
外购动力费用分配表		300							300		
工资及福利费分配表			1 368						1 368		
折旧费用分配表				2 000					2 000		
其他费用分配表					5 900	200	180		6 280		
待摊费用分配表								200	200		
辅助生产费用分配表		1 350							1 350		
转账凭证(转出)										11 698	0
本月合计	200	1 650	1 368	2 000	5 900	200	180	200	11 698	11 698	0

月末，将管理费用转入"本年利润"科目。编制会计分录如下。

借：本年利润　　　　　　　　　　　　　　　　11 698
　　贷：管理费用　　　　　　　　　　　　　　　　11 698

表 4-15 财务费用明细账

20××年×月　　　　　　　　　　　　　　　　　　　　　　　单位：元

摘要	利息支出	汇兑损失	手续费	其他	合计	转出	余额
预提利息支出表	1 000				1 000		
本月合计	1 000				1 000	1 000	0

月末，将财务费用转入"本年利润"科目。编制会计分录如下。

借：本年利润　　　　　　　　　　　　　　　　1 000
　　贷：财务费用　　　　　　　　　　　　　　　　1 000

思 考 题

1. 怎样开设辅助生产费用账户进行会计核算？
2. 简述辅助生产费用分配方法及其优缺点、适用范围。
3. 辅助生产费用分配方法中哪些方法考虑了辅助生产车间的交叉分配？
4. 辅助生产费用分配方法中哪些方法的及时性差？
5. 简述制造费用分配方法及其优缺点、适用范围。

练习题

1. 某企业下设机修和供水两个辅助生产车间,三月份机修车间发生生产费用 20 000 元,提供劳务数量 1 000 机修小时,其中供水车间 300 小时;基本生产车间 600 小时;企业行政管理部门 100 小时。供水车间生产费用 4 000 元,提供劳务数量 2 000 吨水,其中机修车间 800 吨;基本生产车间 1 000 吨;企业行政管理部门 200 吨。(辅助生产车间不设置制造费用账户,保留两位小数)

要求:(1) 采用交互分配法分配辅助生产费用,并编制相应的会计分录。

(2) 采用代数分配法分配辅助生产费用,并编制相应的会计分录。

(3) 机修车间计划单位成本 22 元/小时,供水车间计划单位成本 5 元/吨;采用计划成本分配法分配辅助生产费用,并编制相应的会计分录。

2. 某工业企业下设供水和运输两个辅助生产车间。辅助生产车间的制造费用不通过"制造费用"科目核算。辅助生产费用的分配采用交互分配法。20××年 6 月各辅助生产车间发生的费用及提供的产品和劳务数量见"辅助生产费用分配表"(见表 4-16)。

要求:(1) 计算填列"辅助生产费用分配表"。

(2) 编制辅助生产费用交互分配、对外分配的会计分录("辅助生产成本"科目要列出明细科目,下同)。

表 4-16 辅助生产费用分配表

20××年 6 月

项 目			交 互 分 配			对 外 分 配		
辅助生产车间名称			供水/吨	运输/公里	合计	供水/吨	运输/公里	合计/元
待分配费用/元			8 200	18 200	26 400			
产品或劳务供应数量			4 100	5 200	×			×
单位成本(分配率)					×			×
辅助生产车间	供水	耗用数量/吨	×	200	×	×	×	×
		分配金额	×			×	×	×
	运输	耗用数量/公里	100	×	×	×	×	×
		分配金额		×		×	×	×
	分配金额小计					×	×	×
基本生产车间		耗用数量	×	×	×	3 500	4 000	×
		分配金额	×	×	×			
企业管理部门		耗用数量	×	×	×	500	1 000	×
		分配金额	×	×	×			
分 配 金 额 合 计			×	×	×			

注:分配率保留 4 位小数。

3. 某企业某车间全年制造费用计划为 55 000 元；全年各种产品的计划产量为 A 产品 2 600 件，B 产品 2 250 件。单件产品的工时定额为：A 产品 5 小时，B 产品 4 小时。该车间 5 月份的实际产量为 A 产品 240 件，B 产品 150 件。该月实际制造费用为 4 900 元。

要求：采用年度计划分配率分配制造费用，并做相关会计分录。

第五章 损失的核算

第一节 废品损失的核算

在管理上要求单独反映和控制废品损失与停工损失的工业企业中,在进行成本核算时,还应进行废品损失和停工损失的核算。

一、废品及废品损失

(一) 废品及其范围

生产中的废品,是指不符合规定的技术标准,不能按照原定用途使用,或者需要加工修理后才能使用的在产品、半成品和产成品等。

废品包括在生产过程中发现以及入库后发现的所有废品。但以下情况不包括在废品范围内:入库时确为合格品,由于保管不善、运输不当或其他原因而发生的损坏变质,应做产品毁损处理;质量虽不符合规定标准,但经检定,无须返修即行降级出售或使用的产品,应做次品处理。次品的成本与合格品相同。

(二) 废品的分类

废品按是否修复,分为可修复废品和不可修复废品。可修复废品指技术上可修复,经济上合算的废品。不可修复废品指技术上不可修复,或者在经济上不合算的废品。经济上合算是指修复费用低于重新制造同一产品的支出。

(三) 废品损失

废品损失是指由于生产原因造成的废品的报废损失和修复费用。废品损失包括不可修复废品的实际成本扣除残料和废料价值及过失人赔偿款后的净损失;以及可修复废品在返修过程中所发生的修理费和材料费、动力费、生产工人工资、应负担的制造费用等扣除过失人赔偿款后的净支出。

为了便于分清责任，实行有效控制，对废品的处理应遵循必要的凭证传递程序。废品损失核算的根据，是经过质量检验部门填制并审核后的废品通知单。

废品损失的归集和分配，应根据废品损失计算表和分配表等有关凭证，通过"废品损失"科目进行。"废品损失"科目应按车间设置明细账，账内按产品品种和成本项目登记废品损失的详细资料。该科目的借方归集不可修复废品的生产成本和可修复废品的修复费用；贷方登记废品残料回收的价值和应收的赔款，以及应由本月生产的同种产品负担的废品净损失，即从"废品损失"科目贷方转入"基本生产成本"科目的借方(记入本月同种产品成本明细账"废品损失"成本项目)；该科目月末无余额。

二、不可修复废品损失的核算

为了归集和分配不可修复的废品损失，首先计算废品的成本。废品成本是指生产过程中截至报废时为止所耗费的一切费用。接着，计算出废品净损失，即在废品成本的基础上扣除废品的残值和应收赔款。最后，将废品净损失记入产品成本明细账对应的"废品损失"成本项目。

在不可修复废品损失核算过程中，由于不可修复废品的成本与合格产品的成本是归集在一起同时发生的，因此需要采取一定的方法予以确定。一般有以下两种方法：一是按废品所耗实际费用计算；二是按废品所耗定额费用计算。

(一) 按废品所耗实际费用计算

采用这一方法，就是在废品报废时根据废品和合格品发生的全部实际费用，采用一定的分配方法，在合格品与废品之间进行分配，计算出废品的实际成本，从"基本生产成本"科目贷方转入"废品损失"科目的借方。

【例 5-1】 某工业企业某车间生产甲产品 200 件，生产过程中发现其中 20 件为不可修复废品。该产品成本明细账所登记的合格品和废品共同发生的生产费用为：原材料费用 250 000 元，直接人工费用 10 075 元，制造费用 49 400 元，合计 309 475 元。原材料是在生产开始时一次投入的，因而原材料费用按合格品数量 180 件和废品数量 20 件的比例进行分配；其他费用按生产工时比例分配，生产工时为：合格品 3 010 小时，废品 240 小时，合计 3 250 小时。废品回收的残料计价为 300 元，经核实报批，该批废品由过失人赔款 500 元。

根据上述资料，应编制不可修复废品损失计算表，见表 5-1。

表 5-1 不可修复废品损失计算表(按实际成本计算)

车间：×车间　　产品：甲　　　　20××年×月

项　目	数量/件	直接材料/元	生产工时/小时	直接人工/元	制造费用/元	合计/元
合格品和废品生产费用	200	250 000	3 250	10 075	49 400	309 475
费用分配率		1 250		3.1	15.2	
废品生产成本	20	25 000	240	744	3 648	29 392
减：回收价值		300		500		800
废品损失		24 700		244	3 648	28 592

上表所列废品损失，尚未扣除应收赔款，这种废品损失也称废品报废损失；扣除赔款后的废品损失，也称废品净损失。

根据上列不可修复废品损失计算表，应编制会计分录如下。

(1) 将废品生产成本从"基本生产成本"科目和所属明细账的贷方转出。

　　借：废品损失——甲产品　　　　　　　　29 392
　　　　贷：基本生产成本——甲产品——直接材料　25 000
　　　　　　　　　　　　　　　　　——直接人工　　744
　　　　　　　　　　　　　　　　　——制造费用　3 648

(2) 回收废品残料价值。

　　借：原材料　　　　　　　　　　300
　　　　贷：废品损失——甲产品　　　　300

(3) 过失单位赔款为 500 元，根据索赔凭证，登记应收赔款。

　　借：其他应收款　　　　　　　　500
　　　　贷：废品损失——甲产品　　　　500

(4) 将废品净损失 28 592(即 29 392－300－500)元，记入同种合格品的成本，记入甲产品成本明细账"废品损失"成本项目。

　　借：基本生产成本——甲产品——废品损失　28 592
　　　　贷：废品损失——甲产品　　　　　　　　28 592

如果废品是在完工以后发现的，同时，单位废品负担的各项生产费用应与单位合格产品完全相同，可按合格品产量和废品的数量比例分配各项生产费用，计算废品的实际成本。按照废品的实际费用计算和分配废品损失，符合实际，但核算工作量较大。

(二) 按废品所耗定额费用计算

在按废品所耗定额费用计算不可修复废品的成本时，废品的生产成本系按废品的数量和各项费用定额计算，而不考虑废品实际发生的生产费用是多少。

【例 5-2】 某工业企业某车间在生产乙产品的过程中，产生不可修复废品 50 件，按所耗定额费用计算废品的生产成本。其原材料费用定额为 210 元，已完成的定额工时共计

360 小时，每小时的费用定额为：直接人工 2.80 元，制造费用 13.50 元。回收废品残料计价 1 200 元。

根据上列资料，应编制不可修复废品损失计算表，见表 5-2。

表 5-2　不可修复废品损失计算表(按定额成本计算)

车间：×车间　　产品：乙产品　　　　20××年×月　　　　　　废品数量：50 件

项　目	直接材料/元	定额工时/小时	直接人工/元	制造费用/元	合计/元
每件或每小时费用定额	210	360	2.80	13.50	
废品定额成本	10 500		1 008	4 860	16 368
减：残料价值	1 200				1 200
废品报废损失	9 300		1 008	4 860	15 168

根据上列不可修复废品损失计算表，应编制会计分录如下。
(1) 将废品生产成本从"基本生产成本"科目和所属明细账的贷方转出。

借：废品损失——甲产品　　　　　　　　　　16 368
　　贷：基本生产成本——甲产品——直接材料　　10 500
　　　　　　　　　　　　　　　——直接人工　　 1 008
　　　　　　　　　　　　　　　——制造费用　　 4 860

(2) 回收废品残料价值。

借：原材料　　　　　　　　　　　　　　　　 1 200
　　贷：废品损失——甲产品　　　　　　　　　 1 200

(3) 将废品净损失 15 168(即 16 368－1 200)元，计入同种合格品的成本，记入甲产品成本明细账"废品损失"成本项目。

借：基本生产成本——甲产品——废品损失　　15 168
　　贷：废品损失——甲产品　　　　　　　　15 168

采用按废品所耗定额费用计算废品成本和废品损失的方法，核算工作比较简便，有利于考核和分析废品损失和产品成本，但必须具备比较准确的定额成本资料，否则会影响成本计算的正确性。

三、可修复废品损失的归集和分配

可修复废品损失，指废品在修复过程中所发生的各项修复费用扣除可回收价值后的耗费。

可修复废品返修以前发生的费用在"基本生产成本"科目及有关的成本明细账中，不必转出，这部分生产耗费不属于废品损失。可修复废品返修时发生的修复费用，应根据原材料、工资、辅助生产费用和制造费用等分配表记入"废品损失"科目的借方，以及有关资源类科目的贷方。如有残值和应收赔款，根据废料交库凭证及其他有关结算凭证，从"废品损失"科目的贷方转入"原材料""其他应收款"等科目的借方。将废品净损失(修复费用减残值和赔款)从"废品损失"科目的贷方转入"基本生产成本"科目的借方及其有关成本明细账的"废品损失"成本项目。

以上所述废品损失均指基本生产的废品损失。辅助生产的规模一般不大,为了简化核算工作,一般不单独核算废品损失。

第二节 停工损失的核算

一、停工损失及其内容

停工损失是指生产车间或车间内某个班组在停工期内发生的各项费用,包括停工期内支付的生产工人的职工薪酬、所耗燃料和动力费,以及应负担的制造费用等。过失单位、过失人员或保险公司负担的赔款,应从停工损失中扣除。计算停工损失的时间界限由主管企业部门规定,或由主管企业部门授权企业自行规定,为了简化核算工作,停工不满一个工作日的,可以不计算停工损失。

二、停工损失的核算

停工损失的归集和分配,是通过设置"停工损失"科目进行的,该科目应按车间和成本项目进行明细核算。根据停工报告单和各种费用分配表、分配汇总表等有关凭证,将停工期内发生、应列作停工损失的费用记入"停工损失"科目的借方进行归集。属于过失单位、过失人员或保险公司的赔款,应从"停工损失"科目的贷方转入"其他应收款"科目的借方;属于自然灾害部分转入"营业外支出"科目的借方;属于应由本月产成品成本负担的部分,则转入"基本生产成本"科目的借方,并采用合理的分配标准,分配计入车间各产品成本明细账停工损失成本项目内(单独核算停工损失的单位,增设"停工损失"成本项目)。

为了简化核算工作,辅助生产车间一般不单独核算停工损失。季节性生产企业的季节性停工,是生产经营过程中的正常现象,停工期间发生的各项费用不属于停工损失,不作为停工损失核算。

不单独核算停工损失的企业,不设"停工损失"会计科目和"停工损失"成本项目。停工期间发生的属于停工损失的各项费用,分别记入"制造费用"和"营业外支出"等科目。

思 考 题

1. 什么是废品?废品包含哪些内容?
2. 简述废品损失的分类。

3. 废品损失如何开设账户核算？
4. 简述停工损失的概念及内容。
5. 停工损失如何开设账户核算？

练习题

1. 某企业生产甲产品，本月投产 100 件，完工入库后发现 10 件为不可修复废品。该产品成本明细账所记合格产品和废品共同发生的费用为：原材料 30 000 元，工资及福利费 10 600 元，制造费用 15 900 元。原材料在生产开始时一次投入。合格品的生产工时为 1 000 小时，废品为 60 小时。废品回收的残料计价 150 元，应收过失人赔款 150 元。

要求：按废品所耗实际费用计算不可修复废品的报废成本及净损失，编制不可修复废品损失计算表及相关会计分录。

2. 某企业在生产乙产品的过程中，发现不可修复废品 100 件，按所耗定额费用计算废品的生产成本。单件原材料费用定额为 400 元，已完成的定额工时共计 800 小时，每小时的费用定额为：工资及福利费 5 元，制造费用 10 元。不可修复废品的残料作价 200 元，以原材料入库。

要求：按废品所耗定额费用计算不可修复废品生产成本及净损失。

第六章

生产费用在完工产品与在产品之间的分配

第一节 在产品数量的核算

一、在产品收发结存的日常核算

在产品是指没有完成全部生产过程、不能作为商品销售的产品。

在产品有狭义和广义之分：狭义在产品是指某一车间或某一生产步骤正在加工阶段中的在产品；广义在产品则是从整个企业范围来说，包括正在车间加工中的产品和已经完成一个或几个生产步骤，但还需继续加工的半成品以及未经验收入库的产品和等待返修的废品。

在产品数量的核算，应同时具备账面核算资料和实际盘点资料，做好在产品收发结存的日常核算工作和在产品的清查工作，既可以从账面上随时掌握在产品的动态，又可以查清在产品的实存数量，以及正确计算产品成本并加强生产资金和在产品实物管理。根据在产品业务核算资料的期末结存量计算在产品成本。车间在产品收发结存的日常核算通常是通过"在产品收发结存账"(即在产品台账)进行的，该账分车间并按照产品品种和在产品的名称(零部件名称)设置，提供车间各种在产品收发结存动态的业务核算资料。它是根据领料凭证、在产品内部转移凭证、产品检验凭证和产品交库凭证，及时登记在产品收发结存账，最后由车间核算人员审核汇总。在产品收发结存账详见表 6-1。

表 6-1 在产品收发结存账

车间名称：第一车间　　　　　零部件名称、编号：3090　　　　　　　　单位：件

日期	摘要	收入		转出			结存	
		凭证号	数量	凭证号	合格品	废品	完工	未完工
07-04	结存						5	3

(续表)

日期	摘要	收入		转出		结存	
		凭证号	数量	凭证号	合格品	废品	完工	未完工
07-15			8		12			1
07-31	合计		228		221	4	10	1

二、在产品清查的核算

在产品需进行定期清查，也可以不定期进行轮流清查，使得在产品账实相符，保护在产品的安全完整。将清查结果根据实际盘点数和账面资料编制在产品盘存表，列明在产品的账面数、实有数、盘盈盘亏数以及盘亏的原因和处理意见等，对于报废和毁损的在产品还要登记残值。成本核算人员应对在产品盘存表进行认真审核，并报有关部门审批，同时对在产品盘盈、盘亏进行账务处理。

【例6-1】 某工业企业基本生产车间在产品清查结果：A产品的在产品盘盈15件，单位定额成本20元；B产品的在产品盘亏9件，单位定额成本30元；过失人赔款50元；C产品的在产品毁损250件，单位定额成本28元，残料入库作价150元，属于自然灾害损失2 000元，应由保险公司赔偿3 000元，其余损失计入成本。都已经批准转账。

(1) 在产品盘盈的核算

盘盈时：　　　　借：基本生产成本——A产品　　　300
　　　　　　　　　　贷：待处理财产损溢　　　　　　　　　300
批准后转账：　　借：待处理财产损溢　　　　　　300
　　　　　　　　　　贷：制造费用　　　　　　　　　　　　300

(2) 在产品盘亏的核算

盘亏时：　　　　借：待处理财产损溢　　　　　　270
　　　　　　　　　　贷：基本生产成本——B产品　　　　270
批准后转账：　　借：其他应收款　　　　　　　　 50
　　　　　　　　　　　制造费用　　　　　　　　　220
　　　　　　　　　　贷：待处理财产损溢　　　　　　　　270

(3) 在产品毁损的核算

毁损转账：　　　借：待处理财产损溢　　　　　　7 000
　　　　　　　　　　贷：基本生产成本——C产品　　　7 000
残料入库：　　　借：原材料　　　　　　　　　　 150
　　　　　　　　　　贷：待处理财产损溢　　　　　　　　150
批准后转账：　　借：其他应收款(或银行存款)　　3 000
　　　　　　　　　　　营业外支出　　　　　　　　2 000
　　　　　　　　　　　制造费用　　　　　　　　　1 850
　　　　　　　　　　贷：待处理财产损溢　　　　　　　　6 850

对于库存半成品和辅助生产的在产品的数量和清查的核算,与基本生产成本基本相同,只是它们清查的结果分别在"自制半成品"和"辅助生产成本"科目中核算。

第二节　完工产品和在产品之间分配费用的方法

月初在产品费用、本月生产费用、本月完工产品成本和月末在产品费用之间的关系,可用下面公式表示:

月初在产品费用＋本月生产费用＝本月完工产品成本＋月末在产品费用

企业生产过程中发生的各项费用,经过各种要素费用的分配、部门费用以及其他费用的分配、废品损失的核算等任务后,所有发生的费用都集中在了"基本生产成本"明细账(即产品成本计算单中)。此时,需要将归集在"基本生产成本"明细账中的费用采用一定的方法分配到完工产品成本和月末在产品费用中。通常,在完工产品和月末在产品之间分配费用的思路有两类:一类是先确定月末在产品成本,再计算完工产品成本;另一类是将前两项之和在后两项之间按照一定的比例进行分配,同时算出完工产品成本和月末在产品成本。

由于成本核算的核心是要计算出产品成本,因此,以上两类分配方法也可以用以下公式表达:

第一类,完工产品成本倒减法。

本月完工产品成本＝月初在产品费用＋本月生产费用－月末在产品费用

第二类,按比例分配完工产品成本和月末在产品费用。

生产费用分配率＝(月初在产品费用＋本月生产费用)÷分配标准

本月完工产品成本＝生产费用分配率×完工产品分配标准

月末在产品费用＝生产费用分配率×月末在产品分配标准

根据生产费用分配的两条思路,可采用不同的分配方法。通常采用倒减的分配方法有:不计算在产品成本法、按年初数固定计算在产品成本法、在产品按所耗原材料费用计价法、在产品按定额成本计价法。采用生产费用在完工产品与在产品间按比例分配的方法有:约当产量比例法、在产品按完工产品成本计算法和定额比例法。

如何既合理又较简便地在完工产品和月末在产品之间分配费用,必须结合企业月末在产品数量的多少、月末在产品价值的大小、各月在产品数量变化的大小、各项费用比重的大小以及定额管理基础的好坏等具体条件,采用适当的分配方法。

一、不计算在产品成本法

采用该种分配方法,月末虽然有在产品,但不计算在产品成本。这种方法适用于各月月末在产品数量很少,或月末在产品价值很小的生产情况。此时,由于月末在产品数量、价值少,算不算在产品成本对于完工产品成本的影响很小,为了简化核算工作,可以不计算在产品成本,即某种产品本月归集的全部生产费用就是该种完工产品的成本。

二、按年初数固定计算在产品成本法

采用这种分配方法时,各月末(月初、月末)在产品的成本固定不变。这种方法适用于在产品数量较小,或者在产品数量虽大但各月之间在产品数量变动不大的情况。由于月初、月末在产品成本的差额不大,算不算各月在产品成本的差额,对完工产品成本的影响不大,为了简化核算工作,同时又反映在产品占用的资金,各月在产品成本可以按年初数固定计算。例如,炼铁厂、化工厂或其他有固定容器装置的在产品,数量都较稳定,可以采用这种分配方法。采用该种分配方法,某种产品本月发生的生产费用就是本月完工产品的成本。但在年末,应该根据实际盘点的在产品数量,重新调整计算确定在产品成本,调整年初数,以免在产品成本与实际出入过大,影响成本计算的正确性。

三、在产品按所耗原材料费用计价法

采用这种分配方法,月末在产品只计算其所耗用的原材料费用,不计算职工薪酬等加工费用。即产品的加工费用全部由完工产品成本负担。某种产品的全部生产费用减月末在产品原材料费用,就是完工产品的成本。这种方法适用于各月末在产品数量较大,各月在产品数量变化也较大,但原材料费用在成本中所占比重较大的产品,如酿酒、造纸等行业的产品。

【例6-2】 某企业生产A产品,该产品原材料费用在产品成本中所占比重较大,采用在产品按所耗原材料费用计价法。A产品月初在产品原材料费用(即月初在产品费用)为4 850元;本月发生原材料费用20 000元,直接人工等加工费用共计1 100元;完工产品850件,月末在产品150件。该种产品的原材料费用是在生产开始时一次投入的,原材料费用按完工产品和在产品的数量比例分配。分配计算完工产品成本与在产品费用。

原材料费用分配率=(4 850+20 000)÷(850+150)=24.85(元)
完工产品原材料费用=850×24.85=21 122.5(元)
月末在产品原材料费用(月末在产品费用)=150×24.85=3 727.5(元)
完工产品费用=211 22.5+1 100=22 222.5(元)
或 4 850+(20 000+1 100)-3 727.5=22 222.5(元)

四、在产品按定额成本计价法

采用在产品按定额成本计价法,月末在产品的各项费用按各项费用定额计算,即月末在产品成本按其数量和单位定额成本计算。某种产品的全部生产费用(月初在产品费用加本月生产费用),减去按定额单位成本计算的月末在产品成本,就是完工产品成本。也就是说,每月生产费用脱离定额的差异(节约或超支)都计入当月完工产品成本。

这种分配方法适用于定额管理基础较好,各项消耗定额或费用定额比较准确、稳定,而且各月末在产品数量变动不大的产品。因为对于这类产品来说,不仅月初和月末单件在产品费用脱离定额的差异不会很大,而且月初在产品费用脱离定额差异总额与月末在产品费用脱离定额差异总额的差异也不会大。因此,月末在产品不计算费用差异,对完工产品成本的影响不大,为了简化计算工作,可以这样分配费用,在消耗定额修订时,月末在产品按新定额计价所发生的差额,也要包括在完工产品成本中,这给考核和分析产品成本带来一定的困难。因此,采用这一方法消耗定额不仅比较准确,而且比较稳定。

采用这种分配方法,应根据各种在产品有关定额资料以及在产品月末结存数量,计算各种月末在产品的定额成本。

【例6-3】A产品月初在产品费用为9 794元,其中,直接材料5 664元,燃料及动力1 416元,直接人工1 770元,制造费用9 44元;本期发生生产费用132 200元,其中,直接材料75 200元,燃料及动力17 600元,直接人工26 300元,制造费用13 100元。该产品采用在产品按定额成本计价法分配完工产品与在产品之间的生产费用。在产品定额资料如下:原材料费用定额为48元,在产品工时定额为1小时;每小时燃料及动力费用为12元/小时,小时人工费用15元/小时,小时制造费用8元/小时。月末在产品120件,本月完工产品880件。计算分配完工产品成本和在产品费用。

填制产品成本计算单,分配完工产品成本与在产品费用,见表6-2。

表6-2 产品明细账

产品名称:A产品　　　　　　　　　　　20××年×月

产品名称	在产品数量/件	直接材料/元	燃料及动力费/元	直接人工/元	制造费用/元	合计/元
期初在产品费用	118	5 664	1 416	1 770	9 44	9 794
本期发生费用		75 200	17 600	26 300	13 100	132 200
生产费用合计		80 864	19 016	28 070	14 044	141 994
本月完工产品成本	880	75 104	17 576	26 270	13 084	132 034
月末在产品费用	120	5 760	1 440	1 800	960	9 960

表6-2中,月末在产品各项费用计算如下:

月末在产品直接材料费用=120×48=5 760(元)

月末在产品燃料及动力费用=120×1×12=1 440(元)

月末在产品直接人工费用=120×1×15=1 800(元)

月末在产品直接人工费用=120×1×8=960(元)

采用这种分配方法,月末在产品定额成本与实际成本之间的差异(脱离定额差异)全部由完工产品负担。因此,在各项消耗定额或费用定额比较准确、稳定,又不需要经常修订定额的条件下,采用这种分配方法能够比较准确、简便地解决完工产品与月末在产品之间分配费用的问题,否则会影响产品成本计算的正确性。

五、在产品按完工产品成本计算法

采用在产品按完工产品成本计算法，在产品视同完工产品参与生产费用的分配。这种方法适用于月末在产品已经接近完工或者已经完工，只是尚未包装或者尚未验收入库的产品。在这种情况下，在产品成本已接近完工产品成本，为了简化核算工作，将月末在产品视同完工产品。因此，采用这种方法，通常按照完工产品和在产品的数量比例分配各项成本费用。

【例6-4】 A产品月初在产品费用和本月发生费用累计为：直接材料25 600元，直接人工5 600元；制造费用6 400元。完工产品550件，月末在产品250件。该产品已接近完工。采用月末在产品按完工产品计算法，其计算分配结果见表6-3。

表6-3 在产品按完工产品计算表

20××年×月

成本项目	生产费用累计数/元	费用分配率	完工产品		月末在产品	
			数量/件	费用/元	数量/件	费用/元
①	②	③=②/(④+⑥)	④	⑤=④×③	⑥	⑦=⑥×③
原材料	25 600	32	550	17 600	250	8 000
职工薪酬	5 600	7	550	3 850	250	1 750
制造费用	6 400	8	550	4 400	250	2 000
合 计	37 600	—	—	25 850	—	117 500

表中各项费用的分配率是根据生产费用的累计数除以完工产品数量与月末在产品数量之和计算出的；费用分配率分别乘以完工产品数量和月末在产品数量，即求出完工产品与月末在产品分配的各项费用。

六、约当产量比例法

（一）约当产量比例法原理

采用约当产量比例法，首先将月末在产品数量按照完工程度折算为相当于完工产品的产量，即约当产量；然后，按照完工产品产量(也是完工程度为100%的约当产量)与月末在产品约当产量的比例分配计算完工产品成本和月末在产品费用，这种分配费用的方法叫作约当产量比例法。这种分配方法适用于月末在产品数量较大、各月末在产品数量变化也较大，产品成本中各项费用比重相差不大的产品。

如果原材料是在生产开始时一次投入，加工费用随加工进度逐步发生的，由于每件完工产品和不同完工程度的在产品所耗用原材料数量相等，因而原材料费用可以按完工产品与月末在产品的数量比例分配。由于单件完工产品与不同完工程度的在产品所发生的加工费用不相等,因而完工产品与月末在产品的各项加工费用,应按约当产量比例分配计算,而不能按它们的数量比例分配计算。其计算公式如下:

在产品约当产量＝在产品数量×完工百分比(完工率)
某项费用分配率＝该项费用总额÷(完工产品数量＋在产品约当产量)
完工产品该项费用＝完工产品数量×该项费用分配率
在产品该项费用＝在产品约当产量×费用分配率
　　(或＝费用总额－完工产品费用)

【例6-5】 某企业生产B产品,本月完工750件,月末在产品300件,在产品完工程度30%;月初在产品和本月原材料费用共计52 500元,直接人工12 600元,制造费用8 400元。原材料是在生产开始时一次投入,原材料费用按照完工产品和月末在产品数量比例分配,加工费用按照完工产品数量和月末在产品约当产量的比例分配。分配计算如下:

(1) 计算月末在产品约当产量

　　月末在产品约当产量＝300×30%＝90(件)

(2) 原材料费用分配

　　原材料费用分配率＝52 500÷(750＋300)＝50
　　完工产品原材料费用＝750×50＝37 500(元)
　　在产品原材料费用＝300×50＝15 000(元)

(3) 加工费用分配

　　加工费用分配率＝12 600÷(750＋90)＝15
　　完工产品加工费用＝750×15＝11 250(元)
　　在产品加工费用＝90×15＝1 350(元)

(4) 制造费用分配

　　制造费用分配率＝8 400÷(750＋90)＝10
　　完工产品制造费用＝750×10＝7 500(元)
　　在产品制造费用＝90×10＝900(元)

(5) 计算完工产品和在产品成本

　　完工产品成本＝37 500＋11 250＋7 500＝56 250(元)
　　在产品成本＝15 000＋1 350＋900＝17 250(元)

(二) 完工程度测定

采用约当产量比例法,必须正确计算在产品的约当产量,而在产品约当产量正确与否,主要取决于在产品完工程度(即完工率)的测定是否正确,这对于费用分配的正确性影响很大。从前例也可以看到,产品在生产过程中可能伴随着投料程度和加工程度不一致的情况,因此,完工程度的测定需要从投料率和完工率两个角度进行评测。

1. 分配加工费用(包括燃料及动力、直接人工和制造费用等)完工程度的测定

分配加工费用的完工程度,又称为在产品加工程度或完工率,是指在产品实际(或定额)耗用工时占完工产品实际(或定额)耗用工时的百分比。在产品加工进度的计算分为以下两种情况。

(1) 不分工序平均计算在产品加工进度。在各工序在产品数量和单位产品在各工序的加工量都相差不多的情况下,按50%作为在产品加工程度。因为在符合上述条件的情况下,后面各工序在产品多加工的程度可以抵补前面各工序少加工的程度。这样,全部在产品完工程度均可按50%平均计算。

(2) 分工序确定在产品加工进度。在各工序在产品数量和单位产品在各工序的加工量都相差较大的情况下,为了提高成本计算的正确性,应分别计算各工序在产品完工率。通常按照各工序的累计工时定额占完工产品工时定额的比率计算。计算公式如下:

$$某工序在产品完工率 = \frac{前面各工序工时定额之和 + 本工序工时定额 \times 50\%}{单位产品工时定额}$$

【例6-6】 某企业A产品单位工时定额为50小时,经过三道工序制成。第一道工序工时定额为10小时,第二道工序工时定额为20小时,第三道工序工时定额为20小时。各道工序内各件在产品加工程度均按50%计算。各工序完工率计算如下。

第一道工序:$(10 \times 50\%) \div 50 \times 100\% = 10\%$

第二道工序:$(10 + 20 \times 50\%) \div 50 \times 100\% = 40\%$

第三道工序:$(10 + 20 + 20 \times 50\%) \div 50 \times 100\% = 80\%$

根据各工序的月末在产品数量和各工序完工率,计算出月末各工序在产品的约当产量及其总数,据以分配费用。

假定【例6-6】的A产品本月完工200件。第一道工序的在产品20件,第二道工序的在产品40件,第三道工序的在产品60件。根据各工序月末在产品的数量和各工序的完工率,分别计算各工序月末在产品的约当产量及其总数。

在产品约当产量 $= 20 \times 10\% + 40 \times 40\% + 60 \times 80\% = 66(件)$

假定【例6-6】的A产品月初加本月发生的生产费用为:原材料费用16 000元(原材料在生产开始时一次投料);直接人工10 640元;制造费用8 512元。完工产品与月末在产品费用分配计算如下。

(1) 计算分配原材料费用

原材料费用分配率 $= 16\ 000 \div (200 + 120) = 50$

完工产品原材料费用 $= 200 \times 50 = 10\ 000(元)$

月末在产品原材料费用 $= 120 \times 50 = 6\ 000(元)$

(2) 计算分配直接人工费用

直接人工分配率 $= 10\ 640 \div (200 + 66) = 40$

完工产品直接人工 $= 200 \times 40 = 8\ 000(元)$

月末在产品直接人工=66×40=2 640(元)

(3) 计算分配制造费用

制造费用分配率=8 512÷(200+66)=32
完工产品分配制造费用=200×32=6 400(元)
月末在产品分配制造费用=66×32=2 112(元)

(4) 计算完工产品和月末在产品成本

完工产品成本=10 000+8 000+6 400=24 400(元)
月末在产品成本=6 000+2 640+2 112=10 752(元)

2. 分配直接材料费用完工程度的测定

分配直接材料费用的程度,又称为在产品投料程度或投料率,是指在产品已投材料占完工产品应投材料的百分比。在分配直接材料费用时,应根据材料的投料情况的不同,分别测定其完工程度,具体包括以下情况。

(1) 原材料在生产开始时一次投入,其在产品投料程度为100%。由于原材料是在生产开始时一次全部投入,其完工产品与月末在产品单位耗用的材料数量相同,因而应平均负担材料费用,即按完工产品和月末在产品数量比例分配材料费用。

(2) 原材料随加工进度陆续投入,其投料程度与加工进度或生产工时投入进度不一致,则在产品的投料程度应按下列公式计算。

$$\text{某工序在产品直接材料完工率} = \frac{\text{上道工序单位产品原材料累计定额投入量} + \text{本道工序单位产品原材料定额投入量} \times 50\%}{\text{单位产品原材料定额消耗量}} \times 100\%$$

【例 6-7】某种产品需经两道工序制成,原材料消耗定额为 500 千克,其中,第一道工序原材料消耗定额为 240 千克,第二道工序原材料消耗定额为 260 千克。月末在产品数量:第一道工序为 200 件,第二道工序为 150 件。完工产品为 241 件,月初在产品和本月发生的原材料费用共计 38 960 元。计算过程和结果详见表 6-4。

表 6-4 投料率计算表

工序	各工序原材料消耗定额/千克	完工率(投料率)	在产品约当产量/件	完工产品/件	合计/件
1	240	(240×50%)÷500=24%	200×24%=48		
2	260	(240+260×50%)÷500=74%	150×74%=111		
合计	500	——	159	241	400

注:原材料是在每道工序随加工进度陆续分次投料,故每道工序投料程度按50%折算。

原材料费用分配率=38 960÷(241+159)=97.4
完工产品分配原材料费用=241×97.4=23 473.4(元)
月末在产品分配原材料费用=159×97.4=15 486.6(元)

(3) 原材料随加工进度陆续投入，并且是每道工序开始时一次投入，则应根据各工序的消耗定额来计算投料程度。在产品的投料程度的计算公式如下。

$$\text{某工序在产品直接材料完工率} = \frac{\text{上道工序单位产品原材料累计定额投入量} + \text{本道工序单位产品原材料定额投入量}}{\text{单位产品原材料定额消耗量}} \times 100\%$$

仍以【例 6-7】中的数据为例，计算过程和结果详见表 6-5。

表 6-5 投料率计算表

工序	各工序一次投入的原材料定额/千克	完工率(投料率)	在产品约当产量/件	完工产品/件	合计/件
1	240	240÷500=48%	200×48%=96		
2	260	(240+260)÷500=100%	150×100%=150		
合计	500	——	246	241	487

注：原材料是在每道工序开始时投入，在同一工序中各件在产品原材料的消耗定额，就是该工序的消耗定额，不应按 50%折算，最后一道工序在产品的消耗定额，为该种完工产品的消耗定额，完工率为 100%。

原材料费用分配率＝38 960÷(241+246)＝80

完工产品原材料费用＝241×80＝19 280(元)

月末在产品原材料费用＝246×80＝19 680(元)

(4) 原材料随加工进度陆续、均衡投入，且原材料的投料程度与加工进度完全或基本一致，则在产品投料程度按其加工程度计算。

七、定额比例法

定额比例法是指生产费用按照完工产品与月末在产品定额资料(如定额消耗量、定额费用、定额工时等)的比例进行分配。其中，原材料费用，可以按原材料的定额消耗量或定额费用比例分配。人工费用、制造费用等其他费用，可以按各该项定额费用的比例分配，也可按定额工时(即工时的定额消耗量)比例分配。

这种分配方法适用于定额管理基础较好，各项消耗定额或费用定额比较准确、稳定的情况，且不受限于月末在产品数量变动较小的产品。因为月初和月末在产品费用之间脱离定额的差异要在完工产品与月末在产品之间按比例分配，从而提高了产品成本计算的正确性。

定额比例法计算公式如下：

$$\text{定额分配率} = \frac{\text{月初在产品消耗量} + \text{本月实际消耗量}}{\text{完工产品定额消耗量(或定额工时)} + \text{月末在产品定额消耗量(或定额工时)}}$$

完工产品实际消耗量＝完工产品定额消耗量×消耗量分配率

完工产品费用＝完工产品实际消耗量×原材料单价(或小时工资率等)

月末在产品实际消耗量＝月末在产品定额消耗量×消耗量分配率

月末在产品费用＝月末在产品实际消耗量×原材料单价(或小时工资率等)

按照上述公式分配，既可以提供完工产品和月末在产品的实际费用资料，还可以提供实际消耗量资料，便于考核和分析各项消耗定额的执行情况。

【例6-8】某种产品月初在产品费用为：直接材料1 600元，直接人工800元，制造费用400元，合计2 800元。本月生产费用：原材料8 000元，职工薪酬2 800元，制造费用2 000元，合计12 800元。完工产品4 000件，原材料定额费用7 000元，定额工时5 000小时；月末在产品1 000件，原材料定额费用3 000元，定额工时1 000小时。完工产品与月末在产品之间，原材料费用按原材料定额费用比例分配，其他费用按定额工时比例分配。

各项费用分配计算结果见表6-6。

表6-6 定额比例法分配计算表

产品名称：×产品　　　　　　　　　　20××年×月　　　　　　　　　　单位：元

成本项目	月初在产品成本	本月费用	生产费用合计	分配率	完工产品 定额	完工产品 实际	月末在产品 定额	月末在产品 实际
①	②	③	④=②+③	⑤=④÷(⑥+⑧)	⑥	⑦=⑥×⑤	⑧	⑨=⑧×⑤
直接材料	1 600	8 000	9 600	0.96	7 000	6 720	3 000	2 880
直接人工	800	2 800	3 600	0.60	5 000	3 000	1 000	600
制造费用	400	2 000	2 400	0.40	5 000	2 000	1 000	400
合计	2 800	12 800	15 600	—	—	11 720	—	3 880

按照上述公式计算分配费用，必须取得完工产品和月末在产品的定额消耗量或定额费用资料。完工产品和月末在产品的原材料定额消耗量和工时定额消耗量，是根据完工产品和月末在产品的实际数量乘以单位原材料消耗定额和工时消耗定额计算求得。完工产品和月末在产品的定额费用，是根据完工产品和月末在产品的原材料定额消耗量和工时定额消耗量，乘以原材料计划单价或单位小时计划工资、费用计算求得。采用这种分配方法，在在产品的种类和生产工序繁多时，核算工作量繁重。因此，月末在产品定额消耗量可采用简化的方法计算(即倒挤的方法)。其计算公式如下：

月末在产品定额消耗量 ＝ 月初在产品定额消耗量 ＋ 本月投入的定额消耗量 － 本月完工产品定额消耗量

上列公式中，月初在产品定额消耗量根据上月成本计算资料取得，本月投入的定额消耗量中的原材料定额消耗量，根据领料凭证所列原材料定额消耗量等数据计算求得；本月投入的工时定额消耗量，根据有关定额工时的原始记录计算求得。

同时，在计算分配率时，也可利用公式"期初在产品定额消耗量＋本月投入定额消耗量＝完工产品定额消耗量＋期末在产品定额消耗量"的数字关系，用"期初在产品定额消耗量＋本月投入定额消耗量"的数值替代"完工产品定额消耗量＋月末在产品定额消耗量"的数值作为定额分配率的分配标准。由此，分配率公式也可为：

$$\text{定额分配率} = \frac{\text{月初在产品消耗量} + \text{本月实际消耗量}}{\text{期初在产品定额消耗量（或定额工时）} + \text{本期投入定额消耗量（或定额工时）}}$$

另外，需要注意的是，利用"倒挤法"计算在产品定额资料，或者利用"期初在产品定额消耗量+本月投入定额消耗量"的数值替代"完工产品定额消耗量+月末在产品定额消耗量"的数值作为定额分配率的分配标准，都需要在产品投入产出数量均衡，无意外损失的环境下。即在发生在产品盘盈、盘亏的情况下，计算求得的成本资料不能如实反映产品成本的水平。因此，为了提高成本计算的正确性，必须每隔一定时期对在产品进行一次实地盘点，根据在产品的实存数计算一次定额消耗量。

【例 6-9】 某种产品月初在产品定额原材料费用 1 500 元；定额工时 1 500 小时。本月投入生产定额原材料费用 8 500 元；定额工时 4 500 小时。本月实际发生如下费用。期初在产品实际费用为：直接材料 1 600 元，直接人工 800 元，制造费用 400 元，合计 2 800 元。本月实际生产费用：原材料 8 000 元，职工薪酬 2 800 元，制造费用 2 000 元，合计 12 800 元。本月完工产品 4 000 件，原材料定额费用 7 000 元，定额工时 5 000 小时。完工产品与月末在产品之间，原材料费用按原材料定额费用比例分配，其他费用按定额工时比例分配。

各项费用分配计算结果详见表 6-7。

表 6-7 产品成本明细账

产品名称：×产品　　　　　　　　　　20××年×月　　　　　　　　　　单位：元

项目		行次	直接材料	直接人工	制造费用	合计
月初在产品	定额	1	1 500	1 500 小时	1 500 小时	
	实际	2	1 600	800	400	2 800
本月投入	定额	3	8 500	4 500 小时	4 500 小时	
	实际	4	8 000	2 800	2 000	12 800
合计	定额	5=1+3	10 000	6 000 小时	6 000 小时	
	实际	6=2+4	9 600	3 600	2 400	15 600
完工产品	定额	8	7 000	5 000 小时	5 000 小时	
	实际	9=8×7	6 720	3 000	2 000	11 720
月末在产品	定额	10	3 000	1 000 小时	1 000 小时	
	实际	11=10×7	2 880	600	400	3 880

月末在产品原材料定额费用＝1 500＋8 500－7 000＝3 000(元)

月末在产品定额工时＝1 500＋4 500－5 000＝1 000(小时)

第三节　完工产品成本的结转

工业企业生产产品发生的各项生产费用，已在各种产品之间进行了分配，在此基础上又在同种产品的完工产品与月末在产品之间进行了分配，计算出各种完工产品的成本，从"基本生产成本"科目及所属明细账贷方转出，记入有关科目的借方。完工入库产成品的成本，借记"库存商品"科目；完工的自制材料、工具、模具等的成本，分别借记"原材料""周转材料——低值易耗品"等科目，转出合计的成本贷记"基本生产成本"科目，"基本生产成本"科目月末借方余额就是基本生产在产品的成本，即占用在基本生产过程中的生产资金。

根据【例6-9】的产品成本明细账，编制产成品成本结转的会计分录为：

借：库存商品——××产品　　　　　　　　11 720
　　贷：基本生产成本——××产品　　　　　11 720

思 考 题

1. 狭义在产品是什么意思，包含了哪些内容？
2. 广义在产品是什么意思，包含了哪些内容？
3. 完工产品与在产品之间生产费用分配的方法选择受哪些因素影响？
4. 生产费用在完工产品与在产品之间的分配有哪些方法？
5. 不计算在产品成本法有什么优缺点，适用范围是什么？
6. 按年初数固定计算在产品成本法有什么优缺点，适用范围是什么？
7. 在产品按所耗原材料费用计价法有什么优缺点，适用范围是什么？
8. 约当产量比例法有什么优缺点，适用范围是什么？
9. 在产品按完工产品成本计算法有什么优缺点，适用范围是什么？
10. 在产品按定额成本计价法有什么优缺点，适用范围是什么？
11. 定额比例法有什么优缺点，适用范围是什么？

练 习 题

1. 某工业企业生产甲产品经两道工序加工，原材料在生产开始时一次投入。完工产品工时定额为50小时，其中第一道工序工时定额为28小时，第二道工序工时定额为22小时。月初在产品和本月发生的生产费用共为：原材料8 500元，燃料及动力2 604元，工资及福利费3 255元，制造费用3 906元。甲产品本月完工80件，月末在产品为：第一道工序40件，第二道工序50件。

要求：(1) 计算各工序在产品的完工率和该产品月末在产品约当产量。

(2) 采用约当产量比例法，分配计算甲产品的完工产品成本和月末在产品成本。

2. 某工业企业生产 N 产品经三道工序加工制成，原材料在生产开始后陆续投入，其投入程度与生产工时投入进度不一致。本月 N 产品完工 230 件，该产品月初及本月发生的生产费用见表 6-8。

表 6-8 本月发生的生产费用

项　目	直接材料	燃料及动力	直接人工	制造费用	合　计
月初在产品成本	38 890	4 306	7 863	10 485	61 544
本月生产费用	90 746	6 458	11 793	15 723	124 720

各工序材料消耗定额和工时定额，以及在产品数量见表 6-9。

表 6-9 各工序

工　序	本工序原材料消耗定额	本工序工时定额	月末在产品数量
1	20 千克	10 小时	200 件
2	16 千克	6 小时	200 件
3	14 千克	4 小时	100 件
合　计	50 千克	20 小时	500 件

要求：(1) 分别计算各工序的在产品完工率。

(2) 分别计算月末在产品的约当产量(包括分配原材料费用和各加工费用的约当产量)。

(3) 采用约当产量法，分配计算完工产品和月末在产品应负担的各项生产费用。

3. 某工业企业生产 A 产品，原材料在生产开始时一次投入。该产品各项消耗定额比较准确、稳定，各月末在产品的数量变化不大，月末在产品按定额成本计价。A 产品本月完工 500 件，原材料费用定额为 180 元，工时定额为 80 小时。月初在产品及本月实际生产费用共计为：原材料 124 000 元，工资及福利费 68 000 元，制造费用 84 000 元；月初在产品及本月投入的原材料定额费用共为 120 000 元，定额工时共为 60 000 小时。月末在产品的小时费用定额为：工资及福利费 1.5 元，制造费用 1.2 元。

要求：(1) 计算月末在产品的定额原材料费用。

(2) 计算月末在产品的定额工时和定额工资及福利费、定额制造费用。

(3) 计算月末在产品定额成本。

(4) 计算完工产品成本。

4. 企业生产甲产品，月初在产品原材料定额费用为 12 500 元，定额工时为 50 000 小时，月初在产品及本月的实际费用为：原材料 36 569 元，加工费 196 800 元；本月原材料定额费用 25 200 元，定额工时 70 000 小时。本月完工产品 500 件，原材料费用定额为 26 元，工时定额为 160 小时。

要求：根据上述资料，采用定额比例法计算完工产品成本和月末在产品成本。

第七章

产品成本计算方法概述

第一节 生产特点和管理要求对产品成本计算的影响

正确计算产品成本和期间费用,充分发挥成本核算信息的作用,除了要正确划分各种费用界限,正确确定财产物资的计价和价值结转方法,落实好各项基础工作外,还要根据企业生产特点和管理要求,选择适当的产品成本计算方法。

企业、生产车间或部门的生产状况各不相同,因而在产品的生产工艺上、生产组织上和管理要求上,也都不尽相同。而产品成本形成的过程中,生产特点是成本信息反映的客观背景,管理要求约束了成本信息的相关性。因此,成本核算采用什么方法、提供哪些信息,必须兼顾企业的生产特点及管理要求。

不同部门、行业的生产特点存在较大差异,按照工业生产的一般特点,可分为生产组织特点和生产工艺特点两方面,它们都会不同程度地影响成本计算方法的选择。

一、企业按生产工艺过程特点分类

工业企业的生产,按其生产工艺过程,可分为单步骤生产和多步骤生产。

(一) 单步骤生产

单步骤生产,也称简单生产,是指生产工艺过程不能间断的生产,不可能或不需要划分为几个生产步骤的生产,如发电、采掘等。单步骤生产工艺过程高度连续、集中,由于其不可间断性,或由于工作地点上的不可划割性,通常只能由一个企业(或部门)整体进行。

(二) 多步骤生产

多步骤生产,也称复杂生产,是指生产工艺过程由若干个在工艺过程中可间断的加工步骤(或分散在不同地点、分别在不同时间进行的生产过程)组成的生产,如纺织、机械、造纸等工业生产。多步骤生产按其加工方式,可分为连续式多步骤生产和装配式多步骤生产。连续式多步骤生产，从投入原材料到制造出产品，要经过若干连续的生产步骤，前一个生产步骤制成的半成品，是下一个生产步骤的生产对象，到最后一个生产步骤才形成产成品。装配式多步骤生产是指先将各类原材料进行平行加工，制作成各类零部件，然后将零部件装配为产品的生产工艺过程。

二、企业按生产组织特点分类

生产组织方式主要指企业生产产品品种的多少，同种产品产量的大小及其生产的重复程度。工业企业的生产，按其生产组织特点，可分为大量生产、成批生产和单件生产三种类型。

（一）大量生产

大量生产是指不断地、重复地生产相同产品的生产。大量生产的主要特点是产品品种少，各种产品的产量较大，一般为重复性生产，生产比较稳定。

（二）成批生产

成批生产是指按照事先规定的产品批别和数量进行的生产。成批生产的主要特点是产品品种多，且具有一定的重复性。成批生产按照批量的大小，又分为大批生产和小批生产。大批生产由于生产产品的批量大，一般在几个月内不断重复生产一种或几种产品，其性质近似于大量生产；小批生产，由于生产产品的批量小，一批产品一般可以同时完工，其性质近似于单件生产。

（三）单件生产

单件生产是指根据订单要求，进行单一产品的生产。单件生产的主要特点是产品品种多，生产量小，很少重复。

由于大批生产与大量生产相类似，又称为大量大批生产；小批生产与单件生产相类似，又称为单件小批生产。

三、生产特点和管理要求对产品成本计算的影响

生产类型的特点对产品成本计算方法的影响，主要表现在三个方面：成本计算对象、成本计算期、生产费用在完工产品与在产品之间的分配。这三个方面构成了特定成本计算方法的主要特点。

（一）成本计算对象

成本计算对象是指以一定时间、空间范围为前提条件而存在的成本计算实体。即产品生产过程中，归集和分配生产费用的承担客体。为了正确计算产品成本，首先就要确定成

本计算对象，然后按照成本计算对象设置产品成本明细账(或成本计算单)，用以归集各个对象应承担的生产费用，计算出对象的总成本和单位成本。因此，正确确定成本计算对象，是进行产品成本核算的首要工作。

成本计算对象存在于产品生产过程中，成本计算对象的确定受到生产特点及管理要求的影响。

从生产组织特点看，大量大批生产情况下，企业连续不断地重复生产一种或若干产品，产品品种较为单一，管理要求按照产品的品种计算产品成本，即以产品品种为成本计算对象；单件小批生产情况下，产品生产产量小，一批产品(或单件产品)可以同时完工，为加强各批别(或件别)产品的成本控制，管理上一般要求按产品批别(或件别)进行产品成本计算，即以批别(或件别)为成本计算对象。

从生产工艺过程看，单步骤生产的工艺过程不能间断，不可能按照生产步骤进行产品成本的归集，仅能以产品品种或者批别为成本计算对象。而多步骤生产的工艺过程中，各个生产步骤间断、独立，为加强各步骤管理，不仅要求按照产品品种或批别计算产品成本，产品生产步骤同样是重要的成本计算对象。

综上所述，在产品成本计算过程中有三种不同的成本计算对象：以产品品种为成本计算对象；以产品批别为成本计算对象；以产品生产步骤为成本计算对象。成本计算对象的确定，是设置产品成本明细账、归集生产费用、计算产品成本的前提，是构成成本计算方法的主要标志，因而也是区别各种成本计算基本方法的主要标志。

(二) 成本计算期

成本计算期是指每次计算产品成本的周期。计算产品成本的周期并不完全与会计报告期间保持一致，也不完全与产品生产周期保持一致。影响产品成本计算期的主要因素是生产组织类型的特点。

在大量生产和大批生产的企业里，企业生产量较大，重复性生产特征明显。在这种类型的企业中，当会计报告期到来时，产品会有部分完工产品产出，但部分产品仍处在生产环节，尚未完成产品生产的全过程。因此，大量大批生产模式下，成本计算期不能延至其产品生产周期结束，需与会计报告期保持一致，定期核算产品成本信息。

在单件生产和小批生产的企业里，企业生产量较小，生产往往能在短于一个会计报告期内完成。在尚未到会计报告期，但产品生产全部结束时，需要及时计算出产品成本信息。因此，单件小批生产模式下，成本计算期一般与生产周期一致，与会计报告期不一致，但当小批出现跨月完工情况时也可能与此结论相反。

(三) 生产费用在完工产品与在产品之间的分配

企业生产产品过程中发生的全部生产费用，经过费用要素的归集和分配后，集中在基本生产成本明细账或产品成本计算单中。到成本核算期，若该种产品无一完工，则所有费用为在产品生产费用，仍保留在相应的明细账中；若该种产品部分完工，则需将账页内归集的生产费用在完工产品与在产品之间进行分配；若该种产品全部完工，则已归集生产费用全部转为产出产品价值。

单步骤生产中，生产不能间断，生产周期短，一般没有在产品，或者在产品数量很少，因而计算产品成本时，生产费用不必在完工产品与在产品之间进行分配。多步骤生产中，是否需要在完工产品与在产品之间进行费用分配，在很大程度上取决于生产组织特点。

大量大批生产中，生产连续，产品不断完工，月末经常存在大量在产品。因此，在成本计算时，需要采用适当方法，将生产费用在完工产品与在产品之间进行分配。单件小批生产中，生产特殊性强，产量小，每批、每件产品完工前，产品成本明细账中记录的生产费用即为在产品成本，完工后，其所记录的生产费用就是完工产品成本，因此一般不存在期末完工产品与在产品之间的费用分配。

第二节　产品成本计算的方法

产品成本计算方法因受限于生产特点及管理要求的约束，可划分为产品成本计算的基本方法和产品成本计算的辅助方法。

一、产品成本计算的基本方法

产品品种、产品批别和产品生产步骤是产品成本计算工作中，根据企业不同生产特点和管理要求而形成的三种成本计算对象。产品成本计算是按照成本计算对象归集和分配生产费用，计算各对象总成本和单位成本的过程。因此，成本计算对象的确定是产品成本计算的核心，也是构成产品成本计算方法的主要标志。即以成本计算对象为标志，形成产品成本计算的三种基本方法：品种法、分批法和分步法。

（一）品种法

品种法是指以产品品种为成本计算对象的产品成本计算方法。从生产组织特点看，品种法适用于大量大批生产企业，该类企业产品品种少，生产连续、稳定，以产品品种为成本计算对象将有效控制各种产品成本，并减少成本核算工作量；从生产工艺过程和管理要求看，品种法适用于单步骤生产或管理上不要求分步骤计算产品成本的多步骤生产，单步骤生产工艺流程不可间断，没有必要或不可能分步骤计算产品成本，但可以产品品种为成本计算对象。

（二）分批法

分批法是指以产品批别为成本计算对象的产品成本计算方法。从生产组织特点看，分批法适用于单件小批生产企业，单件小批生产企业产品品种多，生产重复性少，以产品批别为成本计算对象，能加强产品批别的成本管理；从生产工艺过程和管理要求看，分批法适用于单步骤生产或管理上不要求分步骤计算产品成本的多步骤生产，单步骤生产工艺流程不可间断,没有必要或不可能分步骤计算产品成本,但可以产品批别为成本计算对象。

(三) 分步法

分步法是指以产品生产步骤为成本计算对象的产品成本计算方法。从生产组织特点看,分步法适用于大量大批生产企业,大量大批生产企业生产稳定,具有一定的重复性,无须按照产品批别来进行产品成本计算;从生产工艺过程和管理要求看,分步法适用于管理上要求分步计算的多步骤生产,多步骤生产工艺过程间断、独立,能够实现产品成本的分步核算和监督。

产品成本计算基本方法的适用范围可用表 7-1 加以说明。

表 7-1 产品成本计算基本方法的适用范围

计算方法	生产组织	生产工艺过程和管理要求
品种法	大量大批生产	单步骤生产或管理上不要求分步计算成本的多步骤生产
分批法	小批单件生产	单步骤生产或管理上不要求分步计算成本的多步骤生产
分步法	大量大批生产	管理上要求分步计算成本的多步骤生产

二、产品成本计算的辅助方法

产品成本计算的基本方法与企业生产特点及管理要求的联系,涉及成本计算对象的确定,是产品实际成本计算必不可少的方法。而在成本核算实际工作中,除采用产品成本计算的三种基本方法,还有定额法、分类法等产品成本计算辅助方法。与产品成本计算的基本方法相比,这些方法与生产类型的特点没有直接联系,不涉及成本计算对象,它们的应用是为了简化成本计算工作,或者为了加强成本管理,只要具备条件,在哪种类型的企业都能应用。例如,产品成本计算的分类法,在产品规格繁多或生产联产品的企业中采用,目的是简化产品成本核算工作;产品成本计算的定额法,在定额管理工作比较好的企业中应用,目的在于促使生产费用的有效控制,降低产品成本,进行成本分析和考核。但这些方法又不是独立的成本计算方法,在进行成本计算时,必须结合使用基本方法。因此,这些方法称为产品成本计算的辅助方法。

三、产品成本计算方法的实际运用

在实际工作中,由于同一企业或同一车间的产品生产也可能存在生产特点和管理要求的差异,因此,在同一企业或同一车间里会出现采用几种成本计算方法进行成本计算的情况。甚至,在生产一种产品时,该产品的各个生产步骤以及各种半成品、各成本项目之间的结转、其生产的特点和管理的要求也不一样,这样,在生产同一种产品时,就可能采用几种成本计算方法来核算产品成本。

企业选择产品成本计算的方法，需根据企业生产特点和管理要求来确定。同时，企业所采用的成本计算方法并不是一成不变的，应根据生产的发展和企业管理水平的提高，修改成本计算方法，以适应新形势的需要。

思 考 题

1. 企业的生产按生产工艺流程特点划分为几类？
2. 简单生产的特点是什么，其典型企业有哪些？
3. 复杂生产的特点是什么，其典型企业有哪些？
4. 不同类型企业应如何确定成本计算对象？
5. 产品成本计算的基本方法有哪些，各有什么特点？

第八章

产品成本计算的基本方法

第一节 产品成本计算的品种法

一、品种法的含义及其特点

(一) 品种法的含义

产品成本计算的品种法,是以产品品种为成本计算对象,归集生产费用,计算产品成本的一种方法。按照产品品种计算成本,是产品成本计算最一般的要求,无论企业采用何种组织方式,生产哪种类型的产品,也不论成本管理做何等要求,产品品种都将成为生产费用归集的客观载体之一。因此,品种法是最基本的成本计算方法。

(二) 品种法的适用范围

品种法适用于大量大批单步骤生产企业,如发电、采掘等企业。这种类型的生产企业,产品生产工艺过程不可能或者不需要划分为几个生产步骤,所以不需要按照生产步骤计算产品成本。另外,在大量大批多步骤生产中,如果企业或车间的规模较小,或者车间是封闭式的(即从原材料投入到产品产出的全过程,都是在一个车间内进行的),或者车间是按流水线组织的,管理上不要求按照生产步骤计算产品成本,也可以采用品种法计算成本,如砖瓦厂、造纸厂等。

(三) 品种法的分类

按照品种法应用的不同企业类型,可分为简单品种法和典型品种法。

1. 简单品种法

简单品种法是应用于大量大批单步骤生产企业的品种法,由于产品品种单一,生产工艺流程少,通常没有或极少有在产品存在,成本计算程序相对简单,此类企业采用的品种法可称为简单品种法。对应一些企业内部辅助生产车间的成本计算,如供水、供电、供气等单步骤大量生产的劳务成本计算也可采用简单品种法。

2. 典型品种法

典型品种法是应用于不要求按生产步骤计算产品成本的小型多步骤生产企业的品种法,由于生产工艺过程较复杂,存在一定的在产品,除了按不同产品品种设置产品成本计算单,还需计算每种产品的完工产品成本和月末在产品成本。这类企业采用的品种法有别于简单品种法的成本计算程序,但又是多数企业普遍采用的成本计算方法,因此,称为典型品种法。

(四) 品种法的特点

1. 成本计算对象

品种法的成本计算对象为产品品种。如果企业或车间只生产一种产品,计算产品成本时,只需要为这种产品开设一本产品成本明细账,账内按成本项目设立专栏。在这种情况下,所发生的全部生产费用都是直接计入费用,可以直接计入该产品成本明细账的有关成本项目,无须在各成本计算对象之间进行生产费用的分配。如果企业或车间生产多种产品,产品成本明细账需按照产品品种分别设置。发生的生产费用若能分清是哪种产品耗用的,可直接记入该产品成本明细账的有关成本项目;若无法分清发生的生产费用是哪些产品耗用的,则需采用适当的分配方法,在各产品成本计算对象之间进行分配,然后分别记入各产品成本明细账的有关成本项目。

2. 成本计算期

采用品种法计算产品成本的生产企业,从生产工艺过程看,有的是单步骤生产,有的是不要求分步核算的多步骤生产,但从生产组织看,多是大量大批生产,是连续不断地重复生产一种或几种产品,经常有很多完工产品,不能等到产品全部制造完工时再计算成本,而只能定期在月末计算成本。因此,采用品种法计算产品成本需按月定期计算产品成本。

3. 费用在完工产品与在产品之间的分配

(1) 简单品种法下生产费用在完工产品与在产品之间的分配。在单步骤生产中,月末计算产品成本时,一般不存在尚未完工的在产品,或者在产品数量很小,因而可以不计算在产品成本。在这种情况下,产品成本明细账中按成本项目归集的生产费用,就是该产品的总成本,除以该产品的产量,即可求得该产品的平均单位成本。

(2) 典型品种法下生产费用在完工产品与在产品之间的分配。在一些规模较小,而且管理上又不要求按照生产步骤计算成本的大量大批的多步骤生产企业中,月末一般都有在产品,而且数量较多,这就需要将产品成本明细账中归集的生产费用,选择适当的分配方法,在完工产品与月末在产品之间进行分配,以便计算完工产品成本和月末在产品成本。

二、品种法的核算程序

产品成本的核算程序是指对产品生产过程中所发生的各项费用,按照财务会计制度的规定，进行审核、归集和分配，计算完工产品成本和月末在产品成本的过程。品种法是产品成本计算方法中最基本的方法，因此，品种法的核算程序体现着产品成本计算的一般程序。

采用典型品种法计算产品成本时，其成本核算的一般程序如下。

(一) 按产品品种开设产品成本明细账

产品成本明细账(或产品成本计算单)是归集成本计算对象所发生的生产费用、计算产品成本的基础。在品种法下，产品成本明细账需按产品品种开设，并按成本项目设置专栏。上月末没有制造完成的在产品成本，即为本期产品成本明细账中的月初在产品。

(二) 归集、分配各种要素费用

对生产过程中发生的各项费用进行审核、归集和分配，编制各要素费用分配表，据以登记"基本生产成本明细账"(即产品成本明细账)、"辅助生产成本明细账""制造费用明细账"。对于生产中发生的为产品生产直接耗用的直接费用，根据原始凭证和各项费用分配表等有关资料直接记入按成本计算对象开设的产品成本明细账中的相关成本项目；对于为几种产品共同耗用，且在产品成本明细账中存在对应成本项目的直接生产费用，按一定标准在各种产品间分配后，分别记入有关产品成本明细账中的相关成本项目；发生的其他间接费用，应先按其发生地点进行归集，如车间一般耗用的间接费用可记入该车间的"制造费用明细账"。

(三) 归集、分配辅助生产费用

归集"辅助生产成本明细账"，按照各产品及各受益单位的辅助生产劳务数量，编制"辅助生产费用分配表"，分配辅助生产费用，并登记到受益产品的产品成本明细账和受益单位的费用明细账中。

(四) 分配基本生产车间制造费用

归集基本生产车间"制造费用明细账"，采用一定的方法在基本生产车间生产的各种产品之间进行分配，编制"制造费用分配表"，据以登记"基本生产成本明细账"及下设的产品成本计算单。

(五) 分配计算各种完工产品成本和在产品成本

根据各种费用分配表和其他有关资料登记的"基本生产成本明细账"，归集特定品种产品的生产费用。月末，选用适当的方法分配计算各种完工产品成本和在产品成本。如果月末没有在产品，则本月完工转出产品成本即为本月该品种产品明细账中归集的所有生产费用。

(六) 结转产成品成本

根据各成本计算单中计算出来的本月完工产品成本，汇总编制"完工产品成本汇总表"，计算出完工产品总成本和单位成本，并进行结转。

三、品种法核算举例

【例8-1】 某企业设有一个基本生产车间,大量生产A、B两种产品,生产工艺过程属于单步骤生产。根据生产特点和管理要求,确定采用品种法计算产品成本。该企业还设有机修和运输两个辅助生产车间,辅助生产车间的制造费用不通过"制造费用"科目核算。该企业不单独核算废品损失,产品成本明细账包括"直接材料""直接燃料及动力""直接人工"和"制造费用"四个成本项目。

下面以该企业20××年5月各项费用资料为例,说明品种法成本核算的程序和相应的账务处理。

(一) 开设产品成本明细账

该企业采用品种法计算产品成本,根据产品品种开设产品成本明细账,即开设"基本生产成本——A产品"明细账和"基本生产成本——B产品"明细账。

(二) 归集、分配各种要素费用

(1) 根据5月份银行存款付款凭证汇总编制各项货币支出汇总表(假定全部用银行存款支付),详见表8-1。

表8-1 银行存款付款凭证汇总表(分配表1)

20××年5月　　　　　　　　　　　　　单位:元

应借科目			金　额
一级科目	明细科目	成本或费用项目	
辅助生产成本	机修车间	办公费	1 700
		其他	1 080
		小计	2 780
	运输车间	办公费	2 500
		其他	1 100
		小计	3 600
制造费用	基本生产车间	办公费	3 200
		其他	600
		小计	3 800
管理费用		办公费	6 000
		差旅费	5 000
		税金	1 000
		其他	3 000
		小计	15 000

(续表)

应借科目		成本或费用项目	金 额
一级科目	明细科目		
销售费用		办公费	3 000
		广告费	80 000
		其他	2 000
		小计	85 000
合计			110 180

借：辅助生产成本——机修车间　　　　　　　2 780
　　辅助生产成本——运输车间　　　　　　　3 600
　　制造费用——基本生产车间　　　　　　　3 800
　　管理费用　　　　　　　　　　　　　　　15 000
　　销售费用　　　　　　　　　　　　　　　85 000
　贷：银行存款　　　　　　　　　　　　　　110 180

(2) 根据材料用途归类的领退料凭证和有关的费用分配标准，编制材料费用分配表，详见表8-2。

表8-2　材料费用分配表(分配表2)

20××年5月　　　　　　　　　　　　　　　　　　　单位：元

应借科目			金 额
总账科目	明细科目	成本项目或费用项目	
基本生产成本	A产品	直接材料	32 000
	B产品	直接材料	39 000
	小计		71 000
辅助生产成本	机修	直接材料	1 100
	运输	直接材料	5 500
	小计		6 600
制造费用		机物料消耗	320
管理费用		消耗材料	450
销售费用		消耗材料	900
合计			79 270

借：基本生产成本——A产品　　　　　　　　32 000
　　基本生产成本——B产品　　　　　　　　39 000
　　辅助生产成本——机修车间　　　　　　　1 100
　　辅助生产成本——运输车间　　　　　　　5 500

制造费用——基本生产车间	320
管理费用	450
销售费用	900
贷：原材料	79 270

(3) 根据各车间、部门耗电、水数量及其价格编制外购动力费分配表，详见表8-3。

表8-3 外购动力费用分配表(分配表3)

20××年5月

应借科目		电费(0.8元/度)		水费(3.5元/吨)		合计/元
		用量/度	金额/元	用量/吨	金额/元	
基本生产成本	A产品	8 800	7 040			7 040
	B产品	15 200	12 160			12 160
	小计	24 000	19 200			19 200
辅助生产成本	机修	400	320	180	630	950
	运输	100	80	300	1 050	1 130
	小计	500	400	480	1 680	2 080
制造费用		3 600	2 880	900	1 680	4 560
管理费用		600	480	240	3 150	3 630
销售费用		300	240	180	840	1 080
合计		29 000	23 200	1 800	7 350	30 550

借：基本生产成本——A产品	7 040
基本生产成本——B产品	12 160
辅助生产成本——机修车间	950
辅助生产成本——运输车间	1 130
制造费用——基本生产车间	4 560
管理费用	3 630
销售费用	1 080
贷：应付账款(或银行存款)	30 550

(4) 根据各车间、部门的工资结算凭证和其他应付职工薪酬的计提比率，编制职工薪酬分配表，详见表8-4。

表8-4 职工薪酬费用分配表(分配表4)

20××年5月

单位：元

应借科目		应付职工薪酬——工资	应付职工薪酬——职工福利	合计
基本生产成本	A产品	46 000	6 440	52 440
	B产品	72 000	10 080	82 080
	小计	118 000	16 520	134 520

(续表)

应借科目		应付职工薪酬——工资	应付职工薪酬——职工福利	合计
辅助生产成本	机修	8 000	1 120	9 120
	运输	10 000	1 400	11 400
	小计	18 000	2 520	20 520
制造费用		20 000	2 800	22 800
管理费用		60 000	8 400	68 400
销售费用		30 000	4 200	34 200
合　　计		246 000	34 440	280 440

借：基本生产成本——A产品　　　　　　　52 440
　　基本生产成本——B产品　　　　　　　82 080
　　辅助生产成本——机修车间　　　　　　 9 120
　　辅助生产成本——运输车间　　　　　　11 400
　　制造费用——基本生产车间　　　　　　22 800
　　管理费用　　　　　　　　　　　　　　68 400
　　销售费用　　　　　　　　　　　　　　34 200
　　贷：应付职工薪酬　　　　　　　　　　280 440

(5) 根据本期应提折旧固定资产原值和月折旧率，计算本月应计提固定资产折旧额，编制折旧费用分配表，详见表8-5。

表8-5　固定资产折旧费用分配表(分配表5)

20××年5月　　　　　　　　　　　　　　　　　　　　　　　　　单位：元

应借科目	辅助生产成本		制造费用	管理费用	销售费用	合计
	机修车间	运输车间	基本生产车间			
折旧费用	5 025	6 870	36 430	980	490	49 795

借：制造费用——基本生产车间　　　　　　36 430
　　辅助生产成本——机修车间　　　　　　 5 025
　　辅助生产成本——运输车间　　　　　　 6 870
　　管理费用　　　　　　　　　　　　　　 980
　　销售费用　　　　　　　　　　　　　　 490
　　贷：累计折旧　　　　　　　　　　　　49 795

(三) 归集、分配辅助生产费用

(1) 根据上述各种费用分配表，登记辅助生产成本明细账，详见表8-6和表8-7。

表 8-6 辅助生产成本明细账

车间名称：机修车间　　　　　　　　　　20××年5月　　　　　　　　　　　　单位：元

日期	摘要	原材料	动力费	职工薪酬	折旧费	办公费	其他	合计	转出	余额
5.31	根据分配表1					1 700	1 080	2 780		
5.31	根据分配表2	1 100						1 100		
5.31	根据分配表3		950					950		
5.31	根据分配表4			9 120				9 120		
5.31	根据分配表5				5 025			5 025		
5.31	费用合计	1 100	950	9 120	5 025	1 700	1 080	18 975		18 975
5.31	根据分配表6						285	285	19 260	
5.31	合计	1 100	950	9 120	5 025	1 700	1 365	19 260	19 260	0

表 8-7 辅助生产成本明细账

车间名称：运输车间　　　　　　　　　　20××年5月　　　　　　　　　　　　单位：元

日期	摘要	原材料	动力费	职工薪酬	折旧费	办公费	其他	合计	转出	余额
5.31	根据分配表1					2 500	1 100	3 600		
5.31	根据分配表2	5 500						5 500		
5.31	根据分配表3		1 130					1 130		
5.31	根据分配表4			11 400				11 400		
5.31	根据分配表5				6 870			6 870		
5.31	费用合计	5 500	1 130	11 400	6 870	2 500	1 100	28 500		28 500
5.31	根据分配表6						759	759	29 259	
5.31	合计	5 500	1 130	11 400	6 870	2 500	1 859	29 259	29 259	0

(2) 选用适当的方法分配辅助生产费用。

若该企业采用交互分配法分配辅助生产费用。根据辅助生产车间明细账和辅助生产车间提供劳务量,编制辅助生产费用分配表,详见表 8-8。

表 8-8　辅助生产费用分配表(分配表 6)

20××年 5 月　　　　　　　　　　　　　　　　　　　　　单位:元

项　目		交 互 分 配		对 外 分 配		合　计
		机　修	运　输	机　修	运　输	
待分配辅助生产费用		18 975	28 500	18 501	28 974	47 475
劳务供应数量		500 小时	30 000 公里	480 小时	29 700 公里	
单位成本(分配率)		37.95	0.95	38.54*	0.98*	
机修车间	耗用数量		300 公里			
	分配金额		285			
运输车间	耗用数量	20 小时				
	分配金额	759				
基本生产	耗用数量			400 小时	9 700 公里	
	分配金额			15 416	9 506	24 922
管理部门	耗用数量			30 小时	8 000 公里	
	分配金额			1 156.2	7 840	8 996.2
销售部门	耗用数量			50 小时	12 000 公里	
	分配金额			1 928.8**	11 628**	13 556.8
分配金额合计				18 501	28 974	47 475

*四舍五入,保留两位小数点;**尾差记入销售费用。

```
借:辅助生产成本——机修车间              285
   辅助生产成本——运输车间              759
  贷:辅助生产成本——机修车间            759
     辅助生产成本——运输车间            285
借:制造费用——基本生产车间            24 922
   管理费用                            8 996.2
   销售费用                           13 556.8
  贷:辅助生产成本——机修车间         18 501
     辅助生产成本——运输车间         28 974
```

(四) 分配基本生产车间制造费用

(1) 根据上述各种费用分配表,登记基本生产车间制造费用明细账,详见表 8-9。

表 8-9 制造费用明细账

车间名称:基本生产车间　　　　　　　　　20××年5月　　　　　　　　　　　　　单位:元

日期	摘要	机物料消耗	动力费用	职工薪酬	折旧费	修理费	运输费	办公费	其他	合计	转出	余额
5.31	据分配表1							3 200	600	3 800		
5.31	据分配表2	320								320		
5.31	据分配表3		4 560							4 560		
5.31	据分配表4			22 800						22 800		
5.31	据分配表5				36 430					36 430		
5.31	据分配表6					15 416	9 506			24 922		
5.31	据分配表7									0	92 832	
5.31	合计	320	4 560	22 800	36 430	15 416	9 506	3 200	600	92 832	92 832	0

(2) 选用适当的方法分配制造费用。

若该企业按生产工时分配基本生产车间制造费用,根据基本生产车间制造费用明细账和基本生产车间各产品所耗生产工时,编制制造费用分配表,详见表8-10。

表 8-10 基本生产车间制造费用分配表(分配表7)

20××年5月　　　　　　　　　　　　　单位:元

应借科目		生产工时	待分配费用	分配率	分配金额
总账科目	明细科目				
基本生产成本	A产品	2 400	92 832	15.47*	37 128
	B产品	3 600			55 704**
合　　计		6 000			92 832

*四舍五入,保留两位小数点;**尾差记入B产品成本。

借:基本生产成本——A产品　　　　　　37 128
　　基本生产成本——B产品　　　　　　55 704
　　贷:制造费用——基本生产车间　　　　92 832

(五) 分配计算各种完工产品成本和在产品成本

根据上月产品成本明细账和本月各种费用分配表,登记产品成本明细账的期初在产品成本和本月生产费用发生额。若该企业采用约当产量比例法分配完工产品和在产品之间的费用,本期A产品完工2 000件,在产品数量500件,在产品投料率100%,在产品完工率80%;本期B产品完工3 000件,在产品数量400件,在产品投料率50%,在产品完工率60%。计算本期在产品约当产量,按分配率计算产品成本。详见表8-11、表8-12。

表 8-11　产品成本明细账(A 产品)

产品名称：A 产品　　　　　　20××年 5 月　　　　　　单位：元

日期	项　目	产量/件	直接材料	燃料及动力	直接人工	制造费用	合　计
5.1	月初在产品		5 600	1 000	9 600	5 800	22 000
5.31	根据分配表 2		32 000				32 000
5.31	根据分配表 3			7 040			7 040
5.31	根据分配表 4				52 440		52 440
5.31	根据分配表 7					37 128	37 128
5.31	生产费用合计		37 600	8 040	62 040	42 928	150 608
5.31	约当产量合计		2 500	2 400	2 400	2 400	
5.31	单位成本(分配率)		15.04	3.35	25.85	17.89*	62.13
5.31	完工产品成本	2 000	30 080	6 700	51 700	35 780	124 260
5.31	期末在产品		7 520	1 340	10 340	7 148**	26 348

*四舍五入，保留两位小数点；*尾差记入在产品成本。

表 8-12　产品成本明细账(B 产品)

产品名称：B 产品　　　　　　20××年 5 月　　　　　　单位：元

日期	项　目	产量/件	直接材料	燃料及动力	直接人工	制造费用	合　计
5.1	月初在产品		2 500	860	6 300	4 000	13 660
5.31	根据分配表 2		39 000				39 000
5.31	根据分配表 3			12 160			12 160
5.31	根据分配表 4				82 080		82 080
5.31	根据分配表 7					55 704	55 704
5.31	生产费用合计		41 500	13 020	88 380	59 704	202 604
5.31	约当产量合计		3 200	3 240	3 240	3 240	
5.31	单位成本(分配率)		12.97*	4.02*	27.28*	18.43*	62.7
5.31	完工产品成本	3 000	38 910	12 060	81 840	55 290	188 100
5.31	期末在产品		2 590**	960**	6 540**	4 414**	14 504

*四舍五入，保留两位小数点；**尾差记入在产品成本。

(六) 结转产成品成本

根据各产品成本明细账计算出来的本月完工产品成本进行结转。

借:库存商品——A产品　　　　　　　　　　　　124 260
　　库存商品——B产品　　　　　　　　　　　　188 100
　　贷:基本生产成本——A产品　　　　　　　　　124 260
　　　　基本生产成本——B产品　　　　　　　　　188 100

第二节　产品成本计算的分批法

一、分批法及其特点

(一) 分批法的含义及其适用范围

分批法是按照产品的批别归集生产费用,计算产品成本的一种方法。采用分批法的企业,产品通常不重复生产,即使重复,也是不定期的。企业生产(或项目)计划的编制和核算工作,都是以购买单位的订货或客户的项目为依据。因此,分批法也称为订单法。

分批法主要适用于小批单件,管理上不要求分步骤计算成本的多步骤生产,如重型机器制造、船舶制造、精密工具仪器制造、服装、印刷等,也适用于咨询公司、会计师事务所等服务性企业。

(二) 分批法的特点

1. 成本计算对象

分批法下,成本计算对象即为产品的批别(单件生产为件别),生产企业以各批产品的批号开设产品成本明细账,按成本项目设置归集生产费用。

实际工作中,采取分批法的企业,通常是以销定产,根据顾客订货需要,按产品的批次组织生产。组织生产时,首先由生产计划部门根据订货单位的订单(即外部订单),签发生产通知单(内部订单)下达车间,并通知财会部门。财会部门根据产品批号或生产通知单号,设置产品成本明细账,组织核算。即实际工作中分批法往往以内部订单为成本核算对象来归集生产费用。而内部订单的签发不一定与外部订单完全保持一致,可能因为生产、管理的原因而合并或拆分外部订单。关于内部订单的签发,通常按以下情况进行。

(1) 拆分外部订单生产,如图 8-1 所示。

当一张外部订单中有几种产品,或虽然只有一种产品但其数量较大而且又要求分批交货时,按照订货单位的订单组织生产,不利于按产品品种考核、分析成本计划的完成情况,在生产管理上也不便于集中一次投料,或满足不了分批交货的要求。针对这一情况,企业生产计划部门往往将上述订单按照产品品种划分批别,组织生产;或将同类产品划分成数批产品组织生产。企业财务部门按生产计划部门下达的生产通知单的批号设置产品成本明细账。如果一张订单中只有一件产品,但其属于大型复杂的产品,价值较大,生产周期较长，如大型船舶制造，也可按照产品的组成部分分批组织生产，计算成本。

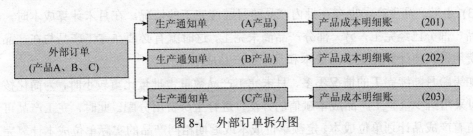

图 8-1 外部订单拆分图

(2) 合并外部订单生产，如图 8-2 所示。

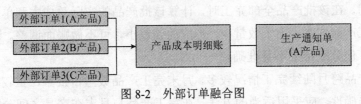

图 8-2 外部订单融合图

如果同期内，企业接到不同购货单位订制同一产品的几张订单，为经济合理地组织生产，企业生产计划部门也可将其合并为一批组织生产，并签发一张内部订单，并按批号设置产品成本明细账。

由此可见，实际工作中分批法的成本计算对象，不是购货单位的订单，而是企业生产计划部门签发下达的生产通知单，单内对该批生产任务进行编号，称为产品批号或生产令号。财务部门根据产品批号设立产品成本明细账，生产费用发生后，按产品批别进行归集和分配。

2. 成本计算期

一般情况下，分批法的成本计算期不同于会计报告期，而与产品生产周期一致。为了保证各批产品成本计算的正确性，各批产品成本明细账的设立和结算，应与生产通知单的签发和结束密切配合，协调一致。也就是说，采用分批法计算产品成本的企业，各批产品成本明细账虽然按月归集费用，但只有在该批别或订单产品全部完工时，才能计算其实际成本。如果某批次产品尚未完工，则不计算成本。因此，分批法的产品成本计算是不定期的，成本计算期与订单产品的生产周期基本一致。

3. 完工产品与在产品之间分配费用的问题

分批法适用于小批单件生产企业，根据不同批次批量的大小，完工产品与在产品之间的费用分配存在以下几种情况。

(1) 在单件生产中，产品完工前，产品成本明细账所记录的生产费用都是在产品成本；产品完工时，产品成本明细账所记录的生产费用就是完工产品的成本，因而在月末计算成本时，不存在完工产品与在产品之间费用分配的问题。

(2) 在小批生产中，由于产品批量较小，批内产品一般都能同时完工，或者在相距不久的时间内全部完工。月末计算成本时，要么全部已经完工，要么全部没有完工，因而一般也不存在完工产品与在产品之间费用分配的问题。

(3) 小批产品生产，也存在批内产品跨月陆续完工的情况。在月末计算成本时，若批内产品一部分已经完工，另一部分产品尚未完工，这时就有必要在完工产品与在产品之间分配费用，以便计算完工产品成本和月末在产品成本。

如果跨月陆续完工的情况不多，月末完工产品数量占批量比重较小时，为简化核算工作，可采用给少量完工产品成本赋值的办法，进行生产费用分配。此时，完工产品可选用的赋值有产成品计划单位成本、定额单位成本或近期相同产品的实际单位成本计算完工产品成本。具体操作是，将少量完工产品合理赋值后，从产品成本明细账中转出，剩余数额即为在产品费用。在该批产品全部完工时，计算该批产品的实际总成本和单位成本，但对已经转账的完工产品成本，由于数量少，形成的误差小，可不做账面调整。这种分配方法核算工作简单，但分配结果不甚准确。

如果批内产品跨月陆续完工情况较多，月末完工产品数量占批量比重较大时，为了提高成本计算的准确性，应采用适当的方法，在完工产品与月末在产品之间分配费用，计算完工产品成本和月末在产品成本。为了使同一批产品尽量同时完工，避免跨月陆续完工的情况，减少完工产品与月末在产品之间分配费用的工作，在合理组织生产的前提下，可以适当缩小产品的批量。

二、分批法的核算程序

在采用分批法计算产品成本时，其成本计算的一般程序如下。

1. 按产品批别开设产品成本明细账

财会部门根据生产计划部门下达的生产通知单，开设各批别或订单的产品成本明细账，并根据费用发生用途确定成本项目。

2. 归集、分配各种要素费用

根据各项生产费用发生的原始凭证等资料，编制要素费用分配表。某批别或订单发生的生产费用，直接记入该批产品所属产品成本明细账的相关成本项目中；辅助生产车间发生的直接费用，直接记入"辅助生产成本"明细账；各生产车间发生的间接费用，按照费用发生地点，归集在对应的"制造费用"明细账中。

3. 归集、分配辅助生产费用

如果辅助生产车间间接费用需通过"制造费用"核算，期末需按照辅助生产费用分配方法，汇集辅助生产车间发生的费用，按其提供的劳务数量，在各批别产品、基本生产车间的制造费用以及其他受益对象之间进行分配。

4. 分配基本生产车间制造费用

归集基本生产车间"制造费用"明细账，采用一定的方法在基本生产车间生产的各批别产品之间进行分配,编制"制造费用分配表",据以登记"基本生产成本明细账"。

5. 分配计算各种完工产品成本和在产品成本

小批单件生产企业按分批法计算产品成本时,一般完工产品计算期与在产品生产周期一致,不存在完工产品与在产品之间的费用分配。当某批产品批量较大,又存在跨月陆续完工的情况时,应在批内计算完工产品成本和月末在产品成本。此时,如果跨月完工情况不多,可利用定额成本等估算完工产品成本,从产品成本明细账中转出;如果跨月完工有一定比例,则需按照实际情况选择适当的方法在完工产品和在产品之间进行费用分配。

6. 结转产成品成本

根据产品成本明细账计算出完工产品总成本和单位成本,并进行结转。

值得一提的是,分批法在对间接费用的处理上,存在着"间接费用当月分配法"(即一般分批法)和"间接费用累计分配法"(即简化分批法)两种方法。而两种方法的处理程序也存在一定的区别,本部分按一般分批法核算程序列示。

三、一般分批法

【例8-2】 某企业设有一个基本生产车间和一个机修辅助生产车间,根据购买单位订单小批生产 A、B 两种产品,采用分批法计算产品成本。辅助生产车间的制造费用不通过"制造费用"科目核算。

20××年5月产品生产批次情况如下。

3010 批次 A 产品:3月份投产1台,本月完工。
4008 批次 B 产品:4月份投产5台,本月全部完工。
5001 批次 A 产品:5月份投产1台,本月全部未完工。
5002 批次 B 产品:5月份投产10台,本月完工2台,在产品投料率、完工率均为50%。

(一) 开设产品成本明细账

该企业采用一般分批法计算产品成本,根据产品批别开设产品成本明细账。即开设明细账"基本生产成本——3010""基本生产成本——4008""基本生产成本——5001"和"基本生产成本——5002"。

(二) 归集、分配各种要素费用

(1) 根据材料用途归类的领退料凭证和有关的费用分配标准,编制材料费用分配表,详见表 8-13。

表8-13 材料费用分配表(分配表1)

20××年5月　　　　　　　　　　　　　　　　单位：元

应借科目			金　额
总账科目	明细科目	成本项目或费用项目	
基本生产成本	3010A产品	直接材料	2 000
	4008B产品	直接材料	8 000
	5001A产品	直接材料	5 000
	5002B产品	直接材料	12 000
		小计	27 000
辅助生产成本	机修车间	直接材料	2 000
制造费用	基本生产车间	机物料消耗	150
合　计			29 150

借：基本生产成本——3010　　　　　　　　　　2 000
　　基本生产成本——4008　　　　　　　　　　8 000
　　基本生产成本——5001　　　　　　　　　　5 000
　　基本生产成本——5002　　　　　　　　　　12 000
　　辅助生产成本——机修车间　　　　　　　　2 000
　　制造费用——基本生产车间　　　　　　　　150
　　贷：原材料　　　　　　　　　　　　　　　29 150

(2) 根据各车间、部门的工资结算凭证和其他应付职工薪酬的计提比率，编制职工薪酬分配表，详见表8-14。

表8-14 职工薪酬费用分配表(分配表2)

20××年5月　　　　　　　　　　　　　　　　单位：元

应借科目		应付职工薪酬 ——工资	应付职工薪酬 ——职工福利	合　计
基本生产成本	3010A产品	2 500	750	3 250
	4008B产品	20 000	6 000	26 000
	5001A产品	7 500	2 250	9 750
	5002B产品	30 000	9 000	39 000
	小计	60 000	18 000	78 000
辅助生产成本	机修车间	8 000	2 400	10 400
制造费用	基本生产车间	5 000	1 500	6 500
管理费用		20 000	6 000	26 000
销售费用		20 000	6 000	26 000
合　计		113 000	33 900	146 900

借：基本生产成本——3010　　　　　　　　　　　　3 250
　　基本生产成本——4008　　　　　　　　　　　26 000
　　基本生产成本——5001　　　　　　　　　　　 9 750
　　基本生产成本——5002　　　　　　　　　　　39 000
　　辅助生产成本——机修车间　　　　　　　　　10 400
　　制造费用——基本生产车间　　　　　　　　　 6 500
　　管理费用　　　　　　　　　　　　　　　　　26 000
　　销售费用　　　　　　　　　　　　　　　　　26 000
　　贷：应付职工薪酬　　　　　　　　　　　　　　　　146 900

(3) 根据本期应提折旧固定资产原值和月折旧率，计算本月应计提固定资产折旧额，编制折旧费用分配表，详见表8-15。

表8-15　固定资产折旧费用分配表(分配表3)

20××年5月　　　　　　　　　　　　　　　　　单位：元

部　门	机修车间	基本生产车间	管理部门	销售部门	合　计
折旧费用	2 500	36 500	1 000	800	40 800

借：制造费用——基本生产车间　　　　　　　　　36 500
　　辅助生产成本——机修车间　　　　　　　　　 2 500
　　管理费用　　　　　　　　　　　　　　　　　 1 000
　　销售费用　　　　　　　　　　　　　　　　　　 800
　　贷：累计折旧　　　　　　　　　　　　　　　　　　 40 800

(4) 根据5月份银行存款付款凭证汇总编制各项货币支出(假定全部用银行存款支付)汇总表，详见表8-16。

表8-16　银行存款付款凭证汇总表(分配表4)

20××年5月　　　　　　　　　　　　　　　　　单位：元

应借科目			金　额
一级科目	明细科目	成本或费用项目	
辅助生产成本	机修车间	办公费	1 700
		水、电费	2 400
		其他	1 000
		小计	5 100
制造费用	基本生产车间	办公费	3 500
		水电费	6 200
		其他	1 300
		小计	11 000

(续表)

应借科目		成本或费用项目	金额
一级科目	明细科目		
管理费用		办公费	6 000
		其他	3 000
		小计	9 000
销售费用		办公费	3 000
		其他	2 000
		小计	5 000
合计			30 100

借：辅助生产成本——机修车间　　　　　　　5 100
　　制造费用——基本生产车间　　　　　　　11 000
　　管理费用　　　　　　　　　　　　　　　9 000
　　销售费用　　　　　　　　　　　　　　　5 000
　贷：银行存款　　　　　　　　　　　　　　30 100

（三）归集、分配辅助生产费用

(1) 根据上述各种费用分配表，登记辅助生产成本明细账，详见表 8-17。

表 8-17　辅助生产成本明细账

车间名称：机修车间　　　　　　20××年 5 月　　　　　　单位：元

日期	摘要	直接材料	职工薪酬	折旧费	办公费	水电费	其他	合计	转出	余额
5.31	根据分配表 1	2 000						2 000		
5.31	根据分配表 2		10 400					10 400		
5.31	根据分配表 3			2 500				2 500		
5.31	根据分配表 4				1 700	2 400	1 000	5 100		
5.31	待分配费用小计	2 000	10 400	2 500	1 700	2 400	1 000	20 000		
5.31	根据分配表 5								20 000	
5.31	合计	2 000	10 400	2 500	1 700	2 400	1 000	20 000	20 000	0

(2) 根据辅助生产车间明细账和辅助生产车间提供劳务量，编制辅助生产费用分配表，详见表 8-18。

表 8-18 辅助生产费用分配表(分配表 5)

20××年5月

项目	待分配费用	劳务总量	分配率	制造	管理	销售	合计
耗用数量		320 小时	62.5	264 小时	32 小时	24 小时	320 小时
分配金额	20 000 元			16 500 元	2 000 元	1 500 元	20 000 元

借：制造费用——基本生产车间　　　　　16 500
　　管理费用　　　　　　　　　　　　　 2 000
　　销售费用　　　　　　　　　　　　　 1 500
　　贷：辅助生产成本——机修车间　　　　　　20 000

(四) 分配基本车间制造费用

(1) 根据上述各种费用分配表，登记基本生产车间制造费用明细账，详见表 8-19。

表 8-19 基本生产成本制造费用明细账

车间名称：基本生产车间　　　　　20××年5月　　　　　单位：元

日期	摘要	机物料消耗	职工薪酬	折旧费	修理费	水电费	办公费	其他	合计	转出	余额
5.31	据分配表 1	150							150		
5.31	据分配表 2		6 500						6 500		
5.31	据分配表 3			36 500					36 500		
5.31	据分配表 4					6 200	3 500	1 300	11 000		
5.31	据分配表 5				16 500				16 500		
5.31	据分配表 6									70 650	
5.31	合计	150	6 500	36 500	16 500	6 200	3 500	1 300	70 650	70 650	0

(2) 根据基本生产车间制造费用明细账和基本生产车间各批产品所耗生产工时，编制制造费用分配表，详见表 8-20。

表 8-20 基本生产车间制造费用分配表(分配表 6)

20××年5月

应借科目		生产工时/小时	待分配费用/元	分配率	分配金额/元
总账科目	明细科目				
基本生产成本	3010A 产品	100	70 650	39.25	3 925
	4008B 产品	600			23 550
	5001A 产品	300			11 775
	5002B 产品	800			31 400
合　　计		1 800			70 650

```
借：基本生产成本——3010          3 925
    基本生产成本——4008         23 550
    基本生产成本——5001         11 775
    基本生产成本——5002         31 400
    贷：制造费用——基本生产车间    70 650
```

(五) 分配计算各种完工产品成本和在产品成本

根据上月产品成本明细账和本月各种费用分配表，登记产品成本明细账的期初在产品费用和本月生产费用发生额。若该企业采用约当产量法分配完工产品和在产品之间的费用，计算本期在产品约当产量，按分配率计算产品成本。详见表 8-21～表 8-24。

表 8-21 产品成本明细账(3010)

产品名称：A产品　　批量：1台　　完工：1台　　20××年5月　　　　　单位：元

日期	项目	直接材料	直接人工	制造费用	合计
5.1	月初在产品	7 000	16 250	20 075	43 325
5.31	根据分配表1	2 000			2 000
5.31	根据分配表2		3 250		3 250
5.31	根据分配表6			3 925	3 925
5.31	生产费用合计	9 000	19 500	24 000	52 500
5.31	完工产品成本	9 000	19 500	24 000	52 500
5.31	完工产品单位成本	9 000	19 500	24 000	52 500

表 8-22 产品成本明细账(4008)

产品名称：B产品　　批量：5台　　完工：5台　　20××年5月　　　　　单位：元

日期	项目	直接材料	直接人工	制造费用	合计
5.1	月初在产品	2 000	6 500	15 450	23 950
5.31	根据分配表1	8 000			8 000
5.31	根据分配表2		26 000		26 000
5.31	根据分配表6			23 550	23 550
5.31	生产费用合计	10 000	32 500	39 000	81 500
5.31	完工产品成本	10 000	32 500	39 000	81 500
5.31	完工产品单位成本	2 000	6 500	7 800	16 300

表 8-23　产品成本明细账(5001)

产品名称：A 产品　　批量：1 台　　完工：0 台　　20××年 5 月　　　　单位：元

日期	项目	直接材料	直接人工	制造费用	合计
5.31	根据分配表 1	5 000			5 000
5.31	根据分配表 2		9 750		9 750
5.31	根据分配表 6			11 775	11 775
5.31	生产费用合计	5 000	9 750	11 775	26 525

表 8-24　产品成本明细账(5002)

产品名称：B 产品　　批量：10 台　　完工：2 台　　20××年 5 月　　　　单位：元

日期	项目	直接材料	直接人工	制造费用	合计
5.31	根据分配表 1	12 000			12 000.00
5.31	根据分配表 2		39 000		39 000.00
5.31	根据分配表 6			31 400.00	31 400.00
5.31	生产费用合计	12 000	39 000	31 400.00	82 400.00
5.31	约当产量合计	6	6	6	
5.31	单位成本(分配率)	2 000	6 500	5 233.33*	13 733.33
5.31	完工产品成本	4 000	13 000	10 466.66	27 466.66
5.31	期末在产品成本	8 000	26 000	20 933.34**	54 933.34

*四舍五入，保留两位小数点；**尾差记入期末在产品。

(六) 结转产成品成本

根据各产品成本明细账计算出来的本月完工产品成本进行结转。

　　借：库存商品——A 产品(3010)　　　　52 500.00
　　　　库存商品——B 产品(4008)　　　　81 500.00
　　　　库存商品——B 产品(5002)　　　　27 466.66
　　　贷：基本生产成本——3010　　　　　52 500.00
　　　　　基本生产成本——4008　　　　　81 500.00
　　　　　基本生产成本——5002　　　　　27 466.66

在实际工作中，采用一般分批法计算产品成本时，财会部门的成本核算工作需要与生产计划部门以及车间的工作联系起来。产品投产时，财会部门根据生产计划部门签发的生产通知单为每批产品开设产品成本明细账。生产过程中，分批法下要求有关的原始凭证上都应填明生产通知单号，以便将各批产品的直接费用计入各产品成本明细账。间接费用则按其用途和发生地点归集于"辅助生产成本"明细账和"制造费用"明细账内，然后按一定的标准进行分配，计入各批产品成本明细账内。当某批产品完工、检验合格后，由车间填写完工通知单,一份送达财会部门,财会部门收到车间送来的完工通知单,即可进行成本计算。如果没有跨月完工情况,直接将产品成本明细账上所归集的成本费用加总,求得完工产品实际总成本,除以完工数量,就是产成品单位成本。

四、简化分批法

上面的例子,是将企业每月发生的生产费用,在当月末全部分配计入各批产品成本。即各批完工和未完工产品都分摊了当月的间接计入费用。在产品批次不多的情况下,可以按此方法处理,既未增加成本核算工作,又可使完工产品和在产品都能较正确地反映当月应负担的生产费用。但是,在实际工作中,如果企业每月投产的产品批次较多,未完工产品的批次也多,在月末仍要计算分配间接计入费用,并计入各批产品成本,则会使核算工作相当繁重。

因此,为简化核算,对于发生的间接计入费用,可采用简化的方法,在产品完工时才分配间接计入费用,不单独计算各批在产品成本。

(一) 简化分批法的内容

简化分批法,也称不计算在产品分批法,即采用分批法核算产品成本时,仅计算完工产品成本,并将其转出对应的产品成本明细账,而未完工产品费用都累积在相关产品成本账簿。

简化分批法将生产费用划分为直接费用和间接费用两部分进行核算。为简化间接费用的核算,简化分批法将生产过程中发生的间接费用累计起来,仅当有产品完工时,才对当月完工产品按累计间接费用分配率进行分配,并将完工产品成本转出相关产品成本账簿。因此,简化分批法也称为间接费用累计分配法。

简化分批法的具体内容如下。

1. 账户的开设

在简化分批法下,除了按照产品批别设立产品成本明细账外,还必须设立"基本生产成本"二级账。简化分批法的核算过程中,"基本生产成本"二级账将在生产费用累积、累计间接费用分配率计算、表述完工转出产品及月末在产品总成本等方面发挥作用。

2. 产品成本明细账的日常登记

按产品批别开设产品成本明细账,在产品完工之前,账内只登记直接计入费用(即直接材料)和生产工时。

3. 基本生产成本二级账的日常登记

建立"基本生产成本"二级账,归集、累计各批产品发生的直接材料费用和间接计入费用(包括燃料及动力、直接人工、制造费用等)和生产工时。

4. 产品完工,间接费用的分配

在有产品完工时,根据全部批次产品累计间接费用和累计生产工时,计算全部批次产

品累计间接费用的分配率,根据完工产品累计工时的比例分配完工产品间接费用,计算完工产品成本。

计算公式如下:

间接费用累计分配率＝累计间接费用额÷累计生产工时

某完工产品应负担的间接费用＝该完工产品生产工时×间接费用累计分配率

所有未完工产品的间接费用,以总数反映在"基本生产成本"二级账中,不进行分配,也不分批计算在产品成本。

(二) 简化分批法举例

【例8-3】 某工业企业小批生产多种产品,由于产品批数多,为简化成本计算工作,采用简化分批法计算成本。该企业20××年5月产品生产批次情况如下。

3010批次A产品：3月份投产1台,本月完工。

4008批次B产品：4月份投产5台,本月全部完工。

5001批次A产品：5月份投产1台,本月未完工。

5002批次B产品：5月份投产10台,本月完工2台,在产品投料率、完工率均为50%。

1. 开设产品成本明细账

采用简化分批法计算产品成本,开设"基本生产成本"二级账(见表8-25),并根据产品批别开设产品成本明细账："基本生产成本——3010"(见表8-26)、"基本生产成本——4008"(见表8-27)、"基本生产成本——5001"(见表8-28)和"基本生产成本——5002"(见表8-29)。

2. 归集分配要素费用

在表8-25"基本生产成本"二级账中,4月30日,在产品的各项费用和生产工时为上月末根据上月的生产费用和生产工时资料计算登记;本月发生的直接材料费用和生产工时,根据本月直接材料分配表、生产工时记录,与各批产品成本明细账平行登记;本月发生的各项间接费用,根据各要素费用分配表汇总登记。

表8-25 基本生产成本二级账

20××年5月

日期	摘要	直接材料/元	生产工时/小时	直接人工/元	制造费用/元	合计/元
4.30	期初在产品	9 000	700	22 750	19 800	51 550
5.31	本期发生费用	27 000	2 400	78 000	67 000	172 000
5.31	累计发生费用	36 000	3 100	100 750	86 800	223 550
5.31	累计分配率			32.5	28	
5.31	本月完工产品转出	23 000	2 000	65 000	56 000	144 000
5.31	期末在产品	13 000	1 100	35 750	30 800	79 550

期末，如果存在完工产品，则通过"基本生产成本"二级账中各项间接费用的累计数和生产工时累计数，计算全部批次产品累计间接费用分配率(简称累计分配率)，计算如下：

直接人工累计分配率＝100 750÷3 100＝32.5

制造费用累计分配率＝86 800÷3 100＝28

3. 分配生产费用

在各批产品成本明细账中，对于当期没有完工产品的批次，只登记直接材料费用和生产工时，如5001批次(见表8-28)。对于当期有完工产品的批次，包括批内产品全部完工和部分完工，除登记本月发生的直接材料费用、生产工时和累计数外，还应根据"基本生产成本"二级账计算当期各项间接费用的累计分配率。3010批(见表8-26)和4008批(见表8-27)，本月全部完工，因而其产品成本明细账中累计的直接材料费用和生产工时，就是完工产品的直接材料费用和生产工时，以其生产工时分别乘以各项间接费用的累计分配率，即为完工产品应分配的各项间接费用。5002批(见表8-29)，本月部分完工，应在完工产品和在产品之间分配费用。如资料所述，本期该种产品的在产品投料率、完工率均为50%，本月该批在产品约当产量为4台，按照约当产量比例法计算，本月该批产品的完工产品需转出直接材料费用4 000元(12 000÷(2＋8×50%)×2)，转出生产工时400小时(1 200÷(2＋8×50%)×2)。

"基本生产成本"二级账中，本月完工转出产品的直接材料费用和生产工时，应根据各产品成本明细账中完工产品的直接材料费用和生产工时汇总登记，而本账簿中完工产品的各项间接费用可根据账中完工产品生产工时分别乘以各项费用的累计分配率计算填列，也可根据各"产品成本明细账"中完工产品的各项费用分别汇总登记。然后，用本账簿中累计行的各栏数据分别减去本月完工产品转出数，即为本月末在产品的直接材料费用、生产工时和各项间接费用。月末在产品的直接材料费用和生产工时，也可以根据各"产品成本明细账"中月末在产品的直接材料费用和生产工时分别汇总登记，而后根据各项间接费用的累计分配率乘以在产品生产工时，计算填列账中期末在产品的各项间接费用。

表8-26 产品成本明细账(3010)

产品名称：A产品　　　批量：1台　　　完工：1台　　　20××年5月　　　单位：元

日期	项目	直接材料/元	生产工时/小时	直接人工/元	制造费用/元	合计/元
4.30	期初在产品	7 000	500			
5.31	本期发生费用	2 000	100			
5.31	累计数	9 000	600			
5.31	间接费用分配率			32.5	28	
5.31	完工产品成本转出	9 000	600	19 500	16 800	45 300
5.31	完工产品单位成本	9 000	600	19 500	16 800	45 300

表 8-27　产品成本明细账(4008)

产品名称：B 产品　　批量：5 台　　完工：5 台　　20××年5月　　单位：元

日期	项目	直接材料/元	生产工时/小时	直接人工/元	制造费用/元	合计/元
4.30	期初在产品	2 000	200			
5.31	本月发生	8 000	800			
5.31	累计数	10 000	1 000			
5.31	间接费用分配率			32.5	28	
5.31	完工产品成本转出	10 000	1 000	32 500	28 000	70 500
5.31	完工产品单位成本	2 000	200	6 500	5 600	14 100

表 8-28　产品成本明细账(5001)

产品名称：A 产品　　批量：1 台　　完工：0 台　　20××年5月　　单位：元

日期	项目	直接材料/元	生产工时/小时	直接人工/元	制造费用/元	合计/元
5.31	本月发生	5 000	300			

表 8-29　产品成本明细账(5002)

产品名称：B 产品　　批量：10 台　　完工：2 台　　20××年5月　　单位：元

日期	项目	直接材料/元	生产工时/小时	直接人工/元	制造费用/元	合计/元
5.31	本月发生	12 000	1 200			
5.31	累计数	12 000	1 200			
5.31	间接费用分配率			32.5	28	
5.31	完工产品成本转出	4 000	400	13 000	11 200	28 200
5.31	完工产品单位成本	2 000	200	6 500	5 600	14 100
5.31	期末在产品	8 000	800			

(三) 简化分批法的评述

与一般分批法相比较，简化分批法具有以下特点。

1. 基本生产成本二级账的设立

采用简化分批法必须设立"基本生产成本"二级账。其作用在于：

(1) "基本生产成本"二级账按月提供企业或车间全部产品的累计生产费用(包括直接费用和间接费用)和生产工时资料。

(2) 在有产品完工的月份，在"基本生产成本"二级账账内按照累计间接费用除以生产工时，计算和登记全部批次产品累计间接费用分配率。

(3) 在"基本生产成本"二级账内，根据完工产品累计生产工时和各项累计间接费用分配率，计算填列完工产品应负担的累计间接计入费用，反映本期完工产品总成本。

(4) 在"基本生产成本"二级账内，以全部产品累计生产费用减去本月完工产品总成本，计算登记本月末各批在产品总成本。

2. 间接费用的累计分配

每月发生的间接费用，不是按月在各批产品之间进行分配，而是先在"基本生产成本"二级账中累计起来，在有产品完工的月份，才按上述内容，在各批完工产品之间进行分配，计算完工产品成本；对未完工的在产品则不分配间接费用，只以总数反映在"基本生产成本"二级账中，即不分批计算在产品成本。显然，采用这种分批法，可简化费用的分配和登记工作，且月末未完工产品的批数越多，核算工作就越简化。

3. 生产费用横向和纵向分配的统一分配率

采用简化分批法，各批产品之间分配间接费用的工作以及完工产品与月末在产品之间分配间接费用的工作，即生产费用的横向分配和纵向分配工作，都是利用累计间接计入费用分配率，到产品完工时合并在一起进行的。也就是说，各项累计间接费用分配率，既是在各批完工产品之间，也是在完工产品批别与月末在产品批别之间，以及某批产品的完工产品与月末在产品之间分配各项费用的依据。

4. 简化分批法的适用范围

简化分批法适用于投产批数繁多，完工批数较少，且各月间接费用及其分配标准大致均衡的企业。如果月末未完工的批数较少，绝大多数产品的批内仍然要分配登记各项间接费用，核算工作的简化不多。另外，由于简化分批法需将间接费用进行累计，并在此基础上计算不同核算期的全部批次产品累计间接费用分配率，因而这种方法在各月间接费用水平相差悬殊的情况下也不宜采用。例如，如果"基本生产成本二级账"中累计的前几个核算期间接费用水平较低，本月间接费用水平高，此时，本月投产本月完工的产品，按累计间接费用分配率计算完工产品成本，就会出现间接费用偏低的情况。

第三节 产品成本计算的分步法

一、分步法及其特点

(一) 分步法及其适用范围

产品成本计算的分步法，是指以产品的品种及其所经过的生产步骤进行生产费用归集、计算产品成本的一种方法。分步法主要适用于大量大批的多步骤生产企业，如连续式复杂生产企业——纺织、冶金、造纸、化工、水泥等；又如，规模较大、大量大批装配式复杂生产企业——汽车、精密仪器等。这些企业里，生产过程是由若干个在技术上可以间断的生产步骤组成,每个生产步骤除了生产出半成品(最后步骤为产成品)外,还有一些加工中的在产品。已经生产出来的半成品既可以用于下一生产步骤,进行进一步的加工,也可以对外销售。为了适应生产的这一特点,加强成本管理,这类企业不仅要按照产品品种归集生产费用,计算产品成本,还要按照产品的生产步骤归集生产费用,计算各步骤产品成本,提供反映各种产品及其各生产步骤成本计划执行情况的资料。

(二) 分步法的特点

1. 成本计算对象

分步法下,成本计算对象就是各种产品的生产步骤。在计算产品成本时,应按照产品的生产步骤设立产品成本明细账。如果企业只生产一种产品,成本计算对象就是该种产品及其所经过的各生产步骤,产品成本明细账应该按照产品的生产步骤开设。如果生产多种产品,成本计算对象则应是各种产成品及其所经过的各生产步骤。产品成本明细账应该按照每种产品的各个步骤开设。

在实际工作中,产品成本计算的分步与产品生产步骤的划分不一定完全一致。例如,在按生产步骤设立车间的企业中,一般分步计算成本就是分车间计算成本。如果企业生产规模很大,车间内又分成几个生产步骤,而管理上又要求分步计算成本时,也可以在车间内再分步计算成本。相反,如果企业规模很小,管理上也不要求分车间计算成本,也可将几个车间合并为一个步骤计算成本。总之,应根据管理的要求,本着简化计算工作的原则,确定成本计算对象。

2. 成本计算期

在大量大批的多步骤生产中,由于生产过程较长,可以间断,而且往往都是跨月陆续完工,成本计算一般按月、定期进行。也就是说,分步法下,成本计算期与产品的生产周期不一致,而与会计报告期一致。

3. 费用在完工产品与在产品之间的分配

由于大量大批多步骤生产,加上跨月陆续完工的情况,分步法下,月末往往存在未完工的在产品。在计算成本时,还需要采用适当的分配方法,将归集在各种产品、各生产步骤产品成本明细账中的生产费用,在完工产品和在产品之间进行分配,计算该产品、该生产步骤的完工产品成本和在产品成本。

4. 各步骤之间成本的结转

在复杂生产企业,生产是分步骤进行的,上一步骤生产的半成品是下一步骤的加工对象。为了计算各种产品的产成品成本,还需要按照产品品种结转各步骤成本。这也是分步法区别于其他产品成本计算基本方法的一个重要特点。

由于各个企业生产工艺过程的特点和成本管理对各步骤成本资料的要求(是否计算半成品成本)不同,以及对简化成本计算工作的考虑,各生产步骤成本的计算和结转采用两种不同的方法:逐步结转和平行结转。因此,产品成本计算的分步法相应地分为逐步结转分步法和平行结转分步法。

二、逐步结转分步法

(一) 逐步结转分步法概述

逐步结转分步法是按照产品的生产步骤逐步计算并结转半成品成本,最后计算出产成品的一种分步法。因为这种方法需要计算半成品成本,也称计算半成品成本法。

逐步结转分步法主要适用于成本管理中需提供各个生产步骤半成品资料的企业。而这类企业的生产过程中,往往存在以下原因,使计算半成品成本具有一定的必要性:

(1) 企业存在对外销售的半成品。为了计算外售半成品的盈亏和全面考核、分析产品成本计划的执行情况,就需要计算这些半成品的成本。如纺织企业不仅需要计算成品布的成本,还需要计算棉纱等可对外出售半成品的成本。

(2) 同行业评比需要。有的半成品不一定会对外销售,但要进行同行业成本的比较分析,因而需要计算这种半成品成本。

(3) 为企业多种产品同时消耗的半成品。有些半成品是企业生产过程中多种产品生产都会用到的,如造纸企业的纸浆。这类半成品的成本需要计算出来,为计算各种产品的成本做结转基础。

(4) 企业内部管理需求。在实行厂内经济核算或责任会计的企业中,为了全面考核和分析各生产步骤等内部单位的生产耗费和资金占用水平,需要随半成品实物在各个生产步骤之间的转移,逐步计算并结转半成品成本。

逐步结转分步法的成本计算对象是各种产品成本及各生产步骤半成品的成本。从各个生产步骤逐步计算成本的先后次序看,逐步结转分步法需按照产品加工顺序,先根据第一步骤汇集的生产费用,计算出第一步骤半成品成本,然后将第一步骤转出半成品成本结转给第二生产步骤(也可通过半成品库结转);第二生产步骤把上步骤转来的半成品成本加上本步骤归集的生产费用,就可计算出第二生产步骤的半成品成本,再将第二步骤半成品成本结转给下面各敏感生产步骤,如此顺序结转累计,直至最后一个生产步骤,就可计算出产成品成本。从账务处理流程看,逐步结转分步法成本计算程序如下。

1. 按照产品生产步骤结合产品品种设置产品成本明细账

逐步结转分步法下产品成本的计算对象是各种产品及其所经过的生产步骤。因此,应按照各种产品及其所经过的生产步骤设置产品成本明细账,及其账内相关的成本项目。

2. 按照成本计算对象归集生产费用

逐步结转分步法下,生产费用的归集是按产品和生产步骤进行的。当发生生产费用时,能直接确认为某种产品、某生产步骤的成本费用时,应直接计入该产品、该步骤的产品成本明细账;如果发生的生产费用不能直接计入,则应当采用适当的方法分配计入。对于第一步骤以外的其他各生产步骤,还应登记转入该步骤的前一步骤生产的半成品成本。

3. 各步骤半成品成本的计算

期末,应将归集在各产品、各步骤产品成本明细账上的生产费用合计,采用适当的方法在本步骤完工产品(即半成品)和本步骤狭义在产品之间进行生产费用的分配。

4. 半成品成本的结转

当各步骤半成品成本计算完毕，需要根据生产需要将半成品价值随半成品实物形态结转到下一生产步骤或者半成品库。随着半成品的实物转移，半成品成本也从其所在步骤"产品成本明细账"上转出，转入下一步骤"产品成本明细账"或"半成品明细账"中。

5. 产成品成本的计算

逐步结转分步法下，产成品成本是最后步骤产生的，只有将最后步骤"产品成本明细账"登记完毕，才能获得产成品成本。

当企业未设置半成品库，半成品成本随着半成品的实物形态转移到下一生产步骤，即半成品完工后不通过半成品库收发，而直接转入下一步骤。此时，半成品应在各步骤的产品成本明细账之间直接结转，如从第二步骤结转价值 30 000 元半成品到第三步骤进行深加工，会计分录为：

借：基本生产成本——第三步骤　　　　30 000
　　贷：基本生产成本——第二步骤　　　　30 000

由于核算过程没有涉及自制半成品入库、出库，不编写自制半成品的相关分录。

当企业下设半成品库时，上一步骤半成品不能被下一步骤全部耗用，或半成品需对外销售，此时需设"自制半成品"科目，在各步骤半成品完工入库或领用半成品时编制会计分录。如图 8-3 所示。

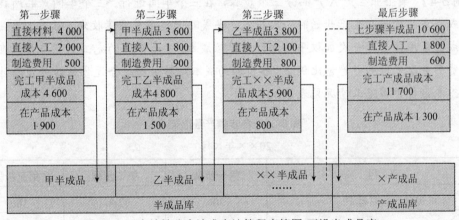

图 8-3　逐步结转分步法成本计算程序简图(下设半成品库)

第一步骤生产完工半成品，验收入库时，根据完工转出的甲半成品成本，编制相关会计分录：

借：自制半成品——甲　　　　　　　　4 600
　　贷：基本生产成本——第一步骤　　　　4 600

第二步骤领用时，编制领用的会计分录：

借：基本生产成本——第二步骤　　　　3 600
　　贷：自制半成品——甲　　　　　　　　3 600

上述计算程序表明,每一个步骤都是一个品种法,逐步结转分步法实际上是品种法的多次连续应用。

(二) 综合结转法

采用逐步结转法,需将各步骤的半成品成本按照生产步骤顺序逐步结转,但半成品成本是按合计数结转,还是分成本项目分别结转?由此,按照结转的半成品成本在下一步骤产品成本明细账的反映方式,逐步结转分步法又可以分为综合结转和分项结转两种方法。

综合结转分步法,是指各生产步骤所耗用的上一步骤的半成品成本,按综合成本(各成本项目合计数)记入本步骤产品成本明细账的"直接材料"成本项目或专设的"半成品"项目中,即把上步骤的半成品成本作为本步骤生产的直接费用处理。在综合结转时,可按半成品的实际成本结转,也可按半成品的计划成本(或定额成本)结转。

1. 半成品按实际成本综合结转

采用按实际成本综合结转时,各步骤所耗上一步骤的半成品费用,应根据所耗半成品的实际数量乘以半成品的实际单位成本计算。另外,由于各月所产半成品的实际单位成本不同,所耗半成品实际单位成本的计算,可根据企业的实际情况,选择适当的存货计价方法(如先进先出法、一次加权平均法等)对半成品进行计价结转。

【例 8-4】 某企业生产 A 产品分三个步骤,在三个车间进行。三个车间产品所耗的直接材料或半成品均是在生产开始时一次投入,半成品通过半成品库收发。第二、第三车间所耗半成品费用按全月一次加权平均法计算单位成本,三个车间的完工产品与月末在产品之间的费用分配采用约当产量比例法。各步骤的成本结转采用综合逐步结转分步法计算产品成本。本期各步骤完工情况见表 8-30。

表 8-30 各步骤产量记录

20××年×月

项 目	第一步骤	第二步骤	第三步骤
月初在产品数量/件	300	250	300
本月投产数量/件	1 900	2 000	1 900
本月完工产品数量/件	1 800	1 750	2 000
月末在产品数量/件	400	500	200
在产品完工程度/%	50	50	50

(1) 第一步骤产品成本明细账的填列,详见表 8-31。

根据上月第一步骤产品成本明细账所记录的月末在产品成本和本月各种生产费用分配表,登记第一步骤产品成本明细账的"月初在产品"和"本月发生费用"数据。

表 8-31 第一步骤产品成本明细账

产品名称：甲半成品　　　　　　　20××年×月　　　　　　　　　　　单位：元

项目	产量/件	直接材料	直接人工	制造费用	合计
月初在产品		16 800	4 600	2 600	24 000
本月发生费用		106 400	57 400	29 400	193 200
生产费用合计		123 200	62 000	32 000	217 200
约当产量合计		2 200	2 000	2 000	
单位成本(分配率)		56	31	16	103
完工半成品转出	1 800	100 800	55 800	28 800	185 400
期末在产品		22 400	6 200	3 200	31 800

根据本月第一步骤完工甲半成品数量及本步骤狭义在产品数量计算各项费用分配的标准"约当产量合计"数据，并在此基础上计算各项费用的分配率，有关计算如下：

第一步骤直接材料项目下约当产量合计＝1 800＋400＝2 200(件)

第一步骤间接费用项目下约当产量合计＝1 800＋400×50%＝2 000(件)

直接材料费用分配率＝123 200÷2 200＝56

直接人工费用分配率＝62 000÷2 000＝31

制造费用分配率＝32 000÷2 000＝16

根据各项目费用分配率及完工产品产量计算完工产品转出成本及期末在产品成本。

完工甲半成品承担的直接材料费用＝1 800×56＝100 800(元)

完工甲半成品承担的直接人工费用＝1 800×31＝55 800(元)

完工甲半成品承担的制造费用＝1 800×16＝28 800(元)

期末在产品承担的直接材料费用＝123 200－100 800＝22 400(元)

期末在产品承担的直接人工费用＝62 000－55 800＝6 200(元)

期末在产品承担的制造费用＝32 000－28 800＝3 200(元)

将第一步骤甲半成品结转入库，编制会计分录。

　　借：自制半成品——甲　　　　　　　　　　　185 400

　　　　贷：基本生产成本——第一车间　　　　　　　185 400

根据本期第一步骤的半成品交库单及第二车间领用单，登记自制半成品明细账"本期增加"及"本期减少"项，详见表 8-32。

表 8-32 自制半成品明细账

产品名称：甲半成品　　　　　　　20××年×月

日期	月初余额		本期增加		合计			本期减少	
	数量/件	实际成本/元	数量/件	实际成本/元	数量/件	实际成本/元	单位成本	数量/件	实际成本/元
本月	500	49 200	1 800	185 400	2 300	234 600	102	2 000	204 000
下月	300	30 600							

该企业采用全月一次加权平均法，甲半成品明细账内相关栏目的计算如下：

加权平均单位成本＝(49 200＋185 400)÷(500＋1 800)＝102(元/件)

本月减少＝2 000×102＝204 000(元)

本期余额＝234 600－204 000＝30 600(元)

根据第二步骤半成品领用单中领用数量和自制半成品明细账中单位成本，编制半成品流转的会计分录。

借：基本生产成本——第二车间　　　　204 000
　　贷：自制半成品——甲　　　　　　　　204 000

(2) 第二步骤产品成本明细账的填列，详见表 8-33。

根据上月第二步骤产品成本明细账所记录的月末在产品成本和本月各种生产费用分配表、半成品领用单，登记第二车间产品成本明细账中"月初在产品"和"本月发生费用"项相关数据。

表 8-33　第二步骤产品成本明细账

产品名称：乙半成品　　　　　　　　20××年×月　　　　　　　　　　单位：元

项　目	产量/件	半成品	直接人工	制造费用	合　计
月初在产品		23 250	8 100	3 000	34 350
本月发生费用		204 000	121 900	45 000	370 900
生产费用合计		227 250	130 000	48 000	405 250
约当产量合计		2 250	2 000	2 000	
单位成本(分配率)		101	65	24	190
完工半成品转出	1 750	176 750	113 750	42 000	332 500
期末在产品		50 500	16 250	6 000	72 750

第二步骤产品成本明细账中相关计算如下：

第二步骤半成品项目下约当产量合计＝1 750＋500＝2 250(件)

第二步骤间接费用项目下约当产量合计＝1 750＋500×50%＝2 000(件)

半成品费用分配率＝227 250÷2 250＝101

直接人工费用分配率＝130 000÷2 000＝65

制造费用分配率＝48 000÷2 000＝24

完工乙半成品承担的半成品费用＝1 750×101＝176 750(元)

完工乙半成品承担的直接人工费用＝1 750×65＝113 750(元)

完工乙半成品承担的制造费用＝1 750×24＝42 000(元)

期末在产品承担的半成品费用＝227 250－176 750＝50 500(元)

期末在产品承担的直接人工费用＝130 000－113 750＝16 250(元)

期末在产品承担的制造费用＝48 000－42 000＝6 000(元)

根据第二步骤的半成品交库单数量和第二步骤产品成本明细账中完工转出的半成品

成本,编制会计分录。

  借:自制半成品——乙   332 500
    贷:基本生产成本——第二车间   332 500

根据第二步骤计价后的半成品交库单和第三车间领用半成品的领用单,登记自制半成品明细账,详见表8-34。

表8-34 自制半成品明细账

产品名称:乙半成品   20××年×月

日期	月初余额		本期增加		合计			本月减少	
	数量/件	实际成本/元	数量/件	实际成本/元	数量/件	实际成本/元	单位成本/元	数量/件	实际成本/元
本月	300	60 075	1 750	332 500	2 050	392 575	191.5	1 900	363 850
下月	150	28 725							

自制乙半成品明细账中相关计算如下:

加权平均单位成本=(60 075+332 500)÷(300+1 750)=191.5(元/件)

本月减少=1 900×191.5=363 850(元)

本期余额=392 575-363 850=28 725(元)

根据第三步骤半成品领用单中的领用数量和自制半成品明细账中单位成本,编制半成品流转的会计分录。

  借:基本生产成本——第三车间   363 850
    贷:自制半成品——乙   363 850

(3) 第三步骤产品成本明细账的填列,详见表8-35。

根据上月第三步骤产品成本明细账所记录的月末在产品成本和本月的各种生产费用分配表、半成品领用单,登记第三步骤产品成本明细账中"月初在产品"和"本月发生费用"项的相关数据。

表8-35 第三步骤产品成本明细账

产品名称:丙产成品   20××年×月   单位:元

项目	产量/件	半成品	直接人工	制造费用	合计
月初在产品		58 550	4 800	2 700	66 050
本月发生费用		363 850	62 400	35 100	461 350
生产费用合计		422 400	67 200	37 800	527 400
约当产量合计		2 200	2 100	2 100	
单位成本(分配率)		192	32	18	242
完工产品转出	2 000	384 000	64 000	36 000	484 000
期末在产品		38 400	3 200	1 800	43 400

第三步骤产品成本明细账内的有关计算如下：

第三步骤半成品项目下约当产量合计＝2 000＋200＝2 200(件)

第三步骤间接费用项目下约当产量合计＝2 000＋200×50%＝2 100(件)

半成品费用分配率＝422 400÷2 200＝192

直接人工费用分配率＝67 200÷2 100＝32

制造费用分配率＝37 800÷2 100＝18

丙产成品承担的半成品费用＝2 000×192＝384 000(元)

丙产成品承担的直接人工费用＝2 000×32＝64 000(元)

丙产成品承担的制造费用＝2 000×18＝36 000(元)

期末在产品承担的半成品费用＝422 400－384 000＝38 400(元)

期末在产品承担的直接人工费用＝67 200－64 000＝3 200(元)

期末在产品承担的制造费用＝37 800－36 000＝1 800(元)

根据第三步骤的产成品交库单数量和第三步骤产品成本明细账中完工转出的产成品成本，编制会计分录。

借：库存商品——丙　　　　　　　　　　484 000
　　贷：基本生产成本——第三车间　　　　484 000

2. 半成品按计划成本综合结转

在逐步结转分步法下，只有上步骤成本计算完成后，才能进行下一步骤的成本计算。这对于实行多步骤生产的企业来说，势必影响成本计算的及时性。为了解决这一问题，可采用计划成本综合结转的方式。

采用按计划成本综合结转分步法，各生产步骤耗用上一步骤的半成品，可先按其耗用半成品的数量和半成品的计划单位成本计算结转，待各生产步骤半成品实际成本计算后，再确定其差异，并将计划成本调整为实际成本。其他各成本项目的计算方法与按实际成本综合结转相同。为适应计划成本计价，相关账簿的账面设计呈以下特点。

第一，自制半成品明细账不仅要反映半成品收发、结存的数量和实际成本，而且要反映其计划成本、成本差异额及成本差异率。

第二，在产品成本明细账中，对于所耗用半成品的成本，可以直接按照调整成本差异后的实际成本登记；也可以按照计划成本和成本差异分步登记，以便于分析上一步骤半成品成本差异对本步骤成本的影响。如采用后一种做法，产品成本明细账中的"半成品"项目，应分设"计划成本""成本差异""实际成本"专栏。

【例8-5】某企业分两步骤生产B产品，采用逐步结转分步法计算产品成本。两个车间产品所耗的原材料或半成品均在生产开始时一次投入，半成品通过半成品库收发。第二车间所耗半成品费用按计划成本综合结转。两个车间的完工产品与月末在产品之间的费用分配采用在产品按定额成本计价法。本期各步骤完工情况及定额资料见表8-36。

第八章 产品成本计算的基本方法

表8-36 各步骤产量及定额资料

20××年×月

项目	月初在产品数量	本月投产数量	本月完工数量	月末在产品数量	单位在产品定额费用/(元/件)		
					直接材料	直接人工	制造费用
第一步骤	300	1 900	1 800	400	56	15.5	8.0
第二步骤	200	1 500	1 600	100	100	14.0	10.5

(1) 第一步骤产品成本明细账的填列,详见表8-37。

根据上月第一步骤产品成本明细账所记录的月末在产品成本和本月的各种生产费用分配表分别登记第一步骤产品成本明细账中"月初在产品"和"本月发生费用"栏的相关数据,以及生产费用的合计数,并采用在产品按定额成本计价法将生产费用合计数在完工半成品与月末在产品之间进行分配。

表8-37 第一步骤产品成本明细账

产品名称:A半成品　　　　　　　20××年×月　　　　　　　　　单位:元

项目	产量/件	直接材料	直接人工	制造费用	合计
月初在产品(定额成本)		16 800	4 650	2 400	23 850
本月发生费用		106 400	57 350	29 600	193 350
生产费用合计		123 200	62 000	32 000	217 200
完工半成品转出		100 800	55 800	28 800	185 400
完工半成品单位成本	1 800	56	31	16	103
期末在产品(定额成本)		22 400	6 200	3 200	31 800

第一步骤产品成本明细账内的有关计算如下:

第一步骤期末在产品直接材料=400×56=22 400(元)

第一步骤期末在产品直接人工=400×15.5=6 200(元)

第一步骤期末在产品制造费用=400×8=3 200(元)

第一步骤完工半成品直接材料=123 200－22 400=100 800(元)

第一步骤完工半成品直接人工=62 000－6 200=55 800(元)

第一步骤完工半成品制造费用=32 000－3 200=28 800(元)

第一步骤完工半成品直接材料单位成本=100 800÷1 800=56(元/件)

第一步骤完工半成品直接人工单位成本=55 800÷1 800=31(元/件)

第一步骤完工半成品制造费用单位成本=28 800÷1 800=16(元/件)

根据第一步骤 A 半成品交库单所列数量和第一步骤产品成本明细账中完工转出的半成品成本,编制下列会计分录。

借:自制半成品——A　　　　　　　　　　　185 400

　　贷:基本生产成本——第一车间　　　　　　　185 400

(2) 自制半成品明细账的填列,详见表8-38。

表 8-38　自制半成品明细账

产品名称：A 半成品　　　　计划成本：100 元　　　　数量单位：件　　　　货币单位：元

月份	月初余额			本期增加			合计					本期减少		
	数量	计划成本	实际成本	数量	计划成本	实际成本	数量	计划成本	实际成本	成本差异	成本差异率	数量	计划成本	实际成本
本月	200	20 000	20 600	1 800	180 000	185 400	2 000	200 000	206 000	6 000	3%	1 500	150 000	154 500
下月	500	50 000	51 500											

将本月自制半成品明细账所记录的情况结出本月期初余额的数量、计划成本和实际成本；根据本月交库 A 半成品的数量、计划成本和实际成本登记自制半成品明细账的本期增加额。根据以上资料及月初 A 半成品的数量、计划成本和实际成本等资料计算本月 A 半成品的成本差异率，并据以计算第二车间领用 A 半成品应负担的成本差异。自制半成品明细账中的计算如下：

本月数量合计＝200＋1 800＝2 000(件)
本月计划成本合计＝20 000＋180 000＝200 000(元)
本月实际成本合计＝20 600＋185 400＝206 000(元)
本月成本差异＝206 000－200 000＝6 000(元)
本月成本差异率＝6 000÷200 000＝3%
本期减少计划成本＝1 500×100＝150 000(元)
本期减少实际成本＝150 000×(1＋3%)＝154 500(元)
下月月初余额数量＝2 000－1 500＝500(件)
下月月初余额计划成本＝200 000－150 000＝50 000(元)
下月月初余额实际成本＝206 000－154 500＝51 500(元)

根据第二车间半成品领用单，编制会计分录。

借：基本生产成本——第二车间　　　　　　　　　　　　154 500
　　贷：自制半成品——A　　　　　　　　　　　　　　　　　154 500

(3) 第二步骤产品成本明细账的填列，详见表 8-39。

表 8-39　第二步骤产品成本明细账

产品名称：B 产品　　　　　　　20××年×月　　　　　　　　　　　　单位：元

摘要	产量/件	半成品			直接人工	制造费用	合计
		计划成本	成本差异	实际成本			
月初在产品(定额成本)		20 000	—	20 000	2 800	2 100	24 900
本月生产费用		150 000	4 500	154 500	43 400	32 550	230 450
生产费用合计		170 000	4 500	174 500	46 200	34 650	255 350
完工产品转出	1 600	160 000	4 500	164 500	44 800	33 600	242 900
完工产品单位成本		100	2.81*	102.81*	28	21	151.81
期末在产品(定额成本)		10 000	—	10 000	1 400	1 050	12 450

*为四舍五入，保留两位小数。

根据上月第二步骤产品成本明细账所记录的月末在产品成本和本月的各种生产费用分配表、半成品领用单登记第二步骤产品成本明细账中"月初在产品"和"本月生产费用"栏目相关数据，以及生产费用的合计数，并采用在产品按定额成本计价法将生产费用合计数在完工产品与月末在产品之间进行分配。

第二步骤产品成本明细账内的有关计算如下：

第二步骤期末在产品含半成品实际成本 $=100 \times 100 = 10\,000$(元)

第二步骤期末在产品直接人工 $=100 \times 14 = 1\,400$(元)

第二步骤期末在产品制造费用 $=100 \times 10.5 = 1\,050$(元)

第二步骤完工产品含半成品实际成本 $=174\,500 - 10\,000 = 164\,500$(元)

第二步骤完工产品直接人工 $=46\,200 - 1\,400 = 44\,800$(元)

第二步骤完工产品制造费用 $=34\,650 - 1\,050 = 33\,600$(元)

第二步骤完工产品含半成品单位成本 $=164\,500 \div 1\,600 \approx 102.81$(元/件)

第二步骤完工产品直接人工单位成本 $=44\,800 \div 1\,600 = 28$(元/件)

第二步骤完工产品制造费用单位成本 $=33\,600 \div 1\,600 = 21$(元/件)

根据第二步骤 B 产成品交库单所列数量和第二步骤产品成本明细账中完工转出的产成品成本，编制下列会计分录。

借：库存商品——B　　　　　　　　　　　242 900
　　贷：基本生产成本——第二车间　　　　　　242 900

3. 半成品按实际成本综合结转与半成品按计划成本综合结转的比较

半成品按实际成本综合结转与半成品按计划成本综合结转相比较，后者在成本结转过程中具有以下优点。

第一，可简化和加速半成品核算和产品成本计算工作。按计划成本结转半成品成本，可以简化和加速半成品收发的凭证计价和记账工作；如果半成品成本差异率不是按半成品品种，而是按类计算，更可以省去大量的计算工作；如果月初半成品存量较大，本月耗用的半成品大部分甚至全部是以前月份生产的，本月所耗半成品成本差异调整也跨月根据上月半成品成本差异率计算。这样，不仅简化了计算工作，各步骤的成本计算也可以同时进行，从而加速产品成本计算工作。

第二，便于各步骤进行成本的考核和分析。按计划成本结转半成品成本，在各步骤的产品成本明细账中，可以分步反映所耗半成品的计划成本、成本差异和实际成本，因此在分析各步骤产品成本时，可以剔除上一步骤半成品成本变动对本步骤产品成本的影响，有利于分清经济责任，考核各步骤的经济效益。如果各步骤所耗半成品的成本差异，不调整计入各步骤的产品成本，而是直接调整计入最后的产成品成本，不仅可以进一步简化和加速各步骤的成本计算工作，而且由于各步骤产品成本中不包括上一步骤半成品成本变动的影响，因此更便于分清各步骤的经济责任，更便于各步骤产品成本的考核和分析。

4. 综合结转的成本还原

采用综合结转分步法时，无论半成品按实际成本计价还是按计划成本计价，作为后续步骤就是把上一步骤转入的半成品成本全部计入本步骤的"直接材料"或"半成品"项目内。这样,我们在产品生产最后一个步骤中看到的产品成本,绝大部分价值凝结在最后步骤的"半成品"项目内,该项目集合了各步骤的"直接材料"费用和本步骤之前所有步骤的加工费;而"直接人工""制造费用"等成本项目所归集的费用仅仅是产品多步骤生产过程中最后一个步骤的费用。显然,这样的成本结构不能据以从整个企业角度考核和分析产品成本的构成和水平。因此,采用综合结转分步法计算出的产品成本,不能提供按原始成本项目反映的成本资料,不利于企业考核和分析产品成本结构和水平,需要进行成本还原。

成本还原,即从产品生产的最后一个步骤起,把本期产成品成本中所耗上一步骤半成品的综合成本逐步进行成本还原,直到求得按原始成本项目(直接材料、直接人工、制造费用等)反映的产品成本资料。成本还原需要对最终产成品逐步分解还原为原来的成本项目,一般采用逆还原法。下面以一个简单的图例来说明逆还原过程,见图8-4。

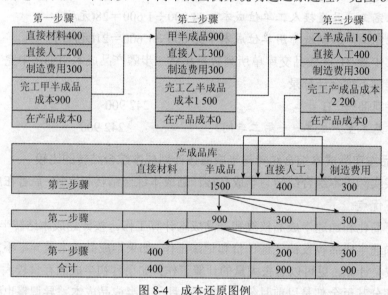

图8-4 成本还原图例

图8-4反映了成本还原的基本过程。图中第三步骤的完工产品即为需要进行成本还原的对象,研究其明细账中各成本项目,"半成品"是需要还原的项目。第三步骤半成品来源于第二步骤,且在本例中第三步骤从第二步骤获取的半成品乙正好是本期第二步骤的全部完工半成品。由于第二步骤没有在产品,则第二步骤全部完工半成品成本即为本期各项生产费用的累计数。因而,可将半成品乙的成本划分到半成品甲900元,直接人工300元,制造费用300元。而这些项目中,900元的半成品甲仍需进行还原,从第一步骤产品成本明细账中,900元半成品甲可还原为直接材料400元,直接人工200元,制造费用300元。至此,2 200元产成品成本还原为直接材料400元,直接人工900元,制造费用900元。

在实际工作中,各步骤半成品的结转往往通过半成品库收发,而且上步骤所产半成品数量与下步骤所耗半成品数量往往不等,就使得成本还原很难按照实物流转的思路来进行。但在大量大批多步骤生产企业,生产稳定往往具有一定的重复性,即便存在半成品仓

第八章 产品成本计算的基本方法

库对半成品进行收发,在近期内各步骤产品成本内部结构还是保持了一定的稳定性,下一步骤领用的半成品成本结构与本期上一步骤生产出来的完工半成品成本结构存在一定的近似性。因此,成本还原可按照本月各步骤所产半成品的成本构成进行还原。

【例 8-6】利用【例 8-4】的资料,对第三步骤产品成本明细账中算出的本月产成品进行还原,编制产成品成本还原计算表,如表 8-40 所示。

表 8-40 产成品成本还原计算表

产量:2 000 件　　　　　　　　　20××年×月　　　　　　　　　　单位:元

项　　目	还原分配率	半成品	直接材料	直接人工	制造费用	合　　计
产成品成本		384 000.0		64 000.0	36 000	484 000.0
第二步骤完工半成品乙	1.15*	176 750.0		113 750.0	42 000	332 500.0
还原分配		203 262.5		130 812.5	49 925**	384 000.0
第一步骤完工半成品甲			100 800	55 800.0	28 800	185 400.0
还原分配	1.10*		110 880	61 380.0	31 002.5**	203 262.5
还原后产成品			110 880	256 192.5	116 927.5	484 000.0

*为四舍五入,保留两位小数;**尾差计入制造费用。

本例成本还原计算程序如下。

(1) 确定成本还原对象,即产成品成本。在本例中成本还原对象为第三步骤产品成本明细账中完工转出产成品,将其按不同成本项目列示于产成品成本还原计算表"产成品成本"行各对应项目下。

(2) 确定成本还原分配的半成品项目。在产成品成本的各项目中包含了需要进一步分配的半成品乙,选定第二步骤产品成本明细账中"完工转出半成品成本"栏的成本构成为分配结构,将其相关数据填列在产成品成本还原计算表"第二步骤完工半成品乙"所在行的对应项目下。

(3) 还原分配。本次成本还原中,还原分配项目为第三步骤的半成品 384 000 元,还原结构为第二步骤本期完工乙半成品成本。按照下列公式还原分配。

还原分配率=需还原的半成品综合成本÷上一步骤本月完工半成品的综合成本

某成本项目分配=上一步骤完工半成品该成本项目金额×还原分配率

计算过程如下:

还原分配率=384 000÷332 500≈1.15

第一次还原半成品项目=176 750×1.15=203 262.5(元)

第一次还原直接人工项目=113 750×1.15=130 812.5(元)

第一次还原制造费用项目=384 000−203 262.5−130 812.5=49 925(元)

乙半成品承担的制造费用需将还原的乙半成品总成本减去其他成本项目获得,以便将还原分配率计算的尾差记入制造费用中。

(4) 判断是否还存在需要还原的半成品项目,如果存在返回到第一步程序进行下一次的还原。在本例中需对产成品还原两次,第二次还原计算如下:

第二次还原分配率=203 262.5÷185 400≈1.1

第二次还原直接材料项目=100 800×1.1=110 880(元)

第二次还原直接人工项目=55 800×1.1=61 380(元)

第二次还原制造费用项目=203 262.5−110 880−61 380=31 002.5(元)

(5) 当所有半成品被还原成成本项目,汇总产成品原始成本项目数据。

产成品直接材料=110 880(元)

产成品直接人工=64 000+130 812.5+61 380=256 192.5(元)

产成品制造费用=36 000+49 925+31 002.5=116 927.5(元)

在上例中,根据"本期产成品所耗上一步骤半成品成本合计"除以"本期上一步骤生产该种半成品成本合计"计算还原分配率,实际操作中也可以通过计算上一步骤中各成本项目比重的方法来进行产品成本还原,计算公式如下:

$$\frac{\text{某成本项目}}{\text{还原分配率}} = \frac{\text{上一步骤完工半成品某成本项目金额}}{\text{上一步骤完工半成品成本}}$$

某成本项目分配额=本步骤所含半成品综合成本×某成本项目还原分配率

按照此方法,利用【例8-4】的资料,对第三步骤产品成本明细账中算出的本月产成品进行还原,编制产成品成本还原计算表,见表8-41。

表8-41 产成品成本还原计算表

产量:2 000件　　　　　　　　　20××年×月　　　　　　　　　单位:元

项目	半成品	直接材料	直接人工	制造费用	合计
产成品成本	384 000		64 000	36 000	484 000
第二步骤完工半成品乙	176 750		113 750	42 000	332 500
第二步骤成本项目比重	0.53*		0.34*	0.13**	
还原分配	203 520		130 560	49 920	384 000
第一步骤完工半成品甲		100 800	55 800	28 800	185 400
第二步骤还原分配率		0.54*	0.3*	0.16**	
还原分配		109 900.8	61 056	32 563.2	203 520
还原后产成品		109 900.8	255 616	118 483.2	484 000

*为四舍五入,保留两位小数;**尾差计入制造费用。

按照上一步骤各成本项目比重进行成本还原,表8-41中相关计算如下:

第二步骤半成品比例=176 750÷332 500≈0.53

第二步骤直接人工比例=113 750÷332 500≈0.34

第二步骤制造费用比例=42 000÷332 500≈0.13

$$或 = 1 - 0.53 - 0.34 = 0.13$$

第一次还原半成品项目 = 384 000×0.53 = 203 520(元)

第一次还原直接人工项目 = 384 000×0.34 = 130 560(元)

第一次还原制造费用项目 = 384 000×0.13 = 49 920(元)

第一步骤直接材料比例 = 100 800÷185 400≈0.54

第一步骤直接人工比例 = 55 800÷185 400≈0.3

第一步骤制造费用比例 = 28 800÷185 400≈0.16

$$或 = 1 - 0.54 - 0.3 = 0.16$$

第二次还原直接材料项目 = 203 520×0.54 = 109 900.8(元)

第二次还原直接人工项目 = 203 520×0.3 = 61 056(元)

第二次还原制造费用项目 = 203 520×0.16 = 32 563.2(元)

需要指出的是，由于以前月份所产半成品的成本构成与本月所产半成品的成本构成不可能完全一致，在各月所产半成品的成本构成变动较大的情况下，按照上述方法进行成本还原，对还原结果的准确性会有较大的影响。在这种情况下，如果半成品的定额成本或计划成本比较准确，为了提高还原结果的准确性，产成品所耗半成品费用可以按定额成本或计划成本的成本构成进行还原。

5. 综合结转的评述

采用综合结转分步法，可以在各生产步骤的产成品明细账中反映该步骤完工产品所耗半成品费用水平和本步骤加工费用水平，有利于各生产步骤的成本管理。但是，为了反映产品成本结构，加强企业成本管理，综合结转分步法必须进行成本还原，从而增加了核算工作。因此，综合结转分步法适用于在半成品具有独立经济意义，管理上要求计算各步骤完工产品所耗半成品费用，但不要求进行原始成本项目管理的情况。

(三) 分项结转法

1. 分项结转法的基本内容

分项结转法是将各步骤所耗用上一步骤的半成品成本，按照成本项目分项转入各步骤产品成本明细账的各个成本项目中。如果半成品通过半成品库收发，在自制半成品明细账中登记半成品成本时，也要按照成本项目分别登记。此时，自制半成品明细账必须按成本项目设置专栏。

分项结转，可按照半成品的实际成本结转，也可按照半成品的计划成本结转，然后按成本项目分项调整成本差异。由于后一种做法计算工作量较大，因而一般采用按实际成本分项结转的方法。

2. 分项结转法的核算

【例8-7】 某企业生产A产品分两个步骤，分别由第一、第二车间完成。第一车间生产半成品甲，交半成品库验收入库，第二车间按所需数量从半成品库领用，所耗半成品费用按全月一次加权平均法计算单位成本，两个车间的完工产品与月末在产品之间的费用分配采用在产品按定额成本计价法。第一、第二车间产量记录及在产品定额资料见表 8-42，该企业小时工资率为 25 元/小时，小时制造费用率为 20 元/小时。

表 8-42　产量记录及在产品定额资料

20××年×月

项　目	月初在产品/件	本月投产/件	本月完工/件	期末在产品/件	在产品材料费用定额/(元/件)	在产品生产工时定额/(小时/件)
第一车间	100	1 050	1 000	150	50	2
第二车间	200	900	950	150	50	7

根据上月第一步骤产品成本明细账月末在产品成本和本月各种生产费用分配表、半成品交库单和第一车间在产品定额成本资料，登记第一步骤产品成本明细账，如表 8-43 所示。

表 8-43　第一步骤产品成本明细账

产品名称：半成品甲　　　　　　　　　20××年×月　　　　　　　　　　单位：元

摘　　要	产量/件	直接材料	直接人工	制造费用	合　　计
期初在产品(定额成本)	100	5 000	5 000	4 000	14 000
本月发生费用		55 000	100 000	88 000	243 000
合计		60 000	105 000	92 000	257 000
完工转出半成品甲	1 000	52 500	97 500	86 000	236 000
月末在产品(定额成本)	150	7 500	7 500	6 000	21 000

第一步骤产品成本明细账内，计算如下：

第一步骤月末在产品直接材料费用＝150×50＝7 500(元)

第一步骤月末在产品直接人工费用＝150×2×25＝7 500(元)

第一步骤月末在产品制造费用＝150×2×20＝6 000(元)

第一步骤完工半成品直接材料费用＝60 000－7 500＝52 500(元)

第一步骤完工半成品直接人工费用＝105 000－7 500＝97 500(元)

第一步骤完工半成品制造费用＝92 000－6 000＝86 000(元)

根据第一车间的半成品交库单所列交库数量和第一步骤产品成本明细账中完工转出的半成品成本，编制会计分录。

借：自制半成品——甲　　　　　　　　　　　　　236 000
　　贷：基本生产成本——第一车间——直接材料　　52 500
　　　　　　　　　　　　　　　　　——直接人工　　97 500
　　　　　　　　　　　　　　　　　——制造费用　　86 000

根据计价后的半成品交库单和第二车间领用半成品的领料单，登记自制半成品明细账，详见表 8-44。

第八章　产品成本计算的基本方法

表 8-44　自制半成品明细账

产品名称：半成品甲　　　　　　　　20××年×月　　　　　　　　　　单位：元

月份	摘要	数量/件	实际成本			
			直接材料	直接人工	制造费用	合计
本月	月初余额	200	7 500	10 500	16 000	34 000
本月	本月增加	1 000	52 500	97 500	86 000	236 000
本月	合计	1 200	60 000	108 000	102 000	270 000
本月	单位成本		50	90	85	225
本月	本月减少	900	45 000	81 000	76 500	202 500
下月	月初余额	300	15 000	27 000	25 500	67 500

表 8-44 中，自制半成品明细账内半成品甲单位成本的各成本项目都按全月一次加权平均法计算。

直接材料单位成本＝(7 500＋52 500)÷(200＋1 000)＝50(元/件)

直接人工单位成本＝(10 500＋97 500)÷(200＋1 000)＝90(元/件)

制造费用单位成本＝(16 000＋86 000)÷(200＋1 000)＝85(元/件)

本月减少直接材料＝900×50＝45 000(元)

本月减少直接人工＝900×90＝81 000(元)

本月减少制造费用＝900×85＝76 500(元)

下月期初余额直接材料＝(1 200－900)×50＝15 000(元)

下月期初余额直接人工＝(1 200－900)×90＝27 000(元)

下月期初余额制造费用＝(1 200－900)×85＝25 500(元)

根据第二车间半成品领料单，编制会计分录。

　　借：基本生产成本——第二车间——直接材料　　　45 000
　　　　　　　　　　　　　　　——直接人工　　　81 000
　　　　　　　　　　　　　　　——制造费用　　　76 500
　　　贷：自制半成品——甲　　　　　　　　　　　202 500

根据各种生产费用分配表、第二车间半成品领料单、自制半成品明细账、第二车间产成品交库单和第二车间在产品定额成本等资料，登记第二步骤产品成本明细账，详见表 8-45。

表 8-45　第二步骤产品成本明细账

产品名称：A产品　　　　　　　　20××年×月　　　　　　　　　　单位：元

项　目	产量/件	直接材料	直接人工	制造费用	合　计
月初在产品(定额成本)	200	10 000	35 000	28 000	73 000
本月耗用半成品费用		45 000	81 000	76 500	202 500
本月发生费用			81 250	49 500	130 750

(续表)

项　　目	产量/件	直接材料	直接人工	制造费用	合　　计
生产费用合计		55 000	197 250	154 000	406 250
完工产成品转出	950	47 500	171 000	133 000	351 500
产成品单位成本		50	180	140	370
期末在产品(定额成本)	150	7 500	26 250	21 000	54 750

第二步骤产品成本明细账计算如下：

第二步骤月末在产品直接材料费用＝150×50＝7 500(元)

第二步骤月末在产品直接人工费用＝150×7×25＝26 250(元)

第二步骤月末在产品制造费用＝150×7×20＝21 000(元)

第二步骤完工产成品直接材料费用＝55 000－7 500＝47 500(元)

第二步骤完工产成品直接人工费用＝197 250－26 250＝171 000(元)

第二步骤完工产成品制造费用＝154 000－21 000＝133 000(元)

根据第二车间的产成品交库单所列产成品数量和上述明细账中完工转出产成品成本，编制会计分录。

借：库存商品——A　　　　　　　　　　351 500
　　贷：基本生产成本——第二车间　　　　351 500

3. 分项结转法的评述

采用分项逐步结转分步法计算产品成本，可以直接、准确地提供按原始成本项目反映的产成品成本资料，便于从整个企业角度考核和分析产品成本计划的执行情况，不需要进行成本还原。但是，这种方法的成本结转工作比较复杂，而且在各步骤完工产品成本中看不出所耗上一步骤半成品的费用和本步骤加工费用的水平，不便于进行完工产品成本分析。因此，这种结转方法一般适用于管理上不要求分别提供各步骤完工产品所耗半成品费用和本步骤加工费用资料，但要求按原始成本项目反映产品成本的企业。

(四) 逐步结转分步法的评述

综上所述，逐步结转分步法的优点可以概括如下。

第一，逐步结转分步法的成本计算对象是企业产成品及其各步骤的半成品，为分析和考核企业产品成本计划和各生产步骤半成品成本计划的执行情况，为正确计算半成品销售成本提供了资料。

第二，不论是综合结转，还是分项结转，半成品成本都是随着半成品实物的转移而结转，各生产步骤产品成本明细账中的生产费用余额，反映了留存在各个生产步骤的在产品成本，因而还能为在产品的实物管理和生产资金管理提供资料。

第三，采用综合结转法结转半成品成本时，由于各生产步骤产品成本中包括所耗上一步骤半成品成本，从而能全面反映各步骤完工产品中所耗上一步骤半成品费用水平和本步骤加工费用水平，有利于各步骤的成本管理。采用分项结转法结转半成品成本时，可以直接提供按原始成本项目反映的产品成本，满足企业分析和考核产品成本构成和水平的需要，而不必进行成本还原。

但逐步结转分步法在实际运用中，还存在各种问题：各生产步骤的半成品要逐步结转，核算工作比较复杂。在加速成本计算工作方面存在一定的局限性：在综合结转法下，需要进行成本还原，增加了工作量；在分项结转法下，各步骤成本结转复杂；如果半成品按计划成本结转，则需计算和调整半成品成本差异；如果半成品按实际成本结转，各步骤则不能同时计算成本，成本计算的及时性差。

因此，逐步结转分步法一般适用于半成品种类不多、逐步结转半成品成本的工作量不大的生产企业；或者半成品的种类虽较多，但管理上要求提供半成品成本资料的生产企业。

三、平行结转分步法

(一) 平行结转分步法概述

1. 平行结转分步法的基本内容

在采用分步法计算产品成本的大量大批多步骤生产企业中，有的企业(如机械制造企业)生产步骤所产半成品的种类很多，但不需要计算半成品成本。在这种情况下，为了简化和加速成本计算工作，可以不计算各步骤所产半成品成本，也不计算各步骤所耗上一生产步骤的半成品成本，而只计算本步骤发生的各项其他费用以及这些费用中应计入产成品的"份额"。将相同产品的各步骤成本明细账中的这些份额平行结转、汇总，即可以计算出该种产品的产成品成本。这种方法就是平行结转分步法，或称不计算半成品成本分步法。

2. 平行结转分步法的计算程序及特点

从平行结转分步法计算程序图(见图 8-5)可以看出平行结转分步法具有以下特点。

第一，采用平行结转分步法，各生产步骤不计算半成品成本，只计算本步骤所发生的生产费用。

第二，采用平行结转分步法，各步骤之间不结转半成品成本。不论半成品实物是在各生产步骤之间直接转移，还是通过半成品库收发，都不进行自制半成品的价值核算。即半成品成本不随半成品实物转移而结转。

第三，为了计算各生产步骤发生的费用中应计入产成品成本的份额，必须将每一生产步骤发生的费用划分为耗用于产成品部分和尚未最后制成的在产品部分。这里的在产品包括：①尚在本步骤加工中的在产品；②本步骤已完工转入半成品库的半成品；③已从半成品库转到以后各步骤进一步加工、尚未最后制成的半成品。即平行结转分步法下的在产品是就整个企业而言的广义在产品。

第四，将各步骤费用中应计入产成品的份额，平行结转、汇总计算该种产成品的总成本和单位成本。

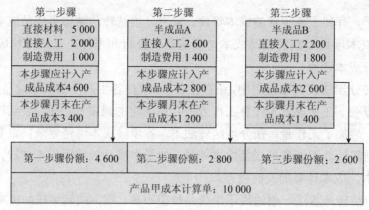

图 8-5　平行结转分步法计算程序图

3. 各步骤应计入产成品成本份额的计算

从平行结转分步法的程序可以看到，如何正确确定各步骤生产费用中应计入产成品的份额，即每一生产步骤的生产费用如何正确地在完工产成品和广义在产品之间进行分配，是采用这一方法时能否正确计算产成品成本的关键所在。

为此，各企业应根据具体情况，选用适当的方法在完工产品和广义在产品之间分配生产费用。在实际工作中，通常采用在产品按定额成本计价法或定额比例法。这是因为采用这两种方法，作为分配费用标准的定额资料比较容易取得。如产成品的定额消耗或定额费用，可以根据产成品数量乘以消耗定额或费用定额计算；由于广义在产品的实物分散在各生产步骤和半成品库，具体的盘存、计算工作比较复杂，但其消耗量或定额费用可以采用前述的倒挤方法计算，因而也较为简便。

部分企业也采用约当产量比例法计算平行结转分步法下应计入产成品成本中的份额。在平行结转分步法下，上一步骤半成品的实物转入下一步骤，半成品的成本并不转入下一步骤。在计算分配各步骤发生的费用时，该步骤产品成本明细账中集合的生产费用包含了以下三种状态产品的费用：①完工产成品；②本步骤已经完工半成品(其实物形态可能已经转入下一步骤或者半成品库)；③本步骤正在生产过程中的狭义在产品。这三种状态的产品的共同特点是，都经历过或正在经历本步骤的生产，消耗了本步骤的资源。因此，该步骤产品约当总量(包含本月完工产成品数量和受益于本步骤的广义在产品约当产量)的计算公式如下：

$$\text{某步骤产品约当产量} = \text{本月完工产成品数量} + \text{该步骤月末在产品约当产量} + \text{该步骤已完工留存在生产环节的本产品数}$$

各步骤在完工产成品和广义在产品之间进行费用分配，分配的费用仅仅是本步骤发生的费用，由于上一步骤半成品成本并没有结转到本步骤，因此本步骤的费用分配不包括上一步骤转入的半成品成本，更不涉及下一步骤的生产费用。而其分配结果，即一件产成品在该步骤所耗费的生产费用。计算公式如下：

在明确产成品数量及各步骤生产费用分配率的情况下，各步骤应计入产成品成本的份额，可通过如下公式计算：

$$某步骤生产费用分配率 = \frac{该步骤月初在产品费用 + 该步骤本月发生的生产费用}{该步骤产品约当总量}$$

某步骤应计入产成品成本份额＝产成品数量×该步骤生产费用分配率

最后,汇总各步骤应计入产成品成本中的份额,即为本期产成品成本。

(二)平行结转分步法的核算

【例8-8】某企业经过两个步骤生产 A 产品,分别在第一、第二车间进行。该企业生产费用在完工产品和在产品之间的分配采用定额比例法,其中原材料费用按定额原材料费用比例分配;其他各项费用均按定额工时比例分配。由于管理上不要求计算半成品成本,该企业采用平行结转分步法。20××年5月,该企业相关定额资料见表8-46。

表8-46　A产品定额资料

20××年5月

车间份额	月初在产品		本月投入		本月产成品				
	定额材料费用/元	定额工时/小时	定额材料费用/元	定额工时/小时	单件定额		产量/件	定额材料费用/元	定额工时/小时
					材料费用/元	工时/小时			
第一车间份额	20 000	300	220 000	3 300	200	3	1 000	200 000	3 000
第二车间份额	—	400	—	1 900	—	2	1 000	—	2 000
合计					200	5	1 000	200 000	5 000

由于采用平行结转分步法,第一、第二步骤产品成本明细账可以同时登记,且二者之间没有半成品的成本结转问题。根据 A 产品的定额资料、各种生产费用分配表和产成品交库单,登记第一、第二步骤产品成本明细账,详见表8-47和表8-48。

表8-47　第一步骤产品成本明细账

车间名称:第一车间　　　　　产品名称:A产品　　　　20××年5月　　　　　单位:元

摘要	产成品产量/件	直接材料		定额工时	直接人工	制造费用	合计
		定额	实际				
月初在产品		20 000	20 800	300	6 500	4 550	31 850
本月生产费用		220 000	224 000	3 300	72 700	49 450	346 150
合计		240 000	244 800	3 600	79 200	54 000	378 000
费用分配率			1.02		22	15	
本步骤应计入产成品份额	1 000	200 000	204 000	3 000	66 000	45 000	315 000
月末在产品		40 000	40 800	600	13 200	9 000	63 000

月末，累计第一、第二步骤产品成本明细账发生费用，按各车间的定额资料计算分配各步骤应计入产成品份额和月末在产品成本。

第一车间应计入产品份额的计算过程如下：

直接材料分配率＝(20 800＋224 000)÷(20 000＋220 000)＝1.02

直接人工分配率＝(6 500＋72 700)÷(300＋3 300)＝22

制造费用分配率＝(4 550＋49 450)÷(300＋3 300)＝15

第一步骤应计入产成品的直接材料＝1 000×200×1.02＝204 000(元)

第一步骤应计入产成品的直接人工＝1 000×3×22＝66 000(元)

第一步骤应计入产成品的制造费用＝1 000×3×15＝45 000(元)

表 8-48 第二步骤产品成本明细账

车间名称：第二车间　　　　　产品名称：A 产品　　　　20××年 5 月　　　　单位：元

摘要	产成品产量/件	直接材料		定额工时	直接人工	制造费用	合计
		定额	实际				
月初在产品				400	8 500	6 300	14 800
本月生产费用				1 900	39 800	30 500	70 300
合计				2 300	48 300	36 800	85 100
费用分配率					21	16	
本步骤应计入产成品份额	1 000			2 000	42 000	32 000	74 000
月末在产品				300	6 300	4 800	11 100

第二车间应计入产品份额的计算过程如下：

直接人工分配率＝(8 500＋39 800)÷(400＋1 900)＝21

制造费用分配率＝(6 300＋30 500)÷(400＋1 900)＝16

第二步骤应计入产成品的直接人工＝1 000×2×21＝42 000(元)

第二步骤应计入产成品的制造费用＝1 000×2×16＝32 000(元)

根据第一、第二步骤明细账中应计入产成品成本的份额，平行结转、汇总记入 A 产品成本汇总表，详见表 8-49。

表 8-49 A 产品成本汇总表

20××年 5 月　　　　　　　　　　　　　　　　　　　　单位：元

项目	产量/件	直接材料	直接人工	制造费用	合计
第一车间份额	1 000	204 000	66 000	45 000	315 000
第二车间份额	1 000		42 000	32 000	74 000
合计		204 000	108 000	77 000	389 000
单位成本		204	108	77	389

第八章 产品成本计算的基本方法

【例8-9】某企业经过3个步骤生产B产品,分别在第一、第二、第三车间进行。三个车间的材料及半成品都在生产开始时一次投入,月末在产品按约当产量比例法计算,各步骤在产品完工率均为50%。由于管理上不要求计算半成品成本,该企业采用平行结转分步法。该企业20××年5月,有关产量记录及生产费用资料见表8-50和表8-51。

表8-50 产量记录
20××年5月

项目	第一步骤	第二步骤	第三步骤
月初在产品	100	200	200
本月投产	2 000	1 800	1 600
本月完工	1 800	1 600	1 500
月末在产品	300	400	300

表8-51 生产费用资料
20××年5月

成本项目	月初在产品成本				本月发生费用			
	第一步骤	第二步骤	第三步骤	合计	第一步骤	第二步骤	第三步骤	合计
直接材料	250 000			250 000	500 000			500 000
直接人工	15 250	9 800	3 200	28 250	38 800	34 200	31 450	104 450
制造费用	13 050	7 650	1 950	22 650	22 200	24 350	21 150	67 700
合计	278 300	17 450	5 150	300 900	561 000	58 550	52 600	672 150

由于在平行结转分步法下,第一、第二、第三车间可根据本月生产费用资料同时登记,并将生产费用在完工产品和广义在产品之间进行分配。详见表8-52~表8-54。

表8-52 第一步骤产品成本明细账

车间名称:第一车间　　　产品名称:B产品　　　20××年5月　　　单位:元

项目	直接材料	直接人工	制造费用	合计
月初在产品	250 000	15 250	13 050	278 300
本月发生费用	500 000	38 800	22 200	561 000
生产费用合计	750 000	54 050	35 250	839 300
约当总量	2 500	2 350	2 350	
分配率	300	23	15	338
本步骤应计入产成品份额	450 000	34 500	22 500	507 000
月末在产品	300 000	19 550	12 750	332 300

第一步骤产品成本明细账的计算如下:
用于直接材料费用分配的约当总量=1 500+300+400+300=2 500(件)
用于其他费用分配的约当总量=1 500+300×50%+400+300=2 350(件)

直接材料分配率＝(250 000＋500 000)÷2 500＝300
直接人工分配率＝(15 250＋38 800)÷2 350＝23
制造费用分配率＝(13 050＋22 200)÷2 350＝15
本步骤应计入产成品份额的直接材料＝1 500×300＝450 000(元)
本步骤应计入产成品份额的直接人工＝1 500×23＝34 500(元)
本步骤应计入产成品份额的制造费用＝1 500×15＝22 500(元)

表8-53 第二步骤产品成本明细账

车间名称：第二车间　　　产品名称：B产品　　　20××年5月　　　单位：元

项目	直接材料	直接人工	制造费用	合计
月初在产品		9 800	7 650	17 450
本月发生费用		34 200	24 350	58 550
生产费用合计		44 000	32 000	76 000
约当总量		2 000	2 000	
分配率		22	16	38
本步骤应计入产成品份额		33 000	24 000	57 000
月末在产品		11 000	8 000	19 000

第二步骤产品成本明细账的计算如下：
用于其他费用分配的约当总量＝1 500＋400×50%＋300＝2 000(件)
直接人工分配率＝(9 800＋34 200)÷2 000＝22
制造费用分配率＝(7 650＋24 350)÷2 000＝16
本步骤应计入产成品份额的直接人工＝1 500×22＝33 000(元)
本步骤应计入产成品份额的制造费用＝1 500×16＝24 000(元)

表8-54 第三步骤产品成本明细账

车间名称：第三车间　　　产品名称：B产品　　　20××年5月　　　单位：元

项目	直接材料	直接人工	制造费用	合计
月初在产品		3 200	1 950	5 150
本月发生费用		31 450	21 150	52 600
生产费用合计		34 650	23 100	57 750
约当总量		1 650	1 650	
分配率		21	14	35
本步骤应计入产成品份额		31 500	21 000	52 500
月末在产品		3 150	2 100	5 250

第三步骤产品成本明细账的计算如下：
用于其他费用分配的约当总量＝1 500＋300×50%＝1 650(件)

直接人工分配率=(3 200+31 450)÷1 650=21
制造费用分配率=(1 950+21 150)÷1 650=14
本步骤应计入产成品份额的直接人工=1 500×21=31 500(元)
本步骤应计入产成品份额的制造费用=1 500×14=21 000(元)

根据第一、第二、第三步骤明细账中应计入产成品成本的份额，平行结转、汇总记入B产品成本汇总表，详见表8-55。

表8-55　B产品成本汇总表

20××年5月　　　　　　　　　　　　　　　单位：元

项　目	直接材料	直接人工	制造费用	合　计
第一车间计入份额	450 000	34 500	22 500	507 000
第二车间计入份额		33 000	24 000	57 000
第三车间计入份额		31 500	21 000	52 500
合计	450 000	99 000	67 500	616 500
单位成本	300	66	45	411

(三) 平行结转分步法的评述

平行结转分步法与逐步结转分步法相比较，具有以下优点。

第一，采用平行结转分步法，各步骤可以同时计算产品成本，然后将应计入完工产品成本的份额平行结转、汇总计入产成品成本，不必逐步结转半成品成本，从而可以简化和加速成本计算工作。

第二，采用平行结转分步法，一般是按成本项目平行结转、汇总各步骤生产费用中应计入产成品成本的份额，因而能够直接提供按原始成本项目反映的产成品成本资料，不必进行成本还原，省去了大量烦琐的计算工作。

但是，由于采用平行结转分步法各步骤不计算，也不结转半成品成本，因此存在以下缺点。

第一，采用平行结转分步法，不能提供各步骤半成品资料及各步骤所耗上一步骤半成品费用资料，因而不能全面地反映各步骤生产耗费的水平，不利于各步骤的成本管理。

第二，平行结转分步法下，由于各步骤间不结转半成品成本，使半成品实物转移与费用结转脱节，因而不能为各步骤在产品的实物管理和资金管理提供资料。

从以上对比分析可以看出，平行结转分步法的优缺点正好与逐步结转分步法的优缺点相反。因此，平行结转分步法适用于在半成品种类较多、逐步结转半成品成本工作量较大、管理上又不要求提供各步骤半成品成本资料的生产企业。在采用该方法时，一般应加强各步骤在产品收发结存的数量核算，以便为在产品的实物管理和资金管理提供资料，弥补该方法的不足。

思 考 题

1. 产品成本计算的基本方法有哪些？
2. 品种法、分批法和分步法各自的特点是什么？其适用范围是什么？
3. 简述简化分批法的主要内容。
4. 评价简化分批法。
5. 逐步结转分步法可分为几类？
6. 简述逐步结转分步法的优缺点及其适用范围。
7. 简述平行结转分步法的优缺点及其适用范围。

练 习 题

1. 某工业企业大量生产 B 产品，经两个生产步骤顺序加工，分别由第一、第二车间进行。第一车间完工半成品交半成品库验收；第二车间按照耗用数量从半成品库领用。该企业采用按计划成本综合结转法计算产品成本，月末在产品均按定额成本计价。2017 年 6 月，第一车间本月完工半成品 120 台，交半成品库；月末在产品 40 台；第二车间从半成品库领用半成品 140 台，计划单位成本 110 元；本月完工产品 150 台，月末在产品 50 台。第一、第二车间月末在产品定额资料见表 8-56。

表 8-56 月末在产品定额

项目	直接材料(半成品)费用定额	工时定额	小时直接工资	小时制造费用
第一车间	60 元	6 小时	5 元/小时	4 元/小时
第二车间	80 元	4 小时	10 元/小时	12 元/小时

要求：计算填列第一车间产品成本明细账(见表 8-57)、自制半成品明细账(见表 8-58)及第二车间产品成本明细账(见表 8-59)。

表 8-57 产品成本明细账

产品名称：B 半成品　　　　　　车间名称：第一车间　　　　　产量：120 台　　　　　　单位：元

项目	直接材料	直接工资	制造费用	合计
月初在产品成本	6 000	3 000	2 400	11 400
本月生产费用	3 900	1 800	1 440	7 140
生产费用累计数				
完工半成品成本				
月末在产品成本				

表 8-58　自制半成品明细账

半成品名称：B

月份	月初余额			本月增加			差异		本月减少		
	数量/台	计划成本/元	实际成本/元	数量/台	计划成本/元	实际成本/元	成本差异额/元	成本差异率	数量/台	计划成本/元	实际成本/元
6月	80	8 800	9 208								
7月											

表 8-59　产品成本明细账

产品名称：B产成品　　　　车间名称：第二车间　　　　产量：150台　　　　单位：元

项目	半成品			直接工资	制造费用	合计
	计划成本	成本差异	实际成本			
月初在产品成本	4 800	×	4 800	2 400	2 880.0	10 080
本月生产费用				8 608	9 360.4	
生产费用累计数						
完工半成品成本						
月末在产品成本		×				

2. 某工业企业生产C产品，经三个生产步骤加工，采用逐步综合结转分步法计算产品成本。本月C产成品成本及半成品成本资料见表8-60。

表 8-60　产成品及半成品成本

项目	半成品费用/元	直接材料/元	直接人工/元	制造费用/元	合计/元
第一生产步骤		38 600	8 500	11 050	58 150
第二生产步骤	46 520		6 780	7 600	60 900
第三生产步骤	100 485		2 640	2 820	105 945

要求：根据上述资料计算成本还原率，进行成本还原，并计算按原始成本项目反映的产成品成本。

3. 某工业企业生产丙产品，经三个生产步骤加工，采用平行结转分步法计算产品成本。生产费用在完工产品与月末在产品之间采用定额比例法进行分配，其中：直接材料费用按原材料定额费用比例分配；其他各项加工费用均按定额工时比例分配。本月完工产成品100件，单件定额资料为：原材料费用定额220元(材料在生产开始时一次投入)；第一、第二、第三步骤的工时定额分别为30小时、15小时和12小时。

要求：计算填列第一、第二、第三步骤产成品成本明细账(见表8-61～表8-63)和产成品成本汇总计算表(见表8-64)。

表 8-61 产品成本明细账

步骤名：第一生产步骤　　　　　　　　　　　　　　　　　　　　　　　　　产量：100 件

项目	直接材料/元		定额工时/小时	直接工资/元	制造费用/元	合计/元
	定额	实际				
月初在产品成本	6 500	7 000	800	9 000	6 520	22 520
本月生产费用	17 500	23 000	3 200	11 000	7 680	41 680
生产费用累计数						
分配率	×		×			×
应计入产成品成本份额						
月末在产品成本						

表 8-62 产品成本明细账

步骤名：第二生产步骤　　　　　　　　　　　　　　　　　　　　　　　　　产量：100 件

项目	直接材料/元		定额工时/小时	直接工资/元	制造费用/元	合计/元
	定额	实际				
月初在产品成本			600	8 000	6 400	14 400
本月生产费用			1 400	16 000	8 600	24 600
生产费用累计数						
分配率			×			×
应计入产成品成本份额						
月末在产品成本						

表 8-63 产品成本明细账

步骤名：第三生产步骤　　　　　　　　　　　　　　　　　　　　　　　　　产量：100 件

项目	直接材料/元		定额工时/小时	直接工资/元	制造费用/元	合计/元
	定额	实际				
月初在产品成本			400	5 400	4 160	9 560
本月生产费用			1 800	7 800	6 400	14 200
生产费用累计数						
分配率			×			×
应计入产成品成本份额						
月末在产品成本						

表 8-64　产成品成本汇总计算表

产品名称：丙　　　　　　　　产量：100 件　　　　　　　　单位：元

项　目	直接材料	直接工资	制造费用	合　计
第一生产步骤份额				
第二生产步骤份额				
第三生产步骤份额				
总成本				
单位成本				

第九章

产品成本计算的辅助方法

第一节 产品成本计算的分类法

一、分类法及其特点

(一) 分类法的含义

产品成本计算的分类法是指按产品的类别归集生产费用,先计算出某类产品总成本的基础上,再分别计算该种类内各种产品成本的一种成本计算方法。

在一些工业企业中,生产的产品品种、规格繁多,如果按照产品的品种、规格归集生产费用并计算产品成本,则成本计算工作极为繁重。为了简化核算,分类法将成本特性相同或相近的产品归类,按类别开设成本计算单,计算类成本。然后,在类内选择一定的分配方法,将类成本分配到不同品种产品的成本中去。因此,分类法是一种简化的成本计算方法,必须与成本计算的基本方法结合使用。

(二) 分类法的特点

分类法的特点:按照产品的类别归集生产费用、计算生产成本;类内各种产品成本需通过类总成本在类内各种产品之间进行再分配。

由此可见,分类法的特点主要涉及产品如何分类进行成本归集;如何进行类内产品成本分配。

1. 类的划分

采用分类法计算产品成本时,要将不同品种、规格的产品划分为不同的类别,计算出某类完工产品总成本后,再按照一定标准分配计算类内各种产品成本。由此,产品的分类恰当与否,类距合适与否,分配标准适用与否,都直接影响成本计算结果的准确性。通常情况下，产品类的划分，需要考虑产品的性质、结构、所耗原材料、生产工艺特点等。例如，不能将使用原材料的产品划分为一类，因为产品耗用材料不同，其所应分配的材料费用也不一样；不能将经过生产工艺过程不同的产品划分为一类，因为各种产品所应分配的加工费用差别很大。同时，类内产品之间的类距也不能相差太大，类距过大，则会使品种、规格相差较大的产品成本相同；类距过小，会加大成本计算工作量。因此，产品类别的划分应本着既简化成本计算，又能使成本计算结果比较准确的原则展开。

2. 类内成本分配

按类别计算出各类产品的成本之后，需要将类成本在类内各种产品之间进行分配。类内各种产品根据成本驱动的因素，分别按照成本项目选择类内分配标准，通过分配标准将类成本分配到不同品种产品成本中。

(三) 分类法的核算流程

采用分类法计算产品成本，首先需根据产品特性、结构、所耗原材料、生产工艺过程的不同，将产品划分为若干类别，然后按照产品的类别开设产品成本明细账，按类归集产品的生产费用，计算各类产品的类成本，最后将各类产品的类成本在类内各种产品之间进行分配。

如，某工业企业生产产品 A、B、C、D、E、F、G、H、I 九种产品，该企业按生产特性将该九种产品分为三类产品。其中，甲类包括 A、B、C、D 四种产品；乙类包括 E、F 两种产品；丙类包括 G、H、I 三种产品。产品成本明细账的设置以及分类法成本计算的核算流程如图 9-1 所示。

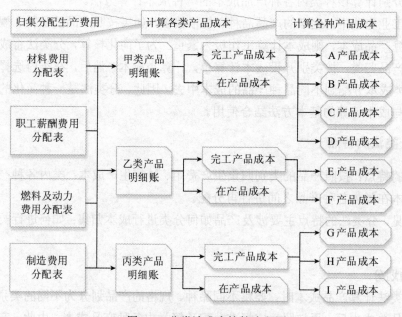

图 9-1 分类法成本核算流程图

注：计算各种产品成本应该包括其完工产品成本和在产品成本，为简化计算，仅计算各种完工产品成本，在产品成本不再分到各种产品。

二、类内产品成本的计算方法

(一) 分配标准的选择

在选择类内各种产品之间分配费用的标准时,应考虑分配标准与产品生产耗费的关系,即选择与产品各项耗费有密切联系的分配标准。类内各种产品之间分配费用的标准,一般有定额消耗量、定额费用、定额工时、重量和体积等。

类内各种产品之间分配费用时,可采用同一分配标准分配;也可以按照成本项目的性质,分别采用不同的分配标准,使分配结果更加合理。例如,直接材料费用按照直接材料定额费用(或直接材料定额消耗量)比例分配,直接人工等其他费用按照定额工时比例分配。

当产品结构、所用原材料或工艺过程发生较大变动时,应该及时修订,考虑另选分配标准,以提高成本计算的正确性。

为了简化分配工作,也可以将分配标准折算成相对固定的系数,按照固定的系数分配同类产品内各种产品的成本。

(二) 系数法

在分类法中,按照系数分配同类产品内各种产品成本的方法,也叫系数法。

确定系数时,一般是在同类产品中选择一种产量较大、生产比较稳定或规格折中的产品作为标准产品,把这种产品的系数定为"1";接着,选定折算标准,用其他各种产品的折算标准额与标准产品的折算标准额相比,求出比例即系数;然后,将各种产品实际产量乘以系数,换算成标准产品产量(或称总系数);最后按照各种产品总系数比例分配计算类内各产品成本。

折算系数所用的折算标准,根据企业产品的具体情况,可以是单位成本,也可以是单位消耗量;可以合并成本项目折算(综合系数),也可以按单项成本项目分别折算(单项系数)。

因此,采用系数法分配计算类内各种产品成本时,既可按综合系数分配,也可分成本项目采用单项系数分配。一般情况下,材料费用按照系数进行分配,其他各项费用既可按照系数进行分配,也可按照定额工时比例进行分配。

系数一经确定,应相对稳定,不应随意变更。

$$\text{某种产品的综合系数} = \frac{\text{该种产品费用定额(或消耗量定额)}}{\text{类内标准产品费用定额(或消耗量定额)}}$$

$$\text{某种产品的单项系数} = \frac{\text{该种产品某成本项目费用定额(或消耗量定额)}}{\text{类内标准产品某成本项目费用定额(或消耗量定额)}}$$

【例 9-1】某工业企业大量生产 A、B、C 三种产品,其产品结构、所用原材料和工艺过程相近,采用分类法将三种产品合并为甲类进行产品成本计算。该类产品的直接材料费用按照各种产品的直接材料费用系数进行分配,直接材料费用系数按直接材料费用定额确定,其他各项费用按定额工时比例分配。产品定额资料及甲类产品成本计算单见表 9-1 和表 9-2。采用系数法分配甲类产品类内各种产品的成本。

表 9-1 甲类产品定额资料表

产品类别	产品品种	直接材料名称或编号	消耗定额/千克	计划单价/元	产量/件	单位产品工时定额
甲	A	1002	16	2	600	2
		2002	35	3		
		3005	25	1		
	B	1002	38	2	1 000	2.5
		2002	24	3		
		3005	32	1		
	C	1002	40	2	800	1.2
		2002	25	3		
		3005	43	1		

表 9-2 甲类产品成本计算单

产品类别：甲类　　　　　　　　　20××年×月　　　　　　　　　　单位：元

摘要	直接材料	直接人工	制造费用	金额合计
月初在产品成本	13 872	26 778	29 432	70 082
本月生产费用	485 326	147 775	114 433	747 534
生产费用合计	499 198	174 553	143 865	817 616
产成品成本	486 420	149 120	116 500	752 040
月末在产品成本	12 778	25 433	27 365	65 576

根据单位产品材料消耗定额和计划单价，计算确定直接材料费用系数，计算结果见表 9-3。

表 9-3 直接材料费用系数计算表

产品类别	产品品种	直接材料名称或编号	消耗定额/千克	计划单价/元	定额费用/元	直接材料费用系数
甲	A	1002	16	2	32	162÷180=0.9
		2002	35	3	105	
		3005	25	1	25	
		小计			162	
	B（标准产品）	1002	38	2	76	1
		2002	24	3	72	
		3005	32	1	32	
		小计			180	

(续表)

产品类别	产品品种	直接材料名称或编号	消耗定额/千克	计划单价/元	定额费用/元	直接材料费用系数
甲	C	1002	40	2	80	198÷180=1.1
		2002	25	3	75	
		3005	43	1	43	
		小计			198	

根据材料费用系数、定额工时及甲类产品成本计算单的相关资料,分配计算甲类产品中各种完工产品成本,见表9-4。

表9-4 类内各产品成本计算单

产品类别:甲类　　　　　　　　　　20××年×月　　　　　　　　　　单位:元

项目	产量/件	直接材料费用系数	直接材料费用总系数	工时定额	定额工时	直接材料	直接人工	制造费用	金额合计
类内完工产品成本						486 420	149 120	116 500	752 040
分配率						201	32	25	
A	600	0.9	540.0	2.0	1 200	108 540	38 400	30 000	176 940
B	1 000	1.0	1 000.0	2.5	2 500	201 000	80 000	62 500	343 500
C	800	1.1	880.0	1.2	960	176 880	30 720	24 000	231 600
合计			2 420		4 660	486 420	149 120	116 500	752 040

类内各产品成本计算单中各成本项目分配率的计算如下:

直接材料分配率=486 420÷2 420=201

直接人工分配率=149 120÷4 660=32

制造费用分配率=116 500÷4 660=25

类内各产品成本计算单中,直接材料分配率乘以各种产成品的直接材料费用总系数,即可求得各种产成品的直接材料费用;以直接人工分配率、制造费用分配率分别乘以各种产成品的定额工时,即可求得各种产成品的直接人工费用和制造费用。

三、分类法的适用范围

分类法与生产类型无直接联系,因此可以在各种类型的生产中应用,即凡是产品品种、规格繁多,且可以按照前述要求划分为若干类别的企业或车间,均可采用分类法计算产品成本。

联产品所用的原料和工艺过程相同,应采用分类法计算成本。如化工企业对原油进行提炼，同时生产出汽油、煤油和柴油等产品，这些联产品所用原材料和生产工艺相同，并且也只能归为一类来计算成本，因而，最适合采用分类法。

为了简化成本计算工作，一些缺乏相同特质的零星产品也可以强制性归类，采用分类法计算成本。

对于品种相同但质量不同的产品，如果产品的结构、所用的原材料和工艺过程完全相同，由于工人操作而造成的产品质量差别的等级品，不能采用分类法；如果不同质量的产品，是由于内部结构、所用原材料的质量或工艺技术上的要求不同而产生的，可以采用分类法计算成本。

四、联产品的成本计算

（一）联产品的计算过程

联产品是指在生产过程中，使用同种原材料，经过同一生产过程，同时生产出的几种主要产品。例如，炼油厂以原油为生产对象，经过同一生产过程加工提炼出汽油、煤油和柴油等产品；奶制品企业同时生产出牛奶、奶油等产品。

追溯联产品生产过程，各种联产品一般在生产过程终了时才能进行分类，但有时也可能在生产过程的某一个步骤中先分离出某一种产品，这个分离生产的步骤称为分离点。联产品所共同经历的生产过程称为联产过程。在联产过程中所发生的成本，称为联合成本。由于联产品分离之前不可能按照每种产品归集和分配生产费用，只能将其归为一类，按照分类法的成本计算原理计算其联合成本。然后采用适当的方法，分配计算联产品中每种产品的成本。

根据联产品在经历分离点后是否再继续加工，联产品的生产可分为以下两种情况：第一种情况，经过分离生产步骤后联产品即达到可出售状态，这种情况下，该种联产品应分摊的联合成本；第二种情况，联产品经联产分离出来，需要进一步加工后才能出售，这些联产品的成本则为其应分摊的联合成本加上分离后的加工成本。

因此，联产品成本的计算过程可以分为两个阶段：第一阶段，采用分类法计算联合成本，并采用适当方法将联合成本在各种联产品之间进行分配；第二阶段，对分离后需进一步加工的联产品，在分摊联合成本之后追加计算继续加工而应负担的成本。

（二）联合成本的分配

在各种联产品之间分配联合成本需根据企业具体情况采用分配方法，一般可以按各种联产品的产量比例、售价比例或定额成本比例等进行分配，也可以将这些分配标准折算为系数，再按系数进行分配。下面分别以【例9-2】和【例9-3】阐述联合成本按产量比例分配和按系数分配的核算方法。

【例9-2】某工业企业大量生产A、B、C三种联产品，此三种联产品归为甲类产品核算，经同一生产过程加工后即可出售。本月完工产品应负担的联合成本如下：直接材料149 100

元,直接人工85 200元,制造费用63 900元,合计298 200元。本期产出A产品2 400千克,B产品3 100千克,C产品1 600千克。联产品的联合成本按照产量比例进行分配(见表9-5)。

表9-5 联合成本分配计算表

产品类别:甲类　　　　　　　　　　20××年×月　　　　　　　　　　单位:元

产品名称	产量/千克	直接材料	直接人工	制造费用	金额合计
联合成本	7 100	149 100	85 200	63 900	298 200
分配率		21	12	9	42
A产品	2 400	50 400	28 800	21 600	100 800
B产品	3 100	65 100	37 200	27 900	130 200
C产品	1 600	33 600	19 200	14 400	67 200

各成本项目分配率的计算如下:

直接材料分配率=149 100÷7 100=21

直接人工分配率=85 200÷7 100=12

制造费用分配率=63 900÷7 100=9

【例9-3】某工业企业大量生产A、B、C三种联产品,此三种联产品归为甲类产品核算,采用系数法分配联合成本。以B产品为标准产品,以售价为折算标准。A、B、C三种产品分离后均可以直接对外出售,其中,C产品也可作为本企业自制半成品,继续加工成为H产品。C产品的收发通过自制半成品库进行,其成本结转采用综合结转法,其成本结转按一次加权平均法计算。20××年10月,A产品产量600件,单位售价136元;B产品产量1 200件,单位售价160元;C产品产量700件,单位售价200元。A、B、C产品当期完工产品的联合成本为:直接材料59 455元,直接人工46 530元,制造费用20 680元,合计126 665元。20××年10月,H产品生产领用C半成品750件,H产品月初在产品生产费用为:直接材料15 125元,直接人工2 260元,制造费用1 630元;H产品在C产品基础上继续加工的本月生产费用为:直接人工15 800元,制造费用9 550元。期末,H产品完工720件,在产品280件,在产品投料率100%,完工率50%。根据以上资料计算本期H产品完工产品成本。

首先,计算各种联产品的折算系数,并根据折算系数将各种联产品的实际产量折合为总系数,见表9-6。

表9-6 系数折算表

产品名称	产量/件	单位售价/元	折算系数	总系数
A产品	600	136	0.85	510
B产品(标准产品)	1 200	160	1.00	1 200
C产品	700	200	1.25	875
合计	2 500			2 585

接着，按总系数将联合成本在 A、B、C 三种联产品之间进行分配，并编制联合成本分配计算表，见表 9-7。

表 9-7 联合成本分配计算表

产品类别：甲类　　　　　　　　　　20××年 10 月　　　　　　　　　　　　　　单位：元

产品名称	总系数	直接材料	直接人工	制造费用	金额合计
联合成本	2 585	59 455	46 530	20 680	126 665
分配率		23	18	8	49
A 产品	510	11 730	9 180	4 080	24 990
B 产品	1 200	27 600	21 600	9 600	58 800
C 产品	875	20 125	15 750	7 000	42 875

根据产品验收入库单和联合成本分配计算表，编制会计分录：

  借：库存商品——A　　　　　　　　　24 990
      ——B　　　　　　　　　58 800
    自制半成品——C　　　　　　　　42 875
    贷：基本生产成本——甲类　　　　　126 665

然后，根据联合成本分配计算结果编制 C 自制半成品明细账，见表 9-8。

表 9-8 自制半成品明细账

产品名称：C 半成品　　　　　　　　　　　　　　　　　　　　　　　　　　　　单位：元

月份	月初余额		本月增加		合计			本月减少	
	数量/件	金额	数量/件	金额	数量/件	单价	金额	数量/件	金额
10 月	300	18 625	700	42 875	1 000	61.5	61 500	750	46 125
11 月	250	15 375							

根据 C 半成品领用单，编制会计分录：

  借：基本生产成本——H　　　　　　　　46 125
    贷：自制半成品——C　　　　　　　　46 125

最后，编制填列 H 产品成本明细账，见表 9-9。

表 9-9 产品成本明细账

产品名称：H　　　　　　　　　　20××年 10 月　　　　　　　　　　　　　单位：元

摘要	直接材料	直接人工	制造费用	金额合计
月初在产品成本	15 125	2 260	1 630	19 015
本月生产费用	46 125	15 800	9 550	71 475
生产费用累计	61 250	18 060	11 180	90 490
约当总量	1 000	860	860	

(续表)

摘要	直接材料	直接人工	制造费用	金额合计
分配率	61.25	21	13	95.25
完工转出产成品	44 100	15 120	9 360	68 580
月末在产品成本	17 150	2 940	1 820	21 910

根据 H 产品验收入库单，编制会计分录：
借：库存商品——H 68 580
　　贷：基本生产成本——H 68 580

五、副产品的成本计算

(一) 副产品及其成本计算特点

副产品是指在主要产品的生产过程中，附带生产出的非主要产品。例如，炼铁生产过程中产生的高炉煤气，酿酒厂产生的酒糟等，这些副产品的产出虽不是企业的主要生产目的，但由于它们也有一定的经济价值并可对外销售，因而也应加强管理和核算。

副产品和主要产品在同一生产过程中生产出来，其费用很难分开。因此，一般将副产品和主要产品归为一类，按照分类法原理归集生产费用，计算其总成本。同时，由于副产品价值相对较低，在全部产品中所占比重较小，副产品可采用简化方法从总成本中扣除。即将副产品与主产品合为一类设立成本明细账，归集生产费用、计算成本，然后将副产品按照一定的方法计价，从总成本中扣除，扣除后的成本为主产品的成本。

(二) 副产品的计价

副产品的计价，可以根据不同情况分别采用不同方法，常见的方法有以下几种：

1. 副产品不计价法

副产品不计价法是指副产品不负担分离前的成本，如果副产品在分离后还需进一步加工才能出售，那么副产品成本将按分离后进一步加工的成本计价。这种方法一般适用于副产品分离前价值低的情况。这种方法计算简便，但由于副产品分离前的成本由主要产品负担，将影响主要产品成本计算的准确性。

2. 副产品按固定成本计价法

副产品按固定成本计价法是指按确定的固定成本作为副产品的成本从主要产品成本中扣除。其中，固定成本可按固定价格计价，也可按计划单位成本计价。如果副产品在分离后还需进一步加工才能出售，那么副产品成本将在固定成本基础上追加分离后进一步加工的成本。这种方法计算简便，但当副产品成本变动较大、市价不稳定时，会影响主要产品成本计算的正确性。

3. 副产品按销售价格扣除销售税金、销售费用后的余额计价法

副产品按销售价格扣除销售税金、销售费用后的余额计价法，即副产品的成本按照副产品的售价减去按正常利润率计算的销售利润后的余额计价，以此作为分离前的联合成本中副产品应负担的部分。这种方法适用于副产品价值较高的情况。如果副产品在分离后还需进一步加工才能出售，那么按这一方法对副产品计价时，还应从售价中扣除分离后的加工费。

（三）副产品成本的扣除

企业根据具体情况选择不同的副产品计价方法。当副产品成本计算出来之后，还需考量其从总成本中扣除的方式。副产品成本从总成本中扣除的方式有两种：

第一种，将副产品成本从分离前总成本中的"直接材料"成本项目中扣除。这种方法适用于副产品成本中直接材料费用所占比重较大或副产品成本占总成本的比重很小的情况。

第二种，按副产品计价额度与总成本的比例，分别从分离前总成本的各成本项目中扣除。这种方法适用于副产品各成本项目的比重相差不大或副产品成本在总成本中占有一定比重的情况。

【例9-4】某工业企业生产主要产品A产品的同时，附带生产出B、C、D三种副产品，B副产品分离后需要继续加工，C、D副产品分离后可直接对外销售。B副产品按售价扣除销售税金等费用后的余额计价，并按比例从总成本项目中扣除；C副产品按计划成本计价，从总成本的直接材料项目中扣除；D副产品由于数量少、价值低，采用简化方法不予计价。本期A主产品产出2 500千克，B副产品产出250千克，C副产品产出90千克，D副产品产出3千克。其中，B副产品单位售价35元，单位税金及销售费用9元，C副产品单位售价20元。本期A、B、C、D四种产品总成本为：直接材料54 000元，直接人工10 800元，制造费用7 200元，合计72 000元；B副产品分离后追加成本费用：直接材料280元，直接人工640元，制造费用580元，合计1500元。计算本期各产品成本。

根据以上资料编制表9-10所示的完工产品成本计算表。

表9-10 完工产品成本计算表

产品类别：甲类　　　　　　　　　20××年×月　　　　　　　　　　　　　单位：元

项目	总成本		C副产品		B副产品				A主产品	
	金额	比重	单位成本	金额	分离前	分离后	合计	单位成本	金额	单位成本
直接材料	54 000	75%	20	1 800	3 750	280	4 030	16.12	48 450	19.38
直接人工	10 800	15%			750	640	1 390	5.56	10 050	4.02
制造费用	7 200	10%			500	580	1 080	4.32	6 700	2.68
合计	72 000	100%	20	1 800	5 000	1 500	6 500	26.00	65 200	26.08

总成本直接材料比重＝54 000÷72 000＝75%
总成本直接人工比重＝10 800÷72 000＝15%
总成本制造费用比重＝7 200÷72 000＝10%
C副产品成本＝90×20＝1 800(元)
B副产品分离前总成本＝250×(35－9－1 500÷250)＝5 000(元)
B副产品分离前直接材料＝5 000×75%＝3 750(元)
B副产品分离前直接人工＝5 000×15%＝750(元)
B副产品分离前制造费用＝5 000×10%＝500(元)
A产品直接材料费用＝54 000－1 800－3 750＝48 450(元)
A产品直接人工费用＝10 800－750＝10 050(元)
A产品制造费用＝7 200－500＝6 700(元)

六、等级品的成本计算

等级品是指品种、规格相同，但质量上存在差别的产品。按照导致产品质量差别的原因不同，等级品可以分为两种：一种是由于材料质量不同或生产工艺技术不同而形成的等级品；另一种是由于工人技术操作不当或管理不善导致的不同等级的产品。

若等级品是由材料质量不同或生产工艺技术不同而形成的，则应采用适当的方法计算各种等级品的产品成本。这种情况下，可将各种等级品作为一类产品，计算该类产品的总成本，再根据按各种等级品的售价等标准确定的系数，将各等级产量折合为总系数，采用系数比例法分配总成本，以分配的总成本作为等级产品成本。具体核算参见本节联产品成本计算，不再举例说明。

若等级品是由工人技术操作不当或管理不善导致的，则其所用原料、工艺技术在各等级品的成本形成中皆无差异。因此，这种情况下各种等级品的成本直接按各等级品实际产量平均计算，即各等级产品单位成本水平一致。而由于等级品降价销售所带来的损失，说明企业在生产、管理方法方面存在问题，需要改善。

第二节 产品成本计算的定额法

一、定额法的特点和适用条件

定额法是以产品的定额成本为基础，加、减各类差异计算产品实际成本的一种方法。

定额法不是基本成本计算方法，其与企业生产类型无关。这种方法能够及时反映和监督生产费用和产品成本脱离定额的差异，把产品成本的计划、控制、核算和分析结合在一起。

定额法的主要特点是：①事前制定产品的消耗定额、费用定额和定额成本作为降低成本的目标；②在生产费用发生的当时，就将符合定额的费用和发生的差异分别核算，以加强成本差异的日常核算、分析和控制；③月末，在定额成本的基础上，加减各种成本差异，计算产品的实际成本，并为成本的定期考核和分析提供数据。

由于定额法引入定额数据来计算实际成本，为了保证成本数据的准确性，采用定额法计算产品成本，应具备以下条件：一是定额管理制度比较健全，定额管理工作的基础比较好；二是产品的生产已经定型，消耗定额比较准确、稳定。

二、定额法的计算变量

定额法在定额成本基础上逐步加、减各类差异，最终计算得到实际成本。定额法下实际成本计算公式为：

产品实际成本＝定额成本±脱离定额差异±材料成本差异±定额变动差异

因此，定额法的计算程序即为公式中各个变量的计算过程。

(一) 定额成本的计算

采用定额法计算产品成本，必须首先制定产品的原材料、动力、工时等消耗定额，并根据各项消耗定额和原材料的计划单价、计划直接人工费用率或计件工资单价、计划制造费用率等资料，计算产品的各项费用定额和产品的单位定额成本。公式如下：

直接材料费用定额＝直接材料消耗定额×直接材料计划单价

直接人工费用定额＝生产工时定额×直接人工计划单价

制造费用定额＝生产工时定额×制造费用计划单价

产品定额成本＝直接材料费用定额＋直接人工费用定额＋制造费用定额

在制定成本定额过程中，必然要涉及计划成本。定额成本和计划成本是两个相互联系的不同概念，它们之间存在以下的联系和区别。

定额成本和计划成本都是以产品生产耗费的消耗定额和计划价格确定的目标成本；定额成本和计划成本的制定过程，都是对产品成本进行事前反映和监督，并实行事前控制的过程。

定额成本和计划成本的主要区别表现在计算依据和用途的不同上。定额成本计算的依据是现行消耗定额和费用预算，主要用于企业内部进行成本控制和成本考核，反映现有生产条件下达到的成本水平。但随着劳动生产率的提高(或者改变)，需随时对定额成本进行修订，使其与当前水平相适应。因此，定额成本在计划期内是变动的。而计划成本计算的依据是计划期内平均消耗定额(也称计划定额)和费用预算，该指标反映企业在计划期内应达到的成本水平，便于成本考核，为经济预测和决策提供资料。在整个计划期内，计划成本一般不进行修改，因而计划期内的计划成本通常是不变的。

定额成本计算需编制"定额成本计算表"。而受产品结构、产品零部件多少等因素的影响,其编制方法不尽相同。产品单位定额成本的制定,应包括零件、部件的定额成本和产成品的定额成本,通常由计划、会计等部门共同制定。一般是先制定零件的定额成本,然后汇总计算部件和产成品的定额成本。如果产品的零部件较多,可以简化处理不计算零件定额成本,直接根据零件定额卡所列零件的原材料消耗定额、工序计划和工时消耗定额,以及原材料的计划单价、计划的直接人工费用率和计划的制造费用率等,计算部件定额成本,然后汇总计算产成品定额成本;或者根据零部件卡和原材料计划单价、计划的直接人工费用率和计划的制造费用率等,直接计算产成品定额成本。

产品定额成本编制的主要依据是现行工艺流程,产品材料、燃料、动力、工时等的消耗定额,材料、燃料、动力的计划单价,计划的直接人工费用率(或计件单价)和计划的制造费用率等。在定额成本计算表中,各成本项目的计算依据如下:"直接材料""直接燃料及动力"项目,根据现行的消耗定额、材料及燃料的计划价格计算;"直接人工"项目,根据产品的现行工时消耗定额及计划的直接人工费用率计算;"制造费用"项目,根据制造费用预算数额以及分配标准来计算,若制造费用以定额工时作为分配标准进行分配时,则按现行工时消耗定额和计划的制造费用率计算。为了便于成本分析、控制和考核,在编制产品的定额成本时,定额成本与计划成本所包含的成本项目需保持一致。

(二) 脱离定额差异的计算

脱离定额差异是指生产过程中,各项生产费用的实际支出脱离现行定额或预算的数据。脱离定额差异的核算,要求在发生生产费用时,针对定额内费用和脱离定额差异分别编制定额凭证和差异凭证,并在有关的费用分配表和明细分类账中予以登记。这样,就能及时、正确地核算和分析生产费用的差异成因,控制生产费用发生,并及时采取措施进行处理。

脱离定额差异一般需按照成本项目分别进行计算。

1. 直接材料脱离定额差异的计算

直接材料脱离定额差异实质是指实际消耗量和定额消耗量之差,其基本公式如下:

$$直接材料定额差异=(实际消耗量-定额消耗量)\times 计划单价$$

直接材料脱离定额差异的计算一般有限额法、切割核算法和盘存法等。

(1) 限额法

在定额法下,原材料的领用一般会采用限额领料制度。企业根据实际领用情况,设置符合定额和定额差异凭证,限额领料单用以记录符合定额的领料量,超限额领料单和退料单用以记录差异领料量,通过差异凭证可以确定领料脱离定额数量。在本期投产量不变的情况下,如果没有期初和期末余料,则领料量就等于用料量;如果存在期初和期末余料,或者投产量和限额领料单产量不一致,月末应该盘点车间实存数量,进而计算出用料脱离定额数量。计算公式如下:

$$本期用料量=期初余料+本期领料量-期末余料$$

$$直接材料脱离定额差异=(本期用料量-本期实际产量\times 消耗定额)\times 计划单价$$

【例9-5】某车间采用限额领料制度。生产A产品领用甲材料,每件产品的直接材料消耗定额为5千克,本月投产A产品1 200件,本月实际领料6 080千克。甲材料计划单价为10元/千克。

第一种情况:本期投产产量不变,期初、期末均无余料。则此时本期领料量即为用料量。

直接材料脱离定额差异=(6 080-1 200×5)×10=800(元)…………超支

第二种情况:本期投产量为1 220件,车间期初余料100千克,期末余料120千克。则此时需重新计算本期用料量。

本期用料量=100+6 080-120=6 060(千克)

直接材料脱离定额差异=(6 060-1 220×5)×10=-400(元)…………节约

(2) 切割法

切割法主要用于贵重金属或者经常大量使用且需要经过备料车间或下料工段切割后才能进一步加工的材料,如钢板。使用切割法一般需要编制材料切割核算单,以此核算用料差异,控制用料。

材料切割核算单,按切割材料批次设立,在核算单中需要填明切割材料的种类、数额、消耗定额和应切割成的毛坯数量。切割完成后,填写实际切割成的毛坯数量和材料的实际消耗量;然后根据实际切割成的毛坯数量和消耗定额,即可求得材料定额消耗量,再将此与材料实际消耗量相比较,即可确定脱离定额差异。材料定额消耗量、脱离定额的差异,以及发生差异的原因均应填入核算单中,并有相关人员签字。

需要注意的是,由于切割材料会产生废料,废料本身也有一定价值,因此就需要计算两个差异,材料用料差异和废料回收差异。其基本计算原理和限额法类似,就不再赘述。

采用切割法能够及时反映和控制材料的耗用情况,但材料切割核算单的填制工作量较大,因此适用于按批核算材料定额差异的贵重材料。

(3) 盘存法

盘存法是用定期盘点的方法来计算材料的定额消耗量和脱离定额差异的方法,可以按工作日、工作周或工作旬定期计算。采用盘存法计算材料脱离定额差异的计算过程如下:

首先,计算本期材料定额消耗量。根据完工产品数量和在产品盘存(实地盘存或账面结存)数量计算出投产产品数量,再乘以原材料消耗定额,计算出原材料定额消耗量。公式如下:

本期投产产品数量=完工产品数量+期末在产品约当产量-期初在产品约当产量
本期材料定额消耗量=本期投产产品数量×材料消耗量定额

然后,计算本期材料实际消耗量。根据限额领料单、超额领料单、退料单等材料凭证以及车间余料的盘存数量,计算直接材料实际消耗量。公式如下:

本期材料实际消耗量=期初余料+本期领料量-期末余料

最后，计算直接材料脱离定额差异。根据本期实际材料消耗定额与本期材料定额消耗量比对，计算其差异额。公式如下：

直接材料脱离定额差异＝(本期材料实际消耗量－本期材料定额消耗量)×计划单价

【例 9-6】企业甲产品生产耗用的 C 材料在生产开始时一次投入，C 材料消耗定额为 20 千克，计划单位成本 10 元。甲产品期初在产品有 30 件，本期完工入库产品为 500 件，期末盘点在产品为 60 件。本期甲产品领用 C 材料 15 000 千克，C 材料期初余料 100 千克，期末余料为 900 千克。

本期投产甲产品数量＝500＋60－30＝530(件)

本期 C 材料定额消耗量＝530×20＝10 600(千克)

本期 C 材料实际消耗量＝15 000＋100－900＝14 200(千克)

本期材料脱离定额差异＝(14 200－10 600)×10＝36 000(元)

2. 直接人工脱离定额差异的计算

直接人工脱离定额差异的计算，因采用的工资形式不同而有所区别。

(1) 计件工资下工资定额差异的计算

在计件工资形式下，直接人工属于直接计入费用，因而其脱离定额差异的核算与直接材料相似。若工资定额不变，生产工人劳动率的提高并不会影响单位产品成本中的工资额。而单位产品成本中工资额的变动，可能是由于变更工作条件，支付了补加工资，发给工人额外奖励工资以及加班加点津贴造成的。这种情况下，符合定额的生产工资可反映在产量记录中；脱离定额的差异部分则经过一定的手续，反映在专设的工资差异凭证中。同时，在差异凭证中填写差异原因，以便根据工资差异凭证进行分析。

属于直接计入费用的计时工资，其计算公式如下：

$$\text{某产品直接人工费用脱离定额差异} = \text{该产品实际直接人工费用} - \text{该产品实际产量} \times \text{该产品直接人工费用定额}$$

(2) 计时工资下工资定额差异的计算

在计时工资形式下，直接人工费用属于间接计入费用，则某种产品的直接人工费用脱离定额差异应按下列公式计算：

$$\text{计划每小时直接人工费用} = \frac{\text{某车间计划产量的定额直接人工费用总额}}{\text{该车间计划产量的定额生产工时总数}}$$

$$\text{实际每小时直接人工费用} = \frac{\text{该车间实际直接人工费用总额}}{\text{该车间实际生产工时总数}}$$

$$\text{某产品的定额直接人工费用} = \text{该产品实际产量的定额生产工时} \times \text{计划单位小时直接人工费用}$$

$$\text{某产品的实际直接人工费用} = \text{该产品实际产量的实际生产工时} \times \text{实际单位小时直接人工费用}$$

$$\text{某产品直接人工费用脱离定额差异} = \text{该产品实际直接人工费用} - \text{该产品定额直接人工费用}$$

直接人工费用脱离定额差异包含了工时差异及工资率差异。工时差异反映因劳动效率提高或下降而影响工资的节约或浪费，其计算公式如下：

$$工时差异=(实际工时-定额工时)\times 计划单位小时直接人工费用$$

工资差异率反映因实际小时直接人工费用脱离计划小时直接人工费用而形成的差异，它是月终实际工资总额基数计算得到之后，按以下公式计算得到的。

$$工资率差异=(实际小时直接人工费用-计划小时直接人工费用)\times 实际工时$$

【例9-7】某车间本期计划产量的定额直接人工费用为16 116元，计划产量的定额生产工时总数为3 160小时；本期实际直接人工费用为16 200元，实际生产工时总数为3 240小时；本期该车间生产的A产品定额工时为1 800小时，实际生产工时为1 780小时。计算A产品直接人工费用脱离定额差异。

计划每小时直接人工费用＝16 116÷3 160＝5.1(元)
实际每小时直接人工费用＝16 200÷3 240＝5(元)
A产品的定额直接人工费用＝1 800×5.1＝9 180(元)
A产品的实际直接人工费用＝1 780×5＝8 900(元)
A产品直接人工费用脱离定额差异＝8 900－9 180＝－280(元)

在定额法下，无论采用哪一种工资计价模式，都需根据上述核算资料，按照成本计算对象编制定额生产工资和脱离定额差异汇总表。该表汇总反映产品的定额工资、实际工资、工资脱离定额差异及其产生原因(在计时工资形式下，还应反映各种产品工时脱离定额的情况)等资料，以考核和分析各种产品工资定额的执行情况，并据此计算产品的直接人工费用。

3. 制造费用脱离定额差异的计算

制造费用属于间接费用，不能在费用发生时直接按产品确定其定额差异。各种产品应承担的制造费用脱离定额差异只有在月末将实际费用分配给各种产品以后，才能以其实际费用与定额费用相比较加以确定。其计算方法，与计时工资脱离定额差异的计算相似。有关计算公式如下：

$$\frac{计划每小时}{制造费用}=\frac{某车间计划制造费用总额}{该车间计划产量的定额生产工时总数}$$

$$\frac{实际每小时}{制造费用}=\frac{该车间实际制造费用总额}{该车间实际生产工时总数}$$

$$\frac{某产品的定}{额制造费用}=\frac{该产品实际产量}{的定额生产工时}\times \frac{计划单位小}{时制造费用}$$

$$\frac{某产品的实}{际制造费用}=\frac{该产品实际产量}{的实际生产工时}\times \frac{实际单位小}{时制造费用}$$

$$\frac{某产品制造费用}{脱离定额差异}=\frac{该产品实际}{制造费用}-\frac{该产品定额}{制造费用}$$

4. 废品损失差异的核算

废品损失及其发生原因，应采用废品通知单和废品损失计算表单独反映。其中，不可修复废品的成本应按照定额成本计算。由于废品损失一般不列入产品的定额成本中，因此发生的废品损失通常作为脱离定额差异来处理。

5. 脱离定额差异的处理

由于期末差异承担对象存在多种状况，因此计算出脱离定额差异之后应采用不同的方法进行处理。如果期末在产品数量较少，占用的成本也较少，为简化成本核算工作，可将脱离定额差异全部计入完工产品的成本中，即期末在产品按定额成本计算；如果期末在产品数量变动较大，占用的成本也较大，则脱离定额差异应按完工产品与在产品的定额成本比例在完工产品与在产品之间进行分配，其计算公式如下：

$$脱离定额差异分配率 = \frac{脱离定额差异合计}{完工产品定额成本 + 在产品定额成本}$$

$$完工产品应承担的脱离定额差异 = 完工产品定额成本 \times 脱离定额差异分配率$$

$$在产品应承担的脱离定额差异 = 在产品定额成本 \times 脱离定额差异分配率$$

$$或 = 脱离定额差异合计 - 完工产品应承担的脱离定额差异$$

（三）材料成本差异的计算

采用定额法计算成本，为了便于产品的分析和考核，原材料的日常核算通常按计划成本进行。因此，日常所发生的直接材料费用，包括直接材料定额费用和直接材料脱离定额差异，都是按照原材料的计划单位成本计算的。直接材料定额费用是原材料的定额消耗量与其计划单位成本的乘积。直接材料脱离定额差异是直接材料实际消耗量与定额消耗量的差额乘以计划单位成本。也就是说，直接材料脱离定额差异是按计划单价反映的数量差异。而两者之和，就是直接材料的实际消耗数量与其计划单位成本的乘积。因此，在月末计算产品的实际直接材料费用时，还必须考虑所耗原材料应负担的成本差异。其计算公式如下：

$$某产品应承担的直接材料成本差异 = \left(\begin{matrix} 该产品的直接 \\ 材料定额费用 \end{matrix} \pm \begin{matrix} 直接材料脱 \\ 离定额差异 \end{matrix} \right) \times 材料成本差异率$$

材料成本差异的处理类似于脱离定额差异的处理。为简化核算，各种产品应承担的材料成本差异一般由各产品的完工产品成本承担，月末在产品不再承担。

（四）定额变动差异的计算

定额变动差异，是指由于修订消耗定额或生产耗费的计划价格而产生的新旧定额之间的差额。定额变动差异与脱离定额差异是不同的两个变量。定额变动差异是由定额本身变动引起的，与生产中费用支出无关；而脱离定额差异则反映生产费用支出较定额出现的超支或节约。

定额成本一般在月初、季初或年初定期进行修订。在定额变动的月份，其月初在产品的定额成本并未修订，仍然是按照旧的定额计算的。为了将按旧定额计算的月初在产品定额成本和按新定额计算的本月投入产品定额成本置于统一的核算基础上，需要按新定额计算月初在产品的定额变动差异，用以调整月初在产品的定额成本。

月初在产品定额变动差异，可以根据定额发生变动的在产品盘存数量或在产品账面结存数量和修订前后的消耗定额，计算出月初在产品消耗定额修订前和修订后的定额消耗量，进而确定定额变动差异。在构成产品的零部件种类较多的情况下，采用这种方法按照零部件和工序进行计算，工作量较大。为简化核算工作，也可按照单位产品费用的折算系数进行计算。其计算公式如下：

系数＝按新定额计算的费用定额÷按旧定额计算的费用定额

月初在产品定额变动差异＝按旧定额计算的月初在产品成本×(1－系数)

对于计算出的月初在产品定额变动差异，还应进行以下处理：

若定额调减，即月初在产品的定额成本减少，定额变动差异为正数，将其从月初在产品的定额成本中扣除。此时，正向的定额变动差异是已经实际发生的费用，从期初在产品定额成本中扣除的定额变动差异需要再纳入本月生产费用分配给完工产品与期末在产品。因为这部分差异数在定额调整前是已支付的生产费用，所以应计入产品实际成本。

若定额调增，即月初在产品的定额成本增加，定额变动差异为负数，将其追加入月初在产品的定额成本中。此时，负向的定额变动差异是并未实际发生的费用，添加到期初在产品的定额变动差异需要从本月生产费用中扣除后再分配给完工产品与期末在产品。因为这部分差异数虽然已经计入产品成本，但费用尚未支付，所以应从实际生产费用中减少。

定额变动差异一般应按照定额成本比例，在完工产品与期末在产品之间进行分配。计算过程类似于脱离定额差异在完工产品与在期末产品之间的分配。但是，若定额变动差异数额小，或者月初在产品本月全部完工，那么，定额变动差异也可以全部由完工产品负担，月末在产品不再负担。

由此，定额法下产品实际成本的计算公式为：

实际成本＝定额成本±脱离定额差异±材料成本差异±定额变动差异

三、定额法的计算程序

在定额法下，计算产品实际成本的核算程序如下。

(一) 设置产品成本计算单

定额法下，按核算的成本对象设置产品成本计算单。在成本计算单中，月初在产品成本、本月生产费用、生产费用合计、完工产品成本和在产品成本各栏中，应分别设置"定额成本""脱离定额差异""材料成本差异"和"定额变动差异"等栏目。

(二) 计算定额变动差异

若本月定额有变动,则应计算月初在产品的定额变动差异,并填列入相应栏目。

(三) 本期费用划分

本月发生的费用中,应区别定额成本和脱离定额差异两部分。对于定额成本,应列入本月费用的"定额成本"项目下;对于脱离定额差异,则应列入"脱离定额差异"栏目中。

(四) 计算费用合计

费用合计是在月初在产品成本的基础上,加上本月发生的费用计算的。在计算时,应划分定额成本、脱离定额差异、材料成本差异和定额变动差异计算。

(五) 计算完工产品和在产品的定额成本

完工产品的定额成本是按完工产品的数量乘以产品的定额成本计算得到的;在产品的定额成本是用定额成本合计减去完工产品的定额成本计算的。

(六) 分配差异

若脱离定额差异、材料成本差异和定额变动差异较小,为简化成本核算工作,可将脱离定额差异、材料成本差异和定额变动差异全部计入完工产品,由完工产品成本承担,在产品不承担各类差异。若脱离定额差异、材料成本差异和定额变动差异较大,则应将各类差异按定额成本比例,在完工产品与在产品之间进行分配。

(七) 计算完工产品成本

将完工产品的定额成本、脱离定额差异、材料成本差异和定额变动差异相加减,得到完工产品实际成本。

【例9-8】某企业生产甲产品,月初在产品定额成本为60 000元,其中直接材料30 000元,直接人工18 000元,制造费用12 000元;月初在产品脱离定额的差异318.05元,其中直接材料-1 191.55元,直接人工900元,制造费用609.6元。

本月甲产品单位产品直接材料定额成本由400元调整为390元。本月投入原材料定额成本为290 000元,本月材料计划单位价格为10元/千克,材料实际消耗量29 100千克,材料成本差异率为1.5%。本月实际人工费用为319 438元,人工费用定额为320 000元。本月实际制造费用为249 600元,制造费用定额为250 000元。

本月完工甲产品5 000件,单位产品定额成本为160元,其中,直接材料52元,直接人工60元,制造费用48元。材料成本差异和定额变动差异均由完工产品负担。

具体计算见表9-11。

表 9-11 产品成本明细账

产品名称：甲　产量：5000 件　　2010 年 5 月　　　　　　　　　　　　　单位：元

项目	行次	直接材料	直接人工	制造费用	合计
一、月初在产品	1				
定额成本	2	30 000	18 000	12 000	60 000
脱离定额差异	3	-1 191.55	900	609.60	318.05
二、月初在产品定额变动	4				
定额成本调整	5	-750			-750
定额变动差异	6	750			750
三、本月生产费用	7				
定额成本	8	290 000	320 000	250 000	860 000
脱离定额差异	9	1 000	-562	-400	38
材料成本差异	10	4 365			4 365
四、生产费用合计	11				
定额成本	12=2+5+8	319 250	338 000	262 000	919 250
脱离定额差异	13=3+9	-191.55	338	209.6	356.05
材料成本差异	14=10	4 365			4 365
定额变动差异	15=6	750			750
五、脱离定额差异分配率	16=13/12	-0.06%	0.10%	0.08%	
六、完工产品成本	17				
定额成本	18	260 000	300 000	240 000	800 000
脱离定额差异	19=18×16	-156	300	192	336
材料成本差异*	20=14	4 365			4 365
定额变动差异*	21=15	750			750
实际成本	22=18+19+20+21	264 959	300 300	240 192	805 451
七、月末在产品	23				
定额成本	24	59 250	38 000	22 000	119 250
脱离定额差异	25	-35.55	38	17.6	20.05

注：脱离定额差异分配率按如下公式计算：脱离成本差异分配率＝脱离成本差异÷定额成本。

四、定额法的优缺点

（一）定额法的优点

有利于加强成本控制的及时性。定额法能够在各项费用发生的当时反映和监督定额成本与实际成本之间的差异,从而及时、有效地促进节约生产耗费,降低产品成本。

有利于进行定期成本分析。由于实际成本按照定额成本和各种差异分别核算,便于对各项生产耗费和产品成本进行定期分析,进一步挖掘降低成本的潜力。

有利于提高成本定额和成本计划的制订水平。通过对各类差异的分析,能够发现定额和计划执行中的原因和实际偏差,从而提高定额管理和计划管理的工作水平。

有利于各项费用的各类差异在完工产品和在产品之间进行合理分配。定额法依据现有的定额成本资料,能够比较合理、简便地将各类差异在完工产品与在产品之间进行分配。

(二) 定额法的缺点

由于需要计算定额成本、脱离定额差异、材料成本差异和定额变动差异,核算工作量较大。同时,定额法需要通过定额成本增减各类差异计算实际成本,并在完工产品与在产品之间利用定额成本进行差异费用分配。所以,当定额资料不准确时,就会影响成本数据的准确性。

因此,为充分发挥定额法的作用,简化核算工作,采用定额法计算产品成本,应具备以下条件:定额管理制度健全,定额管理工作基础好;产品生产基本定型,消耗定额比较准确、稳定。

五、各种成本计算方法的实际运用

前面各章节所述的品种法、分批法和分步法三种成本核算基本方法,以及分类法、定额成本法两种辅助方法,都是典型的成本计算方法。在实际工作中,由于情况错综复杂,一个企业、一个车间、一种产品往往同时采用或者结合采用几种成本计算方法。

(一) 同时应用几种成本计算方法

在某一企业或者一个车间通常会生产多种产品,这些产品生产类型存在较大的差别,其成本计算方法也有所不同。例如,玻璃制品厂所生产的日用玻璃杯和生产用玻璃仪器,玻璃杯是利用原材料直接熔制而成,属于单步骤生产,用品种法计算成本;生产用玻璃仪器要经过毛坯制作、再加工、装备等几个工艺过程,属于多步骤生产,用分步法计算产品成本。家具厂生产的各种家具,已经定型进入大量大批生产的,可以用分步法计算成本;属于试制阶段的或者刚完成试制的新产品,就要用分批法计算成本。同时,在一个企业往往存在不同的生产步骤,由于生产类型的不同,各步骤采用的成本计算方法也有所差别。例如纺织企业的纺纱和织布等基本生产车间,一般属于多步骤大量大批生产,通常采用分步法计算成本;而企业的供电等辅助生产车间,属于单步骤大量大批生产,通常采用品种法计算成本。

(二) 结合应用几种成本计算方法

在计算一种产品成本时,存在几种成本方法结合使用的情况。例如,机械生产企业,铸造车间的铸件属于大量大批生产,可以采用品种法计算成本;加工装配车间属于单件小批生产,采用分批法计算成本;两个车间之间,采用逐步结转分步法结转铸件成本。

构成一种产品的不同零部件之间,也可采用不同的成本计算方法。例如,机械生产企业所产的各种零部件,其中不外售的专用件,不单独计算成本;外售的标准件和通用件,则要用适当的成本方法单独计算成本。

在一种产品的各个成本项目之间,也可采用不同的成本计算方法。例如,机械生产企业的某些产品,直接材料在成本中占的比重较大,如果定额资料比较准确稳定,直接材料成本项目可以考虑用定额法;其他成本项目,则可以采用其他成本计算方法。

最后需要指出的是,成本计算的辅助方法不能单独使用,应该和基本方法结合使用。

思 考 题

1. 简述分类法的特点和计算程序。
2. 在什么情况下适合或必须采用分类法计算产品成本?
3. 简述分类法的优缺点和使用时应注意的问题。
4. 简述定额法的特点和计算程序。
5. 简述定额法的主要优点和应用条件。

练 习 题

1. 资料:某工业企业大量生产 A、B、C 三种产品,其产品结构、所用原材料和工艺过程相近,因而归为一类(即丙类),采用分类法计算产品成本。丙类产品的消耗定额比较准确、稳定,各月末在产品数量变化不大,因而月末在产品按定额成本计价。本月月末在产品定额成本如下:直接材料定额费用 46 400 元,直接人工定额费用 26 400 元,制造费用定额费用 16 500 元,合计 89 300 元。A、B、C 三种产品分配费用的标准为:直接材料费用按各种产品的原材料费用系数分配,原材料系数按原材料费用定额确定(B 产品为标准产品);其他加工费用按定额工时比例分配。三种产品的产量及定额资料如表 9-12 所示。

表 9-12 产品的产量及定额资料表

产品名称	产量	材料费用定额/元	工时定额
A 产品	1 400	420	24.0
B 产品(标准产品)	1 000	400	25.0
C 产品	800	392	24.5

要求：(1) 计算填列丙类产品成本明细账(见表 9-13)。

表 9-13　产品成本明细账

产品类别：丙类　　　　　　　　　　20××年×月　　　　　　　　　　单位：元

项　　目	直接材料	直接人工	制造费用	合　计
月初在产品定额成本	41 500	26 000	19 400	86 900
本月生产费用	96 012	62 960	44 020	202 994
生产费用累计数				
完工产成品成本				
月末在产品定额成本				

(2) 计算填列 A、B、C 三种产品原材料费用系数计算表(见表 9-14)。

表 9-14　原材料费用系数计算表

20××年×月

产 品 名 称	材料费用定额/元	原材料费用系数
A 产品		
B 产品(标准产品)		
C 产品		

(3) 采用分类法分配计算 A、B、C 三种产品的成本，计算填列产品成本计算表(见表 9-15)。

表 9-15　产品成本计算表

20××年×月

项目	产量/件	原材料费用系数	原材料费用总系数	工时定额	定额工时	直接材料	直接人工	制造费用	合计
分配率									
A 产品									
B 产品									
C 产品									
合计									

2. 某工业企业生产 A 产品，月初在产品 400 件，月末完工产品 1 100 件，月末盘点在产品 300 件。本月实际耗用原材料费用 52 200 元，产品原材料费用定额 50 元，材料随生产进度陆续投入，在产品的投料程度为 80%。

要求：采用盘存法计算本月原材料脱离定额差异。

3. 某企业生产 G 产品，本月 G 产品原材料定额费用共计 46 400 元，原材料脱离定额的差异为节约 400 元。本月材料成本差异率为超支 5%。

要求：计算 G 产品本月应分配的原材料成本差异。

4. 某企业生产甲产品，月初在产品 250 台，原材料消耗定额为 40 千克，原材料计划单价 12 元。本月份修订原材料消耗定额，由 40 千克降低为 38 千克。

要求：计算甲产品的定额变动系数和甲产品月初定额变动差异。

5. 某企业生产丙产品采用定额法计算产品成本。丙产品有关原材料费用资料如下：

(1) 月初在产品原材料定额费用 3 000 元，月初在产品脱离定额差异为节约 24 元。

(2) 本月修订原材料费用定额，由 50 元降低为 48 元，并从本月起执行。本月发生的原材料定额费用 4 320 元，原材料脱离定额差异为超支 600 元。

(3) 本月原材料成本差异率为节约 5%。

(4) 本月完工产品原材料定额费用为 6 720 元。

(5) 原材料成本差异和定额变动差异全部由完工产品负担；原材料脱离定额差异按定额费用比例在完工产品和月末在产品之间进行分配。

要求：(1) 计算月初在产品定额变动差异。

(2) 计算月末在产品原材料定额费用。

(3) 计算本月原材料费用应分配的材料成本差异。

(4) 分配计算完工产品与月末在产品应负担的原材料脱离定额差异，确定完工产品和月末在产品的原材料实际费用。

第十章 成本报表和成本分析

第一节 成本报表

一、成本报表的作用、种类和编制要求

(一) 成本报表及作用

成本报表是根据日常成本核算资料定期编制的,用以反映企业在一定时期产品成本水平及其构成情况,考核和分析企业成本计划执行情况的书面报告。成本报表是企业财务报表体系的重要组成部分,编制成本报表是成本会计工作的一项重要内容。

正确、及时地编制成本报表,对于加强企业成本管理、提高经营管理水平具有十分重要的意义。

1. 综合反映企业报告期内的产品成本水平

产品成本是反映企业生产经营活动的一项综合性指标,企业供、产、销各环节的工作水平,企业生产、技术、质量、管理等各方面的工作状况,最终都会反映在成本中。利用成本报表,可以总体了解企业的成本管理情况和经营管理水平,明确管理工作重点,强化管理水平。

2. 考核和评价企业成本管理业绩

通过编制成本报表,可以考核企业成本计划的执行情况,评价成本管理工作业绩。

3. 分析成本变动因素,强化企业成本控制

通过对成本报表的利用和分析,可以发现成本管理工作中存在的问题,查明产品成本升降的情况,为进一步分析产品成本、挖掘成本降低的潜力指明方向,从而加强企业日常成本控制和管理。

4. 为编制企业成本计划、费用预算提供依据

通过成本报表提供的实际成本、费用资料，可以为企业确定产品价格，进行成本、费用和利润的预测、决策，制定有关生产经营决策，编制产品成本计划、各项费用计划和利润计划提供重要依据。

此外，行业主管部门把成本报表和其他报表结合起来运用，可以有针对性地指导企业的成本管理工作，促进各企业不断改善成本管理工作。

(二) 成本报表的种类

成本报表不是对外报送或公布的会计报表。因此，成本报表的种类、格式、项目和编制方法等，都由企业自行确定。行业主管部门为了对本系统所属企业的成本管理工作进行领导或指导，也可以要求企业将其成本报表作为会计报表的附表上报。在这种情况下，企业成本报表的种类、格式、项目和编制方法，也可以由行业主管部门与企业共同确定。

制造企业成本报表一般包括：商品产品生产成本表、主要产品单位成本表、制造费用明细表、管理费用明细表、销售费用明细表和财务费用明细表。

此外，企业还可以根据其生产经营实际情况，结合管理需要编制有关成本报表，如成本对比分析表，主要产品成本旬报、日报等成本、费用表。

(三) 成本报表的编制依据和要求

1. 成本报表的编制依据

编制成本报表的主要依据：一是报告期的成本账簿资料；二是本期成本计划及费用预算等资料；三是以前年度的会计报表资料；四是企业有关的统计资料和其他资料等。

2. 成本报表的编制要求

为了充分发挥成本报表的作用，成本报表的内容既要满足企业成本分析与成本管理的要求，又要适应宏观管理的需要，企业应按规定定期编制成本报表，并做到数字准确、内容完整、编报及时，这是对成本报表编制的统一而又不可分割的基本要求。

(1) 数字准确。即报表中各指标填列的数字必须如实反映情况，不能随意估计数字，更不能弄虚作假、篡改数字。为此，企业在编制报表前，要将涉及成本费用的经济业务全部登记入账；要调整不应当列入成本的费用；认真清查财产物资，做到账实相符；认真核对账簿之间的记录，做到账账相符；报表编制完成后，还应检查各个报表中相关指标的数字是否一致。

(2) 内容完整。即编制的各种成本报表必须齐全；填列的报表指标和文字说明必须全面，不得任意取舍。

(3) 编报及时。即要求按照规定期限编制成本报表。

二、商品产品生产成本表的编制

商品产品生产成本表是反映企业在报告期内生产的全部产品的总成本和主要产品单位成本及总成本的报表。

商品产品成本表可以从两个不同的角度进行编制。一是按产品种类编制商品产品生产成本表，反映企业在报告期所产全部产品(包括可比产品和不可比产品)的总成本和单位成本；二是按照成本项目编制商品产品生产成本表，汇总反映企业在报告期发生的全部生产费用(按成本项目反映)和全部产品总成本。本书主要介绍按产品种类编制商品产品生产成本表。

(一) 商品产品生产成本表的结构和作用

商品产品生产成本表分为基本报表和补充资料两部分。

基本报表部分应按可比产品和不可比产品分类列示。可比产品是指企业以前曾经正式生产过，有完整的成本资料进行比较的产品。不可比产品是指企业本年度初次生产的新产品，或虽非初次生产，但以前年度仅属试制而未正式投产的产品，缺乏可比的成本资料。

基本报表部分应反映各种可比产品和不可比产品的实际产量、单位成本、本月总成本和本年累计总成本四大部分，表中按照产品种类分别反映本月产量、本年累计产量，以及上年实际成本、本年计划成本、本月实际成本和本年累计实际成本。

补充资料部分是为了进一步披露成本及与成本有关的信息，一般包括"可比产品成本降低额""可比产品成本降低率"以及按现行价格计算的商品产值等指标。

现列示渝丰企业20××年12月份的商品产品生产成本表，其格式和内容见表10-1。

表10-1 商品产品生产成本表

编制单位：渝丰企业　　　　　　　　　20××年12月　　　　　　　　　单位：元

产品名称	计量单位	实际产量		单位成本				本月总成本			本年累计总成本		
		本月	本年累计	上年实际平均	本年计划	本月实际	本年累计实际平均	按上年实际平均单位成本计算	按本年计划单位成本计算	本月实际	按上年实际平均单位成本计算	按本年计划单位成本计算	本年实际
可比产品合计		×	×	×	×	×	×	28 000	25 600	24 800	300 000	275 000	292 500
甲产品	件	200	2000	100	90	88	98	20 000	18 000	17 600	200 000	180 000	196 000
乙产品	件	40	500	200	190	180	193	8 000	7 600	7 200	100 000	95 000	96 500
不可比产品合计		×	×	×	×	×	×	200	4 250		50 400		51 120
丙产品	件	10	120	×	420	425	426	×	4 200	4 250	×	50 400	51 120
合计		×	×	×	×	×	×	29 800	29 050		325 400		343 620

在该表中，对于主要产品，应按产品品种反映实际产量和单位成本，以及本月总成本

和本年累计总成本；对于非主要产品，则可按照产品类别，汇总反映本月总成本和本年累计总成本。对于上一年度没有正式生产过的不可比产品，不反映上年成本资料；对于上一年度正式生产过的可比产品，还应反映上年成本资料。

商品产品生产成本表的主要作用是：

(1) 可以考核和分析全部商品产品和主要产品成本计划的完成情况，对全部商品产品和主要产品成本的节约或超支情况做出一般的评价。

(2) 可以考核和分析全部可比产品和各种可比产品本月和本年累计成本比上年的升降情况。

(3) 对于规定有可比产品成本降低计划的产品，还可考核和分析可比产品成本降低计划的完成情况，促使企业采取措施，不断降低产品成本。

(二) 商品产品成本表的编制方法

(1) 实际产量。它分为两栏，分别反映本月和从年初起至本月末止各种主要商品产品的实际产量，它应根据成本计算单或产品成本明细账的记录计算填列。其中，本年累计实际产量，应根据本月实际产量，加上上月本表的本年累计实际产量计算填列。

(2) 单位成本。它反映各主要商品产品的上年实际、本年计划、本月实际和本年累计实际的单位成本。

① 上年实际平均单位成本。各种可比产品均要填列该项目，它根据上年度本表所列各种产品的全年累计实际平均单位成本填列。

② 本年计划单位成本。它根据年度计划成本所列示的单位成本填列。

③ 本月实际单位成本。它根据表中本月实际总成本除以本月实际产量计算填列。

④ 本年累计实际平均单位成本。它根据本年累计实际总成本除以本年累计实际产量计算填列。

(3) 本月总成本。反映各种主要商品产品按本月实际产量计算的上年实际、本年计划和本月实际的总成本，以便按月考核产品成本计划的完成情况。其中本月实际总成本，应根据成本计算单的有关数字填列；按上年实际平均单位成本计算的总成本和按本年计划单位成本计算的总成本，根据上年实际平均单位成本、本年计划单位成本，分别乘以本月实际产量计算填列。

(4) 本年累计总成本。反映各种主要商品产品按本年累计实际产量计算的上年实际、本年计划和本年累计实际的总成本，借以考核年度内成本计划的执行结果。填列方法与前项类似。

本月各种总成本和本年各种累计总成本都是在本月或本年累计实际产量的基础上计算的，这样就使得各种总成本具有可比性，有助于前后期成本对比分析。

为了考核企业生产耗费的经济效果和查明可比产品成本降低任务的完成情况，商品产品成本表中尚列有若干补充资料。这些补充资料可以根据计划、统计和会计等有关资料计算后填列。其中，可比产品成本降低额和降低率，反映截至本月企业可比产品的实际成本比上年可比产品成本降低的累计实际数，应按下列公式计算填列：

$$\begin{aligned}\text{可比产品}\\ \text{成本降低额}\end{aligned} = \begin{aligned}\text{可比产品按上年实际平均}\\ \text{单位成本计算的累计总成本}\end{aligned} - \begin{aligned}\text{可 比 产 品}\\ \text{累计实际总成本}\end{aligned}$$

$$\begin{aligned}\text{可比产品}\\ \text{成本降低率}\end{aligned} = \frac{\text{可比产品成本降低额}}{\text{可比产品按上年实际平均单位成本计算的累计总成本}} \times 100\%$$

根据表 10-1 的资料,其计算结果如下:

可比产品成本降低额＝300 000－292 500＝7 500(元)

可比产品成本降低率＝7 500÷300 000×100%＝2.50%

编制商品产品生产成本表时应注意以下几点:

① 生产完成的商品产品,不论是产成品、出售自制半成品还是工业性作业,都要包括在本表内。主要产品必须逐一填列,非主要产品可以合并汇总填列。

② 各种产品必须按"可比产品"与"不可比产品"两类分别填列本表。这是由于可比产品的成本不仅要同本年计划数比较,还要同上年实际数比较;不可比产品成本则只同本年计划数比较。

三、主要产品单位成本表

主要产品单位成本表,是反映各种主要产品单位成本的构成和各项主要技术经济指标完成情况的报表。该表可以具体说明"商品产品生产成本表"中的"单位成本"项目,因此,它是商品产品成本表的补充。

(一) 主要产品单位成本表的结构和作用

该表分上下两部分,上半部分反映产品本月实际的合格品产量、本年累计实际合格品产量、销售单价和按成本项目表示的单位成本;下半部分反映单位产品所耗用的主要材料的数量和生产工人工时等技术经济指标。为了考核产品成本的变动情况,各成本项目和主要技术经济指标分别列示了本年计划、本月实际和本年累计实际的单位成本和单位耗用量。如果是可比产品,还应增列历史先进水平、上年实际平均单位成本和单耗资料。

该表的主要作用是:

(1) 按照成本项目考核主要产品单位成本计划的执行结果,分析各项单位成本节约或超支的原因。

(2) 可以按照成本项目将本月实际单位成本和本年累计实际平均单位成本与上年实际平均单位成本和历史先进单位成本进行对比,了解其比上年升降情况、与历史先进水平存在的差距,分析单位成本发展、变化的趋势。

(3) 考核和分析主要产品的主要技术经济指标的完成情况。

具体格式和内容见表 10-2。

表 10-2　主要产品单位成本表

编制单位：渝丰企业　　　　　　　　　20××年12月

产品名称：丙产品　　　　　　　　　　　　　　　　　　　　产品销售单价：540 元
产品规格：A　　　　　　　　　　　　　　　　　　　　　　本月实际产量：10
计量单位：件　　　　　　　　　　　　　　　　　　　　　　本月累计实际产量：110

成本项目	历史先进水平(年)	上年实际平均	本年计划	本月实际	本年累计实际平均
直接材料			252	275	265
直接工资			63	48	60
制造费用			105	102	101
单位成本			420	425	426
主要技术经济指标			用量	用量	用量
A 材料			100 千克	110 千克	106 千克

注：由于丙产品为不可比产品，故无"历史先进水平单位成本"和"上年实际平均单位成本"两栏资料。

（二）主要产品单位成本表的编制方法

该表的产品销售单价应根据产品定价表填列；本月实际产量应根据产品成本明细账或产成品成本汇总表填列；本年累计实际产量应根据上月本表的本年累计实际产量，加上本月实际产量计算填列。

该表"历史先进单位成本"栏，是指本企业历史上该种产品实际平均单位成本最低年份的单位成本，应根据历史上该种产品成本最低年度本表的实际平均单位成本填列；"上年实际平均单位成本"栏，应根据上年度本表实际平均单位成本填列；"本年计划单位成本"栏，应根据本年度成本计划资料填列；"本月实际单位"栏，应根据该种产品成本明细账或产成品成本汇总表填列；"本年累计实际平均单位成本"，应根据该种产品明细账所记年初起至报告期末止完工入库总成本除以本年累计实际产量计算填列。

该表上年实际平均、本年计划、本月实际和本年累计实际平均的单位成本，应与商品产品成本表中的该种产品相应的单位成本核对相符。

该表主要技术经济指标部分，应根据企业或上级机构规定的指标名称和填列方法计算填列。

四、制造费用明细表

制造费用明细表是反映企业年度内发生的各项制造费用及其构成情况的报表。由于辅助生产车间的制造费用已通过辅助生产费用的分配转入基本生产车间制造费用、管理费用等有关成本、费用项目，因而该表的制造费用只反映基本生产车间制造费用，不包括辅助生产车间制造费用，以免重复反映。

(一) 制造费用明细表的结构和作用

该表一般按照制造费用的费用项目分别反映各该费用的本年计划数、上年同期实际数、本年实际数和本年累计实际数。其格式见表10-3。

表10-3 制造费用明细表

编制单位：渝丰企业　　　　　　20××年12月　　　　　　　　　　　　单位：元

项　　目	本年计划数	上年同期实际数	本月实际数	本年累计实际数
职工薪酬	25 080	1 240	1 320	25 549
折旧费	17 080	2 820	2 940	17 528
修理费	10 764	130	126	10 780
机物料消耗	11 920	980	760	10 848
低值易耗品摊销	12 500	400	520	13 200
办公费	11 980	168	183	10 964
水电费	13 960	1 460	1 540	13 949
劳动保护费	14 068	112	100	13 266
差旅费	14 096	2 140	2 260	14 501
运输费	15 240	146	120	13 560
环境保护费	1 400	120	140	1 560
信息系统维护费	2 650	240	220	2 640
季节性、修理停工损失		263	212	284
在产品盘亏、毁损		348	420	760
其他	1 812	483	685	1 410
合　　计	152 550	11 050	10 160	149 530

制造费用表的作用是：可以按照费用项目分析制造费用本月实际数比上年同期实际数的增减变化情况；考核年度内制造费用年度计划的完成情况，分析节约或超支的原因；分析本月实际和本年累计实际制造费用的构成情况，并与上年同期构成情况和计划构成情况进行比较，分析制造费用的发展变化趋势。

(二) 制造费用明细表的编制方法

该表"本年计划数"栏，应根据本年制造费用计划填列；"上年同期实际数"栏，应根据上年同期本表的本月实际数填列；"本月实际数"栏，应根据制造费用总账科目所属各基本生产车间制造费用明细账的本月合计数汇总计算填列；"本年累计实际数"栏，应根据这些制造费用明细账本月末的累计数汇总计算填列。

五、期间费用明细表

期间费用明细表，包括管理费用明细表、财务费用明细表和销售费用明细表，是反映企业在报告期内发生的各种期间费用情况的报表。

（一）期间费用明细表的结构和作用

与制造费用明细表一样，各种期间费用明细表按其各费用项目分别反映各该费用的本年计划数、上年同期实际数、本年实际数和本年累计实际数。其格式见表10-4、表10-5和表10-6。

表10-4 管理费用明细表

编制单位：渝丰企业　　　　　　　　20××年12月　　　　　　　　　　　　单位：元

项　目	本年计划数	上年同期实际数	本月实际数	本年累计实际数
职工薪酬				
折旧费				
修理费				
机物料消耗				
低值易耗品摊销				
办公费				
水电费				
差旅费				
董事会费				
聘请中介机构费				
咨询费				
业务招待费				
研究费用				
排污费				
环境保护费				
信息系统维护费				
其他				
合　计				

第十章 成本报表和成本分析

表10-5 销售费用明细表

编制单位：渝丰企业　　　　　　　20××年12月　　　　　　　　　　　单位：元

项　　目	本年计划数	上年同期实际数	本月实际数	本年累计实际数
职工薪酬				
折旧费				
业务费				
保险费				
包装费				
展览费				
广告费				
商品维修费				
预计产品质量保证费				
运输费				
装卸费				
信息系统维护费				
其他				
合　　计				

表10-6 财务费用明细表

编制单位：渝丰企业　　　　　　　20××年12月　　　　　　　　　　　单位：元

项　　目	本年计划数	上年同期实际数	本月实际数	本年累计实际数
利息支出(减利息收入)				
汇兑损失(汇兑收益)				
金融机构手续费				
现金折扣				
其他筹资费用				
合　　计				

期间费用明细表的作用是：了解企业报告期内各种费用的实际支出水平；考核各种期间费用计划或预算的执行情况，分析节约或超支原因；评价各种期间费用的变化趋势，加强对期间费用的控制和管理。

（二）期间费用明细表的编制方法

管理费用明细表、财务费用明细表和销售费用明细表各项目按以下方法填列："本年计划数"栏，应根据本年各项费用计划填列；"上年同期实际数"栏，应根据上年同期本表的本月实际数填列；"本月实际数"栏，应根据各项费用明细账的本月合计数汇总计算填列;"本年累计实际数"栏,应根据管理费用明细账、财务费用明细账和销售费用明细账中各费用项目累计数填列。

第二节 成本分析

一、成本分析概述

(一) 成本分析的意义

成本分析是成本会计的重要组成部分,它是以成本核算提供的数据为基础,结合有关定额、统计和技术资料,应用一定的方法对影响成本升降的各种因素进行科学的分析,查明变动原因,以便更好地控制成本,充分挖掘企业内部降低成本的潜力,促进成本效益水平的进一步提高。

企业进行成本分析的意义在于:

(1) 通过成本分析随时查明各项成本定额、费用指标和成本计划的执行情况,采取有效措施,使各种成本费用控制在规定的标准范围内,达到降低成本的目的。

(2) 通过系统全面地分析成本计划完成或没有完成的原因,可以对成本计划本身及其执行情况进行评价,对成本管理的经验和教训进行总结,从而逐步掌握产品成本的变动规律,以便更好地执行成本计划,为下期的成本计划的编制提供依据。

(3) 开展成本分析,对各种方案进行成本效益比较,为确定最佳方案提供依据。

(二) 成本分析的内容

产品成本分析的内容主要包括以下几个方面。

(1) 对全部商品产品成本计划的完成情况进行总体分析、评价,主要涉及产品总成本计划完成情况(按产品类别和成本项目构成)、主要产品单位成本计划完成情况等进行分析和评价。

(2) 对影响成本高低的各种因素进行原因分析,主要对可比产品成本降低计划影响因素、主要产品单位成本项目的构成因素进行分析。

(3) 对企业成本水平进行专项分析,主要涉及技术经济指标变动对成本影响和专项管理成本等进行分析、评价。

(三) 成本分析的类型

企业成本分析的类型因为不同企业的具体情况差异而有所不同。但是,一般而言企业的成本分析有以下几种分类方式。

1. 按成本分析的内容分类

按此分类,成本分析可分为成本预测和决策分析、成本日常分析两种类型。

(1) 成本预测和决策分析，是指在掌握企业现有的生产经营情况和了解企业外部环境的基础上，运用一定方法对企业未来一定时期内的产品成本进行分析和测算。这是现代企业经营和管理过程中必须进行的一项工作，企业不能只进行事后的分析和评价，还必须进行事前的分析和预测，并在此基础上制定企业的成本计划和进行产品成本的决策分析。考虑到与其他学科的关系，本书将不深入研究这部分内容。

(2) 日常成本分析，是指在成本计划执行过程中进行的经常性分析。通过对日常成本费用的发生和定额或计划执行情况的了解和掌握，查明成本变动(超支或节约)的原因，及时采取措施，使企业的成本管理工作按计划进行，保证成本计划的顺利完成，这是企业成本管理工作的主要内容。

2. 按成本分析的方式分类

按此分类，成本分析可分为定期成本分析、不定期成本分析两种类型。

(1) 定期成本分析。是指在月度、季度和年度终了时进行成本分析。这种分析主要是通过成本计划与实际情况的对比，查明成本升降的原因，对成本计划的完成情况做出恰当的评价，落实成本奖惩制度，为今后的成本管理工作打下基础。

(2) 不定期成本分析。是指不定期地进行成本的预测和决策分析，以及成本的厂际分析、专题分析等。通过该分析工作可以使成本分析工作向更深入的方向发展，使成本的分析工作更具有针对性，有助于进一步挖掘成本降低的潜力。

(四) 成本分析的方法

成本分析的方法比较多，并且各个企业所运用的成本分析方法也不一定相同。但是，一般而言成本分析方法有以下几种。

1. 对比分析法

对比分析法是指对各种成本费用指标按照一定的分析比较标准进行的比较分析。它主要有实际指标与计划指标的对比分析、本期实际指标与基期实际指标的对比分析、本期实际指标与同行业先进指标的对比分析等几种形式。进行指标分析时必须注意的是：对比分析的指标之间应在指标的内容、计价标准、时间范围和计算方法等方面具有可比性。否则所进行的对比分析就失去了应有的意义。

2. 比率分析法

比率分析法是指将有关分析指标变成相对数进行分析。这种分析方法必须事先制定出比较的标准，并据以评价企业的实际情况，指导企业的经济活动。比率分析所使用的分析标准一般有以下几种。

(1) 绝对标准。是指人们共同认可的那些标准，适用于各个不同的企业。

(2) 本企业历史标准。是指企业历史上某一能代表企业正常生产经营活动水平和管理水平的成本标准。

(3) 同行业标准。是指能代表行业正常水平的成本标准。

(4) 企业自己制定的标准。是指企业根据自己的实际情况和一些特殊要求所制定的成本标准。

根据分析的不同要求，比率分析法分为以下几种。

(1) 相关比率分析。该方法是将某个项目同与其有关但不相同的项目进行对比，求出比率进行的比较分析，以便分析有关因素之间的变动影响。

(2) 趋势比率分析。该方法是将几个时期的同类指标的数字进行对比，求出比率，考察该指标的变动趋势，以便分析企业生产经营活动和成本变动的方向。

(3) 构成比率分析。该方法是确定某一指标各个组成部分占总体的比重，观察其构成内容及变化情况，以便更具体深入分析指标变动的原因。

3. 连环替代法

连环替代法，又称为因素分析法，它是测定各个相互联系的因素对有关指标的影响及影响程度的一种方法。通过这一分析方法不仅可以发现形成差异的主要原因，而且有助于分清经济责任，因此是成本分析的一种重要方法。

其具体步骤是：第一，分解指标体系，确定分析对象。根据影响某项经济指标完成情况的因素，按其依存关系将经济指标的基数(计划数或上期数)和实际数分解为两个指标体系，并就该指标的实际数与基数进行对比，求出实际脱离基数的差异，即为分析对象。第二，连环顺序替代，计算替代结果。以基数指标体系为基础，用实际指标体系中每项因素的实际数顺序替代其对应的基数，每次替代后，实际数就被保留下来，有几个因素就替代几次，每次替代后计算出由于该因素变动的新结果。第三，比较替代结果，确定影响程度。将每次替换计算的结果，与这一因素被替换前的结果进行比较，两者的差额就是这一因素变化对经济指标的影响程度。第四，加总影响数字，验算分析结果。将各个因素的影响值相加，其代数和同经济指标的实际数与基数的总差异数相等。

采用连环替代法应注意替代的顺序，因为替代的顺序不同，计算出的各因素对指标的影响结果就不相同。在实际工作中运用连环替代法进行分析时应遵循以下原则：先替换数量指标，后替换质量指标；先替换实物量指标，后替换货币量指标；先替换主要指标，后替换次要指标。

连环替代法的基本原理如下。

设某一经济指标 N 是由相互联系的 A、B、C 三因素共同影响，计划数和实际数的计算公式为

计划指标：$A_0 \times B_0 \times C_0 = N_0$

实际指标：$A_1 \times B_1 \times C_1 = N_1$

该指标实际脱离计划的差异：$N_1 - N_0 = D$

各因素的影响结果可以通过顺序替换计算如下

计划指标：　　　　　　　$A_0 \times B_0 \times C_0 = N_0$　　　　①

第一次替换：　　　　　　$A_1 \times B_0 \times C_0 = N_A$　　　　②

第二次替换：　　　　　$A_1 \times B_1 \times C_0 = N_B$　　　③
第三次替换(实际数)：　$A_1 \times B_1 \times C_1 = N_C$　　　④

测定的结果是：

② - ① = $N_A - N_0 = D_A$　　……A 因素变动产生影响的结果

③ - ② = $N_B - N_A = D_B$　　……B 因素变动产生影响的结果

④ - ③ = $N_C - N_B = D_C$　　……C 因素变动产生影响的结果

$D_A + D_B + D_C = D$

4. 差额计算法

差额计算法是连环替代法的一种简化形式。它是利用各个因素的实际数与基数之间的差额直接计算各个因素对指标影响结果的一种分析方法。差额计算法与连环替代法的计算结果是相同的。其计算程序如下：

(1) 确定各因素的实际数与基数的差额。

(2) 以各因素的差额乘以计算公式中该因素前面各因素的实际数，以及列在该因素后面的其余因素的基数，即可计算出该因素对指标的影响值。

(3) 将各因素的影响值相加，其代数和应同该指标的实际与基数的差相等。

差额法的计算原理如下。(仍用前连环替代法的例子)

① A 因素的影响：　　$D_A = (A_1 - A_0) \times B_0 \times C_0$

② B 因素的影响：　　$D_B = A_1 \times (B_1 - B_0) \times C_0$

③ C 因素的影响：　　$D_C = A_1 \times B_1 \times (C_1 - C_0)$

各因素的影响结果是：$D_A + D_B + D_C = D$

二、全部商品产品成本计划完成情况分析

工业企业的全部商品产品可以分为可比产品和不可比产品两大类。它们在分析和考核方法上是不同的，对于可比产品的实际成本，不仅要与计划成本相比较来考核成本计划的完成情况，同时还要与上年的实际平均成本来比较，以衡量报告期实际成本较上年成本升降的幅度和数额。对于不可比产品，因为在以前年度没有正式生产过，它的实际成本就只能同计划成本比较。由于全部商品产品成本包括不可比产品，所以该表只能以实际总成本与计划总成本相比较，以确定其实际成本较计划成本的超支额和节约额。全部商品产品成本计划完成情况的分析，可以分别按产品类别和按成本项目来进行。

(一) 按产品类别分析全部商品产品成本计划的完成情况

商品产品成本计划完成情况分析可以通过编制商品产品成本分析表来完成。其格式和内容见表 10-7。

表10-7　商品产品成本分析表

商品产品	实际产量/元		实际比计划的差异	
	计划总成本	实际总成本	节约(超支)额/元	节约(超支)率/%
可比产品				
甲产品	180 000	196 000	(16 000)	(8.89)
乙产品	95 000	96 500	(1 500)	(1.58)
合　计	275 000	292 500	(17 500)	(6.36)
不可比产品				
丙产品	50 400	51 120	(720)	(1.43)
全部商品产品	325 400	343 620	(18 220)	(5.60)

从上述计算可以看出：该企业全部商品产品未完成成本计划任务，实际成本超支18 220元，占5.60%。其中，甲产品超支现象较大，应进一步重点对甲产品超支原因进行分析。

(二) 按成本项目分析全部商品产品成本计划完成情况

为了了解成本变动的原因，挖掘成本降低的潜力，除了按商品产品品种进行成本分析外，还要进一步比较和分析构成产品成本的各项目的变动情况。其格式和内容见表10-8。

表10-8　全部商品产品成本项目变动分析表

成本项目	全部商品产品成本/元		节约(超支)	
	计划	实际	绝对额/元	百分比/%
直接材料	195 240	213 044.40	(17 804.40)	(9.12)
直接工资	81 350	75 596.40	5 753.60	7.07
制造费用	48 810	54 979.20	(6 169.20)	(12.64)
其中：固定费用	34 167	39 585.00	(5 418.00)	(15.86)
变动费用	14 643	15 394.20	(751.20)	(5.13)
商品产品成本	325 400	343 620.00	(18 220.00)	(5.60)

从上表计算中可知，该企业商品产品实际成本超支的主要原因：一是直接材料费用超支17 804.40元；二是制造费用超支6 169.20元，企业应重点对材料费用和制造费用进行控制；同时该企业直接工资费用节约，这是企业的成绩。

在进行全部商品产品成本计划完成情况分析时应注意两个问题：一是要区分影响成本的主观因素和客观因素。所谓主观因素就是指由于企业工作本身的质量所引起的因素，如各项消耗定额的增减、劳动生产率水平高低等；客观因素是指由于客观条件的变化对成本的影响因素，如原材料价格上涨、外购动力价格的变化等。二是要区分引起成本变动的产量变动影响和成本费用本身变动的影响。某些成本项目会随产量变动而变动，某些成本项目不会随产量的变化而变动，在分析时应注意区分因产量变动导致的成本变动影响。

三、可比产品成本降低任务完成情况的分析

(一) 可比产品成本降低任务完成情况的计算

可比产品的实际成本，除了与计划成本比较外，还要和实际产量按上年实际单位成本计算的总成本比较，以确定可比产品成本实际降低额和降低率，并与可比产品成本计划所确定的成本计划降低额和计划降低率比较，以便考察可比产品成本降低任务的完成情况。

【例 10-1】假定渝丰企业 20××年可比产品成本计划资料如表 10-9 所示。

表 10-9　可比产品成本计划资料

可比产品名称	计划产量	单位成本/元		总成本/元		计划降低任务	
		上年成本	计划成本	上年成本	计划成本	降低额/元	降低率/%
甲产品	1 650	100	90	165 000	148 500	16 500	10
乙产品	550	200	190	110 000	104 500	550	5
合　计				275 000	253 000	22 000	8

根据表 10-1 资料归纳计算，20××年度可比产品成本实际完成情况如表 10-10 所示。

表 10-10　可比产品成本实际完成情况计算表

可比产品名称	实际产量	单位成本			总成本			实际降低情况	
		上年成本	计划成本	实际成本	上年成本	计划成本	实际成本	降低额	降低率
甲产品	2 000	100	90	88	200 000	180 000	196 000	4 000	2.0%
乙产品	500	200	190	180	100 000	95 000	96 500	3 500	3.5%
合　计					300 000	275 000	292 500	7 500	2.5%

由上所述，可比产品成本降低额和降低率均未完成计划降低任务，成本降低额低于计划 5 300 元，成本降低率低于计划 5.50%。

(二) 影响可比产品成本降低任务完成情况的因素分析

可比产品成本降低任务完成情况的影响因素有三个：产品产量、产品单位成本、产品品种结构。成本计划降低额是根据各种产品计划产量制定的，而实际成本降低额是根据各种产品的实际产量计算的。因此产品品种结构和单位成本不变时，产品产量增减，就会使成本降低额发生同比例增减，但不会使成本降低率发生变化；产品品种结构变动同样会使成本降低额和降低率发生变动，成本降低程度大的产品比重增加会使成本降低额和降低率增加，反之会使成本降低额和降低率减少；产品单位成本变动会使成本降低额和降低率发

生变动，单位成本降低会使成本降低额和降低率增加，反之使成本降低额和成本降低率减少。因此，影响可比产品成本降低额的因素有三个，影响可比产品成本降低率的因素有两个。下面通过【例 10-1】具体分析各因素变动对降低计划完成情况的影响。

根据上述资料，可以计算该企业全部可比产品成本降低计划的执行结果如下：

可比产品降低额计划执行结果：

$$7\ 500 - 22\ 000 = -14\ 500\ 元$$

可比产品降低率计划执行结果：

$$2.5\% - 8\% = -5.50\%$$

该企业成本降低额和成本降低率均未完成计划。具体应从产品产量、产品品种结构和产品单位成本三方面进行分析。在计算时应先列出基数，然后依次替换各因素：

按计划产量、计划品种结构、计划单位成本计算的降低额：

$$275\ 000 - 253\ 000 = 22\ 000(元) \cdots\cdots\cdots\cdots\cdots\cdots①$$

按实际产量、计划品种结构、计划单位成本计算的降低额：

$$300\ 000 \times 8\% = 24\ 000(元) \cdots\cdots\cdots\cdots\cdots\cdots②$$

按实际产量、实际品种结构、计划单位成本计算的降低额：

$$300\ 000 - 275\ 000 = 25\ 000(元) \cdots\cdots\cdots\cdots\cdots\cdots③$$

按实际产量、实际品种结构、实际单位成本计算的降低额：

$$300\ 000 - 292\ 500 = 7\ 500(元) \cdots\cdots\cdots\cdots\cdots\cdots④$$

(1) 产品产量变动对降低额的影响程度(②－①)：

$$24\ 000 - 22\ 000 = 2\ 000(元)$$

(2) 产品品种结构变动对降低额的影响程度(③－②)：

$$25\ 000 - 24\ 000 = 1\ 000(元)$$

产品品种结构变动对降低率的影响程度：

$$1\ 000 \div 300\ 000 \times 100\% = 0.33\%$$

(3) 单位成本变动对降低额的影响程度(④－③)：

$$7\ 500 - 25\ 000 = -17\ 500(元)$$

单位成本变动对降低率的影响程度：

$$-17\ 500 \div 300\ 000 \times 100\% = -5.83\%$$

各因素对降低额影响程度合计：$2\ 000 + 1\ 000 - 17\ 500 = -14\ 500(元)$

各因素对降低率影响程度合计：$0.33\% - 5.83\% = -5.50\%$

从上述计算结果可知：单位成本上升是未完成成本降低计划的主要原因，应进一步对单位成本进行分析。

四、主要产品单位成本分析

在工业企业产品成本分析中，除了要对全部商品产品成本进行分析外，还要对各种商品产品的单位成本进行分析。通过对产品单位成本进行分析，可以确定该种产品的设计、生产工艺和消耗定额等因素的变化对产品成本的影响。同时，也只有在对产品单位成本进行分析以后，才能确切了解商品产品脱离计划的具体原因，从而正确地评价企业的成本管理工作，具体地制定出进一步降低成本的措施。但是，应注意的是工业企业的产品种类较多，在进行产品单位成本分析时应将重点放在主要产品上。只有这样，才能抓住关键，在成本降低方面取得更好的效果。

(一) 产品单位成本的比较分析

在进行产品单位成本分析时，一般先从产品成本总的方面来研究单位成本的实际数比上期、比计划、比历史先进水平的升降情况；然后着重对主要产品按成本项目进行分析，研究其变动情况，查明成本升降的原因。具体分析结果见表10-11。

表10-11 丙产品单位成本分析表

成本项目	计划成本/元	实际成本/元	节约(一)或超支(+)	
			金额/元	百分比/%
直接材料	252	275	+23	+9.13
直接工资	63	48	-15	-23.81
制造费用	105	102	-3	-2.86
合　计	420	425	+5	+1.19

上述计算表明：丙产品每件实际成本比计划提高5元，提高幅度为1.19%，其单位成本升高的主要原因是材料费用上升，每件达23元，上升幅度为9.13%；而直接工资费用、制造费用比计划下降，节约幅度较大。至于这些项目超支、节约的具体原因是什么，应对成本项目进行具体的分析。

(二) 产品单位成本主要项目分析

1. 直接材料项目分析

直接材料费用一般在产品成本中占有很大比重。材料费用的节约是成本降低的主要方面，所以应对材料费用项目进行进一步分析。在进行材料成本项目分析时，首先将各种主要材料的实际成本与计划成本相比较，查明哪种材料或哪几种材料超降较大；其次分析材料费用超降的原因。材料费用取决于材料消耗量和材料单价两个因素，其关系如下所示：

$$直接材料费用 = 材料消耗量 \times 材料单价$$

在上述公式的基础上可以用差额计算法进行分析。

材料消耗量变动的影响：

$$(材料实际耗用量 - 材料计划耗用量) \times 材料计划单价$$

材料价格变动的影响：

$$(材料实际价格 - 材料计划价格) \times 材料实际耗用量$$

以前例丙产品资料为例,其材料消耗量与材料单价的计划和实际资料如表 10-12 所示。

表 10-12　直接材料计划与实际对比

项目	材料消耗量/千克	材料单价/元	直接材料费用/元
计划数	100	2.52	252
实际数	110	2.50	275
直接材料费用差异			+23

从该表中可以看出:本月丙产品单位成本中的直接材料费用实际比计划超支 23 元。其超支的原因是材料消耗量与材料单价变动对材料费用的影响。即

材料消耗数量变动的影响:$(110-100)\times 2.52=+25.2$(元)

材料单价变动的影响:$(2.5-2.52)\times 110=-2.2$(元)

两因素影响程度合计:$+25.2-2.2=+23$(元)

通过上述计算可知,丙产品直接材料费用超支较大的主要原因,是由于材料消耗量超支(由 100 千克上升为 110 千克),使材料费用超支 25.2 元;由于材料单价降低(由 2.52 元下降为 2.5 元),使材料费用节约了 2.2 元,两者相抵,净超支 23 元。由此可见,应加强对丙产品材料消耗量的控制,寻求降低材料消耗量的有效途径。

2. 直接工资项目的分析

直接工资项目的分析应结合工资制度来进行。在计件工资制度下,其变动主要是由计件单价变动引起的,应查明该种产品计件单价变动的原因。在计时工资制度下,单位产品成本中的直接工资费用是根据单位产品所耗工时数和每小时的工资费用分配计入的,可比照直接材料费用采用差额计算法进行分析,其计算公式如下:

$$直接工资费用=单位产品生产工时\times 小时工资费用$$

在上述公式的基础上可以用差额计算法进行分析。

单位产品工时变动的影响:

$$(单位产品实际工时-单位产品计划工时)\times 计划小时工资费用$$

单位产品小时工资费用变动的影响:

$$(实际小时工资费用-计划小时工资费用)\times 单位产品实际工时$$

以前例丙产品资料,其单位产品工时与直接工资费用的计划和实际资料如表 10-13 所示。

表 10-13　直接工资计划与实际对比

项目	单位产品所耗工时/小时	小时工资费用/元	直接工资费用/元
计划数	10	6.3	63
实际数	8	6.0	48
直接工资费用差异			−15

从该表中可以看出：本月丙产品单位成本中的直接工资费用实际比计划节约15元。其节约的原因是单位产品所耗工时与小时工资费用变动对工资费用的影响。

单位产品所耗工时变动的影响：$(8-10)\times 6.3=-12.6$(元)

小时工资费用变动的影响：$(6-6.3)\times 8=-2.4$(元)

两因素影响程度合计：$-12.6-2.4=-15$(元)

通过上述计算可知，丙产品直接工资费用节约，一是由于单位产品所耗工时减少(由10工时降低为8工时)，使工资费用节约12.6元；二是小时工资费用降低(由6.3元下降为6元)，使工资费用节约了2.4元，两者相加，净节约15元。由此可见，单位产品所耗工时下降是工资费用节约的主要原因。

3. 制造费用项目的分析

制造费用一般是间接计入费用，产品成本中的制造费用一般是根据生产工时等分配标准分配计入的。因此，产品单位成本中的制造费用的分析，通常与计时工资制度下直接工资费用的分析相类似，即先分析单位产品所耗工时变动和小时制造费用变动两因素对制造费用变动的影响，然后查明这两个因素变动的具体原因。其计算公式如下：

$$制造费用＝单位产品生产工时\times 小时制造费用$$

在上述公式的基础上可以用差额计算法进行分析。

单位产品工时变动的影响：

$$(单位产品实际工时－单位产品计划工时)\times 计划小时制造费用$$

单位产品小时制造费用变动的影响：

$$(实际小时制造费用－计划小时制造费用)\times 单位产品实际工时$$

以前例丙产品资料为例，其单位产品工时与制造费用的计划和实际资料如表10-14所示。

表10-14 制造费用计划与实际对比

项 目	单位产品所耗工时/小时	小时制造费用/元	制造费用/元
计划数	10	10.50	105
实际数	8	12.75	102
制造费用差异			−3

从该表中可以看出：本月丙产品单位成本中的制造费用实际比计划节约3元。其节约的原因是单位产品所耗工时与小时制造费用变动对制造费用的影响。

单位产品所耗工时变动的影响：$(8-10)\times 10.5=-21$(元)

小时制造费用变动的影响：$(12.75-10.5)\times 8=+18$(元)

两因素影响程度合计：$-21+18=-3$(元)

通过上述计算可知，丙产品制造费用节约的主要原因，是由于单位产品所耗工时减少(由10工时降低为8工时)，使制造费用节约21元；但由于小时制造费用上升(由10.5元上升为12.75元)，使制造费用超支了18元，两者相加，净节约3元。由此可见，企业应重点对丙产品制造费用超支进行具体分析，查明超支的原因，寻求降低制造费用的有效途径。

思 考 题

1. 成本报表有哪些内容？
2. 成本报表有哪些特点？
3. 简述成本报表分析的一般程序。
4. 比率分析法和连环替代法在成本报表分析中的作用是什么？

练 习 题

1. 某企业生产 A 产品。有关 A 产品原材料费用计划数和实际数的资料如表 10-15 所示。

表 10-15 原材料费用计划数和实际数

项 目	产品产量	单位产品消耗量/千克	材料单价	原材料费用
计 划	400	22	14	123 200
实 际	420	21	15	132 300
差 异	+20	-1	+1	+9 100

要求：根据上述资料，采用连环替换分析法，计算各因素变动对材料费用差异的影响程度。

2. 某企业生产甲、乙、丙三种产品。有关资料如下。

(1) 20××年 11 月末累计产品产量为：甲产品 120 件，乙产品 340 件，丙产品 270 件。累计实际总成本为：甲产品 49 370 元，乙产品 47 346 元，丙产品 66 660 元。

(2) 20××年 12 月份各种产品的产量和产品成本资料见表 10-16。

表 10-16 产品生产成本(按产品种类反映)表

20××年 12 月　　　　　　　　　　　　　　　　　　　计量单位：元

产品名称	计量单位	实际产量		单 位 成 本			本 月 总 成 本			本 年 累 计 总 成 本		
		本月	本年累计	上年实际平均	本年计划	本月实际	本年累计实际平均	按上年实际平均单位成本计算	按本年计划单位成本计算	本月实际	按上年实际平均单位成本计算	按本年计划单位成本计算	本年实际
甲	件	20		400	395	412				8 240			
乙	件	40		135	136	134				5 360			
丙	件	30		245	242	248				7 440			
合计	×	×	×	×	×	×	×			21 040			

要求：(1) 根据上述资料，计算、填列产品生产成本(按产品种类反映)表。
(2) 计算可比产品成本降低额和成本降低率。
3. 某企业12月份主要产品(乙产品)单位成本表中所列原材料费用如下(见表10-17)。

表 10-17　原材料费用表

项　　目	材料消耗定额/千克	材料单价/元	原材料费用/元
计　划	24	65	1560
实　际	22	68	1496

要求：(1) 计算单位产品原材料费用脱离计划的差异额。
(2) 计算分析原材料消耗定额和原材料单价变动对原材料费用的影响程度。

第十一章

Excel在成本核算中的应用

第一节 成本核算信息系统概述

一、成本核算信息系统

成本核算信息系统是根据成本核算原理设计开发的用于计算产品成本的计算机程序，是成本会计信息系统中的子系统之一。成本核算信息系统能够有效减轻成本会计人员的劳动强度，提高成本信息质量，加快传统成本核算的速度，为企业有关部门提供及时、准确的成本资料。

然而，企业生产组织形式、生产工艺、成本管理要求、各种费用分配标准、产品成本核算方法组合形式的复杂性和多样性，使成本核算信息系统的标准化难以达成。按照一个企业的费用分配和成本核算流程设计出的成本核算信息系统，很可能不适用于另一个同类型的生产企业，甚至可能不适应本企业费用分配标准或成本核算流程调整变化的需要。设计一个通用的成本核算信息系统软件是异常困难的，为兼顾企业的各类情况，需要付出昂贵的开发成本。同时，通用的成本核算信息系统还大大增加了二次开发、初始化工作及系统维护的工作量及难度。

由于成本核算标准化的困难，目前会计信息化商品软件对于通用性成本计算问题还没有彻底解决。计算机技术在成本核算中的应用需要成本管理人员根据企业实际情况自行设计，并运用相关技能随企业生产经营的变革对成本计算模型进行修订和维护。

二、成本核算信息系统的类型

成本核算信息系统的基本类型有品种法成本核算信息系统、分批法成本核算信息系统和分步法成本核算信息系统。成本核算信息系统主要用于企业产品生产成本的计算，其类型划分在很大程度上受到产品成本核算方法及步骤的影响。而产品成本计算的过程是按照成本计算对象分配和归集生产费用，计算各成本计算对象的总成本和单位成本的过程。

成本核算的一般程序可归纳为：

第一，生产费用的确认、归集和分配；

第二，当期生产费用的确认、归集和分配；

第三，各种产品生产费用的确认、归集和分配；

第四，完工和在产品生产费用的确认、归集和分配；

第五，生产成本核算信息。

成本核算的一般程序总结了对企业生产经营过程中发生的各种费用，按照成本核算的要求，逐步进行归集和分配，最后计算出各种产品的成本和各项期间费用的基本过程。但是，在不同成本核算制度下，成本核算步骤和方法的选择差异较大。

为适应不同类型企业生产特点和成本管理的要求，传统成本核算以成本计算对象为主要标志将产品成本计算的基本方法分为品种法、分批法和分步法。在不同生产类型、管理要求等背景下，产品成本计算可使用某一种基本方法计算产品成本，也可根据实际情况融合产品成本计算基本方法及产品成本计算辅助方法进行产品成本计算。不同的方法组合将带来成本计算体系的变化，针对不同的成本计算体系也需设计不同的成本核算信息系统。因此，根据成本核算基本方法体系，将成本核算信息系统分为品种法成本核算信息系统、分批法成本核算信息系统和分步法成本核算信息系统三种类型。在实际操作中成本核算信息系统的类型只是一个基础性的流程模板，更多的核算方法及步骤设计需要根据企业现实需要进行调整。

三、基于 Excel 的成本核算信息系统

基于 Excel 的成本核算信息系统是指利用 Excel 程序设计开发的用于计算产品成本的计算机程序。Excel 电子工作表与 Word 字处理程序类似，都隶属于 Microsoft Office 办公系列套件。Excel 电子工作表的操作界面与 Windows 环境下的其他应用程序的操作界面十分相似，熟悉 Windows 操作方法的用户很容易掌握其使用方法。即使是不熟悉 Windows 操作方法的会计人员或其他管理人员，也可以在很短的时间内学会并掌握 Excel 电子工作表的基本功能，而且还可以非常容易地利用它解决成本计算工作中的问题，并根据需要创建相关的成本核算程序。

成本核算信息系统的主要程序包括直接成本的分配、间接成本的分摊、总成本和单位成本的计算等。在特定生产环境及制度背景下，成本核算工作在各个核算周期内呈现出一定的相似性。只要企业生产经营环境及管理要求没有发生较大变化，企业下一个成本核算周期的成本核算工作便可以循序上一核算周期的步骤、方法进行微调而展开。Excel 的模板功能能够很好地为周期性使用相同步骤、方法进行成本核算工作提供便利。Excel 可为工作簿和工作表创建模板，模板一旦创建，便可以作为其他相似工作簿或者工作表的基础。作为周期性使用的基础性工具，模板中可包含格式样式、标准的文本(如页眉和行列标准)、公式、Visual Basic for Applications(简称 VBA)、宏和自定义工具等。成本会计人员只要掌

握了 Excel 的基本操作，便可以根据企业实际情况和成本核算制度创建适用性极高的 Excel 模板。调用 Excel 模板时，根据当期成本核算制度的微调情况进行模板修正(如定额发生变化)后，便能根据前期设置和调整后的新需求完成成本核算工作。

需要指出的是，信息系统的开发流程是一个系统工程，一般认为软件开发流程为"需求分析——整体设计——详细设计——编码设计——测试——维护"。而本章将站在成本会计核算和成本管理会计人员的角度来开发设计一个简单的成本核算信息系统。由于从成本会计人员的角度难以将一个信息系统的概念表述完整，本章利用 Excel 进行成本核算的设计仅局限在电算化模型范畴。

四、创建 Excel 成本核算模型

成本核算的一般程序是对企业生产经营过程中发生的各种费用，按照成本核算的要求，逐步进行归集和分配，最后计算出各种产品的成本和各项期间费用的基本过程。由于不同成本核算制度的成本核算步骤和方法也不尽相同，按照采用的成本核算基本方法的不同，成本核算信息系统分为品种法成本核算信息系统、分批法成本核算信息系统和分步法成本核算信息系统三类。现以典型的品种法为例，说明如何利用 Excel 创建成本核算信息系统。

步骤一：启动 Excel，创建以"×××"命名的工作簿。

步骤二：建立要素费用分配工作表。

按要素费用分配次序，依次在不同的 Excel 工作表内建立要素费用分配模型，并按分配主题命名。

要素费用分配模型的建立分为四步：

首先，根据要素费用分配需要，录入要素费用分配表。

其次，根据各要素费用分配原理及方法的选择，确定要素费用分配表内各单元格之间的运算关系。

第三，根据已确定的单元格关系，链接相关资料并录入计算公式。

最后，检验模型的正确性。

步骤三：建立辅助生产费用分配工作表。

首先，在新工作表内，按辅助生产费用分配需要，录入辅助生产费用分配表，并对工作表进行命名。

其次，根据辅助生产费用分配原理及核算主体所选择的核算方法，确定辅助生产费用分配表内各单元格之间的运算关系。

第三，根据已确定的辅助生产费用分配表中各单元格的关系，链接相关资料并录入计算公式。

最后，检验工作表内公式的正确性。

步骤四：建立制造费用分配工作表。

根据制造费用明细账，依次在不同的 Excel 工作表内建立制造费用分配模型，并按制

造费用明细名称分别命名工作表。

首先，在新工作表内，按制造费用分配需要，录入制造费用分配表，并对工作表进行命名。

其次，根据制造费用分配原理及核算主体所选择的核算方法，确定制造费用分配表内各单元格之间的运算关系。

第三，根据已确定的制造费用分配表中各单元格的关系，链接相关资料并录入计算公式。

最后，检验工作表内公式的正确性。(注：辅助生产车间单设制造费用的情况，需在第三步前先分配辅助生产车间的制造费用。)

步骤五：建立产品成本明细账。

根据产品成本明细账，依次在不同的Excel工作表内建立产品成本核算模型，并按产品明细名称分别命名工作表。

首先，在新工作表内，按产品明细及成本计算需要，录入产品成本明细账多栏式表格，并命名工作表。

其次，根据产品成本核算原理及核算主体所选择的核算方法，确定产品成本明细账内各单元格之间的运算关系。

第三，根据已确定的产品成本明细账中各单元格的关系，链接相关资料并录入计算公式。

最后，检验工作表内公式的正确性。

步骤六：编制成本报表。

根据成本报表种类，在不同的Excel工作表内建立相应的成本报表核算模型，并按成本报表名称分别命名工作表。成本报表核算模型的建立分为以下步骤：

首先，在新工作表内，按成本报表反映的内容，录入相应格式的成本报表，并以"×××表"命名该工作表。

其次，根据成本报表反映内容及核算原理，确定成本报表内各单元格之间的运算关系。

第三，根据已确定的成本报表中各单元格的关系，链接相关资料并录入计算公式。

最后，检验工作表内公式的正确性。

一个按品种法计算的成本核算系统建立了，在以后的核算工作中，仅需更换资料库中的相关资料或者手工录入各模型中的初始参数，Excel就可以自动计算出当期产品成本，并汇总生成对应的成本报表。

本章将以品种法核算程序为讲解思路，分析成本核算过程中Excel在各种费用分配方法下的应用。分批法和分步法成本核算信息系统的创建根据不同的步骤略有调整，但设计思路和方法与品种法成本核算信息系统大同小异，在此不再赘述。

五、Excel成本核算模型的应用

成本核算体系内容庞杂，计算方法多。核算主体即便确定了产品成本计算的基本方法，成本计算过程中仍会面临多种处理方法的选择。也就是说，无论哪一类型的成本核算信息系统都必须按照企业实际需要，对不同的核算内容选择不同的处理方法，在合理组合这些计算结果的情况下，产生成本核算信息。同理，一个 Excel 成本核算信息系统不但难以应用于不同的核算主体，而且未必适应同一核算主体长期发展改革的纵向需要。因此，Excel 成本核算模型的应用过程中，需要不断地进行实时的外部变量更换、内部程序调整以及长期的模型维护工作。

(一) 外部变量更换

在成本核算模型中需要逐期给定的数据称为外部变量。在成本计算工作中，核算的基础数据经常随着生产变化或者管理要求而发生变化，如完工产品产量、期初在产品成本、本期发生费用以及费用分配标准等。由于成本核算中部分数据的逐期变化，造成各期产品成本计算基础的改变。因此，成本核算系统中存在大量逐期变化的外部变量，需要成本会计人员予以录入和实时调整。在成本核算信息系统建立并经过测试，且内部程序没有发生变化的前提下，成本会计人员每期计算产品成本时，仅需对外部变量进行处理，其余工作将由成本核算模型自动完成，从而减轻了成本会计人员的工作量。

(二) 内部程序调整

成本核算模型中的内部程序是指按照成本计算原理使用的一些公式或者函数，这些公式及函数将对输入的外部变量进行分析计算。成本核算模型中的内部程序一旦创建完成，输入某一特定成本计算期的外部变量，就会立即得到相应成本计算期的产品成本。而在 Excel 环境下，成本核算电算化模型的创建最主要的工作之一就是利用 Excel 电子工作表编制出反映成本计算逻辑关系的成本计算程序。但当核算主体为生产或管理需要对各种应用方法进行更换或者改进时，成本计算电算化模型中的内部程序就需要进行调整。如成本计算电算化模型中原材料费用分配标准为质量，为进一步加强管理，原材料费用分配改为按材料消耗定额量分配法。此时，内部程序的分配标准与实际发生差异，需要进行修正后方可用于产品成本计算。

(三) 模型维护

一个好的成本计算电算化模型不可能是一次就设计好的，大都需经过反复研究、多次修改。创建一个适用的成本计算电算化模型，不仅需要具备会计知识和计算机知识，还需要了解企业生产组织形式、核算形式并积累成本会计电算化实践经验，所有模型需要不断地维护和修改。

为使初次接触 Excel 软件的读者能够较好地利用本书，本章节强调成本核算的基本原理，适当弱化了计算机专业技术的应用。Excel 内嵌的 VBA(Visual Basic for Application) 能够提供功能更为强大的人机交互式程序设计，当成本会计人员掌握了 Excel 的基本应用后，也可以尝试利用更复杂的 Excel 工具进行成本核算软件的深度开发。

第二节　Excel 的基本应用

一、Excel 的基本操作

(一) Excel 的启动

方式一：常规启动 Excel 2013 的方法实际上就是运行一个应用程序的操作。具体步骤如下。

(1) 单击屏幕左下方的"开始"按钮，运行"开始"菜单。

(2) 将鼠标指向"程序"处，系统自动显示"程序"的子菜单。

(3) 在子菜单中选取 Microsoft Excel 2013 项，单击一下。

方式二：双击建立在 Windows 桌面上的 Microsoft Excel 2013 的快捷方式图标，如图 11-1 所示，就可以直接启动 Excel 2013。

除此以外，也可以在桌面空白处单击鼠标右键，在显示的系统快捷菜单中选择"新建"项，并点击其中的"Microsoft Excel 文档"选项，系统会显示"新建 Microsoft Excel 文档"；还可以将鼠标指向要打开的 Excel 文档，点击右键，在显示的系统菜单中选择"打开"项，并按要求进行选择，也可以打开 Excel 文档。

图 11-1　桌面快捷方式

当正常启动 Excel 2013 后，首先看到的是 Excel 的标题屏幕，然后出现 Excel 窗口并自动创建一个名为"Book1"的新文档，如图 11-2 所示。

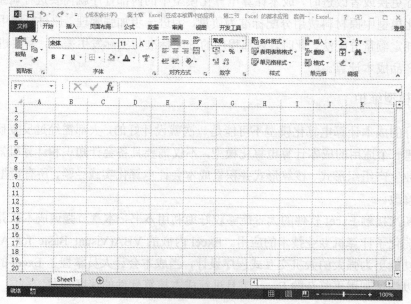

图 11-2　Excel 主窗口

第十一章　Excel在成本核算中的应用

(二) Excel 的退出

方式一： 单击窗口左上角的"文件"菜单，从弹出的下拉菜单中选择右下角的"关闭"按钮，就可以从程序中退出，如图 11-3 所示。

方式二： 单击窗口右上角的关闭窗口按钮，也可以退出 Excel 2013。

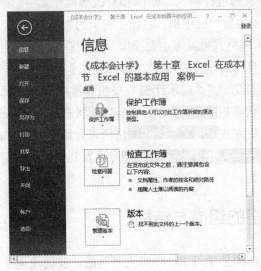

图 11-3　退出 Excel

(三) Excel 工作窗口的组成和功能

Excel 2013 工作窗口的设计比之前的版本更加人性化。当正常启动 Excel 2013 后，系统进入主窗口界面，如图 11-2 所示，该窗口主要由自定义快速访问工具栏、标题栏、功能区、名称框、编辑栏、工作表格区、状态栏、视图方式和显示比例按钮及缩放滑块等组成。

(1) 快速访问工具栏：位于主窗口的左上角，这是 Excel 2013 新增的一个工具栏，其中有 4 个默认的操作按钮——"窗口控制""保存""撤销"和"恢复"按钮。单击快速访问工具栏右侧的下拉按钮，可以自定义快速访问工具栏，添加用户需要的按钮。

(2) 标题栏　Book1 - Microsoft Excel：位于工作簿顶部正中位置，用于显示工作簿的名称。

(3) 功能区位于标题栏之下，如图 11-4 所示。在 Excel 2013 中，系统将以往的下拉式菜单改为更加直接的标签式菜单。功能区主要用来放置各种常用的菜单选项卡，在每个选项卡中，根据功能的不同，又分组放置了功能相近的操作按钮。双击任一菜单选项卡可以将功能区隐藏。

图 11-4　功能区

(4) 名称框 [　A1　▼]：位于功能区下方左侧，用于显示被激活的单元格地址或选定的单元格、名字、范围或对象。向名称框中输入相应的字符可以为选定的单元格或单元格区域自定义名称。

(5) 编辑栏 [fx　　　]：位于名称框右侧，其中显示的是当前单元格中的数据或公式，用户可以对单元格中的数据进行输入、删除和修改等操作。

(6) 工作表格区位于主窗口的中部，占据了窗口的大部分区域，用户可在其中进行表格的制作、编辑、数据输入和格式设置等主要操作。工作区域的左侧为行编号，顶部为列编号，底部为工作表标签(用于显示工作表的名称)。标签为上浮状态的工作表是当前的活动工作表。

(7) "状态栏""视图方式""显示比例"按钮和缩放滑块，从左到右依次排列在工作窗口的最下面。其中，状态栏 [就绪　　] 用于显示当前状态，在 Excel 2013 中的状态栏中有一个录制宏的按钮；视图方式 [田 回 凹] 包括"普通""页面布局"和"分页预览"三个按钮；显示比例按钮 [－　　　＋ 100%] 可设置几个固定的显示比例，或通过拖动缩放滑块设置任意显示比例。

二、Excel 电子表格的组成与结构

了解表格的组成与结构是学习 Excel 的重要基础，我们将电子表格分成四个部分。

(一) 单元格

Excel 的电子表格由一个一个的长方格子组成，这些长方格子就称为单元格。单元格是电子表格的最小单位，在单元格里能输入字符串、数据、日期或公式等信息。单元格由纵横相交的线组成，其大小可以任意改变，只要将鼠标指针移到行号区域或列号区域，在两个行号(或列号)相邻处的附近会发现指针变成双向箭头，此时按住左键拖动鼠标就可改变相应的单元格大小。Excel 以列号和行号唯一确定一个单元格，即以单元格地址来表示一个单元格。例如，A1 表示第 A 列(第一列)第 1 行的单元格。一个单元格被选中后，系统将以粗线条的黑色方框包围以突出显示，同时此单元格的名称(地址)会显示在工作表左上方的名称框中，单元格的内容会显示在右侧的编辑栏中，对单元格的编辑可以直接在单元格中进行，也可以在编辑栏中完成。

(二) 单元格区域

单元格区域是一组被选中的单元格，它们可以相邻，也可以彼此分离。对一个单元格区域的操作是对该区域的单元格执行相同的操作，即活动单元格的数目为一个。单元格区域被选定后，这些单元格都会变深，取消选定后恢复原来的颜色。取消单元格区域只需在所选定区域外任意处单击鼠标左键即可。

(三) 工作表

工作表是由众多的排列成行和列的单元格构成的二维表格。其中能存储包含字符串、

数字、公式、图表和声音等信息。工作表的标识是工作表标签,单击工作表标签能激活相应的工作表,使其成为当前工作表,当前激活的工作表只能有一张。

Excel 2013 的每张工作表包含 1 048 576 行、16 384 列(从 A 到 XFD 列),最小单元格的地址为 A1,最大单元格的地址为 XFD1048576。

(四) 工作簿

工作簿即通常所说的 Excel 文档(Excel 2013 文档的后缀名为.xlsx),其中可包含一个或多个工作表,它像一个"文件夹",把相关的表或图存放在一起方便处理。

Excel 2013 中每一个工作簿初始情况下包含 1 张工作表(Sheet1),可包含的工作表张数没有具体限制,只受可用内存限制。

三、工作簿管理

(一) 创建工作簿

启动 Excel,系统将自动创建一个新的工作簿,其默认的文件名为 "Book1"。

除了通过默认方式创建工作簿外,还可以使用 "文件" 菜单项来新建工作簿,具体步骤如下。

(1) 单击主窗口左上角的 "文件" 菜单项,在出现的菜单中选择 "新建" 命令,出现如图 11-5 所示的新建工作簿的操作界面。

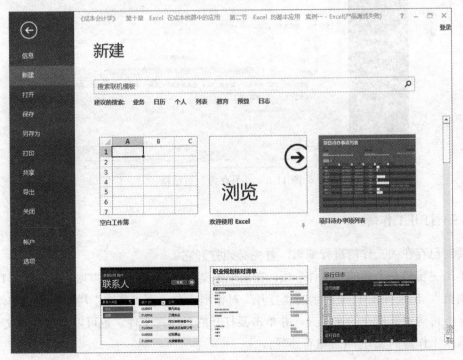

图 11-5　新建工作簿

(2) 在此对话框中可以选择新建工作簿的方式，包括新建空白工作簿和根据模板新建工作簿。2013 以上版本中系统提供了许多方便工作和生活的表格模板，选择新建工作簿的方式并选择模板样式，即可创建一个新的工作簿。

（二）保存工作簿

单击"文件"菜单项后，选择"保存"或者"另存为"命令，然后在窗口右侧选择文件保存的路径，系统自动显示"另存为"对话框，如图 11-6 所示。保存操作与其他应用软件一样，可以在文件名编辑框中输入文件名，选择想要保存的文件类型和文件保存位置后单击"保存"按钮即可实现工作簿文档的保存。默认的文件保存类型为"Excel 工作簿(*.xlsx)"，用户也可以根据需要选择其他的文件类型。

注意：为了保证 Excel 的向下兼容性，保存类型可以为"Excel 97 – 2003 工作簿(*.xls)"以便文件能够在 Excel 的早期版本中打开和使用。

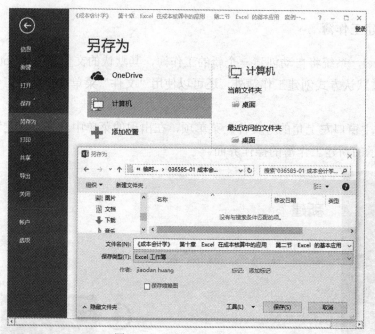

图 11-6　"另存为"对话框

（三）打开工作簿

要对已存在的工作簿进行编辑，首先必须打开它。

单击主窗口左上角的"文件"项，在出现的菜单中选择"打开"项，在右侧窗口中选择"浏览"，出现如图 11-7 所示的"打开"对话框。在"查找范围"栏中确定工作簿文件的盘符，再确定其所在的文件夹，并单击要打开的工作簿文件。也可以直接在"文件名"栏中输入工作簿的文件名(含盘符路径)。

第十一章　Excel在成本核算中的应用

图 11-7　"打开"对话框

在"打开"对话框中，如果查询某一特征的文件，即可在"文件名"框中输入一个星号(*)和一个句号(.)，然后输入文件的扩展名，将列出具有给定扩展名的所有文件。

(四) 关闭工作簿

对于不再使用的工作簿可以将其关闭，方法如下。

方式一：单击主窗口左上角的"文件"项，在出现的菜单中，选择"关闭"命令。

方式二：单击工作簿窗口右上角的"关闭"按钮。

如果有文件在编辑后没有保存就关闭，则系统会弹出如图 11-8 所示的对话框。单击"保存"按钮则保存当前工作簿后再退出；单击"不保存"按钮则不保存退出；单击"取消"按钮则返回编辑状态。如果工作簿文件在关闭之前已被保存过，则不会弹出此对话框。

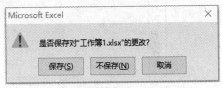

图 11-8　是否保存工作簿对话框

四、工作表管理

(一) 激活工作表

工作簿中可包含多个工作表时，要对其中的某个工作表进行操作必须先激活该工作表。当打开一个工作簿时，默认情况下有一个工作表处于激活状态。

单击工作表标签激活工作表。工作表标签位于主窗口左下侧，单击工作表标签可以激活相应的工作表。如果工作簿中的工作表较多，需要使用的工作表的标签没有显示出来时，可以单击工作表标签左侧的滚动按钮移动工作表标签的显示内容，如图 11-9 所示。

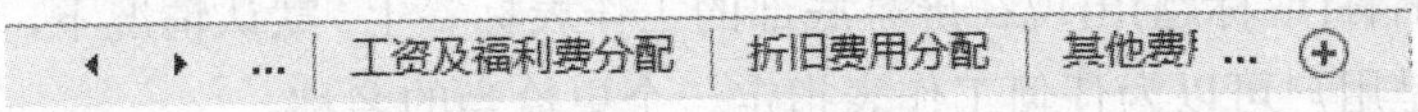

图 11-9　工作表标签

(二) 插入工作表

Excel 2013 默认情况下一个工作簿中只包含一个工作表，用户可以根据需要插入更多工作表。如果用户能够自己创建或访问 Office Online 上提供的工作表模板(工作表模板是指创建后作为其他相似工作表的基础工作表，则可以基于该模板创建新工作表)。

方式一：若要在所有工作表的末尾快速插入新工作表，则单击屏幕底部的"新工作表"命令。如图 11-10 所示。

图 11-10　插入工作表

方式二：若要在现有工作表之后插入新工作表，则首先选定工作表，在"开始"选项卡上"单元格"组中，单击"插入"，然后单击"插入工作表"即可插入一个新的空白工作表。如图 11-11 所示。

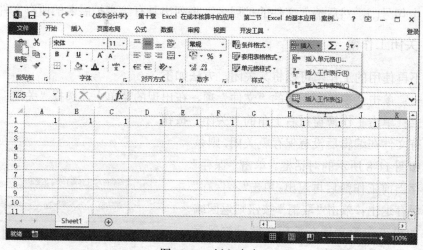

图 11-11　插入命令

方式三：也可以右键单击现有工作表的标签，在弹出菜单中选择"插入"，并在"常用"选项卡上单击"工作表"，然后单击"确定"。

方式四：如果要一次性插入多个工作表，按住 Shift 键，然后在打开的工作簿中选择与要插入的工作表数目相同的现有工作表标签。例如，需要添加三个新工作表，则选择三个现有工作表的工作表标签。在"开始"选项卡上的"单元格"组中，单击"插入"，然后单击"插入工作表"。或者右键单击所选的工作表标签，在弹出的菜单中选择"插入"，并在"常用"选项卡上单击"工作表"，然后单击"确定"。

(三) 重命名工作表

工作表的名称(或标题)出现在屏幕底部的工作表标签上。默认情况下，名称为 Sheet1、Sheet2 等，但是用户可以为任何工作表指定一个更恰当的名称。

在"工作表标签"栏上，右键单击要重命名的工作表标签，然后选择"重命名"，输入新名称即可,如图 11-12 所示。

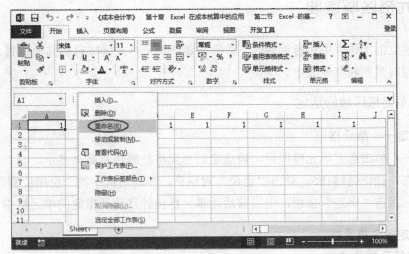

图 11-12　重命名工作表

(四) 删除工作表

方式一:在"开始"选项卡上的"单元格"组中,单击"删除"旁边的箭头,然后单击"删除工作表"选项即可删除当前工作表。

方式二:还可以右键单击要删除的工作表的工作表标签,然后单击"删除"。

(五) 隐藏工作表

用户可以根据自己的需要设置工作表的可见性。选中需要隐藏的工作表,然后切换到"开始"选项卡中,单击"单元格"组中的"格式"按钮,从弹出的下拉列表中选择"隐藏和取消隐藏"中的"隐藏工作表"选项,即可将此工作表隐藏,如图 11-13 所示。

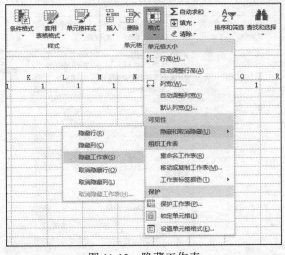

图 11-13　隐藏工作表

五、单元格区域管理

在已建立的工作表中进行编辑时,常常需要把单元格或区域移到其他位置,或者是将一些数据同时复制到其他表中。

(一) 单元格区域的选定

1. 选定一个单元格

方式一:单击选定单元格即可。被选定的单元格轮廓线将高亮显示。

方式二:按快捷键 F5,弹出"定位"对话框,在对话框中的"引用位置"栏输入单元格地址,点击"确定"按钮,则当前活动单元格指针移动到指定的单元格中。

2. 选定多个单元格

(1) 连续区域的选定

方式一:将指针放在第一个欲选定的单元格上,将鼠标向所要选定的方向拖动,被选定区域将高亮显示。

方式二:如果选定的区域较大,可借助于 Shift 键。先选定第一个单元格,再将指针移到欲选定区域的最后一个单元格上,按住 Shift 键的同时单击这个单元格,则从第一个单元格到最后一个单元格之间所有的单元格都被选定。

方式三:在名称框中输入单元格区域(或该区域的名称),然后按回车键即可。

要使用单元格区域的名称,必须先为其命名。选择要命名的单元格区域,在左上角的名称框中输入区域名字并按回车键即可;也可以单击"公式"选项卡的"定义的名称",选择"定义名称"命令,在打开的"新建名称"对话框中输入名称后确定即可,如图 11-14 所示。创建好的名称可以被所有工作表引用,而且引用时不需要在名称前面添加工作表名(这就是使用名称的主要优点),因此名称引用实际上是一种绝对引用。

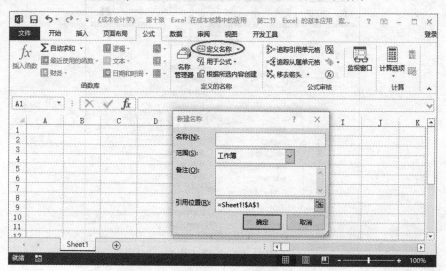

图 11-14 定义单元格名称

方式四：单击"编辑"菜单中的"定位"命令，系统出现"定位"对话框，在对话框"引用位置"栏中输入单元格区域(如 A1：D5)，并点击"确定"按钮。

方式五：选择该区域中的第一个单元格，然后按 F8 键，使用箭头键扩展选定区域。要停止扩展选定区域，请再次按 F8 键。

(2) 不连续区域的选定

在需要选定多个区域时，可在选定第一个区域后，按住 Ctrl 键不放，再选定第二个、第三个……区域。

(3) 一行(列)或多行(列)的选定

方式一：选定一行(列)。直接单击某行(列)号即可选定该行(列)。

方式二：选定连续多行(列)。选定首行(列)号，然后按住鼠标左键拖动到所需要的最后一行(列)号。

方式三：选定不连续的行(列)。选定第一个行(列)号后，按住 Ctrl 键不放，再依次选定其他行(列)号即可。

(4) 整张工作表的选定

单击工作表左上角(即行号 1 的上方，列号 A 的左边)，则选定整张工作表。还可以按 Ctrl+A 键，如果工作表包含数据，按 Ctrl+A 键可选择当前区域。

要取消选择的单元格区域，单击工作表中的任意单元格即可。

(二) 单元格区域的引用

一个单元格可以用它所在位置的列号和行号的组合来表示，例如第 3 行第 2 列所对应的单元格应表示为"B3"。

单元格引用是函数中最常见的参数，引用的目的在于标识工作表单元格或单元格区域，并指明公式或函数所使用的数据的位置，便于它们使用工作表各处的数据，或者在多个函数中使用同一个单元格的数据。还可以引用同一工作簿不同工作表的单元格，甚至引用其他工作簿中的数据。根据公式所在单元格的位置发生变化时，单元格引用的变化情况，我们可以将引用分为相对引用、绝对引用和混合引用三种类型。

(1) 相对引用。以存放在 D2 单元格中的公式"＝SUM(A2：C2)"为例，当公式由 D2 单元格复制到 D3 单元格以后，公式中的引用也会变化为"＝SUM(A3：C3)"。若公式自 D 列向下继续复制，"行标"每增加 1 行，公式中的行标也自动加 1。

(2) 绝对引用。如果上述公式改为"＝SUM($A$3：$C$3)"，则无论公式复制到何处，其引用的位置始终是"A3：C3"区域。

(3) 混合引用。混合引用有"绝对列和相对行"，或是"绝对行和相对列"两种形式。前者如"＝SUM($A3：$C3)"，后者"＝SUM(A$3：C$3)"。

上面的几个实例引用的都是同一工作表中的数据，如果要引用同一工作簿中多张工作表上的数据，就要使用三维引用。假如公式放在工作表 Sheet1 的 E6 单元格，要引用工作表 Sheet2"A1：A6"和 Sheet3 的"B2：B9"区域进行求和运算，则公式中的引用形式为"＝SUM(Sheet2!A1：A6，Sheet3!B2：B9)"。也就是说，三维引用中不仅包含单元格或区域引用，还要在前面加上带"!"的工作表名称。

假如你要引用的数据来自另一个工作簿，如工作簿 Book1 中的 SUM 函数要绝对引用工作簿 Book2 中的数据，其公式为"=SUM([Book2]Sheet1!$A$1：$A$8，[Book2]Sheet2!$B$1：$B$8)"，也就是在原来单元格引用的前面加上"[Book2]Sheet1!"。放在中括号里面的是工作簿名称，带"!"的则是其中的工作表名称。即跨工作簿引用单元格或区域时，引用对象的前面必须用"!"作为工作表分隔符，再用中括号作为工作簿分隔符。

（三）单元格区域的移动

若要把单元格中的数据、公式、文字等移动到另一位置，当距离较短时，则可直接用鼠标拖动。首先选定单元格区域，移动鼠标接触边框，当鼠标状态改变为箭头时，按住鼠标左键即可拖动该区域至新位置，松开鼠标操作完成。移到后，原内容和格式均保存不变。

当需移动的距离过长时，使用鼠标拖动就不太合适。此时，可使用"剪切"和"粘贴"操作完成移动。

（四）单元格区域的复制

若要把单元格区域的内容复制到其他地方，先选定单元格区域，单击鼠标右键，在弹出的快捷菜单中点击"复制"命令，将指针移至新位置，再一次单击鼠标右键，从弹出的快捷菜单中点击"粘贴"命令即可完成复制操作。在窗口上方的常用工具栏中也有这两个命令。必须注意，如果原内容为数字或字符，则原样复制；但如果原内容为公式或函数，则需注意对其中单元格区域地址的引用。

用拖动鼠标的方式也可进行复制操作，只要在拖动时同时按住 Ctrl 键不放即可。

（五）单元格区域的插入与删除

用户可以根据需要在工作表中活动单元格的上方或左侧插入空白单元格，同时将同一列中的其他单元格下移或将同一行中的其他单元格右移。同样，可以在一行的上方插入多行和在一列的左边插入多列。当然，也可以删除单元格、行和列。

选取要插入新空白单元格的单元格区域，选取的单元格数量应与要插入的单元格数量相同。例如，要插入 5 个空白单元格，需要选取 5 个单元格。

在"开始"选项卡的"单元格"组中，单击"插入"旁边的箭头，然后单击"插入单元格"；也可以右键单击所选的单元格，然后单击快捷菜单上的"插入"，在"插入"对话框中，单击要移动的周围单元格的方向，如图 11-15 所示。

需要注意的是，当在工作表中插入单元格时，受插入影响的所有引用都会相应地做出调整，不管它们是相对引用还是绝对引用。这同样适用于删除单元格，但删除的单元格由公式直接引用时除外。如果需要引用自动调整，建议在公式中尽可能使用区域引用，而不是指定单个单元格。也可以插入包含数据和公式的单

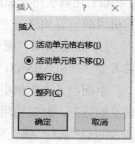

图 11-15　插入单元格

元格，方法是复制或剪切它们，右键单击要粘贴它们的位置，然后单击快捷菜单上的"插入复制单元格"或"插入剪切单元格"。

以上简单地就 Excel 2013 的基本应用做了介绍，接下来我们将结合 Excel 在成本管理中的应用，具体讲解 Excel 的操作步骤和内嵌 VBA 的功能。

第三节　Excel 在要素费用分配中的应用

一、要素费用分配原理

工业企业要素费用一般包括：外购材料、外购燃料、外购动力、职工薪酬、折旧费、利息支出、税金及其他支出。各项要素费用应按其用途和发生地点进行分配和归集。

(一) 要素费用分配原则

1. **应计入基本生产成本的要素费用**

凡属于直接用于产品生产并专设成本项目的费用，发生时直接记入"基本生产成本"总账；如果是某种产品的直接生产费用，可直接记入"基本生产成本"明细账和成本项目；如果是几种产品的直接生产费用，则属于间接计入费用，应采用适当的分配方法，分别记入这几种产品的明细账和成本项目内。

2. **应计入辅助生产成本和制造费用的要素费用**

凡属于直接用于辅助生产、产品生产，但未专设成本项目的费用，发生时应先分别记入"辅助生产成本""制造费用"总账和明细账；月末采用适当的分配方法，分别记入"基本生产成本"总账及明细账的成本项目中。

3. **应计入期间费用的要素费用**

凡属于经营管理费用，发生时应先归集入"产品销售费用""管理费用"和"财务费用"总账及明细账。月末，直接转入"本年利润"账户，计入当期损益。

4. **应计入非生产经营账户的要素费用**

凡属于非生产经营管理费用，应归集入"在建工程""营业外支出"等账户。

(二) 要素费用分配方法

企业所发生的生产费用，不论是直接生产费用，还是间接生产费用，只要企业不是生产一种产品，都有可能或需要将生产费用采用适当的分配方法在产品之间进行分配。

费用分配率＝待分配费用总额÷分配标准额

某分配对象应承担费用＝该分配对象分配标准份额×费用分配率

根据不同的成本驱动因素，分配标准的选择有所变化。通常分配标准有如下三类：

- 成果类，包括产品产量、重量、体积、产值等；
- 消耗类，包括生产工时、生产工资、机器工时、原材料消耗量或原材料费用等；
- 定额类，包括定额消耗量、定额费用、定额工时等。

二、Excel 在材料费用分配中的应用

企业生产经营过程中领用的各种材料，包括原材料、燃料、包装物、低值易耗品等，无论是外购或是自制，都需按审核后的领、退料凭证，根据材料具体用途进行分配和归集。

直接用于产品生产的原材料费用一般是按产品品种(或成本计算对象)分别领用，属于直接计入费用，可以直接记入各种产品成本的"直接材料"成本项目；对于不能按照产品品种(或成本计算对象)分别领用，而是几种产品共同耗用的原材料，属于间接计入费用，应采用合理又简便的分配方法，在各种产品之间进行分配，再记入各种产品成本的"直接材料"成本项目。原材料费用的分配方法简单，但分配标准很多，本部分的 Excel 应用应配合企业的成本核算制度突出分配标准。

(一) 创建材料费用分配的 Excel 工作表

为便于说明如何应用 Excel 表完成相关的成本核算工作，本章以案例为索引分析 Excel 电子工作表在成本核算过程中的作用。

1. 材料费用分配案例

【例 11-1】名凯公司设有一个基本生产车间，主要生产 A、B 两种产品。设有辅助生产车间两个：修理车间和运输车间，为基本生产车间和其他经营管理部门提供修理和运输劳务，辅助生产车间的制造费用不通过"制造费用"账户核算，发生时直接记入"辅助生产成本"。2017 年 5 月名凯公司领料凭证汇总表如表 11-1。名凯公司按照定额消耗量比例分配共同耗用材料费用，A 产品的丙材料消耗定额为 1.25 千克/件，B 产品的丙材料消耗定额为 2.5 千克/件。2017 年 5 月该公司 A 产品实际产量为 2 000 件，B 产品实际产量为 3 000 件。利用 Excel 编制材料费用分配表。

表 11-1　名凯公司领料凭证汇总表

2017 年 5 月

领用单位	领用材料	用途	数量	金额/元
基本生产车间	甲材料	生产 A 产品	6 000 千克	24 000
	乙材料	生产 B 产品	3 000 千克	15 000
	丙材料	生产 A、B 产品	10 000 千克	32 000
	低值易耗品	一般性消耗	20 件	300

(续表)

领用单位		领用材料	用　　途	数　　量	金额/元
辅助生产车间	修理车间	甲材料	生产领用	15 千克	60
		乙材料	生产领用	20 千克	100
		丙材料	生产领用	150 千克	480
		燃料	生产领用	20 千克	160
		低值易耗品	一般性消耗	20 件	300
	运输车间	燃料	营运领用	650 千克	5 200
		低值易耗品	一般性消耗	20 件	300
企业管理部门		低值易耗品	一般性消耗	30 件	450
企业销售部门		低值易耗品	一般性消耗	60 件	900

2. 创建材料费用分配的 Excel 工作表

首先，我们来学习如何建立一张材料费用分配表。

步骤一：双击建立在 Windows 桌面上的 Microsoft Excel 的快捷方式图标，正常启动 Excel 后，首先看到的是 Excel 的标题屏幕，接着出现 Excel 窗口并自动创建一个名为 "Book1" 的新文档。在"工作表标签"栏上，右键单击要重命名的工作表标签，然后单击"重命名"，输入"材料费用分配"即可，见图 11-16。

图 11-16　创建材料费用分配表

步骤二：选中第一行第 A 列至第 I 列的单元格区域，点击工具栏中"合并后居中"命令(见图 11-17 中画圈的位置)，然后输入表格的名称"名凯公司材料费用分配表"。用相同的方法合并需要的单元格，再将对应的字段名和数值输入。

步骤三：根据需要，我们可以对表格中的文字和数值的格式进行设置。例如，选中表格名称(A1)后，利用工具栏中"字体"项中的命令，可将字体改为"黑体"，字号改为"16"号。此外，我们也可以选中单元格区域后单击鼠标右键，在弹出的菜单中选择"设置单元格格式"命令,进行数字格式、对齐方式、字型字号、底纹边框及保护方式等的设置。完成后的表格如图 11-16 所示。

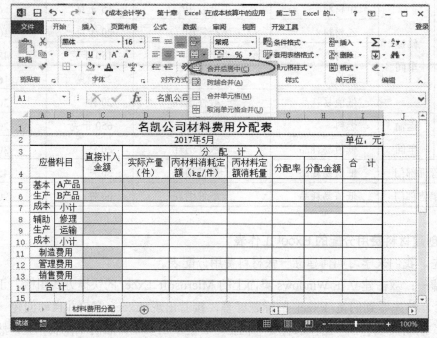

图 11-17 "合并后居中"命令

(二) 确定单元格间的运算关系

成本核算工作表中各单元格间的运算关系以成本核算原理为逻辑基础。因此,"材料费用分配"Excel 工作表中各单元格间运算关系的确定主要取决于材料费用分配的原理和步骤。接下来,我们将随着材料费用分配的具体步骤,理清材料费用分配表中各单元格间的运算关系,并在已经建好的"材料费用分配"表中录入数值,进行计算公式的设置。

步骤一:确定资料录入区。

成本核算的过程中,存在着一些逐期变化的数据资料,如本期完工产品产量、期初在产品成本、本期发生材料费用、辅助生产费用以及制造费用分配标准等。这些资料可以通过相关凭证、账簿或者前期核算直接获得,并为下一步的核算提供基础信息。由于这些基础数据的逐期变化,我们将这类数据所在的单元格称为"资料录入区",这些单元格的数据需要手工输入到成本核算信息系统中。当下一期成本核算基础资料发生变化时,只需调整资料录入区信息即可。为便于准确把握这些基础数据单元格,Excel 工作表中的"资料录入区"一律设置浅绿色背景,以便区分其他单元格。

由【例 11-1】可知,名凯公司 2017 年 5 月直接用于 A 产品生产的材料共计 24 000 元,对应于"材料费用分配"Excel 工作表中第 C 列、第 5 行,简称 C5。C5 数据来源于各期实际领用情况,属于逐期变化的基础数据,因此,单元格 C5 属于资料录入区,将其背景色填充为浅绿色，并录入本期基础数据 24 000 元。同理，如下单元格皆为资料录入区：

A 产品本期实际产量 2 000，填入单元格 D5；

A 产品的丙材料单位消耗定额 1.25，填入单元格 E5；

B 产品本期直接领用材料费用 15 000，填入单元格 C6；

B 产品本期实际产量 3 000，填入单元格 D6；

B 产品的丙材料单位消耗定额 2.5，填入单元格 E6；

A、B 产品共同消耗丙材料费用 32 000，填入单元格 H7；

修理车间耗用材料费用 1 100，填入单元格 C8；

运输车间耗用材料费用 5 500，填入单元格 C9；

应记入“制造费用”的材料费用 300，填入单元格 C11；

应记入“管理费用”的材料费用 450，填入单元格 C12；

应记入“销售费用”的材料费用 900，填入单元格 C13。

将以上单元格做相应的资料录入区背景设置(浅绿色)，并填入当期相关数据。

步骤二：计算间接分配计入的材料费用。

名凯公司按照定额消耗量比例分配共同耗用材料费用，结合题干，其分配标准为 A、B 产品耗用丙材料的定额消耗量。

A 产品丙材料定额消耗量等于 A 产品实际产量乘以 A 产品丙材料消耗定额，将此运算关系对应到名凯公司材料费用分配表中，即 F5＝D5×E5。

在 Excel 工作表中输入这样的公式很容易，选中单元格 F5，输入“＝D5*E5”，回车确定即可，如图 11-18 所示。

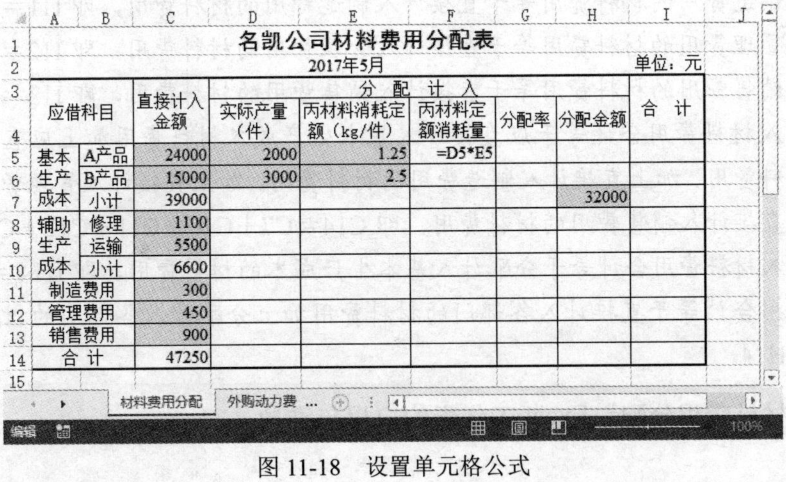

名凯公司材料费用分配表

2017年5月　　单位：元

应借科目		直接计入金额	分配计入					合计
			实际产量（件）	丙材料消耗定额（kg/件）	丙材料定额消耗量	分配率	分配金额	
基本生产成本	A产品	24000	2000	1.25	=D5*E5			
	B产品	15000	3000	2.5				
	小计	39000					32000	
辅助生产成本	修理	1100						
	运输	5500						
	小计	6600						
制造费用		300						
管理费用		450						
销售费用		900						
合计		47250						

图 11-18　设置单元格公式

B 产品丙材料定额消耗量等于 B 产品实际产量乘以 B 产品丙材料消耗定额，即 F6＝D6×E6。

接着，计算共同耗用丙材料单位定额消耗量应分配的原材料实际费用，简称丙材料定额消耗量分配率。

丙材料定额消耗量分配率等于实际耗用丙材料费用除以 A 产品丙材料定额消耗量与

B产品丙材料定额消耗量之和,即 G5＝G6＝H7÷(F5＋F6)。

然后,计算各种产品应间接分配的材料费用。

A 产品应承担的丙材料费用等于 A 产品丙材料定额消耗量乘以丙材料定额消耗量分配率,即 H5＝F5×G5。

B 产品应承担的丙材料费用等于 B 产品丙材料定额消耗量乘以丙材料定额消耗量分配率,即 H6＝F6×G6。

步骤三:汇总各项费用。

A 产品承担的材料费用等于 A 产品直接计入的材料费用加上 A 产品分配计入的材料费用,即 I5＝C5＋H5。

B 产品承担的材料费用等于 B 产品直接计入的材料费用加上 B 产品分配计入的材料费用,即 I6＝C6＋H6。

应直接计入基本生产成本材料费用等于 A 产品直接计入材料费用加上 B 产品直接计入材料费用,即 C7＝C5＋C6。

应计入基本生产成本材料费用等于 A 产品承担材料费用加上 B 产品承担材料费用,即 I7＝C7＋H7。

修理车间承担材料费用等于修理车间直接计入材料费用,即 I8＝C8。

运输车间承担材料费用等于运输车间直接计入材料费用,即 I9＝C9。

应直接计入辅助生产成本材料费用等于修理车间直接计入材料费用加上运输车间直接计入材料费用,即 C10＝C8＋C9。

应计入辅助生产成本材料费用等于直接计入辅助生产成本的材料费用,即 I10＝C10。

应计入制造费用的材料费用等于直接计入制造费用的材料费用,即 I11＝C11。

应计入管理费用的材料费用等于直接计入管理费用的材料费用,即 I12＝C12。

应计入销售费用的材料费用等于直接计入销售费用的材料费用,即 I13＝C13。

直接计入材料费用合计等于应直接计入基本生产成本材料费用加上应直接计入辅助生产成本材料费用,加上直接计入制造费用的材料费用,加上直接计入管理费用的材料费用,再加上直接计入销售费用的材料费用,即 C14＝C7＋C10＋C11＋C12＋C13。

分配计入材料费用合计等于分配计入基本生产成本的材料费用,即 H14＝H7。

材料费用合计等于直接计入各部门的材料费用加上分配计入各部门的材料费用,即 I14＝C14＋H14。

(三)"材料费用分配"Excel 工作表的应用与维护

1."材料费用分配"Excel 工作表的测试

"材料费用分配"Excel 工作表创建完毕,应进行测试以确保该工作表内部公式正确无误。测试方法有多种,对部分单元格运算公式及其计算结果的测试可以利用成本核算原理及核算的逻辑关系进行单元格之间运算的制约性测试。如材料费用分配 Excel 工作表中需分配的原始数据为 H7,分配结果为 H5 和 H6,如果运算公式设计无误,排除四舍五入的计算需要，H7＝H5＋H6 应成立。对于整张表格的测试，则更多地依靠手工与计算机计算的比对。我们可用过去各核算期材料费用分配资料取代资料录入区中的本期数据，检查计算结果与前期手工计算结果是否一致，或自编相同背景的案例资料，运用手工和计算机计算两种方法进行结果对比。

2. "材料费用分配" Excel 工作表的应用

(1) "材料费用分配" Excel 工作表的日常应用

企业一般按月归集和分配材料费用和其他生产费用，每月进行相同而烦琐的材料费用分配工作，不仅计算工作量大，也存在出错的可能性。利用已经创建的材料费用分配 Excel 工作表进行材料费用分配将大大简化日常工作量，减少出错的概率。当名凯公司 2017 年 6 月进行材料费用分配时，若公司成本核算制度及相应核算指标没有发生变化，我们只需将 2017 年 5 月名凯公司材料费用分配表中资料录入区的数据更换成 2017 年 6 月的相关数据即可进行材料费用的分配计算。也就是说，只要 Excel 工作表中单元格之间运算关系没有发生变化，我们就可以一直使用该工作表进行核算工作，直到需要对其内部程序进行修改时，再按新的要求对工作表进行修改后使用。

(2) "材料费用分配" Excel 工作表的扩展性应用

材料费用分配 Excel 工作表解决了 A、B 产品共用材料费用的分配和材料费用归属分配的问题。当外围条件发生变化，如 A、B 产品耗用材料除了丙材料还有包装物时，那么，Excel 工作表的设计还需考虑包装物分配的内容。另外，材料费用分配 Excel 工作表还可以经改良运用于其他要素费用的分配。下面以外购动力费为例分析材料费用分配 Excel 工作表的扩展性应用。

【例 11-2】 续【例 11-1】，名凯公司 2017 年 5 月用电度数合计 29 000 度，电费单价 0.8 元/度，合计 23 200 元；用水 1 800 吨，水费单价 3.5 元/吨，合计 6 300 元。直接用于产品生产 24 000 度电，公司没有分产品安装电表，规定按机器工时比例分配，A 产品机器工时 2 200 小时，B 产品机器工时 3 800 小时。基本生产车间照明耗电 3 600 度，生产用水 900 吨；修理车间用电 400 度，用水 180 吨；运输车间用电 100 度，用水 300 吨；管理部门用电 600 度，用水 240 吨；销售部门用电 300 度，用水 180 吨。名凯公司产品成本明细账设有"直接燃料和动力"成本项目。利用 Excel 编制外购动力费用分配表。

"材料费用分配" Excel 工作表的创建经验告诉我们，利用 Excel 进行要素费用分配的关键在于编制相应的分配表，并建立表内各单元格之间的对应关系。为简化分析过程，本例以表 11-2 模拟 Excel 二维表格模式展现外购动力费用分配表及表间的单元格运算关系。

为区分材料费用分配内容与外购动力费用分配内容，在同一工作簿"材料费用分配" Excel 工作表后，插入一个空白工作表，命名为"外购动力费分配"，其内部表格编制及公式编辑如表 11-2 所示。

表 11-2 外购动力费分配的 Excel 结构表

	A	B	C	D	E	F	G	H	I	J
1					名凯公司外购动力费用分配表					
2					2017年5月					单位：元
3	应借科目		电费(0.8元/度)		水费(3.5/吨)		需分配计入电费			合 计
4			用量/度	金额	用量/吨	金 额	机器工时	分配率	分配金额	
5	基本生产成本	A					2 200	=D7/(G5+G6)	=G5*H5	=I5
6		B					3 800	=D7/(G5+G6)	=G6*H6	=I6
7		小计	24 000	=C7*0.8						=D7
8	辅助生产成本	修理	400	=C8*0.8	180	=E8*3.5				=D8+F8
9		运输	100	=C9*0.8	300	=E9*3.5				=D9+F9
10		小计	=C8+C9	=D8+D9	=E8+E9	=F8+F9				=J8+J9
11	制造费用		3 600	=C11*0.8	900	=E11*3.5				=D11+F11
12	管理费用		600	=C12*0.8	240	=E12*3.5				=D12+F12
13	销售费用		300	=C13*0.8	180	=E13*3.5				=D13+F13
14	合计		=C7+C10+C11+C12+C13	=D7+D10+D11+D12+D13	=E10+E11+E12+E13	=F10+F11+F12+F13				=J7+J10+J11+J12+J13
15										

注：浅绿色背景区域为资料录入区。

3. 材料费用分配 Excel 工作表的维护

材料费用分配 Excel 工作表创建完毕经测试无误后，为避免该 Excel 工作表被意外修改或破坏，需对其加以保护。由于外部变量变更，资料录入区是一个经常性调整的单元格区域，因此对 Excel 工作表的保护不需要针对整个电子工作表或工作簿，只需对输入公式的单元格区域加以保护，而将资料录入区处于正常的编辑状态。其具体操作步骤如下。

步骤一：首先选中工作表中不需要保护的单元格区域，单击鼠标右键，从弹出菜单中选择"设置单元格格式"命令，再选中"保护"选项卡，将其中的"锁定"项取消(系统中默认所有单元格都是被锁定，所以不需要保护的单元格要先取消保护)，见图 11-19。

步骤二：在工具栏"审阅"的"更改"项中，选择"保护工作表"命令；在弹出的"保护工作表"对话框中，选择"保护工作表及锁定的单元格内容"；在"允许此工作表的所有用户进行"框中，选择"选择未锁定的单元格"选项，然后点击"确定"。为了更好地保护工作表不被任意修改，我们还可以在这里设置密码，这样只有拥有密码的用户才能取消工作表的保护，进行公式的修改，见图 11-20。

第十一章 Excel在成本核算中的应用

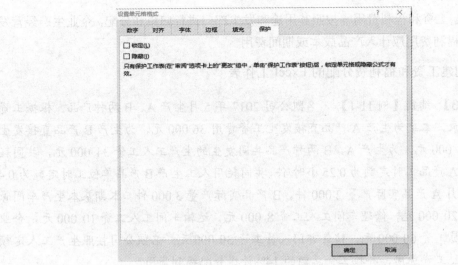

图 11-19 取消单元格锁定

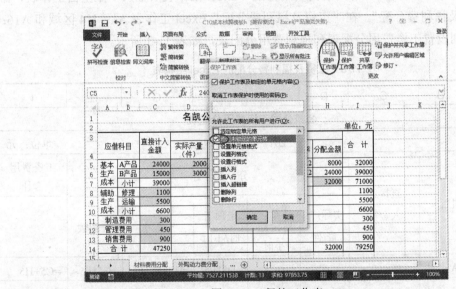

图 11-20 保护工作表

按照使用情况及其需要对 Excel 工作表内部程序进行调整是每一个 Excel 模型与实际工作长期磨合的需要。如创建材料费用分配 Excel 工作表完成后，遇到材料费用分配标准发生变化的情况。此时，我们需要对已建立的 Excel 工作表做出修正，以满足相关要求变化后材料费用分配的需要。因此，对创建完毕的 Excel 工作表进行后勤维护是 Excel 在成本核算中应用的重要组成部门。在 Excel 工作表维护过程中，对保护过的单元格区域进行调整时，需取消保护才能修改。

三、Excel 在职工薪酬分配中的应用

职工薪酬包括的内容较多，本章仅以工资和福利费用为例讲解 Excel 表在职工薪酬分

配中的应用。工资和福利费用需按照其用途和发生部门进行归集和分配，企业生产经营发生的工资和福利费用应计入产品成本或期间费用。

(一) 创建工资和福利费分配的 Excel 工作表

【例 11-3】 续前【例 11-1】[1]，名凯公司 2017 年 5 月生产 A、B 两种产品。根据工资汇总表的记录，本期为生产 A 产品直接发生工资费用 36 000 元，为生产 B 产品直接发生工资费用 48 000 元，为生产 A、B 两种产品共同发生的生产工人工资 34 000 元，共同耗用人工生产 A 产品工时定额为 0.25 小时/件，共同耗用人工生产 B 产品单位工时定额为 0.4 小时/件，本月 A 产品实际产量 2 000 件，B 产品实际产量 3 000 件。本期基本生产车间管理人员工资 20 000 元，修理车间工人工资 8 000 元，运输车间工人工资 10 000 元，企业管理部门人员工资 60 000 元，销售部门人员工资 30 000 元。名凯公司按照生产工人定额工时比例分配工资费用，并按工资总额的 14%计提分配福利费用。

在同一 Excel 工作簿，"外购动力费用分配" Excel 工作表后插入一张空白工作表，命名为 "工资及福利费分配"。在 "工资及福利费分配" Excel 工作表 A1：I14 区域和 A16：E28 区域分别设置工资费用分配表和福利费用分配表，如表 11-3 所示。

表 11-3 工资及福利费分配的 Excel 结构表

	A	B	C	D	E	F	G	H	I
1				名凯公司工资费用分配表					
2				2017 年 5 月					单位：元
3	应借科目		直接计入金额	分 配 计 入					工资费用合计
4				实际产量/件	单位工时定额/小时	定额工时/小时	分配率	分配额	
5	基本生产成本	A 产品	36 000	2 000	0.25	=D5*E5	=H7/(F5+F6)	=G5*F5	=C5+H5
6		B 产品	48 000	3 000	0.40	=D6*E6	=H7/(F5+F6)	=G6*F6	=C6+H6
7		小计	=C6+C7					34 000	=C7+H7
8	辅助生产成本	修理	8 000						=C8
9		运输	10 000						=C9
10		小计	=C8+C9						=C10
11	制造费用		20 000						=C11
12	管理费用		60 000						=C12
13	销售费用		30 000						=C13

---

[1] 成本核算是一个连贯的过程，本章将以"续前例"为标识，表示本案例是本章前述案例的延续。

(续表)

	A	B	C	D	E	F	G	H	I
14			=C7+C10+C11+C12+C13						
15	合计								
16				名凯公司福利费用分配表					
17				2017年5月					单位：元
18	应借科目		工资总额	应付福利费	工资及福利费合计				
19	基本生产成本	A产品	=I5	=C19*14%	=C19+D19				
20		B产品	=I6	=C20*14%	=C20+D20				
21		小计	=C19+C20	=D19+D20	=C21+D21				
22	辅助生产成本	修理	=I8	=C22*14%	=C22+D22				
23		运输	=I9	=C23*14%	=C23+D23				
24		小计	=C22+C23	=D22+D23	=C24+D24				
25	制造费用		=I11	=C25*14%	=C25+D25				
26	管理费用		=I12	=C26*14%	=C26+D26				
27	销售费用		=I13	=C27*14%	=C27+D27				
28	合计		=C21+C24+C25+C26+C27	=D21+D24+D25+D26+D27	=C28+D28				

（二）确定单元格间运算关系

【例 11-3】的案例背景与材料费用分配案例背景相同，仅分配内容由材料费用改为工资费用和福利费用。就工资费用而言，存在 A、B 产品共同耗用的人工费用的分配问题，除分配标准不同，其他内容与材料费用分配类似，因此，对工资费用分配表的设计、单元格内运算关系以及表格内公式的编辑都可参照材料费用分配 Excel 工作表中的名凯公司材料费用分配表，下文仅对福利费用分配表内单元格的运算关系进行分析。

步骤一： 确定数据来源。

根据【例 11-3】可知，名凯公司按工资总额的 14% 计提分配福利费用。因此，各部门应承担的福利费应以"工资及福利费分配"Excel 工作表中名凯公司工资费用分配表的分配结果为基础进行福利费的计算。即"工资及福利费分配"Excel 工作表中名凯公司福利费用分配表内"工资总额"栏的数据取数于同一 Excel 工作表中名凯公司工资费用分配表内的"工资费用合计"栏。对应到该 Excel 工作表内各单元格关系如下。

A 产品承担的工资费用：C19=I5。

B 产品承担的工资费用：C20=I6。

修理车间承担的工资费用：C22＝I8。
运输车间承担的工资费用：C23＝I9。
应计入制造费用的工资费用：C25＝I11。
应计入管理费用的工资费用：C26＝I12。
应计入销售费用的工资费用：C27＝I13。

步骤二： 计算应付福利费。

福利费按工资总额的14%计提，在工资总额已确定的情况下，工资及福利费分配Excel工作表中应付福利费栏的计算公式可表述如下。

A产品承担的福利费用：D19＝C19×14%。
B产品承担的福利费用：D20＝C20×14%。
修理车间承担的福利费用：D22＝C22×14%。
运输车间承担的福利费用：D23＝C23×14%。
应计入制造费用的福利费用：D25＝C25×14%。
应计入管理费用的福利费用：D26＝C26×14%。
应计入销售费用的福利费用：D27＝C27×14%。

步骤三： 汇总各项费用。

A产品承担的工资及福利费：E19＝C19＋D19。
B产品承担的工资及福利费：E20＝C20＋D20。
应计入基本生产成本的工资费用：C21＝C19＋C20。
应计入基本生产成本的福利费用：D21＝D19＋D20。
应计入基本生产成本的工资及福利费：E21＝C21＋D21。
修理车间承担的工资及福利费：E22＝C22＋D22。
运输车间承担的工资及福利费：E23＝C23＋D23。
应计入辅助生产成本的工资费用：C24＝C22＋C23。
应计入辅助生产成本的福利费用：D24＝D22＋D23。
应计入辅助生产成本的工资及福利费：E24＝C24＋D24。
应计入制造费用的工资及福利费：E25＝C25＋D25。
应计入管理费用的工资及福利费：E26＝C26＋D26。
应计入销售费用的工资及福利费：E27＝C27＋D27。
工资费用合计：C28＝C21＋C24＋C25＋C26＋C27。
福利费用合计：D28＝D21＋D24＋D25＋D26＋D27。
工资及福利费合计：E28＝C28＋D28。

（三）"工资及福利费分配"Excel工作表的应用与维护

"工资及福利费分配"Excel工作表创建完毕，应当进行测试，确保工作表运算的正确性。通过Excel工作表内部单元格关系验证及手工验证之后，"工资及福利费分配"Excel工作表便可以应用于本案例背景下不同的会计期间进行工资及福利费的分配核算。其操作仅需修改资料录入区各期数据资料便可自动计算出分配结果。若需对其他职工薪酬进行分配计算，也可参照前文介绍进行 Excel 工作表的修改。同样，为避免该工作表被意外修改或破坏，需对该工作表中部分单元格进行保护。当企业遇到工资及福利费分配标准等发生变化时，已创建的"工资及福利费分配"Excel 工作表需进一步维护。

四、Excel 在固定资产折旧费用分配中的应用

固定资产折旧是指在固定资产使用寿命内，按照确定的方法对应计折旧额进行的系统分摊，其分摊费用以折旧费用的形式记入产品成本和期间费用。成本核算实际工作中，固定资产折旧费用分配首先要确定固定资产折旧范围，然后计算折旧计提范围内固定资产应计提折旧额，最后根据固定资产用途及使用部门进行折旧费用归属的确定。转换到 Excel 环境下，当会计人员清查固定资产折旧范围及相关信息之后，可以通过固定资产折旧计算表自动计算各项固定资产应计提的折旧额，并通过编制固定资产折旧费用分配表界定折旧费的归属问题。

（一）创建折旧费用分配的 Excel 工作表

【例 11-4】续前例，名凯公司 2017 年 5 月需计提折旧的固定资产共 11 项，其基本信息如下：基本生产用 M 设备，用双倍余额递减法计提折旧，原值 2 400 000 元，预计净残值 192 000 元，预计使用年限 10 年，2017 年是提取折旧第 4 年；基本生产用 X 设备，用年数总和法计提折旧，原值 1 000 000 元，预计净残值 10 000 元，预计使用年限 10 年，2017 年是提取折旧第 2 年；基本生产用房屋 01 栋，用直线折旧法计提折旧，原值 900 000 元，预计净残值 18 000 元，预计使用年限 30 年，2017 年是提取折旧第 8 年；修理车间生产用 Y 设备，用年数总和法计提折旧，原值 240 000 元，预计净残值 12 000 元，预计使用年限 5 年，2017 年是提取折旧第 3 年；修理车间生产用房屋 02 栋，用直线折旧法计提折旧，原值 450 000 元，预计净残值 9 000 元，预计使用年限 30 年，2017 年是提取折旧第 3 年；运输车间货车 01，用直线折旧法计提折旧，原值 320 000 元，预计净残值 32 000 元，预计使用年限 10 年，2017 年是提取折旧第 6 年；运输车间货车 02，用直线折旧法计提折旧，原值 300 000 元，预计净残值 30 000 元，预计使用年限 10 年，2017 年是提取折旧第 2 年；运输车间小汽车，用直线折旧法计提折旧，原值 100 000 元，预计净残值 10 000 元，预计使用年限 10 年，2017 年是提取折旧第 2 年；运输车间车库，用直线折旧法计提折旧，原值 540 000 元，预计净残值 10 800 元，预计使用年限 30 年，2017 年是提取折旧第 2 年；管理部门用房屋 03，用直线折旧法计提折旧，原值 240 000 元，预计净残值 4 800 元，预计使用年限 20 年，2017 年是提取折旧第 6 年；销售部门用房屋 04，用直线折旧法计提折旧，原值 180 000 元，预计净残值 3 600 元，预计使用年限 30 年，2017 年是提取折旧第 5 年；利用 Excel 进行固定资产折旧费用的分配。

在同一 Excel 工作簿，"工资及福利费分配"Excel 工作表后插入一张空白工作表，命名为"折旧费用分配"。在"折旧费用分配"Excel 工作表 A1：J15 区域和 A17：C26 区域分别设置固定资产折旧计算表和固定资产折旧费用分配表，如表 11-4 所示。

表 11-4 折旧费用分配的 Excel 结构表

名凯公司固定资产折旧计算表

2017 年 5 月

单位：元

	A	B	C	D	E	F	G	H	I	J
1										
2										
3	固定资产所属部门		固定资产名称	折旧方法	原值	预计净残值	使用年限(年)	第 n 年折旧	年折旧额	月折旧额
4	基本生产车间		M 设备	双倍余额递减法	2 400 000	192 000	10	4	=DDB(E4, F4, G4, H4, 2)	
5			X 设备	年数总和法	1 000 000	10 000	10	2	=SYD(E5, F5, G5, H5)	=I4/12
6			房屋 01	直线折旧法	900 000	18 000	30	8	=SLN(E6, F6, G6)	=I5/12
7	辅助生产车间	修理车间	Y 设备	年数总和法	240 000	12 000	5	3	=SYD(E7, F7, G7, H7)	=I6/12
8			房屋 02	直线折旧法	450 000	9 000	30	3	=SLN(E8, F8, G8)	=I7/12
9			货车 01	直线折旧法	320 000	32 000	10	6	=SLN(E9, F9, G9)	=I8/12
10		运输车间	货车 02	直线折旧法	300 000	30 000	10	2	=SLN(E10, F10, G10)	=I9/12
11			小汽车	直线折旧法	100 000	10 000	10	2	=SLN(E11, F11, G11)	=I10/12
12			车库	直线折旧法	540 000	10 800	30	2	=SLN(E12, F12, G12)	=I11/12
13	管理部门		房屋 03	直线折旧法	240 000	4800	20	6	=SLN(E13, F13, G13)	=I12/12
14	销售部门		房屋 04	直线折旧法	180 000	3600	30	5	=SLN(E14, F14, G14)	=I13/12
15	合 计								=SUM(I4: I14)	=I14/12

（末行合计：=SUM(J4: J14)）

(续表)

单位：元

固定资产折旧费用分配表
2017年5月

	A	B	C	D	E	F	G	H	I	J
16										
17										
18	应借科目		本月折旧额							
19	辅助生产成本	修理车间	=J7+J8							
20		运输车间	=J9+J10+J11+J12							
21		小计	=C20+C21							
22	制造费用		=J4+J5+J6							
23	管理费用		=J13							
24	销售费用		=J14							
25	合　　计		=C22+C23+C24+C25							
26										

(二) 确定单元格间运算关系

【例 11-4】的案例背景与前文其他要素费用分配案例背景相同,仅分配内容由材料费用、工资福利费等改为固定资产折旧费用。Excel 在固定资产折旧费用分配中的应用主要分为两部分,固定资产折旧额计算和固定资产折旧费用分配。因此,在"折旧费用分配"Excel 工作表中需建立两种核算表格,而两种表格内单元格的运算关系既存在表内数据核算,也存在表间数据核算。

常见的固定资产折旧计算方法有四种:直线折旧法、工作量法、年数总和法以及双倍余额递减法。对于特定的固定资产,无论采用哪种方法计算折旧额都会影响其折旧额的因素有:固定资产原值、固定资产预计净残值、固定资产预计使用年限。在采用年数总和法、双倍余额递减法等加速折旧法时,计提第几年的折旧额同样会影响折旧额计算结果。结合 Excel 提供的财务函数功能,本章重点介绍直线折旧法、年数总和法以及双倍余额递减法的计算。由这三种方法的计算原理可知,计算特定固定资产折旧额必须了解该固定资产以下信息:原值、预计净残值、预计使用年限、计提第几年的折旧。

例如计算基本生产车间房屋 01 的年折旧额(对应"折旧费用分配"Excel 工作表中单元格 I6)。资料要求按直线折旧法计算基本生产车间房屋 01,按计算原理其计算公式为:

房屋 01 的年折旧额=(房屋 01 原值-房屋 01 净残值)÷房屋 01 使用年限,对应到折旧费用分配 Excel 工作表中,即 I6=(E6-F6)÷G6。

房屋 01 月折旧额=房屋 01 年折旧额÷12,对应到"折旧费用分配"Excel 工作表中,即 J6=I6÷12。

在 Excel 中,系统提供了几个折旧函数,可以更方便地计算折旧。我们来认识一下这几个函数。

(1) 双倍余额递减法函数:DDB(cost,salvage,life,period,factor)

DDB 函数用加速比率法计算折旧,返回一定时期内的折旧额。其中,cost 为资产原值;salvage 为资产在折旧期末的价值(也称为资产残值);life 为折旧期限(有时也称作资产的使用寿命);period 为需要计算折旧值的期间,period 必须使用与 life 相同的单位;factor 为余额递减速率,如果 factor 被省略,则假设为 2(双倍余额递减法)。注意,这五个参数都必须为正数。

(2) 年数总计法函数:SYD(cost,salvage,life,period)

SYD 函数返回某项资产按年限总和折旧法计算的指定期间的折旧值。其中,cost 为资产原值;salvage 为资产在折旧期末的价值(也称为资产残值);life 为折旧期限(有时也称作资产的使用寿命);period 为期间,其单位与 life 相同。

(3) 直线折旧法函数:SLN(cost,salvage,life)

SLN 函数返回某项资产在一个期间的线性折旧值。其中,cost 为资产原值;salvage 为资产在折旧期末的价值(也称为资产残值);life 为折旧期限(有时也称作资产的使用寿命)。

具体实验步骤如下。

步骤一:建立"折旧费用分配"表,将折旧费用分配表中从 E4 到 H14 范围内的单元格设置为资料录入区，并根据【例 11-4】提供的资料录入对应数据(见图 11-21)。

固定资产所属部门			固定资产名称	折旧方法	原值	预计净残值	预计使用年限(年)	提取第n年的折旧	年折旧额	月折旧额
						2017年5月				单位:元
基本生产车间			M设备	双倍余额递减法	2400000	192000	10	4		
			X设备	年数总和法	1000000	10000	10	2		
			房屋01	直线折旧法	900000	18000	30	8		
辅助生产车间	修理车间		Y设备	年数总和法	240000	12000	5	3		
			房屋02	直线折旧法	450000	9000	30	3		
	运输车间		货车01	直线折旧法	320000	32000	10	6		
			货车02	直线折旧法	300000	30000	10	2		
			小汽车	直线折旧法	100000	10000	10	2		
			车库	直线折旧法	540000	10800	20	2		
管理部门			房屋03	直线折旧法	240000	4800	20	6		
销售部门			房屋04	直线折旧法	180000	3600	30	5		
合 计										

图 11-21 建立"折旧费用分配"表

步骤二：设置折旧公式，在"折旧费用分配"Excel 工作表中单元格间的运算关系可表述如下：

I4＝DDB(E4，F4，G4，H4);

J4＝I4÷12;

I5＝SYD(E5，F5，G5，H5);

J5＝I5÷12;

I6＝SLN(E6，F6，G6);

J6＝I6÷12;

I7＝SYD(E7，F7，G7，H7);

J7＝I7÷12;

I8＝SLN(E8，F8，G8);

J8＝I8÷12;

I9＝SLN(E9，F9，G9);

J9＝I9÷12;

I10＝SLN(E10，F10，G10);

J10＝I10÷12;

I11＝SLN(E11，F11，G11);

J11＝I11÷12;

I12＝ SLN(E12，F12，G12);

J12＝I12÷12;

I13＝SLN(E13，F13，G13);

J13＝I13÷12;

I14＝SLN(E14，F14，G14);

J14＝I14÷12;

步骤三：折旧额计算完毕，本期折旧额合计为本期计提所有固定资产折旧额之和，对应到"折旧费用分配" Excel 工作表中，即 J15＝J4＋J5＋J6＋J7＋J8＋J9＋J10＋J11＋J12＋J13＋J14。

步骤四：根据固定资产所属部门及其用途将固定资产折旧费用归集到产品成本及期间费用中。

应计入辅助生产成本——修理车间的折旧费为修理车间所用固定资产折旧额之和，对应到折旧费用分配 Excel 工作表中，即 C20＝J7＋J8。

应计入辅助生产成本——运输车间的折旧费为运输车间所用固定资产折旧额之和，对应到折旧费用分配 Excel 工作表中，即 C21＝J9＋J10＋J11＋J12。

应计入制造费用的折旧费为基本生产车间所用固定资产折旧额之和，对应到折旧费用分配 Excel 工作表中，即 C23＝J4＋J5＋J6。

应计入管理费用的折旧费为管理部门所用固定资产折旧额之和，对应到折旧费用分配 Excel 工作表中，即 C24＝J13。

应计入销售费用的折旧费为销售部门所用固定资产折旧额之和，对应到折旧费用分配 Excel 工作表中，即 C25＝J14。

步骤五：汇总固定资产折旧分配表费用。

应计入辅助生产成本的折旧费用：C22＝C20＋C21。

折旧费用合计：C26＝C22＋C23＋C24＋C25。

完成后的表格见图 11-22。

固定资产所属部门		固定资产名称	折旧方法	原值	预计净残值	预计使用年限(年)	提取第n年的折旧	年折旧额	月折旧额
基本生产车间		M设备	双倍余额递减法	2400000	192000	10	4	245,760	20,480
		X设备	年数总和法	1000000	10000	10	2	162,000	13,500
		房屋01	直线折旧法	900000	18000	30	8	29,400	2,450
辅助生产车间	修理车间	Y设备	年数总和法	240000	12000	5	3	45,600	3,800
		房屋02	直线折旧法	450000	9000	30	3	14,700	1,225
	运输车间	货车01	直线折旧法	320000	32000	10	6	28,800	2,400
		货车02	直线折旧法	300000	30000	10	2	27,000	2,250
		小汽车	直线折旧法	100000	10000	10	2	9,000	750
		车库	直线折旧法	540000	10800	30	2	17,640	1,470
管理部门		房屋03	直线折旧法	240000	4800	20	6	11,760	980
销售部门		房屋04	直线折旧法	180000	3600	30	5	5,880	490
合 计								597,540	49,795

名凯公司固定资产折旧费用分配表
2017年5月　单位：元

应借科目		本月固定资产折旧额
辅助生产成本	修理车间	5,025
	运输车间	6,870
	小计	11,895
制造费用		36,430
管理费用		980
销售费用		490
合 计		49,795

图 11-22　完成的"折旧费用分配"表

(三)"折旧费用分配"Excel工作表的应用与维护

"折旧费用分配"Excel工作表创建完毕,应当进行测试,确保工作表运算的正确性。通过 Excel 工作表内部单元格关系验证及手工验证之后,"折旧费用分配"Excel 工作表便可以应用于本案例背景下不同的会计期间进行固定资产折旧费用的分配核算。其操作仅需修改资料录入区各期数据资料便可自动计算出分配结果。为避免折旧费用分配工作表被意外修改或破坏,需对该工作表中部分单元格进行保护。当企业遇到固定资产价值、预计使用年限等数据发生变化时,仅通过资料录入区的资料更改,"折旧费用分配"Excel 工作表便可以继续用于折旧费用分配。当固定资产折旧方法或企业增加、减少固定资产时,已创建的"折旧费用分配"Excel 工作表仅需完成局部公式调整或增加固定资产记录即可再次使用。

第四节 Excel 在辅助生产费用核算中的应用

一、Excel 在辅助生产费用归集中的应用

辅助生产费用是辅助生产车间或部门为基本生产车间、企业管理部门等提供辅助性产品或劳务过程中发生的各种费用。一般通过"辅助生产成本"总账及明细账归集所发生的生产费用。辅助生产费用归集时,先按辅助生产车间分别归集,然后再按照不同的产品或劳务并区分成本项目进行归集。

(一)辅助生产费用归集案例

【例 11-5】续前例,名凯公司下设两个辅助生产车间:修理车间和运输车间。按车间分设辅助生产成本明细账,辅助生产车间不单独设置制造费用明细账。2017 年 5 月,各类要素费用耗费情况见【例11-1】至【例11-4】,本月其他费用汇总后录入同一工作簿下,名为"其他费用分配"的 Excel 工作表中,其表格设置见表 11-5 所示的其他费用汇总 Excel 结构表。

表 11-5 其他费用汇总表

	A	B	C	D	E
1	名凯公司其他费用汇总表				
2	2017 年 5 月				单位:元
3	应借科目			金额	
4	一级科目	明细科目	成本或费用项目		

(续表)

	A	B	C	D	E
5	辅助生产成本	修理车间	办公费	1 700	
6			其他	1 080	
7			小计	2 780	
8		运输车间	办公费	2 500	
9			其他	1 100	
10			小计	3 600	
11	制造费用	基本生产车间	办公费	3 200	
12			其他	600	
13			小计	3 800	
14	管理费用		办公费	6 000	
15			差旅费	5 000	
16			税金	1 000	
17			其他	3 000	
18			小计	15 000	
19	销售费用		办公费	3 000	
20			广告费	80 000	
21			其他	2 000	
22			小计	85 000	
23	合计			110 180	
24					

(二) 创建辅助生产费用归集的 Excel 工作表

辅助生产费用的核算主要围绕归集和分配两个环节展开。由于辅助生产费用的分配方法多，计算复杂，使辅助生产费用核算内容向分配侧重，但辅助生产费用的归集是分配的前提。辅助生产费用的归集，通过辅助生产成本明细账完成。

在已建立工作簿中插入空白工作表，将其命名为"辅助生产费用归集"。同时，需在"辅助生产费用归集"Excel 工作表中，编制名凯公司下设的辅助生产车间的辅助生产成本明细账：修理车间辅助生产成本明细账和运输车间辅助生产成本明细账。其格式与手工操作下辅助生产成本明细账一致，由于名凯公司辅助生产车间未开设制造费用明细账，辅助生产成本明细账的项目设置由成本和费用项目组成，如表 11-6 所示。

表 11-6 辅助生产费用归集的 Excel 工作表

	A	B	C	D	E	F	G	H	I	J	K
1					辅助生产成本明细账						单位：元
2	辅助生产车间：修理				2017年5月						
3	日期	摘要	原材料	动力费	职工薪酬	折旧费	办公费	其他	合计	转入	转出
4		材料费用	=材料费用分配!I8						=SUM(C4:H4)		
5		外购动力费		=外购动力费分配!J8					=SUM(C5:H5)		
6		工资福利费			=工资及福利费分配!E22				=SUM(C6:H6)		
7		折旧费用				=折旧费用分配!C20			=SUM(C7:H7)		
8		其他费用					=其他费用分配!D5	=其他费用分配!D6	=SUM(C8:H8)		
9		费用分配								*	*
10		合计	=SUM(C4:C9)	=SUM(D4:D9)	=SUM(E4:E9)	=SUM(F4:F9)	=SUM(G4:G9)	=SUM(H4:H9)	=SUM(I4:I9)		

(续表)

辅助生产成本明细账

辅助生产车间：运输　　　　　　　　2017年5月　　　　　　　　单位：元

	A	B	C	D	E	F	G	H	I	J	K
11											
12											
13	日期	摘要	原材料	动力费	职工薪酬	折旧费	办公费	其他	合计	转入	转出
14		材料费用	=材料费用分配!I9						=SUM(C14:H14)		
15		外购动力费		=外购动力费分配!J9					=SUM(C15:H15)		
16		工资/福利费			=工资及福利费分配!E23				=SUM(C16:H16)		
17		折旧费用				=折旧费用分配!C21			=SUM(C17:H17)		
18		其他费用					=其他费用分配!D8	=其他费用分配!D9	=SUM(C18:H18)		
19		费用分配									*
20		合计	=SUM(C14:C19)	=SUM(D14:D19)	=SUM(E14:E19)	=SUM(F14:F19)	=SUM(G14:G19)	=SUM(H14:H19)	=SUM(I14:I19)	*	

*单元格需确定了辅助生产费用分配方法才能予以确定。

第十一章　Excel在成本核算中的应用

(三) 确定单元格间运算关系

与所有账簿类似，辅助生产成本明细账发生一笔登记一笔，其归集的费用将作为辅助生产费用分配的基础。若核算内容仅局限于辅助生产费用分配，那么辅助生产成本明细账往往以前期工作的结果呈现出来，属于已知的数据来源。而在辅助生产费用归集的过程中，需要我们对已发生的各项费用进行选择，并逐项归集。因此，对于辅助生产费用的归集必须集合前期各要素费用分配的结果，在 Excel 操作中，将涉及不同工作表之间的数据利用。

从辅助生产成本明细账的各费用项目，我们可以轻松地从各要素费用分配表中获取辅助生产成本明细账各项目应归集的费用数据。对应到 Excel 工作簿中，有如下关系。

应记入"辅助生产成本——修理车间"的材料费用(即"辅助生产费用归集"Excel 工作表中的单元格 C4)，来源于材料费用分配表中分给修理车间的材料费用(即"材料费用分配"Excel 工作表中的单元格 I8)。我们先选中"辅助生产费用归集"表中的单元格 C4，在其中输入"="，然后再选中"材料费用分配"表中的单元格 I8，单击回车键确定即可。由此，"辅助生产费用归集"Excel 工作表中 C4 单元格的公式为"=材料费用分配!I8"，这样的公式称之为"表间取数公式"。

同理，应记入"辅助生产成本——修理车间"的动力费用(即"辅助生产费用归集"Excel 工作表中的单元格 D5)，来源于外购动力费用分配表中分给修理车间的动力费用(即"外购动力费分配"Excel 工作表中的单元格 J8)。

应记入"辅助生产成本——修理车间"的职工薪酬(即"辅助生产费用归集"Excel 工作表中的单元格 E6)，来源于工资及福利费分配表中分给修理车间的工资费用和福利费(即"工资及福利费分配"Excel 工作表中的单元格 E22)。

应记入"辅助生产成本——修理车间"的折旧费用(即"辅助生产费用归集"Excel 工作表中的单元格 F7)，来源于折旧费用分配表中分给修理车间的折旧费用(即"折旧费用分配"Excel 工作表中的单元格 C20)。

应记入"辅助生产成本——修理车间"的办公费和其他费用(即"辅助生产费用归集"Excel 工作表中的单元格 G8 和 H8)，分别来源于其他费用分配表中分给修理车间的办公费和其他费用(即"其他费用分配"Excel 工作表中的单元格 D5 和 D6)。

应记入"辅助生产成本——运输车间"的材料费用(即"辅助生产费用归集"Excel 工作表中的单元格 C14)，来源于材料费用分配表中分给运输车间的材料费用(即"材料费用分配"Excel 工作表中的单元格 I9)。

应记入"辅助生产成本——运输车间"的动力费用(即"辅助生产费用归集"Excel 工作表中的单元格 D15)，来源于外购动力费用分配表中分给运输车间的动力费用(即"外购动力费分配"Excel 工作表中的单元格 J9)。

应记入"辅助生产成本——运输车间"的职工薪酬(即"辅助生产费用归集"Excel 工作表中的单元格 E16)，来源于工资及福利费分配表中分给运输车间的工资费用和福利费(即"工资及福利费分配"Excel 工作表中的单元格 E23)。

应记入"辅助生产成本——运输车间"的折旧费用(即"辅助生产费用归集"Excel工作表中的单元格F17)，来源于折旧费用分配表中分给运输车间的材料费用(即"折旧费用分配"Excel工作表中的单元格C21)。

应记入"辅助生产成本——运输车间"的办公费和其他费用(即"辅助生产费用归集"Excel工作表中的单元格G18和H18)，分别来源于其他费用分配表中分给运输车间的办公费和其他费用(即"其他费用分配"Excel工作表中的单元格D8和D9)。

当各要素费用分配表信息录入辅助生产成本明细账，即可对辅助生产成本明细账进行费用汇总，并将待分配辅助生产费用传递到辅助生产费用分配表。根据账簿合计项目的计算原理，对应到"辅助生产费用归集"Excel工作表，修理车间辅助生产成本明细账有：

I4＝C4＋D4＋E4＋F4＋G4＋H4；
I5＝C5＋D5＋E5＋F5＋G5＋H5；
I6＝C6＋D6＋E6＋F6＋G6＋H6；
I7＝C7＋D7＋E7＋F7＋G7＋H7；
I8＝C8＋D8＋E8＋F8＋G8＋H8；
I9＝C9＋D9＋E9＋F9＋G9＋H9；
I10＝C10＋D10＋E10＋F10＋G10＋H10；
C10＝C4＋C5＋C6＋C7＋C8＋C9；
D10＝D4＋D5＋D6＋D7＋D8＋D9；
E10＝E4＋E5＋E6＋E7＋E8＋E9；
F10＝F4＋F5＋F6＋F7＋F8＋F9；
G10＝G4＋G5＋G6＋G7＋G8＋G9；
H10＝H4＋H5＋H6＋H7＋H8＋H9。

根据账簿合计项目的计算原理，对应到"辅助生产费用归集"Excel工作表，运输车间辅助生产成本明细账有：

I14＝C14＋D14＋E14＋F14＋G14＋H14；
I15＝C15＋D15＋E15＋F15＋G15＋H15；
I16＝C16＋D16＋E16＋F16＋G16＋H16；
I17＝C17＋D17＋E17＋F17＋G17＋H17；
I18＝C18＋D18＋E18＋F18＋G18＋H18；
I19＝C19＋D19＋E19＋F19＋G19＋H19；
I20＝C20＋D20＋E20＋F20＋G20＋H20；
C20＝C14＋C15＋C16＋C17＋C18＋C19；
D20＝D14＋D15＋D16＋D17＋D18＋D19；
E20＝E14＋E15＋E16＋E17＋E18＋E19；
F20＝F14＋F15＋F16＋F17＋F18＋F19；
G20＝G14＋G15＋G16＋G17＋G18＋G19；
H20＝H14＋H15＋H16＋H17＋H18＋H19。

在 Excel 中，我们可以用 SUM()函数来计算某一单元格区域中数字、逻辑值及数字的文本表达式之和。例如我们可以在 H20 单元格中输入"＝H14＋H15＋H16＋H17＋H18＋H19"，也可直接输入"＝SUM(H14：H19)"。

二、Excel 在辅助生产费用分配中的应用

辅助生产费用分配的方法有许多种，不同的辅助生产费用分配方法不仅计算工作量大小不一样，而且特定会计期间各种产品或各管理部门应分摊的辅助生产费用也是不相等的，从而会引起产品成本的高低变化和利润的增减变化。因此，应当慎重选择辅助生产费用的分配方法。常用的辅助生产费用分配方法主要有：直接分配法、顺序分配法、交互分配法、代数分配法和计划成本分配法。无论选用哪种辅助生产费用分配方法来分配辅助生产费用，手工操作的工作量都非常大，且出现错误的可能性也较大。辅助生产费用分配 Excel 工作表的建立将极大地方便辅助生产费用的核算，克服手工核算中的诸多困难。

辅助生产费用分配的方法不同，分配表的设计、表内单元格运算关系都存在较大差异。下面将以案例为背景，沿着辅助生产费用各种分配方法的基本思路展开讨论。

【例 11-6】续前例，2017 年 5 月名凯公司统计辅助生产车间提供劳务量及各受益单位耗用辅助生产劳务量，将相关数据录入"辅助生产费用归集"Excel 工作表 A21：D30 区域，见表 11-7。分别选用直接分配法、顺序分配法、交互分配法、代数分配法、计划成本法在 Excel 工作表中进行费用分配。

表 11-7 辅助生产车间劳务信息表 Excel 结构表

	A	B	C	D
21		辅助生产车间劳务信息表		
22		2017 年 5 月		单位：元
23		项目	修理车间/小时	运输车间/公里
24	耗用劳务数量	修理车间		300
25		运输车间	20	
26		基本生产车间	400	9 700
27		管理部门	30	8 000
28		销售部门	50	12 000
29	劳务供应数量		500	30 000
30	计划单位成本(单位：修理一小时，运输一公里)		38	0.97

由于辅助生产车间劳务信息是每期变化的，需要从实际耗用资料中获得。因此，辅助生产车间劳务信息表中的数据都为外部变量。当这些数据存入"辅助生产费用归集"Excel

工作表中，将发挥原始资料作用。我们将其数据单元格(即"辅助生产费用归集"Excel工作表中的D24，C25以及C26：D30区域)全为资料录入区，背景设置为浅绿色。

三、Excel在辅助生产费用直接分配法中的应用

(一) 辅助生产费用直接分配法基本原理

直接分配法，将辅助生产车间发生费用直接分配给除辅助生产车间以外的各受益部门，不考虑各辅助生产车间之间相互提供产品或劳务的情况。因此，只需用待分配辅助生产费用除以供应非辅助生产部门劳务量，得到分配率，将各非辅助生产部门耗用劳务量乘以分配率，即可得到各受益部门承担的辅助费用。

(二) 辅助生产费用直接分配法在Excel中的应用程序

在同一Excel工作簿，"辅助生产费用归集"Excel工作表后插入新的空白工作表，命名为"辅助生产直接分配"。建立按直接分配法进行辅助生产费用分配的分配表，并将分配表置于"辅助生产直接分配"Excel工作表A1：E13的区域，按直接分配法原理确定表内各单元格的运算关系，见表11-8。

步骤一：从"辅助生产费用归集"Excel工作表获取基本信息。如各辅助生产车间的待分配费用、非辅助生产部门耗用劳务量、各受益单位耗用辅助生产劳务量等。

步骤二：按直接分配法原理计算各辅助生产车间单位成本。即各辅助生产车间待分配费用除以该辅助生产车间向非辅助生产部门提供劳务量之和。

步骤三：按各受益单位耗用辅助生产劳务量及单位成本进行辅助生产费用分配。

步骤四：费用汇总。

(三) 辅助生产费用直接分配法的公式编辑

根据Excel工作表二维模式，辅助生产费用按直接分配法分配的表间单元格运算关系见表11-8所示的辅助生产费用直接分配法Excel结构表。

表11-8 辅助生产费用直接分配法Excel结构表

	A	B	C	D	E
1	辅助生产费用分配表(直接分配法)				
2	2017年5月				单位：元
3	项目		修理车间	运输车间	合计
4	待分配辅助生产费用		=辅助生产费用归集!I10	=辅助生产费用归集!I20	=C4+D4
5	供应非辅助生产部门劳务量		=辅助生产费用归集!C29 -辅助生产费用归集!C25	=辅助生产费用归集!D29 -辅助生产费用归集!D24	
6	单位成本(分配率)		=C4/C5	=D4/D5	

(续表)

	A	B	C	D	E
7	基本生产车间	耗用量	=辅助生产费用归集!C26	=辅助生产费用归集!D26	
8		分配额	=C7*C6	=D7*D6	=C8+D8
9	管理部门	耗用量	=辅助生产费用归集!C27	=辅助生产费用归集!D27	
10		分配额	=C9*C6	=D9*D6	=C10+D10
11	销售部门	耗用量	=辅助生产费用归集!C28	=辅助生产费用归集!D28	
12		分配额	=C4-C8-C10	=D4-D8-D10	=C12+D12
13	合　计		=C8+C10+C12	=D8+D10+D12	=E8+E10+E12

这张表格中公式的编制在前面已经介绍过，这里我们说明一下表格中数值的四舍五入和小数位数的设置。

在现实生活中，能用于支付的最小面值为分，所以财务表格中的金额都应保留到小数点后两位。Excel 中提供了四舍五入函数——Round(number，num_digits)函数。

Round(number，num_digits)函数用于返回某个数字按指定位数取整后的数字。其中 number 为需要进行四舍五入的数字；num_digits 为指定的位数，按此位数进行四舍五入，需要注意的是，num_digits 大于 0，则四舍五入到指定的小数位，num_digits 等于 0，则四舍五入到最接近的整数，num_digits 小于 0，则在小数点左侧进行四舍五入。

例如，Round (2.1553, 1)＝2.2;

Round (-2.15, 1)＝2.2;

Round (216.5, -1)＝220。

我们还有另一种方式也可实现小数的四舍五入——设置数值的小数位数。选中单元格区域后单击鼠标右键，在弹出的菜单中选择"设置单元格格式"命令，可进行数字格式的设置(见图 11-23)。

图 11-23　设置数值的小数位数

四、Excel 在辅助生产费用顺序分配法下的应用

(一) 辅助生产费用顺序分配法基本原理

顺序分配法首先要对辅助生产车间交叉受益程度进行排序，交叉受益少的辅助生产车间排在前面，先将费用分配出去，排列在后的辅助生产车间后将费用分配出去。费用只能向后分配，即排在前的辅助生产车间耗用排在后的辅助生产车间的劳务被忽略，排在后的辅助生产车间费用分配仅针对排在其后的部门进行费用分配。

(二) 辅助生产费用顺序分配法在 Excel 中的应用程序

按照顺序分配法进行辅助生产费用的分配，无论是手工操作还是电算化环境，辅助生产车间交叉受益程度的比较都是至关重要的。因此，本章在辅助生产费用核算 Excel 工作表顺序分配法计算环节增设了辅助生产费用顺序分配法受益程度计算表，计算辅助生产交叉受益情况。并在此基础上进行受益额比较，确定辅助生产车间在辅助生产费用分配表中的排序和基础数据的取数。最后，根据顺序分配法原理确定辅助生产费用分配表中各单元格的取数公式。

在同一 Excel 工作簿，"辅助生产直接分配" Excel 工作表后插入空白工作表，命名为"辅助生产顺序分配"。将顺序分配法涉及的"辅助生产费用顺序分配法受益程度计算表"和"辅助生产费用分配表(顺序分配法)"两张表格分别建立在"辅助生产顺序分配" Excel 工作表 A1：G4 和 A5：G19 区域，见表 11-9。

表 11-9　辅助生产费用顺序分配法计算 Excel 结构表

	A	B	C	D	E	F	G
1	辅助生产费用顺序分配法受益程度计算表							
2	车间	总费用	劳务供应数量	单位成本	修理/小时	运输/公里	交叉受益额
3	修理	=辅助生产费用归集!I10	=辅助生产费用归集!C29	=B3/C3		=辅助生产费用归集!D24	=F3*D4
4	运输	=辅助生产费用归集!I20	=辅助生产费用归集!D29	=B4/C4	=辅助生产费用归集!C25		=E4*D3
5	辅助生产费用分配表(顺序分配法)							
6				2017 年 5 月			单位：元
7	项目			金额		金额	合计
8							
9	顺序分配前待分配金额						=D9+F9
10	顺序分配前待分配数量						
11				=D9/C10			
12				=C12*D11			
13	顺序分配后待分配金额				=F9+D12		

(续表)

	A	B	C	D	E	F	G
14	顺序分配后待分配数量				=E16+E17+E18		
15						=F13/E14	
16	生产一般耗用			=C16*D11		=E16*F15	=D16+F16
17	管理部门			=C17*D11		=E17*F15	=D17+F17
18	销售部门			=D9-D12-D16-D17		=F13-F16-F17	=D18+F18
19	合计			=D12+D16+D17+D18		=F16+F17+F18	=D19+F19

注：网格背景设置表示该单元格需经过交叉受益程度的判断才能确定相关内容。

按照辅助生产费用顺序分配法计算步骤，分析表11-9中单元格间的运算关系。

步骤一： 计算辅助生产车间交叉受益程度。

通过辅助生产费用顺序分配法受益程度计算表，计算辅助生产车间交叉受益程度。相关的基础数据都来源于同一 Excel 工作簿中的"辅助生产费用归集"Excel 工作表。将辅助生产费用顺序分配法受益程度计算表中基础数据信息的获取反映到"辅助生产顺序分配"Excel 工作表中，有：

修理车间归集的待分配费用(即"辅助生产顺序分配"Excel 工作表中单元格B3)，来源于修理车间辅助生产成本明细账的费用合计(即"辅助生产费用归集"Excel 工作表中单元格I10)；

运输车间归集的待分配费用(即"辅助生产顺序分配"Excel 工作表中单元格B4)，来源于运输车间辅助生产成本明细账的费用合计(即"辅助生产费用归集"Excel 工作表中单元格I20)；

修理车间劳务供应总量(即"辅助生产顺序分配"Excel 工作表中单元格C3)，来源于辅助生产车间劳务信息表修理车间提供劳务量合计(即"辅助生产费用归集"Excel 工作表中单元格C29)；

运输车间劳务供应总量(即"辅助生产顺序分配"Excel 工作表中单元格C4)，来源于辅助生产车间劳务信息表运输车间提供劳务量合计(即"辅助生产费用归集"Excel 工作表中单元格D29)；

修理车间耗用运输车间劳务量(即"辅助生产顺序分配"Excel 工作表中单元格F3)，来源于辅助生产车间劳务信息表修理车间耗用运输车间劳务量单元格(即"辅助生产费用归集"Excel 工作表中单元格D24)；

运输车间耗用修理车间劳务量(即"辅助生产顺序分配"Excel 工作表中单元格E4)，来源于辅助生产车间劳务信息表运输车间耗用修理车间劳务量单元格(即"辅助生产费用归集"Excel 工作表中单元格C25)。

当基础计算数据确定后，计算辅助生产车间提供劳务的单位成本，通过交叉耗用量获得交叉受益额。将辅助生产费用顺序分配法受益程度计算表中计算程序反映到"辅助生产顺序分配"Excel 单元格之间的运算关系如下。

修理车间劳务单位成本：D3＝B3÷C3。
运输车间劳务单位成本：D4＝B4÷C4。
修理车间耗用运输车间劳务费用：G3＝F3×D4。
运输车间耗用修理车间劳务费用：G4＝E4×D3。

步骤二： 根据辅助生产车间交叉受益额，将辅助生产车间在辅助生产费用分配表中排序。

要在辅助生产费用分配表中进行费用分配，必须在分配表各单元格数据确定的情况下进行。根据辅助生产车间交叉受益额，我们能够清楚地进行辅助生产车间交叉受益程度的排序。但是每期辅助生产车间之间的交叉受益程度是变化的，为使"辅助生产顺序分配"Excel 工作表具有更广泛的使用空间，费用分配需要有更为灵活的信息获取方式。由于本案例只涉及两个辅助生产车间的顺序排列，我们可以通过价值判断"是"与"否"的两种结果来取舍辅助生产费用分配表中的信息。

将辅助生产费用分配表(顺序分配法)中信息取舍反映到"辅助生产顺序分配"Excel 工作表中，单元格之间的关系需要首先进行逻辑判断，根据判断结果获取不同的信息。以 C7 为例，C7 表示首先进行分配的辅助车间，若修理车间耗用运输车间的劳务费用低于运输车间耗用修理车间的劳务费用，那么首先应该分配修理车间费用，C7 取值为"修理车间"；反之，若修理车间耗用运输车间的劳务费用高于运输车间耗用修理车间的劳务费用，那么首先应该分配运输车间费用，C7 取值为"运输车间"。用单元格表示为：若 G3<G4 成立，则 C7=A3；若 G3<G4 不成立，则 C7=A4。

在 Excel 中，要完成这样的操作，我们可以使用 IF 函数。IF(logical_test,[value_if_true], [value_if_false])函数用于对数值和公式进行条件检测，根据逻辑计算的真假值，返回不同结果。其中 Logical_test 表示计算结果为 True 或 False 的任意值或表达式，Value_if_true 为当 logical_test 计算结果等于 True 时返回的值，Value_if_false 为当 logical_test 计算结果等于 False 时返回的值。

所以，我们应该在 C7 单元格中输入"＝IF(G3<G4，A3，A4)"。

同理，对需要判断确定的单元格关系还有：

"后分配辅助生产车间"单元格 E7 的确定为：若 G3<G4 成立，则 E7＝A4；若 G52<G53 不成立，则 E7=A 3。在 E7 单元格中输入"＝IF(G3<G4，A4，A3)"。

"先分配辅助生产车间劳务计量单位"单元格 C8 的确定为：若 G3<G4 成立，则 C8 为"小时"；若 G3<G4 不成立，则 C8 为"公里"。在 C8 单元格中输入"＝IF(G3<G4,"耗用数量(小时)","耗用数量(公里)")"。

"后分配辅助生产车间劳务计量单位"单元格 E8 的确定为：若 G3<G4 成立，则 E8 为"公里"；若 G3<G4 不成立，则 E8 为"小时"。在 E8 单元格中输入"＝IF(G3<G4,"耗用数量(公里)","耗用数量(小时)")"。

"先分配辅助生产车间待分配费用"单元格 D9 的确定为：若 G3<G4 成立，则 D9＝B3；若 G3<G4 不成立，则 D9＝B4。在 D9 单元格中输入"＝IF(G3<G4，B3，B4)"。

第十一章 Excel在成本核算中的应用

"先分配辅助生产车间劳务总量"单元格 C10 的确定为：若 G3<G4 成立，则 C10＝C3；若 G3<G4 不成立，则 C10＝C4。在 C10 单元格中输入"＝IF(G3<G4，C3，C4)"。

"后分配辅助生产车间待分配费用"单元格 F9 的确定为：若 G3<G4 成立，则 F9＝B4；若 G3<G4 不成立，则 F9＝B3。在 F9 单元格中输入"＝IF(G3<G4，B4，B3)"。

"后分配辅助生产车间劳务总量"单元格 E10 的确定为：若 G3<G4 成立，则 E10＝C4；若 G3<G4 不成立，则 E10＝C3。在 E10 单元格中输入"＝IF(G3<G4，C4，C3)"。

"先分配辅助生产车间的费用分配率项目"单元格 A11 的确定为：若 G3<G4 成立，则 A11 为"修理费用分配率"；若 G3<G4 不成立，则 A11 为"运输费用分配率"。在 A11 单元格中输入"＝IF(G3<G4,"修理费用分配率","运输费用分配率")"。

"后分配辅助生产车间名称项目"单元格 A12 的确定为：若 G3<G4 成立，则 A12＝A4；若 G3<G4 不成立，则 A12＝A3。在 A12 单元格中输入"＝IF(G3<G4，A4，A3)"。

"后分配辅助生产车间耗费先分配辅助生产车间的劳务量"单元格 C12 的确定为：若 G3<G4 成立，则 C12＝E4；若 G3<G4 不成立，则 C12＝F3。在 C12 单元格中输入"＝IF(G3<G4，E4，F3)"。

"后分配辅助生产车间的费用分配率项目"单元格 A15 的确定为：若 G3<G4 成立，则 A15 为"运输费用分配率"；若 G3<G4 不成立，则 A15 为"修理费用分配率"。在 A15 单元格中输入"＝IF(G3<G4,"运输费用分配率","修理费用分配率")"。

基本生产一般耗用情况 C16 和 E16。对于 C16 的确定为：若 G3<G4 成立，则 C16 来源于"辅助生产费用归集"Excel 工作表 C26(表示生产一般耗用的修理劳务量)；若 G3<G4 不成立，则 C16 来源于"辅助生产费用归集"Excel 工作表 D26(表示生产一般耗用的运输劳务量)。在 C16 单元格中输入"＝IF(G3<G4，辅助生产费用归集!C26，辅助生产费用归集!D26)"。对于 E16 的确定为：若 G3<G4 成立，则 E16 来源于"辅助生产费用归集"Excel 工作表 D26(表示生产一般耗用的运输劳务量)；若 G3<G4 不成立，则 E16 来源于"辅助生产费用归集"Excel 工作表 C26(表示生产一般耗用的修理劳务量)。在 E16 单元格中输入"＝IF(G3<G4，辅助生产费用归集!D26，辅助生产费用归集!C26)"。

管理部门耗用情况 C17 和 E17。对于 C17 的确定为：若 G3<G4 成立，则 C17 来源于"辅助生产费用归集"Excel 工作表 C27(表示管理部门耗用的修理劳务量)；若 G3<G4 不成立，则 C17 来源于"辅助生产费用归集"Excel 工作表 D27(表示管理部门耗用的运输劳务量)。在 C17 单元格中输入"＝IF(G3<G4，辅助生产费用归集!C27，辅助生产费用归集!D27)"。对于 E17 的确定为：若 G3<G4 成立，则 E17 来源于"辅助生产费用归集"Excel 工作表 D27(表示管理部门耗用的运输劳务量)；若 G3<G4 不成立，则 E17 来源于"辅助生产费用归集"Excel 工作表 C27(表示管理部门耗用的修理劳务量)。在 E17 单元格中输入"＝IF(G3<G4，辅助生产费用归集!D27，辅助生产费用归集!C27)"。

销售部门耗用情况 C18 和 E18。对于 C18 的确定为：若 G3<G4 成立，则 C18 来源于"辅助生产费用归集"Excel 工作表 C28(表示销售部门耗用的修理劳务量)；若 G3<G4 不成立，则 C18 来源于"辅助生产费用归集"Excel 工作表 D28(表示修理部门耗用的运输劳务量)。在 C18 单元格中输入"＝IF(G3<G4，辅助生产费用归集!C28，辅助生产费用归集!D28)"。对于 E18 的确定为：若 G3<G4 成立，则 E18 来源于"辅助生产费用归集"Excel

工作表 D28(表示修理部门耗用的运输劳务量);若 G3<G4 不成立,则 E18 来源于"辅助生产费用归集"Excel 工作表 C28(表示销售部门耗用的修理劳务量)。在 E18 单元格中输入"=IF(G3<G4,辅助生产费用归集!D28,辅助生产费用归集!C28)"。

步骤三:按顺序进行辅助生产费用的分配。

首先,计算第一次分配的分配率。由于前期取数已经完成第一次分配对象的确定,在此可直接引用前期获取数据。由分配原理可知,第一次分配的分配率等于先分配辅助生产车间费用除以其提供的劳务总量,即 D11=D9/C10。

接着,按各部门劳务耗用量进行第一次费用分配。

D12=C12×D11;

D16=C16×D11;

D17=C17×D11;

D18=D9−D12−D16−D17。

然后,计算第二次分配的分配率。

顺序分配后待分配金额等于后分配辅助生产车间待分配费用加上第一次分配分给该车间的费用。顺序分配后待分配数量等于排在后面若干部门耗用该辅助生产车间的耗用量之和。第二次分配的分配率等于顺序分配后待分配金额除以顺序分配后待分配数量。即

F13=F9+D12;

E14=E16+E17+E18;

F15=F13÷E14。

最后,按各部门劳务耗用量进行第二次费用分配,并进行各项费用的汇总。即

F16=E16×F15;

F17=E17×F15;

F18=F13−F16−F17;

D19=D12+D16+D17+D18;

F19=F16+F17+F18;

G9=D9+F9;

G16=D16+F16;

G17=D17+F17;

G18=D18+F18;

G19=D19+F19。

五、Excel 在辅助生产费用交互分配法下的应用

(一) 辅助生产费用交互分配法基本原理

交互分配法分为两次分配。第一次分配称为交互分配,根据各辅助生产车间、部门相互提供的产品或劳务的数量和待分配辅助生产费用,计算交互分配的单位成本(费用分配率),在各辅助生产车间之间进行交互分配。第二次分配续交互分配之后,称为对外分配,

将各辅助生产车间、部门交互分配后的实际费用(交互分配前的费用加上交互分配转入的费用,减去交互分配转出的费用),按提供给非辅助生产部门的产品或劳务数量,计算对外分配的单位成本(费用分配率),在非辅助生产部门之间进行分配。

(二) 辅助生产费用交互分配法在 Excel 中的应用程序

在同一 Excel 工作簿,"辅助生产顺序分配" Excel 工作表后插入一张空白工作表,命名为"辅助生产交互分配"。将辅助生产费用分配表(交互分配法)表格建立在"辅助生产交互分配" Excel 工作表 A1:G18 的区域,见表 11-10。

表 11-10 辅助生产费用交互分配法计算 Excel 结构表

	A	B	C	D	E	F	G
1	辅助生产费用分配表(交互分配法)							
2				2017年5月			单位:元
3	项目		交互分配		对外分配		合计
4			修理	运输	修理	运输	
5	待分配辅助生产费用		=辅助生产费用归集!I10	=辅助生产费用归集!I20	=C5+D9-C11	=D5+C11-D9	=E5+F5
6	劳务供应数量		=辅助生产费用归集!C29	=辅助生产费用归集!D29	=C6-C10	=D6-D8	
7	单位成本		=C5/C6	=D5/D6	=E5/E6	=F5/F6	
8	修理车间	耗用量		=辅助生产费用归集!D24			
9		分配额		=D8*D7			
10	运输车间	耗用量	=辅助生产费用归集!C25				
11		分配额	=C10*C7				
12	基本生产	耗用量			=辅助生产费用归集!C26	=辅助生产费用归集!D26	
13		分配额			=E12*E7	=F12*F7	=E13+F13
14	管理部门	耗用量			=辅助生产费用归集!C27	=辅助生产费用归集!D27	
15		分配额			=E14*E7	=F14*F7	=E15+F15
16	销售部门	耗用量			=辅助生产费用归集!C28	=辅助生产费用归集!D28	
17		分配额			=E5-E13-E15	=F5-F13-F15	=E17+F17
18	分配金额合计				=E83+E85+E87+E89+E91	=E13+E15+E17	=F13+F15+F17

按照辅助生产费用交互分配法计算步骤,"辅助生产交互分配"Excel 工作表内单元格运算关系的确定程序如下。

步骤一:确定数据来源。

通过辅助生产成本明细账的归集,各辅助生产车间或部门的待分配费用已经明确,根据分配当期辅助生产车间或部门提供的产品或劳务信息即可按照交互分配法进行辅助生产费用的分配。因此,将辅助生产费用分配表(交互分配法)中数据获取信息反映到"辅助生产交互分配"Excel 工作表单元格之间的运算关系有:

修理车间待分配费用(即"辅助生产交互分配"Excel 工作表中单元格 C5)来源于修理车间辅助生产成本明细账的费用合计(即"辅助生产费用归集"Excel 工作表中单元格 I10);

运输车间待分配费用(即"辅助生产交互分配"Excel 工作表中单元格 D5)来源于运输车间辅助生产成本明细账的费用合计(即"辅助生产费用归集"Excel 工作表中单元格 I20);

修理车间劳务供应总量(即"辅助生产交互分配"Excel 工作表中单元格 C6)来源于辅助生产车间劳务信息表修理车间提供劳务量合计(即"辅助生产费用归集"Excel 工作表中单元格 C29);

运输车间劳务供应总量(即"辅助生产交互分配"Excel 工作表中单元格 D6)来源于辅助生产车间劳务信息表运输车间提供劳务量合计(即"辅助生产费用归集"Excel 工作表中单元格 D29);

修理车间耗用运输车间劳务量(即"辅助生产交互分配"Excel 工作表中单元格 D8)来源于辅助生产车间劳务信息表修理车间耗用运输车间劳务量(即"辅助生产费用归集"Excel 工作表中单元格 D24);

运输车间耗用修理车间劳务量(即"辅助生产交互分配"Excel 工作表中单元格 C10)来源于辅助生产车间劳务信息表运输车间耗用修理车间劳务量(即"辅助生产费用归集"Excel 工作表中单元格 C25);

基本生产车间一般耗用修理车间劳务量(即"辅助生产交互分配"Excel 工作表中单元格 E12)来源于辅助生产车间劳务信息表基本生产车间一般耗用修理车间劳务量(即"辅助生产费用归集"Excel 工作表中单元格 C26);

基本生产车间一般耗用运输车间劳务量(即"辅助生产交互分配"Excel 工作表中单元格 F12)来源于辅助生产车间劳务信息表基本生产车间一般耗用运输车间劳务量(即"辅助生产费用归集"Excel 工作表中单元格 D26);

管理部门耗用修理车间劳务量(即"辅助生产交互分配"Excel 工作表中单元格 E14)来源于辅助生产车间劳务信息表管理部门耗用修理车间劳务量(即"辅助生产费用归集"Excel 工作表中单元格 C27);

管理部门耗用运输车间劳务量(即"辅助生产交互分配"Excel 工作表中单元格 F14)来源于辅助生产车间劳务信息表管理部门耗用运输车间劳务量(即"辅助生产费用归集"Excel 工作表中单元格 D27);

销售部门耗用修理车间劳务量(即"辅助生产交互分配"Excel 工作表中单元格 E16)来源于辅助生产车间劳务信息表销售部门耗用修理车间劳务量(即"辅助生产费用归集"Excel 工作表中单元格 C28);

销售部门耗用运输车间劳务量(即"辅助生产交互分配"Excel 工作表中单元格 F16)来源于辅助生产车间劳务信息表销售部门耗用运输车间劳务量(即"辅助生产费用归集"Excel 工作表中单元格 D28)。

步骤二：进行辅助生产费用交互分配。

首先，确定辅助生产费用交互分配的分配率。交互分配分配率等于各辅助生产车间或部门待分配费用除以各自提供的产品或劳务总量。将辅助生产费用分配表(交互分配法)中数据信息反映到"辅助生产交互分配"Excel 工作表，单元格间的运算关系如下。

修理车间提供劳务单位成本：$C7=C5\div C6$。

运输车间提供劳务单位成本：$D7=D5\div D6$。

然后，根据交互分配的分配率计算各辅助生产车间或部门交互分配辅助生产费用的金额。

修理车间耗用运输车间的劳务费用：$D9=D8\times D7$。

运输车间耗用修理车间的劳务费用：$C11=C10\times C7$。

步骤三：进行辅助生产费用对外分配。

首先，计算各辅助生产车间或部门对外分配费用。经过一次交互分配后，各辅助生产车间对外分配的费用需加上交互分配分入本部门的费用，并减去交互分配分出本部门的费用，反映到"辅助生产交互分配"Excel 工作表，单元格间运算关系有

交互分配后修理车间对外分配费用：$E5=C5+D9-C11$。

交互分配后运输车间对外分配费用：$F5=D5+C11-D9$。

接着，计算各辅助生产车间或部门对外分配的劳务量。经过一次交互分配后，辅助生产费用的分配不再对辅助生产车间或部门进行分配，其分配劳务量已经从劳务总量中扣除了各辅助生产车间或部门交叉利用的部分。因此，各辅助生产车间对外分配劳务数量的计算可表述如下。

修理车间对外分配劳务数量：$E6=C6-C10$。

运输车间对外分配劳务数量：$F6=D6-D8$。

然后，计算辅助生产车间对外分配的分配率。

修理车间对外分配单位成本：$E7=E5\div E6$。

运输车间对外分配单位成本：$F7=F5\div F6$。

最后，计算对外分配过程中，各非辅助生产单位承担的辅助生产费用。

基本生产车间一般耗用修理费用：$E13=E12\times E7$。

基本生产车间一般耗用运输费用：$F13=F12\times F7$。

管理部门耗用修理费用：$E15=E14\times E7$。

管理部门耗用运输费用：$F15=F14\times F7$。

销售部门耗用修理费用：$E17=E5-E13-E15$。

销售部门耗用运输费用：$F17=F5-F13-F15$。

步骤四：进行各项费用的汇总。

单元格运算关系参见表 11-10。

六、Excel 在辅助生产费用代数分配法下的应用

(一) 辅助生产费用代数分配法基本原理

代数分配法通过建立多元一次联立方程求出各辅助生产车间所提供劳务的单位成本,继而向各耗用产品或劳务部门进行费用分配。

(二) 辅助生产费用代数分配法在 Excel 中的应用程序

按照代数分配法进行辅助生产费用的分配,无论是手工操作还是电算化环境,利用方程组计算辅助生产车间提供劳务的单位成本是进行后续辅助生产费用分配的基础。在同一 Excel 工作簿,"辅助生产交互分配"Excel 工作表后插入一张空白工作表,命名为"辅助生产代数分配"Excel 工作表。将辅助生产费用代数分配法涉及的"辅助生产费用代数分配法单位成本计算表"和"辅助生产费用分配表(代数分配法)"两张表格分别建立在"辅助生产代数分配"Excel 工作表 A1:F6 和 A7:F22 的区域,分别见表 11-11 和表 11-12。按照代数分配法原理,"辅助生产代数分配"Excel 工作表内单元格间运算关系推导如下。

表 11-11　辅助生产费用代数分配法单位成本计算 Excel 结构表

	A	B	C	D	E	F
1	辅助生产费用代数分配法单位成本计算表					
2	车间	提供劳务总量	修理工时(x)	运输里程(y)	待分配费用	单位成本
3	修理	=辅助生产费用归集!C29		=辅助生产费用归集!D24	=辅助生产费用归集!I10	矩阵函数
4	运输	=辅助生产费用归集!D29	=辅助生产费用归集!C25		=辅助生产费用归集!I20	矩阵函数
5	方程运算区		=B3	=-D3	=E3	
6			=-C4	=B4	=E4	

步骤一:计算辅助生产费用代数分配法的单位成本。

采用代数分配法分配辅助生产费用,需建立联立方程计算各辅助生产车间提供劳务的单位成本。根据案例资料,可由辅助生产费用代数分配法单位成本计算表得到:

修理车间劳务供应总量(即"辅助生产代数分配"Excel 工作表中单元格 B3)来源于辅助生产车间劳务信息表修理车间提供劳务量合计(即"辅助生产费用归集"Excel 工作表中单元格 C29);

运输车间劳务供应总量(即"辅助生产代数分配"Excel 工作表中单元格 B4)来源于辅助生产车间劳务信息表运输车间提供劳务量合计(即"辅助生产费用归集"Excel 工作表中单元格 D29);

修理车间耗用运输车间劳务量(即"辅助生产代数分配"Excel 工作表中单元格 D3)来

源于辅助生产车间劳务信息表修理车间耗用运输车间劳务量(即"辅助生产费用归集"Excel工作表中单元格 D24);

运输车间耗用修理车间劳务量(即"辅助生产代数分配"Excel 工作表中单元格 C4)来源于辅助生产车间劳务信息表运输车间耗用修理车间劳务量(即"辅助生产费用归集"Excel工作表中单元格 C25);

修理车间待分配费用(即"辅助生产代数分配"Excel 工作表中单元格 E3)来源于修理车间辅助生产成本明细账的费用合计(即"辅助生产费用归集"Excel 工作表中单元格 I10);

运输车间待分配费用(即"辅助生产代数分配"Excel 工作表中单元格 E4)来源于运输车间辅助生产成本明细账的费用合计(即"辅助生产费用归集"Excel 工作表中单元格 I20)。

设修理车间单位成本为 x 元/小时,运输车间每里程单位成本为 y 元/公里。根据两个辅助生产车间相互提供劳务的数量关系建立以下方程。

对修理车间而言,待分配费用等于修理车间提供劳务总量乘以其单位成本的积,减去修理车间耗用运输车间的劳务费(即修理车间耗用运输里程乘以运输车间的单位成本)。对应本案例,即 $500x-300y=18\,975$。

对运输车间而言,待分配费用等于运输车间提供劳务总量乘以其单位成本的积,减去运输车间耗用修理车间的劳务费(即运输车间耗用修理工时乘以修理车间的单位成本)。对应本案例,即 $30\,000y-20x=28\,500$。

可将两方程整理为矩阵方程,通过矩阵方程求解修理车间和运输车间的单位成本。

$$\begin{bmatrix} 500 \\ -20 \end{bmatrix} x + \begin{bmatrix} -300 \\ 30\,000 \end{bmatrix} y = \begin{bmatrix} 18\,975 \\ 28\,500 \end{bmatrix}$$

在 Excel 中提供了可以解开这个方程的矩阵函数——MMULT()函数。

MMULT(array1,array2)函数的功能是返回两数组的矩阵乘积。结果矩阵的行数与 array1 的行数相同,列数与 array2 的列数相同。其中 array1,array2 为要进行矩阵乘法运算的两个数组。array1 的列数必须与 array2 的行数相同,而且两个数组中都只能包含数值。array1 和 array2 可以是单元格区域、数组常数或引用。如果单元格是空白单元格或含有文字串,或是 array1 的行数与 array2 的列数不相等时,则函数 MMULT 返回错误值 #VALUE!。同样,由于返回值为数组公式,故必须以数组公式的形式输入。

由于要求解的是 x 和 y,所以要用(18 975,28 500)来乘以 x 和 y 系数矩阵的逆矩阵。这就需要用到另一个函数——MINVERSE()函数。

MINVERSE(array)函数的功能是返回矩阵的逆矩阵。其中 array 为具有相等行列数的数值数组或单元格区域。

按照所列矩阵方程,将数据录入辅助生产费用代数分配法单位成本计算表中方程运算区,有:

C5=B3;
C6=−C4;

D5＝－D3；
D6＝B4；
E5＝E3；
E6＝E4。

而单元格 F3 和 F4 中的公式为"＝MMULT(MINVERSE(C5：D6)，E5：E6)"。

步骤二：按联立方程计算的单位成本进行辅助生产费用分配。

辅助生产费用分配表(代数分配法)中，各车间、部门耗用辅助生产车间的劳务量可从"辅助生产费用归集"Excel 工作表内辅助生产劳务信息表中直接获取，各辅助生产车间提供劳务的单位成本可从本工作表"辅助生产费用代数分配法单位成本计算表"中获取。各部门应承担的辅助生产费用等于各部门耗用辅助生产的劳务量乘以各辅助生产车间劳务单位成本。辅助生产费用分配(代数分配法)各单元格间运算关系，反映到"辅助生产代数分配"Excel 工作表内的 Excel 运算公式见表 11-12。

表 11-12 辅助生产费用代数分配法 Excel 结构表

	A	B	C	D	E	F
7				辅助生产费用分配表(代数分配法)		
8				2017 年 5 月		单位：元
9		项目		修理车间	运输车间	金额合计
10		计量单位		小时	公里	元
11		单位成本(分配率)		=F3	=F4	
12	辅助生产车间	修理车间	耗用数量		=辅助生产费用归集!D24	
13			分配金额		=E12*E11	=D13+E13
14		运输车间	耗用数量	=辅助生产费用归集!C25		
15			分配金额	=D14*D11		=D15+E15
16	基本生产一般耗用		耗用数量	=辅助生产费用归集!C26	=辅助生产费用归集!D26	
17			分配金额	=D16*D11	=E16*E11	=D17+E17
18	管理部门		耗用数量	=辅助生产费用归集!C27	=辅助生产费用归集!D27	
19			分配金额	=D18*D11	=E18*E11	=D19+E19
20	销售部门		耗用数量	=辅助生产费用归集!C28	=辅助生产费用归集!D28	
21			分配金额	=D20*D11	=E20*E11	=D21+E21
22	合计			=D15+D17+D19+D21	=E13+E17+E19+E21	=D118+E118

七、Excel 在辅助生产费用计划成本分配法下的应用

(一) 辅助生产费用计划成本分配法的基本原理

计划成本分配法下，辅助生产车间为各受益单位(包括辅助生产车间)提供的产品或劳务，一律按产品或劳务的实际耗用量和计划单位成本进行分配；为了简化计算工作，将辅助生产车间实际发生费用(包括辅助生产车间待分配费用和辅助生产交互分配转入费用)，与按计划单位成本分配转出的费用之间的差额，记入"管理费用"科目。

(二) 辅助生产费用计划成本分配法在 Excel 中的应用程序

于同一 Excel 工作簿，"辅助生产代数分配" Excel 工作表后插入一张空白工作表，命名为"辅助生产计划成本分配"。将辅助生产费用分配表(计划成本分配法)表格建立在"辅助生产计划成本分配" Excel 工作表 A1：F19 的区域。按照计划成本分配法原理，"辅助生产计划成本分配" Excel 工作表内单元格间运算关系推导如下。

步骤一：确定数据来源。

需确定的数据来源主要是待分配辅助生产费用、供应劳务总量、计划单位成本及各受益单位耗用辅助生产车间劳务量。这些数据可从"辅助生产费用归集" Excel 工作表内，辅助生产成本明细账和辅助生产车间劳务信息表中直接获取。

步骤二：分配按计划单位成本辅助生产费用。

根据各受益单位(包括辅助生产车间)实际耗用劳务量乘以计划单位成本进行辅助生产费用分配。

步骤三：计算实际辅助生产实际成本。

某辅助生产车间实际成本等于该辅助生产车间待分配费用加上按计划单位成本交互分入该辅助生产车间的费用。

步骤四：计算辅助生产成本差异，记入"管理费用"科目。

某辅助生产成本差异等于该辅助生产车间实际成本减去该辅助生产车间按计划单位成本分配之和。

若差异为正数，说明按计划成本分配未将实际辅助生产成本分配完毕，将此为正的辅助生产成本差异借记"管理费用"科目，贷记"辅助生产成本"科目。若差异为负数，说明按计划成本分配超出了实际辅助生产成本的金额，将此为负数的辅助生产成本差异记入"管理费用"科目贷方，并冲减借方的"辅助生产成本"。

辅助生产费用按计划成本分配法分配的表间单元格 Excel 运算公式见表 11-13 所示的辅助生产费用分配表(计划成本分配法)Excel 结构表。

表 11-13 辅助生产费用分配表(计划成本分配法)Excel 结构表

	A	B	C	D	E	F
1				辅助生产费用分配表(计划成本法)		
2				2017 年 5 月		单位：元
3		项目		修理车间	运输车间	合计

(续表)

	A	B	C	D	E	F
4	待分配辅助生产费用			=辅助生产费用归集!I10	=辅助生产费用归集!I20	=D4+E4
5	供应劳务总量(单位：修理一小时，运输一公里)			=辅助生产费用归集!C29	=辅助生产费用归集!D29	
6	计划单位成本			=辅助生产费用归集!C30	=辅助生产费用归集!D30	
7	辅助生产车间	修理车间	耗用数量		=辅助生产费用归集!D24	
8			分配金额		=E7*E6	=D8+E8
9		运输车间	耗用数量	=辅助生产费用归集!C25		
10			分配金额	=D9*D6		=D10+E10
11	基本生产一般耗用		耗用数量	=辅助生产费用归集!C26	=辅助生产费用归集!D26	
12			分配金额	=D11*D6	=E11*E6	=D12+E12
13	管理部门		耗用数量	=辅助生产费用归集!C27	=辅助生产费用归集!D27	
14			分配金额	=D13*D6	=E13*E6	=D14+E14
15	销售部门		耗用数量	=辅助生产费用归集!C28	=辅助生产费用归集!D28	
16			分配金额	=D15*D6	=E15*E6	=D16+E16
17	按计划成本分配合计			=D10+D12+D14+D16	=E8+E12+E14+E16	=D17+E17
18	辅助生产实际成本			=D4+E8	=E4+D10	=D18+E18
19	辅助生产成本差异			=D18 - D17	=E18 - E17	=D19+E19

八、利用 Excel 完成辅助生产费用分配方法的选择

在实务操作中，辅助生产费用分配方法的选择取决于企业辅助生产车间耗用资源及提供劳务的具体情况。分配方法的选择更多地考虑企业成本信息反映的真实性、合理性。一旦确定辅助生产费用分配采用某一种方法，则按照该方法的原理和程序进行分配核算，同时，按照核算的结果结转辅助生产成本明细账，并为后续步骤的相关账簿(如制造费用——基本生产车间明细账、管理费用明细账等)提供辅助生产费用分配信息。

利用 Excel 完成辅助生产费用分配方法的选择，并不能回避会计人员按照企业实际情况选择合理分配方法的职业判断程序，但其内嵌功能可以为我们提供灵活、便捷的选择模式。企业一旦确定采用某一种辅助生产费用分配方法，可以通过 Excel 的程序设计，自动调用该种分配方法的 Excel 工作表，屏蔽其他分配方法的 Excel 工作表。只要核算当期的辅助生产信息完整，被调用的分配方法 Excel 工作表将按照前期设计的模式自动进行辅助生产费用的分配。同时，Excel 还能在选择分配方法时植入程序，将分配完毕的信息传递到辅助生产成本明细账的转出项目以及其他成本费用账簿的相关栏目。

(一) 辅助生产成本明细账的费用转出

辅助生产费用的归集和分配都是通过辅助生产成本明细账进行的。辅助生产车间在提供辅助性产品或劳务时的耗费，记入辅助生产成本明细账的借方。辅助生产完工产品或劳

务成本，经过分配后从辅助生产成本明细账的贷方转出，期末若有借方余额则为辅助生产的在产品成本。一般而言，提供劳务的辅助生产车间(如修理车间、运输车间等)无期末在产品，辅助生产成本明细账分配后也无期末余额。但是，利用不同的分配方法分配辅助生产费用，会涉及分配次数、交互分配金额、分配转出金额等诸多差异。因此，利用不同的分配方法，通过辅助生产成本明细账反映辅助生产费用分配转入及分配转出都存在不同的处理方法。

1. 直接分配法下，辅助生产成本明细账的分配转出

直接分配法下，某辅助生产车间分配转出的金额之和即为该车间辅助生产成本明细账分配转出金额。对应到 Excel 工作簿中，有：

修理车间辅助生产成本明细账转出金额(即"辅助生产费用归集"Excel 工作表 K9 单元格)来源于直接分配法下辅助生产费用分配表中修理车间分配金额合计(即"辅助生产直接分配"Excel 工作表 C13 单元格)。

运输车间辅助生产成本明细账转出金额(即"辅助生产费用归集"Excel 工作表 K19 单元格)来源于直接分配法下辅助生产费用分配表中运输车间分配金额合计(即"辅助生产直接分配"Excel 工作表 D13 单元格)。

2. 顺序分配法下，辅助生产成本明细账的分配转出

顺序分配法下，首先进行分配的辅助生产车间，其辅助生产成本明细账转出分配金额为分配给所有受益单位(包括辅助生产车间)的费用；其次进行分配的辅助生产车间，其辅助生产成本明细账在第一次分配后转入交互分配金额，并将交互分配转入金额及本车间待分配费用一起分配出去。由于顺序分配法进行辅助生产费用分配涉及辅助生产车间之间的交互分配，辅助生产成本明细账在登记辅助生产费用分配结果时，需登记分配转入金额及分配转出金额。

修理车间辅助生产成本明细账转入金额(即"辅助生产费用归集"Excel 工作表 J9 单元格)来源于顺序分配过程中运输车间分配到修理车间的费用。如果修理车间耗用运输车间的劳务费用低于运输车间耗用修理车间的劳务费用，则修理车间为第一次分配对象，那么其他辅助生产车间的分配在后，不可能将其费用分配到修理车间，修理车间辅助生产成本明细账转入金额为"0"。反之，若修理车间耗用运输车间的劳务费用高于运输车间耗用修理车间的劳务费用，则修理车间为第二次分配对象，那么需根据修理车间耗用运输车间的劳务量及运输单位成本确定转入修理车间辅助生产成本明细账的金额(即"辅助生产顺序分配"Excel 工作表 D12 单元格)。对应到 Excel 工作簿"辅助生产费用归集"Excel 工作表中，J9 单元格内公式为："=IF(辅助生产顺序分配！G3<辅助生产顺序分配！G4，0，辅助生产顺序分配！D12)"。

修理车间辅助生产成本明细账转出金额(即"辅助生产费用归集"Excel 工作表 K9 单元格)同样需要判断其分配的顺序。如果修理车间耗用运输车间的劳务费用低于运输车间耗用修理车间的劳务费用，则修理车间为第一次分配对象，那么，其他辅助生产车间不对其进行费用分配，其辅助生产成本明细账转出金额为首先进行分配车间对外分配费用之和

(即"辅助生产顺序分配"Excel 工作表 D19 单元格)。反之，若修理车间耗用运输车间的劳务费用高于运输车间耗用修理车间的劳务费用，则修理车间为第二次分配对象，那么，其辅助生产成本明细账转出金额为其次进行分配车间对外分配费用之和(即"辅助生产顺序分配"Excel 工作表 F19 单元格)。对应到 Excel 工作簿"辅助生产费用归集"Excel 工作表中，K9 单元格内公式为："=IF(辅助生产顺序分配！G3<辅助生产顺序分配！G4，辅助生产顺序分配！D19，辅助生产顺序分配！F19)"。

同理，对运输车间辅助生产成本明细账的转入、转出项目有：

运输车间辅助生产成本明细账转入金额(即"辅助生产费用归集"Excel 工作表 J19 单元格)=IF(辅助生产顺序分配！G3<辅助生产顺序分配！G4，辅助生产顺序分配！D12，0)。

运输车间辅助生产成本明细账转出金额(即"辅助生产费用归集"Excel 工作表 K19 单元格)=IF(辅助生产顺序分配！G3<辅助生产顺序分配！G4，辅助生产顺序分配！F19，辅助生产顺序分配！D19)。

3. 交互分配法下，辅助生产成本明细账的分配转出

交互分配法下，辅助生产费用分配经历了两次分配，辅助生产成本明细账的转入项目涉及交互分配转入的费用，辅助生产成本明细账转出项目则涉及交互分配转出费用以及对外分配转出费用。对应到 Excel 工作簿中，有：

修理车间辅助生产成本明细账转入金额(即"辅助生产费用归集"Excel 工作表 J9 单元格)等于交互分配转入修理车间的运输费用(即"辅助生产交互分配"Excel 工作表 D9 单元格)。

修理车间辅助生产成本明细账转出金额(即"辅助生产费用归集"Excel 工作表 K9 单元格)等于交互分配转出的修理费用(即"辅助生产交互分配"Excel 工作表 C11)加上对外分配转出的修理费用(即"辅助生产交互分配"Excel 工作表 E18)。

运输车间辅助生产成本明细账转入金额(即"辅助生产费用归集"Excel 工作表 J19 单元格)等于交互分配转入修理运输车间的修理费用(即"辅助生产交互分配"Excel 工作表 C11 单元格)。

运输车间辅助生产成本明细账转出金额(即"辅助生产费用归集"Excel 工作表 K19 单元格)等于交互分配转出的运输费用(即"辅助生产交互分配"Excel 工作表 C11)加上对外分配转出的运输费用(即"辅助生产交互分配"Excel 工作表 F18)。

4. 代数分配法下，辅助生产成本明细账的分配转出

代数分配法下，由联立方程求出各辅助生产车间提供劳务的单位成本。一旦单位成本确定，各辅助生产车间将以此为基础，根据各受益单位(包括辅助生产车间)耗用辅助生产劳务量进行辅助生产费用分配。因此，利用代数分配法进行辅助生产费用分配，需根据交互分配转入某辅助生产车间的金额填写该辅助生产成本明细账转入项目，根据某辅助生产车间对外分配转出金额之和登记该辅助生产成本明细账转出项目。对应到 Excel 工作簿中，有：

修理车间辅助生产成本明细账转入金额(即"辅助生产费用归集"Excel 工作表 J9 单元格)等于代数分配转入修理车间的运输费用(即"辅助生产代数分配"Excel 工作表 F13

单元格)。

修理车间辅助生产成本明细账转出金额(即"辅助生产费用归集"Excel 工作表 K9 单元格)等于代数分配转出的修理费用之和(即"辅助生产代数分配"Excel 工作表 D22)。

运输车间辅助生产成本明细账转入金额(即"辅助生产费用归集"Excel 工作表 J19 单元格)等于代数分配转入修理车间的运输费用(即"辅助生产代数分配"Excel 工作表 F15 单元格)。

运输车间辅助生产成本明细账转出金额(即"辅助生产费用归集"Excel 工作表 K19 单元格)等于代数分配转出的修理费用之和(即"辅助生产代数分配"Excel 工作表 E22)。

5. 计划成本分配法下，辅助生产成本明细账的分配转出

计划成本分配法下，各辅助生产车间通过计划成本和各受益单位(包括辅助生产车间)劳务耗用量进行费用分配，然后，根据计划成本分配结果和实际费用耗用情况进行比较，最后调整差异。因此，利用计划成本分配法进行辅助生产费用分配，除了对按计划成本分配的金额在辅助生产成本明细账中做转出记录，还需对差异调整部分进行分析。如果差异为正，说明按计划成本分配未将辅助生产实际成本分配完毕，需将差异从辅助生产成本明细账贷方转出；如果差异为负，说明按计划成本分配超出了辅助生产实际成本，需在辅助生产成本明细账借方将多分配费用冲减。对应到 Excel 工作簿中，有：

修理车间辅助生产成本明细账转入金额(即"辅助生产费用归集"Excel 工作表 J9 单元格)＝IF(辅助生产计划成本分配！D19>0，辅助生产计划成本分配！E8，辅助生产计划成本分配！E8－辅助生产计划成本分配！D19)。

修理车间辅助生产成本明细账转出金额(即"辅助生产费用归集"Excel 工作表 K9 单元格)＝IF(辅助生产计划成本！D19>0，辅助生产计划成本分配！D17＋辅助生产计划成本分配！D19，辅助生产计划成本分配！D17)。

运输车间辅助生产成本明细账转入金额(即"辅助生产费用归集"Excel 工作表 J19 单元格)＝IF(辅助生产计划成本分配！E19>0，辅助生产计划成本分配！D10，辅助生产计划成本分配！D10－辅助生产计划成本分配！E19)。

运输车间辅助生产成本明细账转出金额(即"辅助生产费用归集"Excel 工作表 K19 单元格)＝IF(辅助生产计划成本！E19>0，辅助生产计划成本分配！E17＋辅助生产计划成本分配！E19，辅助生产计划成本分配！E17)。

(二) 辅助生产费用分配表对其他账簿的数据提供

辅助生产费用分配表的作用是将辅助生产车间发生的相关费用根据其受益对象进行分配，最终，将分配结果转入到相关产品成本和期间费用中。采用不同的辅助生产费用分配方法，分配到各种产品或各部门的费用也是不同的。

1. 直接分配法下，对其他账簿数据的提供

若辅助生产费用分配选用直接分配法，则后续成本费用账簿需根据"辅助生产费用分配表(直接分配法)"登记。主要涉及的账簿及其相关数据获取方法如下。

"制造费用——基本生产车间"明细账内"修理费"项目来源于按直接分配法分配到基本生产车间一般耗用的修理费(即"辅助生产直接分配"Excel工作表C8单元格);

"制造费用——基本生产车间"明细账内"运输费"项目来源于按直接分配法分配到基本生产车间一般耗用的运输费(即"辅助生产直接分配"Excel工作表D8单元格);

"管理费用"明细账内"修理费"项目来源于按直接分配法分配到管理部门的修理费(即"辅助生产直接分配"Excel工作表C10单元格);

"管理费用"明细账内"运输费"项目来源于按直接分配法分配到管理部门的运输费(即"辅助生产直接分配"Excel工作表D10单元格);

"销售费用"明细账内"修理费"项目来源于按直接分配法分配到销售部门的修理费(即"辅助生产直接分配"Excel工作表C12单元格);

"销售费用"明细账内"运输费"项目来源于按直接分配法分配到销售部门的运输费(即"辅助生产直接分配"Excel工作表D12单元格)。

2. 顺序分配法下,对其他账簿数据的提供

若辅助生产费用分配选用顺序分配法,则后续成本费用账簿需根据"辅助生产费用分配表(顺序分配法)"登记。主要涉及的账簿及其相关数据获取方法如下。

"制造费用——基本生产车间"明细账内"修理费"项目来源于按顺序分配法分配到基本生产车间一般耗用的修理费(即制造费用归集!G8 = IF(辅助生产顺序分配!F3<辅助生产顺序分配!F4,D16,F16));

"制造费用——基本生产车间"明细账内"运输费"项目来源于按顺序分配法分配到基本生产车间一般耗用的运输费(即制造费用归集!H8 = IF(辅助生产顺序分配!F3<辅助生产顺序分配!F4,F16,D16));

"管理费用"明细账内"修理费"项目来源于按顺序分配法分配到管理部门的修理费(即管理费用明细账内修理费项目 = IF(辅助生产顺序分配!F3<辅助生产顺序分配!F4,D17,F17));

"管理费用"明细账内"运输费"项目来源于按顺序分配法分配到管理部门的运输费(即管理费用明细账内运输费项目 = IF(辅助生产顺序分配!F3<辅助生产顺序分配!F4,F17,D17));

"销售费用"明细账内"修理费"项目来源于按顺序分配法分配到销售部门的修理费(即销售费用明细账内修理费项目 = IF(辅助生产顺序分配!F3<辅助生产顺序分配!F4,D18,F18));

"销售费用"明细账内"运输费"项目来源于按顺序分配法分配到销售部门的运输费(即销售费用明细账内运输费项目 = IF(辅助生产顺序分配!F3<辅助生产顺序分配!F4,F17,D17))。

3. 交互分配法下,对其他账簿数据的提供

若辅助生产费用分配选用交互分配法,则后续成本费用账簿需根据"辅助生产费用分配表(交互分配法)"登记。主要涉及的账簿及其相关数据获取方法如下。

"制造费用——基本生产车间"明细账内"修理费"项目来源于按交互分配法分配到基本生产车间一般耗用的修理费(即"辅助生产交互分配"Excel工作表E13单元格);

"制造费用——基本生产车间"明细账内"运输费"项目来源于按交互分配法分配到基本生产车间一般耗用的运输费(即"辅助生产交互分配"Excel工作表F13单元格);

"管理费用"明细账内"修理费"项目来源于按交互分配法分配到管理部门的修理费(即"辅助生产交互分配"Excel工作表E15单元格);

"管理费用"明细账内"运输费"项目来源于按交互分配法分配到管理部门的运输费(即"辅助生产交互分配"Excel工作表F15单元格);

"销售费用"明细账内"修理费"项目来源于按交互分配法分配到销售部门的修理费(即"辅助生产交互分配"Excel工作表E17单元格);

"销售费用"明细账内"运输费"项目来源于按交互分配法分配到销售部门的运输费(即"辅助生产交互分配"Excel工作表F17单元格)。

4. 代数分配法下,对其他账簿数据的提供

若辅助生产费用分配选用代数分配法,则后续成本费用账簿需根据"辅助生产费用分配表(代数分配法)"登记。主要涉及的账簿及其相关数据获取方法如下。

"制造费用——基本生产车间"明细账内"修理费"项目来源于按代数分配法分配到基本生产车间一般耗用的修理费(即"辅助生产代数分配"Excel工作表D17单元格);

"制造费用——基本生产车间"明细账内"运输费"项目来源于按代数分配法分配到基本生产车间一般耗用的运输费(即"辅助生产代数分配"Excel工作表E17单元格);

"管理费用"明细账内"修理费"项目来源于按代数分配法分配到管理部门的修理费(即"辅助生产代数分配"Excel工作表D19单元格);

"管理费用"明细账内"运输费"项目来源于按代数分配法分配到管理部门的运输费(即"辅助生产代数分配"Excel工作表E19单元格);

"销售费用"明细账内"修理费"项目来源于按代数分配法分配到销售部门的修理费(即"辅助生产代数分配"Excel工作表D21单元格);

"销售费用"明细账内"运输费"项目来源于按代数分配法分配到销售部门的运输费(即"辅助生产代数分配"Excel工作表E21单元格)。

5. 计划成本分配法下,对其他账簿数据的提供

若辅助生产费用分配选用计划成本分配法,则后续成本费用账簿需根据"辅助生产费用分配表(计划成本分配法)"登记。主要涉及的账簿及其相关数据获取方法如下。

"制造费用——基本生产车间"明细账内"修理费"项目来源于按计划成本分配法分配到基本生产车间一般耗用的修理费(即"辅助生产计划成本分配"Excel工作表D12单元格);

"制造费用——基本生产车间"明细账内"运输费"项目来源于按计划成本分配法分配到基本生产车间一般耗用的运输费(即"辅助生产计划成本分配"Excel工作表E12单元格);

"销售费用"明细账内"修理费"项目来源于按计划成本分配法分配到销售部门的修理费(即"辅助生产计划成本分配"Excel 工作表 D16 单元格);

"销售费用"明细账内"运输费"项目来源于按计划成本分配法分配到销售部门的运输费(即"辅助生产计划成本分配"Excel 工作表 E16 单元格)。

计划成本分配法下,需将实际辅助生产成本与计划分配成本的差异摊入到"管理费用"科目,因此,"管理费用"账簿的取数将受到辅助生产成本差异的影响。当差异额为正,即按计划成本分配未将实际辅助生产成本分配完毕,将差异记入"管理费用"科目借方,补足实际辅助生产成本。若差异额为负,说明按计划成本分配超出了实际辅助生产成本的范畴,将差异记入"管理费用"贷方,将多分配费用冲销。反映到 Excel 工作簿中,"管理费用"明细账内来源于辅助生产费用分配表中分配给管理部门的辅助生产费用加上辅助生产成本差异。

"管理费用"明细账内的"修理费"项目等于按计划成本分配给管理部门的修理费加上修理车间的辅助生产成本差异(即"辅助生产计划成本分配"Excel 工作表 D14 单元格加上 D19 单元格)。

同理,"管理费用"明细账内"运输费"项目来源于按计划成本分配法分配到管理部门的运输费加上运输车间辅助生产成本差异(即"辅助生产计划成本分配"Excel 工作表 E14 单元格加上 E19 单元格)。

(三) 利用 Excel 选择辅助生产费用分配方法

我们希望用户能够根据自己的需要选择某一种辅助生产费用分配方法,然后系统将费用分配结果自动填入相应的表格。在 Excel 中,结合 VBA 平台编写程序代码可以实现这样的功能。

1. Excel+VBA 的程序设计概述

Excel 除了具有一般电子表格软件的数据处理、统计分析、图表功能外,其最大的特点是集成了 VBA 环境。从 Microsoft Office 97 版本开始,微软为所有的 Office 系列软件加入了统一的应用程序扩展语言——Visual Basic For Application(VBA),并提供了 VBA 的 IDE(Integrated Development Environment,即应用程序集成开发环境)。

VB,即 Visual Basic,是微软公司推出的可视化 BASIC 语言,因为它入门和使用简单,而且功能强大,被程序开发者广泛使用,所以微软公司将它的一部分代码集成到 Office 中,形成我们今天所说的 VBA。它的很多语法继承了 VB,所以我们可以像编写 VB 语言那样来编写 VBA 程序,以实现某个功能。

作为非常流行的应用程序开发语言 Visual Basic 的子集,VBA 具有 VB 语言的大多数特征和易用性,但 VBA 所编写的程序只能在相应的 Office 组件中才能运行。针对 Excel 来说,它最大的特点就是将 Excel 作为开发平台来开发应用程序,同时可以应用 Excel 的所有功能,如数据处理、图表绘制、数据库连接、内置函数等。所以,我们可以将 Excel+VBA 的程序设计理解为以 Excel 作为开发平台用 VBA 编程来实现基于表格的应用程序。

一方面,VBA 的广泛应用得益于 Office 的成功推广;另一方面,Office 能取得巨大成功,VBA 也功不可没。只需掌握基本的编程技能,便能使用 VBA 在 Office 的组件中完成很多专业程序员才能完成的功能。这使得 VBA 更容易被采用,目前网络上基于 Excel、Word 的 VBA 小程序不计其数。当然,另一个现实是,VBA 程序员很多是业余程序员,解决的却是工作中需要解决的问题,所以,VBA 程序大多都只是在部门内部或个人使用的小工具。

2. VBA 集成开发环境(IDE)

VBA IDE 是进行程序设计和代码编写的软件,同一版本的 Office 共享同一 IDE。要使用 VBA 进行数据处理,第一要熟悉 VBA 的 IDE 环境,知道在哪里开始代码的编写,如何编写代码,设计窗体,创建类模块(对象);第二要熟悉 VBA 的基本语法。本书由于篇幅有限,只简单介绍需要使用的部分功能和简单的语法。

(1) 打开 VBA IDE

VBA 代码和 Excel 文件是保存在一起的,可以通过点击打开 VBA 的 IDE 环境(见图 11-24),进行程序设计和代码编写。打开 IDE 的方法还有以下几种。

方式一:通过快捷键"Alt + F11"。

方式二:选择(窗口左上角)Office 按钮,在菜单的右下角选择"Excel 选项",在弹出的对话框中选中"常用"下的"在功能区显示'开发工具'选项卡"命令后点击确定。这样主菜单中就会增加"开发工具"选项卡,点击其下第一个子项"Visual Basic"进入。

方式三:右键单击工作表标签(如"Sheet1"),在菜单中选择 (查看代码)命令。

(2) VBA IDE 的组成

图 11-24 为 Excel VBA 的 IDE 环境。对于同一程序,例如 Excel,不管你打开几个 Excel 文件,但启动的 VBA IDE 环境只有一个。默认情况下,VBA IDE 环境上方为菜单和工具条,左侧上方窗口为工程资源管理器窗口,资源管理器窗口之下为属性窗口,右侧最大的窗口为代码窗口。

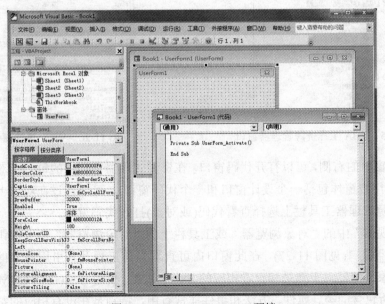

图 11-24　Visual Basic IDE 环境

在资源管理器窗口可以看到所有打开和加载的 Excel 文件及其加载宏。每一个 Excel 文件，对应的 VBA 工程都有 4 类对象，包括 Microsoft Excel 对象、窗体、模块和类模块(见图 11-25)。Microsoft Excel 对象代表了 Excel 文件及其包括的工作簿等几个对象，包括所有的 Sheet 和一个 Workbook，分别表示文件(工作簿)中所有的工作表(包括图表)。例如默认情况下，Excel 文件包括 3 个 Sheet，在资源管理器窗口就包括 3 个 Sheet，并且使用相同的名字来对应。其下"ThisWorkbook"项代表当前 Excel 文件，双击这些对象会打开代码窗口(图 11-24 右侧窗口)，在此窗口中可输入相关的代码来响应工作簿或者文件的一些事件，例如文件的打开、关闭，工作簿的激活、内容修改、选择等(有关事件、Excel 对象模型见本章之后的内容)。窗体对象代表了自定义对话框或界面，模块为自定义代码的载体，类模块则是以类或对象的方式编写代码的载体。在工程资源管理器窗口的右键菜单下，有添加用户窗体、模块、类模块的选项，也可以将已有的模块移除、导入和导出。在工程资源管理器之下，也可以通过将一个工程中的模块用鼠标拖曳到另一个工程实现模块在工程之间的复制。

在 VBA 工程资源管理器之下是属性窗口，主要用于对象属性的交互式设计和定义，例如选中图 11-25 中的 VBAProject——UserForm1，在属性窗口即可更改其名称。属性窗口除了更改工程、各对象、模块的基本属性外，主要用途是用户窗体(自定义对话框)的交互式设计。图 11-26 显示的就是一个打开的窗体(UserForm1)的属性窗口。

图 11-25　VBA 工程资源管理器窗口

图 11-26　VBA 属性窗口

在 IDE 窗口的右侧，可以打开代码窗口。在资源管理器窗口中的每一个对象会对应一个代码窗口(用户窗体包括一个设计窗口和一个代码窗口)。可以通过在对象上双击、在右键菜单或资源管理器工具栏上选择查看代码(或对象)打开代码窗口。

单击"视图"中的"对象浏览器"或工具栏上的"对象浏览器"命令按钮，即可打开对象浏览器窗口(见图 11-27)，在此窗口内可查看当前工程及其引用对象的属性、方法和事件。对象浏览器对于熟悉和查看相应的 Excel 对象、引用对象(包括 COM 对象、其他 Excel 程序)所包含的类、属性、方法和事件非常有用，特别是在没有相应的帮助资料或者文档的情况下，对象浏览器是查看一个对象的内容的最有效的工具。

图 11-27　VBA IDE 环境的对象浏览器

此外，VBA IDE 的环境中还包括立即窗口、本地窗口和监视窗口，它们主要用于监测程序的运行和参数的变化。

3. 在 Excel 中进行辅助生产费用分配方法的选择

(1) 建立"辅助生产费用分摊方法选择"窗口

步骤一：打开 VBA IDE 窗口，在"插入"菜单中选择插入"用户窗体"，系统自动添加一个名为"UserForm1"的窗体(见图 11-28)。将鼠标选中窗体的边沿，拖动鼠标可以任意改变这个窗体的大小。在属性窗口中，我们可以修改这个窗体的名称、大小、字体字型、背景颜色，甚至在其中添加图片等。我们将窗体的名称改为"辅助生产费用分摊方法选择"。

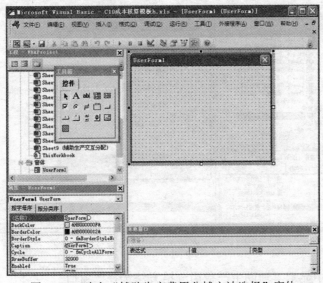

图 11-28　建立"辅助生产费用分摊方法选择"窗体

步骤二：在"工具箱"中选择"框架"，将它添加在窗体中，并将名称改为"方法选择"（见图 11-29）。辅助生产费用分摊方法有五种，这五种方法每次只能选择一种，我们将使用单选按钮，因此首先要建立一个框架，再将单选按钮放在其中，以保证能正确地做出选择。

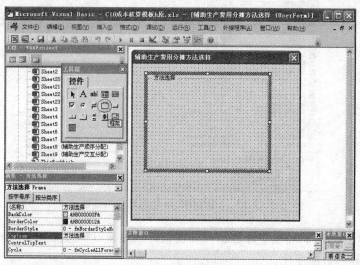

图 11-29　添加框架

步骤三：在"方法选择"框架中添加五个单选按钮，并将名称依次修改为"直接分配法""顺序分配法""交互分配法""代数分配法"和"计划成本分配法"。在"格式"菜单中，选择相应的命令，将这五个单选按钮排列整齐。在"方法选择"框架下添加两个命令按钮，并将名称修改为"确定"和"取消"，如图 11-30 所示。

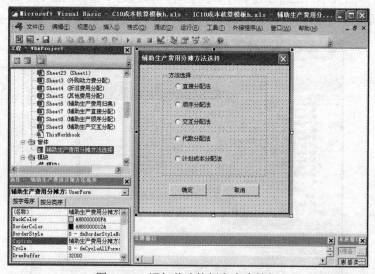

图 11-30　添加单选按钮和命令按钮

(2) 在 Excel 中显示"辅助生产费用分摊方法选择"窗口

以上的步骤在 VBA 中建立了一个用于辅助生产费用分摊方法选择的窗口，现在，我们需要将这个窗口显示在 Excel 的表格中。

步骤一：在 VBA IDE 窗口的"插入"菜单中选择插入"模块"，系统自动添加"模块1"。在其中添加代码：

```
Sub 窗口调用
辅助生产费用分摊方法选择.Show
End Sub
```

这段代码是定义一个命令，当这个命令被调用时，"辅助生产费用分摊方法选择"窗口显示(见图 11-31)。

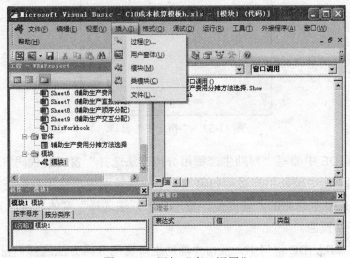

图 11-31　添加"窗口调用"

步骤二：选中 Excel 中的"辅助生产费用归集"表，在其中添加一个表单控件——按钮(窗体控件)，见图 11-32。系统弹出"指定宏"窗口，见图 11-33。窗口中的"窗口调用"就是上一步骤中定义的窗口调用命令，将其选中，点击"确定"按钮。将按钮的名称改为"辅助生产费用分配方法选择"。

图 11-32　在"辅助生产费用归集"表中添加按钮

这里需要说明的是，在 Excel 中的"辅助生产费用归集"表中添加按钮时有两个选择，一个是表单控件，另一个是 Activex 控件。这两者的区别是，如果我们添加的是 Activex 控件，则系统直接进入 VBA IDE 中的代码窗口中，而如果添加的是表单控件，则系统弹出"指定宏"窗口(见图 11-33)。也就是说，使用 Activex 控件必须编写 VBA 代码，而表单控件可以引用宏。

图 11-33 "指定宏"窗口

(3) 在 VBA IDE 中编写"辅助生产费用分摊方法选择"窗口的代码

现在，我们点击"辅助生产费用归集"表中的"辅助生产费用分配方法选择"按钮，系统就能将图 11-30 中建立的"辅助生产费用分摊方法选择"窗体显示出来，但是点击其中的按钮没有任何反应。

步骤一：在 VBA IDE 窗口中，点击"辅助生产费用分摊方法选择"窗体中的"确定"按钮，系统进入"确定"按钮的代码编写窗口(见图 11-34)。在其中添加代码：

```
    Private Sub CommandButton1_Click()
    '如果未选择任何一种辅助生产费用分配方法就点击"确定"按钮，则系统弹出提示框"请选择要使用的辅助生产费用分配方法"
     If OptionButton1.Value = False And OptionButton2.Value = False And OptionButton3.Value = False And OptionButton4.Value = False And OptionButton5.Value = False Then
          MsgBox "请选择要使用的辅助生产费用分配方法"
          Exit Sub
       End If
    '如果"辅助生产车间劳务信息表"中的数据填写不完整，则系统给出提示并结束程序。
    If Sheet6.Cells(24, 4) = 0 Or Sheet6.Cells(25, 3) = 0 Or Sheet6.Cells(26, 3) = 0 Or Sheet6.Cells(26, 4) = 0 Or Sheet6.Cells(27, 3) = 0 Or Sheet6.Cells(27, 4) = 0 Or Sheet6.Cells(28, 3) = 0 Or Sheet6.Cells(28, 4) = 0 Then
          MsgBox "请将"辅助生产车间劳务信息表"中的数据填写完整。"
          辅助生产费用分摊方法选择.Hide
          Exit Sub
    End If
    '根据选择的不同辅助生产费用分配方法，将计算结果填入对应的表格中。
      If OptionButton1.Value = True Then
            Sheet12.Cells(8, 7) = Sheet7.Cells(8, 3)
            Sheet12.Cells(8, 8) = Sheet7.Cells(8, 4)
```

```
        ElseIf OptionButton2.Value = True Then
            Sheet12.Cells(8, 7) = Sheet8.Cells(16, 4)
            Sheet12.Cells(8, 8) = Sheet8.Cells(16, 5)
        ElseIf OptionButton3.Value = True Then
            Sheet12.Cells(8, 7) = Sheet9.Cells(13, 5)
            Sheet12.Cells(8, 8) = Sheet9.Cells(13, 6)
        ElseIf OptionButton4.Value = True Then
            Sheet12.Cells(8, 7) = Sheet10.Cells(17, 4)
            Sheet12.Cells(8, 8) = Sheet10.Cells(17, 5)
        ElseIf OptionButton5.Value = True Then
            Sheet12.Cells(8, 7) = Sheet11.Cells(12, 4)
            Sheet12.Cells(8, 8) = Sheet11.Cells(12, 5)
    End If
' 数值填入后,将窗口隐藏,并将"制造费用归集"表显示出来。
    辅助生产费用分摊方法选择.Hide
    Sheets("制造费用归集").Select
End Sub
```

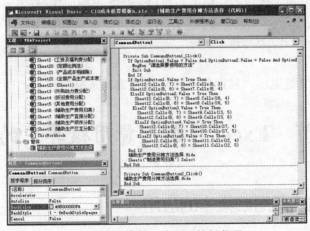

图 11-34　编制"确定"按钮代码

这段代码中的第一个 IF 语句的含义是如果用户没有选择任何一种费用分摊方法就点击"确定"按钮,则系统弹出提示框"请选择要使用的方法"(见图 11-35)。

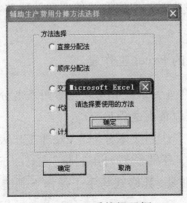

图 11-35　系统提示框

代码中的第二个 IF 语句的含义是如果"辅助生产车间劳务信息表"中的相关参数填写不完整时，则系统给出提示信息，并结束程序回到制造费用归集表中。

代码中的第三个 IF 语句的含义根据用户在"辅助生产费用分摊方法选择"窗口中选择的方法，将各种方法的计算结果填入对应的表格中。例如其中的"Sheet12.Cells(8，7) = Sheet7.Cells(8，3)"等于公式"制造费用归集！G8＝辅助生产直接分配！C8"，是指"制造费用——基本生产车间"明细账内"修理费"项目来源于按直接分配法分配到基本生产车间一般耗用的修理费，即"辅助生产直接分配"Excel 工作表 C8 单元格。

代码"辅助生产费用分摊方法选择.Hide"的含义是系统把费用填入相应表格中后，将"辅助生产费用分摊方法选择"窗口隐藏。

代码"Sheets("制造费用归集").Select"的含义是将"制造费用归集"表选中为活动表格。

步骤二：在 VBA IDE 窗口中，点击"辅助生产费用分摊方法选择"窗体中的"取消"按钮，系统进入"取消"按钮的代码编写窗口。在其中添加代码：

```
Private Sub CommandButton2_Click()
辅助生产费用分摊方法选择.Hide
End Sub
```

这段代码的含义是退出"辅助生产费用分摊方法选择"窗口，即将窗口隐藏起来。

第五节　Excel 在制造费用核算中的应用

一、Excel 在制造费用归集中的应用

制造费用是工业企业为生产产品(或提供劳务)而发生、应计入产品成本但没有专设成本项目的各项生产费用。制造费用的内容比较复杂，应按照管理要求分别设立若干费用项目进行计划和核算，归类反映各项费用的计划执行情况。"制造费用"科目一般按车间、部门设置明细账。制造费用发生时，根据有关凭证和前述各类费用分配表，记入"制造费用"明细账内的相关项目。

（一）创建制造费用归集的 Excel 工作表

【例 11-7】续前例，2017 年 5 月名凯公司发生费用及其分配见【例 11-1】至【例 11-6】。利用 Excel 表，根据相关资料归集制造费用。

在同一工作簿，"辅助生产计划成本分配"Excel 工作表后插入空白工作表，将其命名为"制造费用归集"。同时，于"制造费用归集"Excel 工作表中，编制名凯公司下设基本生产车间的制造费用明细账。其格式与手工操作下制造费用明细账一致，如表 11-14 所示。

第十一章　Excel在成本核算中的应用

表 11-14　制造费用明细账 Excel 结构表

	A	B	C	D	E	F	G	H	I	J	K	L
1	车间: 基本生产车间					制造费用明细账						
2						2017年5月					单位: 元	
3	日期	摘要	机物料消耗	动力费用	职工薪酬	折旧费	修理费	运输费	办公费	其他	合计	转出
4		材料费用分配表	=材料费用分配!I11								=SUM(C4:J4)	
5		外购动力费用分配表		=外购动力费分配!J11							=SUM(C5:J5)	
6		工资及福利费分配表			=工资及福利费分配!E25						=SUM(C6:J6)	
7		折旧费用分配表				=折旧费用分配!C23					=SUM(C7:J7)	
8		辅助生产费用分配表						*			=SUM(C8:J8)	
9		其他费用分配表							=其他费用分配!D11	=其他费用分配!D12	=SUM(C9:J9)	
10		制造费用分配表	=SUM(C4:C10)	=SUM(D4:D10)	=SUM(E4:E10)	=SUM(F4:F10)	=SUM(G4:G10)	=SUM(H4:H10)	=SUM(I4:I10)	=SUM(J4:J10)	=SUM(C10:J10)	*
11		合计									=SUM(K4:K10)	=SUM(L4:L10)

*单元格需确定了辅助车产费用分配方法或制造费用分配方法后才能予以确定。

(二) 确定单元格间运算关系

根据制造费用明细账的各费用项目，由前文各种分配表获取制造费用明细账需归集的各类费用数据。对应到 Excel 工作簿中，有如下关系。

应记入"制造费用——基本生产车间"的材料费用(即"制造费用归集"Excel 工作表中的单元格 C4)来源于材料费用分配表中分给基本生产车间一般耗用的材料费用(即"材料费用分配"Excel 工作表中的单元格 I11)；

应记入"制造费用——基本生产车间"的动力费用(即"制造费用归集"Excel 工作表中的单元格 D5)来源于外购动力费用分配表中分给基本生产车间一般耗用的动力费用(即"外购动力费分配"Excel 工作表中的单元格 J11)；

应记入"制造费用——基本生产车间"的职工薪酬(即"制造费用归集"Excel 工作表中的单元格 E6)来源于工资及福利费分配表中分给基本生产车间管理人员的工资费用和福利费(即"工资及福利费分配"Excel 工作表中的单元格 E25)；

应记入"制造费用——基本生产车间"的折旧费用(即"制造费用归集"Excel 工作表中的单元格 F7)来源于折旧费用分配表中分给基本生产车间的折旧费用(即"折旧费用分配"Excel 工作表中的单元格 C23)；

应记入"制造费用——基本生产车间"的办公费和其他费用(即"制造费用归集"Excel 工作表中的单元格 I9 和 J9)分别来源于其他费用分配表中分给基本生产车间一般耗用的办公费和其他费用(即"其他费用分配"Excel 工作表中的单元格 D11 和 D12)；

应记入"制造费用——基本生产车间"的修理费和运输费(即"制造费用归集"Excel 工作表中的单元格 G8 和 H8)，在确定辅助生产费用分配方法之后，于对应方法下的辅助生产费用分配表中获取本科目承担的修理车间费用及运输车间费用。由于本案例采用交互分配法分配辅助生产费用，则基本生产车间制造费用将通过"辅助生产交互分配"Excel 工作表中基本生产车间一般耗用的修理费和运输费获取。其核算的具体内容已在辅助生产费用分配方法选择中进行了讲解，在此不做赘述。

当各类费用分配表信息录入制造费用明细账中后，即可对制造费用明细账进行费用汇总，并将当期归集制造费用传递到制造费用分配表。

二、Excel 在制造费用分配中的应用

制造费用的分配是指在生产多种产品的车间发生的制造费用不能作为直接费用直接记入有关产品的成本中，而应该作为间接费用处理，采用适当的分配方法进行分配，分别计入相应的产品成本。从分配原理看，制造费用分配需要明确以下问题：①由哪种产品负担制造费用；②如何负担；③负担多少。也就是说，制造费用分配的关键问题是确定制造费用的分配对象和分配标准。合理的制造费用分配标准与制造费用发生应具有较强的因果关系，且分配标准应较易获得。

常用的制造费用分配方法主要有生产工时比例法、生产工人工资比例法、机器工时比

例法和按年度计划分配率分配法。企业无论采用哪种分配方法，每月重复计算和分配制造费用的工作量都较大，且易出错，特别是生产车间的产品品种较多的情况下更是如此。因此，通过 Excel 建立制造费用分配工作表能够帮助我们快速、准确地进行制造费用的核算。

三、利用 Excel 按分配标准分配制造费用

四种常用的制造费用分配方法中，生产工时比例法、生产工人工资比例法、机器工时比例法有较大的相似性。这三种方法都是将制造费用当期归集费用，在生产车间同时生产的若干产品间按照指定的分配标准进行分配。而这些分配标准大都能够从已有的核算资料中直接获取，并不需要进行分配标准的换算或者处理。除分配标准的获取途径不同，这三种方法的分配对象一致，分配原理相同。为简化核算工作，增强制造费用分配表 Excel 工作表的应用，将这三种制造费用分配方法的核算程序设计为同一张 Excel 工作表。

（一）制造费用按分配标准分配案例

【例 11-8】续前例，名凯公司 2017 年 5 月基本生产车间生产的基本资料如下：A 产品生产工时 2 400 小时，B 产品生产工时 3 600 小时；生产 A 产品工人工资 46 000 元，生产 B 产品工人工资 72 000 元(见工资费用分配表)；A 产品耗用机器工时 2 200 小时，B 产品耗用机器工时 3 800 小时(见外购动力费用分配表)。按照生产工时比例法、生产工人工资比例法、机器工时比例法的分配原理设计 Excel 工作表。

（二）创建制造费用按分配标准分配的 Excel 工作表

在同一工作簿"制造费用归集"Excel 工作表后，插入一张空白工作表，命名为"制造费用按分配标准分配"。为使"制造费用按分配标准分配"Excel 工作表能够满足三种分配标准核算的需要，将该工作表划分为"制造费用信息区"和"制造费用分配区"，分别完成不同分配资料的采集和相同核算原理核算的两项工作。

"制造费用信息区"主要添加按不同方法分配制造费用所必需的基础资料，如待分配费用、各种产品的分配标准等。由于"制造费用按分配标准分配"Excel 工作表在同一运算表格内承载了三种分配方法，在资料录入区必须明确录入的资料属于哪种分配方法体系。"制造费用分配区"即为手工核算下的制造费用分配表。由于生产工时比例法、生产工人工资比例法和机器工时比例法的分配原理相同，制造费用分配表无须做特别设计。

用"制造费用分配信息表"和"制造费用分配表"两张表格分别体现"制造费用信息区"和"制造费用分配区"功能，将其建立在"制造费用按分配标准分配"Excel 工作表 A1：E6 区域和 A7：E13 区域，见表 11-15。

（三）确定单元格运算关系

由于生产工时比例法、生产工人工资比例法和机器工时比例法的分配原理相同，其区

别仅仅是选用的分配标准不同，因此，可用一种分配方法的计算步骤引导出其他分配方法的计算程序。现以生产工时比例法为例，分析"制造费用按分配标准分配"Excel 工作表内单元格间的运算关系，见表 11-15。

表 11-15　制造费用按分配标准分配的 Excel 结构表

	A	B	C	D	E
1	制造费用分配信息表					
2	车间：基本生产车间		2017 年 5 月		单位：元
3	分配对象		产品名称	分配标准	
4	名称	金额		名称	分配参数
5	制造费用总额	=制造费用归集!K11	A 产品	生产工时	2 400
6			B 产品		3 600
7	名凯公司制造费用分配表				
8	=CONCATENATE(D5，"比例法")				
9	车间：基本生产车间		2017 年 5 月		单位：元
10	应借科目		分配标准	分配率	分配金额
11	基本生产成本	A 产品	=E5	=B5/(C11+C12)	=C11*D11
12		B 产品	=E6		=C12*D11
13	合计		=C11+C12		=E11+E12

在上表中，由于分配标准的名称不同，在 A8 中需要输出的文字也不同。Excel 中的 CONCATENATE (text1，text2，...)函数可以完成这个要求。

CONCATENATE (text1，text2，...)函数用于将几个文本字符串合并为一个文本字符串。其中 text1，text2，...为 1 到 30 个将要合并成单个文本项的文本项。这些文本项可以为文本字符串、数字或对单个单元格的引用。也可以用&(和号)运算符代替函数 CONCATENATE 实现文本项的合并。

因此，A8 中可以输入公式"=CONCATENATE(D5，"比例法")"，也可以输入公式"=D5&"比例法""。

步骤一：获取制造费用分配信息。

按生产工时比例法分配制造费用，其需要分配的对象为制造费用明细账归集的费用总额。对应到"制造费用按分配标准分配"Excel 工作表，有：

分配对象金额(B5)来源于"制造费用归集"Excel 工作表 K11 单元格。

本例采用生产工时比例法，则分配标准名称("制造费用按分配标准分配"Excel 工作表 D5 单元格)为"生产工时"；由表 11-15 可知，A 产品对应的分配标准参数("制造费用按分配标准分配"Excel 工作表 E5 单元格)为 2 400 小时；B 产品对应的分配标准参数("制造费用按分配标准分配"Excel 工作表 E6 单元格)为 3 600 小时。为便于 Excel 工作表的灵活运用,将"制造费用按分配标准分配"Excel 工作表内 D5、E5 和 E6 单元格,按照资料录入区格式要求设置为浅绿色背景。

步骤二:制造费用分配。

首先,确定制造费用分配使用的方法。制造费用按分配标准分配的三种方法都是按照其分配标准的名称命名,因此,可按"制造费用分配信息"表中"分配标准"栏目("制造费用按分配标准分配"Excel 工作表 D5 单元格)录入信息确定制造费用分配表采用方法栏目("制造费用按分配标准分配"Excel 工作表 A8 单元格)。

其次,确定承担制造费用的各种产品的分配标准。通过制造费用分配信息表,可以直接获取本案例中 A、B 产品的分配标准。对应到"制造费用按分配标准分配"Excel 工作表,有:

C11=E5;

C12=E6。

然后,计算制造费用分配率。按生产工时比例法分配制造费用,其分配率等于制造费用总额除以车间产品生产工时总额(即分配标准之和)。对应到"制造费用按分配标准分配"Excel 工作表,有:

D11=B5÷(C11+C12)。

最后,计算各产品承担制造费用金额。按生产工时比例法分配制造费用,各种产品应分配的制造费用等于该种产品生产工时(即分配标准)乘以制造费用分配率。对应到"制造费用按分配标准分配"Excel 工作表,有:

E11=C11×D11;

E12=C12×D11。

步骤三:各项费用的汇总。

单元格间运算关系见表 11-15。

四、利用 Excel 按年度计划分配率分配法分配制造费用

四种常用的制造费用分配方法中,按年度计划分配率分配法较其他方法复杂,涉及的基础数据采集也较其他三种方法多。采用这种方法,不论各月实际发生的制造费用有多少,需按照年度开始前确定的全年适用的计划分配率分配制造费用。其分配工作,必须先掌握年度计划分配率的计算要素,以及本期核算车间各产品承担制造费用的参数。

(一) 制造费用按年度计划分配率分配案例

【例 11-9】续前例,名凯公司 2017 年全年制造费用计划数为 1 110 000 元;全年各种产品计划产量为:A 产品 25 000 件,B 产品 35 000 件。单件产品的工时定额为:A 产品 1 小时,B 产品 1.2 小时。5 月份实际产量为:A 产品 2 000 件,B 产品 3 000 件。根据按年度计划分配率分配法的分配原理设计 Excel 工作表。

(二) 创建制造费用按年度计划分配率分配的 Excel 工作表

在同一工作簿 "制造费用按分配标准分配" Excel 工作表后,插入一张空白工作表,命名为 "制造费用按年度计划分配率分配"。将 "制造费用按年度计划分配率分配" Excel 工作表划分为 "制造费用信息区" 和 "制造费用分配区",分别完成不同分配资料的采集和相同核算原理核算的两项工作。

"制造费用信息区" 添加按年度计划分配率分配法分配制造费用所必需的基础资料,如全年制造费用计划数、全年各种产品计划产量、单件产品工时定额、当期各种产品实际产量等。"制造费用分配区" 即为手工核算下的制造费用分配表。由于按年度计划分配率分配制造费用与其他分配方法的差异主要在分配率计算和分配标准确定上,而分配金额的计算并无差异,因此,按年度计划分配率分配法下的制造费用分配表无须做特别设计。

将 "制造费用年度计划分配信息表" 和 "制造费用分配表" 两张表格分别建立在 "制造费用按分配标准分配" Excel 工作表 A1:F6 区域和 A7:E13 区域,见表 11-16。

(三) 确定单元格运算关系

根据按年度计划分配率分配法,分析 "制造费用按年度计划分配率分配" Excel 工作表内单元格间的运算关系,见表 11-16。

表 11-16 制造费用按年度计划分配率分配的 Excel 结构表

	A	B	C	D	E	F
1	制造费用年度计划分配信息表					
2	车间:基本生产车间		2017 年 5 月			单位:元
3	分配对象		产品名称	实际产量	年度计划参数	
4	名称	金额			计划产量	单件工时定额
5	年度制造费用计划总额	1 110 000	A 产品	2 000	25 000	1.0
6			B 产品	3 000	35 000	1.2
7	制造费用分配表					
8	按年度计划分配率分配法					
9	车间:基本生产车间		2017 年 5 月		单位:元	
10	应借科目		分配标准	分配率	分配金额	
11	基本生产成本	A 产品	=D5*F5	=B5/(E5*F5+E6*F6)	=C11*D11	
12		B 产品	=D6*F6		=C12*D11	
13	合 计		=C11+C12		=E11+E12	

步骤一:获取制造费用分配信息。

由【例 11-9】,填写制造费用年度计划分配信息表。对应到 "制造费用按年度计划分配率分配" Excel 工作表,按年度计划分配率分配法分配对象金额(单元格 B5),A、B 产品实际产量(单元格 D5 和 D6)，A、B 产品年度计划产量(单元格 E5 和 E6)，A、B 产品单件工时定额(单元格 F5 和 F6)，都是可以通过已有资料获取的基础数据。为便于 Excel 工作表的灵活运用，将"制造费用按年度计划分配率分配"Excel 工作表内以上单元格按资料录入区要求设置为浅绿色背景。

步骤二：制造费用分配。

首先，确定承担制造费用的各种产品的分配标准。通过制造费用年度计划分配信息表，可以计算获取本案例中 A、B 产品的分配标准。对应到"制造费用按年度计划分配率分配"Excel 工作表，有：

$C11 = D5 \times F5$；

$C12 = D6 \times F6$。

然后，计算制造费用分配率。年度计划分配率等于年度制造费用计划总额除以年度各种产品计划产量的定额工时总额。对应到"制造费用按年度计划分配率分配"Excel 工作表，有：

$D11 = B5 \div (E5 \times F5 + E6 \times F6)$。

最后，计算各产品承担的制造费用金额。各种产品应分配的制造费用等于本期该种产品实际产量的定额工时(即分配标准)乘以制造费用年度计划分配率。对应到"制造费用按年度计划分配率分配"Excel 工作表，有：

$E11 = C11 \times D11$；

$E12 = C12 \times D11$。

步骤三：各项费用的汇总。

单元格间运算关系见表 11-16。

五、利用 Excel 完成制造费用分配方法的选择

利用 Excel 完成辅助生产费用分配方法选择的 Excel 程序，同样可以运用于制造费用分配方法的选择中来。当"制造费用归集"Excel 工作表中的归集程序计算完毕，通过 Excel 提供的功能进行分配方法的选择。当核算程序导入所选分配方法的 Excel 工作表下，录入制造费用分配的基础信息，Excel 工作表将自动完成计算分配工作。同时，将计算结果返回到制造费用明细账和生产成本明细账。

(一) 制造费用的转出及数据输出

制造费用分配工作完成，需将其分配金额从制造费用明细账中的贷方转出。由于制造费用分配所采用的方法不同，其分配金额也存在差异。

采用生产工时比例法、生产工人工资比例法和机器工时比例法三种方法时，启用"制造费用按分配标准分配"Excel 工作表。无论采用的是三种方法中的哪一种，都从制造费用分配表中的同一单元格取数，将分配金额合计栏数据传递到制造费用明细账的转出栏目，将 A、B 产品分配金额栏数据分别传递到 A、B 产品的生产成本明细账。对应到 Excel

工作簿有：

制造费用归集！L10＝制造费用按分配标准分配！E13；

A产品生产成本明细账"制造费用"栏＝制造费用按分配标准分配！E11；

B产品生产成本明细账"制造费用"栏＝制造费用按分配标准分配！E12。

采用按年度计划分配率分配法时，启用"制造费用按年度计划分配率分配"Excel 工作表。将该工作表中制造费用分配表内分配金额合计栏数据传递到制造费用明细账的转出栏目，将A、B产品分配金额栏数据分别传递到A、B产品的生产成本明细账。对应到Excel工作簿有：

制造费用归集！L10＝制造费用按年度计划分配率分配！E13；

A产品生产成本明细账"制造费用"栏＝制造费用按年度计划分配率分配！E11；

B产品生产成本明细账"制造费用"栏＝制造费用按年度计划分配率分配！E12。

（二）程序设计

1. 建立"制造费用按分配标准分配信息输入"窗口

步骤一：打开VBA IDE窗口，在"插入"菜单中选择插入"用户窗体"，并将窗体的名称改为"制造费用按分配标准分配信息输入"。在"工具箱"中选择"标签"和"文本框"，将它添加在窗体中，并将"标签"名称依次修改为："分配标准名称""A产品分配参数"和"B产品分配参数"。在"方法选择"框架下添加两个命令按钮，并将名称修改为"确定"和"取消"（见图11-36）。

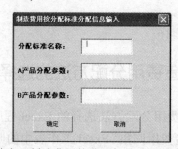

图11-36　建立"制造费用按分配标准分配信息输入"窗口

步骤二：双击"确定"按钮，输入代码。

```
Private Sub CommandButton1_Click()
Sheet13.Select
If TextBox1.Value = "" Or TextBox2.Value = "" Or TextBox3.Value = "" Then
    MsgBox "请将制造费用分配信息完整输入。"
    Exit Sub
End If
Sheet13.Cells(5, 4) = TextBox1.Value
Sheet13.Cells(5, 5) = TextBox2.Value
Sheet13.Cells(11, 3) = TextBox2.Value
Sheet13.Cells(6, 5) = TextBox3.Value
```

第十一章 Excel在成本核算中的应用

```
    Sheet13.Cells(12, 3) = TextBox3.Value
    Sheet13.Cells(8, 1) = TextBox1.Value & "比例法"
    Sheet13.Cells(11, 4) = Sheet13.Cells(5, 2) / (Sheet13.Cells(11, 3) + Sheet13.Cells(12, 3))
    Sheet13.Cells(11, 5) = Sheet13.Cells(11, 3) *Sheet13.Cells(11, 4)
    Sheet13.Cells(12, 5) = Sheet13.Cells(12, 3)* Sheet13.Cells(11, 4)
    Sheet13.Cells(13, 5) = Sheet13.Cells(11, 5)+ Sheet13.Cells(12, 5)
    制造费用分配标准分配信息输入.Hide
End Sub
```

这段代码的含义是,首先判断"制造费用按分配标准分配"表中制造费用分配信息是否输入完整,如果输入不完整则系统弹出提示信息(见图11-37)。将窗口中输入的参数值填入表格中的相应位置,通过计算得出费用分配结果。

图 11-37 "制造费用按分配标准分配信息输入"窗口提示信息

步骤三:双击"取消"按钮,输入代码。

```
Private Sub CommandButton2_Click()
    制造费用分配标准分配信息输入.Hide
End Sub
```

2. 建立"制造费用按年度计划分配率分配信息输入"窗口

步骤一:打开 VBA IDE 窗口,在"插入"菜单中选择插入"用户窗体",并将窗体的名称改为"制造费用按年度计划分配率分配信息输入"。在"工具箱"中选择"标签"和"文本框",将它添加在窗体中,并将"标签"名称依次修改为:"年度制造费用计划总额""A产品实际产量""A产品全年计划产量""A产品单件工时定额"和"B产品实际产量""B产品全年计划产量""B产品单件工时定额"。在"方法选择"框架下添加两个命令按钮,并将名称修改为"确定"和"取消"(见图11-38)。

图 11-38 建立"制造费用按年度计划分配率分配信息输入"窗口

步骤二:双击"确定"按钮,输入代码。

```
Private Sub CommandButton1_Click()
Sheet14.Select
If TextBox1.Value = "" Or TextBox2.Value = "" Or TextBox3.Value = ""
Or TextBox4.Value = "" Or TextBox5.Value = "" Or TextBox6.Value = "" Or
TextBox7.Value = "" Then
    MsgBox "请将制造费用分配信息完整输入。"
        Exit Sub
End If
Sheet14.Cells(5, 2) = TextBox1.Value
Sheet14.Cells(5, 4) = TextBox2.Value
Sheet14.Cells(6, 4) = TextBox3.Value
Sheet14.Cells(5, 5) = TextBox4.Value
Sheet14.Cells(6, 5) = TextBox5.Value
Sheet14.Cells(5, 6) = TextBox6.Value
Sheet14.Cells(6, 6) = TextBox7.Value
Sheet14.Cells(11, 4) = Sheet14.Cells(5, 2) / (Sheet14.Cells(5, 5) *
Sheet14.Cells(5, 6) + Sheet14.Cells(6, 5) * Sheet14.Cells(6, 6))
Sheet14.Cells(11, 5)= Sheet14.Cells(11, 3)* Sheet14.Cells(11, 4)
Sheet14.Cells(12, 5)= Sheet14.Cells(12, 3)* Sheet14.Cells(11, 4)
Sheet14.Cells(13, 5)= Sheet14.Cells(11, 5) + Sheet14.Cells(12, 5)
制造费用按年度计划分配率分配.Hide
End Sub
```

这段代码的含义同上。

步骤三：双击"取消"按钮，输入代码。

```
Private Sub CommandButton2_Click()
    制造费用按年度计划分配率分配.Hide
End Sub
```

3. 建立"制造费用分配方法选择"窗口

步骤一：打开 VBA IDE 窗口，在"插入"菜单中选择插入"用户窗体"，并将窗体的名称改为"制造费用分配方法选择"。在"工具箱"中选择"框架"，将它添加在窗体中，并将名称改为"方法选择"。在"方法选择"框架中添加两个单选按钮，并将名称依次修改为"按分配标准分配"和"按年度计划分配率分配"。在"格式"菜单中，选择相应的命令，将这两个单选按钮排列整齐。在"方法选择"框架下添加两个命令按钮，并将名称修改为"确定"和"取消"（见图 11-39）。

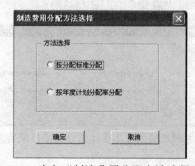

图 11-39　建立"制造费用分配方法选择"窗口

步骤二：双击"确定"按钮，输入代码。

```
Private Sub CommandButton1_Click()
' 如果未选择任何一种制造费用分配方法就点击"确定"按钮，则系统弹出提示框"请选择要使用的制造费用分配方法"。
    If OptionButton1.Value=False And OptionButton2.Value = False Then
        MsgBox "请选择要使用的制造费用分配方法"
        Exit Sub
    End If
' 根据选择的不同制造费用分配方法，将计算结果填入对应的表格中。
    If OptionButton1.Value = True Then
            制造费用分配方法选择.Hide
            制造费用分配标准分配信息输入.Show
            Sheet15.Cells(6, 5) = Sheet13.Cells(11, 5)
            Sheet15.Cells(16, 5) = Sheet13.Cells(12, 5)
            Sheet16.Cells(6, 5) = Sheet13.Cells(11, 5)
            Sheet16.Cells(16, 5) = Sheet13.Cells(12, 5)
            Sheet17.Cells(6, 5) = Sheet13.Cells(11, 5)
            Sheet17.Cells(16, 5) = Sheet13.Cells(12, 5)
            Sheet18.Cells(6, 5) = Sheet13.Cells(11, 5)
            Sheet18.Cells(16, 5) = Sheet13.Cells(12, 5)
            Sheet19.Cells(6, 5) = Sheet13.Cells(11, 5)
            Sheet19.Cells(16, 5) = Sheet13.Cells(12, 5)
            Sheet20.Cells(6, 5) = Sheet13.Cells(11, 5)
            Sheet20.Cells(16, 5) = Sheet13.Cells(12, 5)
            Sheet12.Cells(10, 12) = Sheet13.Cells(13, 5)
            Sheet13.Select
        ElseIf OptionButton2.Value = True Then
            制造费用分配方法选择.Hide
            制造费用按年度计划分配率分配.Show
            Sheet15.Cells(6, 5) = Sheet14.Cells(11, 5)
            Sheet15.Cells(16, 5) = Sheet14.Cells(12, 5)
            Sheet16.Cells(6, 5) = Sheet14.Cells(11, 5)
            Sheet16.Cells(16, 5) = Sheet14.Cells(12, 5)
            Sheet17.Cells(6, 5) = Sheet14.Cells(11, 5)
            Sheet17.Cells(16, 5) = Sheet14.Cells(12, 5)
            Sheet18.Cells(6, 5) = Sheet14.Cells(11, 5)
            Sheet18.Cells(16, 5) = Sheet14.Cells(12, 5)
            Sheet19.Cells(6, 5) = Sheet14.Cells(11, 5)
            Sheet19.Cells(16, 5) = Sheet14.Cells(12, 5)
            Sheet20.Cells(6, 5) = Sheet14.Cells(11, 5)
            Sheet20.Cells(16, 5) = Sheet14.Cells(12, 5)
            Sheet12.Cells(10, 12) = Sheet14.Cells(13, 5)
            Sheet14.Select
    End If
End Sub
```

这段代码的含义是首先判断用户是否选择了制造费用分配方法，如果未选择任何一种制造费用分配方法就点击"确定"按钮，则系统弹出提示框"请选择要使用的制造费用分配方法"。如果用户选择第一种方法,则系统隐藏"制造费用分配方法选择"窗口,出现"制造费用分配标准分配信息输入"窗口,并将这种方法的计算结果分别填入六张表格的相应位置。如果用户选择第二种方法,则系统隐藏"制造费用分配方法选择"窗口,出现"制造费用按年度计划分配率分配"窗口,并将这种方法的计算结果分别填入六张表格的相应位置。

步骤三:双击"取消"按钮,输入代码。

```
Private Sub CommandButton2_Click()
    制造费用分配方法.Hide
End Sub
```

第六节 Excel 在完工产品成本和在产品费用分配中的应用

一、完工产品和在产品之间费用分配的方法

完工产品是指已经完成全部加工过程,经检验合格可以对外销售的产品。在产品是指处于生产过程中尚未完工的产品。企业需根据在产品数量的多少、各月在产品数量变化的大小、各项费用比重的大小以及定额管理基础的好坏等具体条件,选择既合理又简便的分配方法,在完工产品和月末在产品之间分配费用。通常,完工产品和月末在产品之间分配费用的具体方法有:不计算在产品成本法、按年初数固定计算在产品成本法、在产品按所消耗原材料费用计价法、约当产量比例法、在产品按完工产品成本计算法、在产品按定额成本计价法和定额比例法。

二、Excel 在不计算在产品成本法下的应用

若企业在各月末没有在产品或在产品数量很小,为简化成本计算,可忽略不计月末在产品成本。由此,某种产品本月归集的全部生产费用就是其完工产品成本。

以【例 11-1】~【例 11-7】及【例 11-9】所涉及的生产费用的归集与分配为基础,说明应用 Excel 按照不计算在产品成本法计算完工产品成本的过程。

在同一 Excel 工作簿,"制造费用按年度计划分配率分配"Excel 工作表后插入一张空白工作表,命名为"不计算在产品成本法"。在"不计算在产品成本法"Excel 工作表 A1:F10 区域和 A11:F20 区域分别设置 A、B 产品的成本计算单,计算 A、B 产品的完工产品成本和在产品成本,如表 11-17 所示。

表 11-17 不计算在产品成本法的 Excel 结构表

	A	B	C	D	E	F
1				产品成本计算单		
2	车间：基本生产车间		(不计算在产品成本法)		产量：	2 000
3	产品名称：A产品		2017年5月			单位：元
4	项目	直接材料	直接燃料及动力	直接人工	制造费用	合计
5	月初在产品	0	0	0	0	=SUM(B5：E5)
6	本月生产费用	=材料费用分配!I5	=外购动力费分配!J5	=工资及福利费分配!E19	=制造费用按年度计划分配率分配!E11	=SUM(B6：E6)
7	生产费用合计	=B5+B6	=C5+C6	=D5+D6	=E5+E6	=SUM(B7：E7)
8	完工产品成本	=B7-B10	=C7-C10	=D7-D10	=E7-E10	=SUM(B8：E8)
9	完工产品单位成本	=B8/F2	=C8/F2	=D8/F2	=E8/F2	=SUM(B9：E9)
10	期末在产品	0	0	0	0	=SUM(B10：E10)
11				产品成本计算单		
12	车间：基本生产车间		(不计算在产品成本法)		产量：	3 000
13	产品名称：B产品		2017年5月			单位：元
14	项目	直接材料	直接燃料及动力	直接人工	制造费用	合计
15	月初在产品	0	0	0	0	=SUM(B15：E15)
16	本月生产费用	=材料费用分配!I6	=外购动力费分配!J6	=工资及福利费分配!E20	=制造费用按年度计划分配率分配!E12	=SUM(B16：E16)
17	生产费用合计	=B15+B16	=C15+C16	=D15+D16	=E15+E16	=SUM(B17：E17)
18	完工产品成本	=B17-B20	=C17-C20	=D17-D20	=E17-E20	=SUM(B18：E18)
19	完工产品单位成本	=B18/F12	=C18/F12	=D18/F12	=E18/F12	=SUM(B19：E19)
20	期末在产品	0	0	0	0	=SUM(B20：E20)

下面仅以 A 产品为例分析 Excel 在不计算在产品成本法下的应用。

步骤一： 确定基础数据。

首先，确定表头数据。

本期产量是完工产品单位成本计算的基础，在实际工作中能够通过盘存直接获取该资料，因此将产量的数据单元格 F2 设置为资料录入区，填充浅绿色背景，并根据【例 11-1】提供的资料录入本期 A 产品实际产量 2 000 件。

然后，确定期初数据。

按照不计算在产品成本法的原理，期末在产品成本为零。由于本期期末在产品成本即为下一期间期初在产品成本，不计算在产品成本法下，期初在产品的费用栏目及期末在产品的费用栏目皆为已知数"零"。将该推导应用于 Excel 工作表中，则有：

B5＝0；

C5＝0；

D5＝0；

E5＝0；

B10＝0；

C10＝0；

D10＝0；

E10＝0。

最后，确定本期数据。

本月生产费用即为前期费用分配过程分配到"基本生产成本——A 产品"科目的费用之和。本期所耗直接材料费用(B6 单元格)来源于"材料费用分配"Excel 工作表分配给 A 产品的材料费用；本期所耗直接燃料及动力费用(C6 单元格)来源于"外购动力费分配"Excel 工作表分配给 A 产品的动力费用；本期所耗直接人工费用(D6 单元格)来源于"工资及福利费分配"Excel 工作表分配给 A 产品的人工费用；由于制造费用分配方法选择为按年度计划分配率分配法，本期所耗制造费用(E6 单元格)来源于"制造费用按年度计划分配率分配"Excel 工作表分配给 A 产品的制造费用。在"不计算在产品成本法"Excel 工作表中各费用项目的取数公式见表 11-17。

步骤二： 合计生产费用。

在确定了期初在产品及本月生产费用之后，需将生产费用进行合计，并为在完工产品与在产品之间分配做好准备。对应到"不计算在产品成本法"Excel 工作表中，有：

B7＝B5＋B6；

C7＝C5＋C6；

D7＝D5＋D6；

E7＝E5＋E6。

步骤三： 计算完工产品成本。

首先，计算完工产品总成本。按照公式"期初在产品成本＋本期生产费用＝完工产品成本＋期末在产品成本"，本期完工产品成本等于生产费用合计减去期末在产品成本。由于按不计算在产品成本法中期末在产品成本已经确定为零，因此针对 A 产品完工产品成

本的计算,对应到"不计算在产品成本法"Excel工作表中,有:

B8＝B7－B10;
C8＝C7－C10;
D8＝D7－D10;
E8＝E7－E10。

然后,根据完工产品总成本和本期产量计算完工产品单位成本,对应到"不计算在产品成本法"Excel工作表中,有:

B9＝B8÷F2;
C9＝C8÷F2;
D9＝D8÷F2;
E9＝E8÷F2。

步骤四：合计各条记录费用。

三、Excel在按年初数固定计算在产品成本法下的应用

若企业在各月末在产品数量较小,或者在产品数量虽大但各月之间的在产品数量变动不大,对不同月份在产品成本不会产生太大影响,为简化成本计算,同时又反映在产品占用的资金,各月在产品成本按年初数固定计算。

【例11-10】名凯公司采用按年初数固定计算在产品成本法分配完工产品和在产品之间的费用,年初A产品在产品费用包括:直接材料160元、直接燃料及动力35元、直接人工270元、制造费用240元。年初B产品在产品费用包括:直接材料150元、直接燃料及动力45元、直接人工275元、制造费用210元。

下面以【例11-1】～【例11-7】、【例11-9】和【例11-10】所涉及的生产费用的归集与分配为基础,创建按年初数固定计算在产品成本法工作表。

在同一Excel工作簿,"不计算在产品成本法"Excel工作表后插入一张空白工作表,命名为"按年初数固定计算在产品成本法"。在"按年初数固定计算在产品成本法"Excel工作表A1：F10区域和A11：F20区域分别设置A、B产品的成本计算单,计算A、B产品的完工产品成本和在产品成本。如表11-18所示的按年初数固定计算在产品成本法的Excel结构表。

表11-18 按年初数固定计算在产品成本法的Excel结构表

	A	B	C	D	E	F
1				产品成本计算单		
2	车间：基本生产车间		(按年初数固定计算在产品成本法)		产量：	2 000
3	产品名称：A产品			2017年5月		单位：元
4	项目	直接材料	直接燃料及动力	直接人工	制造费用	合计
5	月初在产品	160	35	270	240	=SUM(B5：E5)

(续表)

	A	B	C	D	E	F
6	本月生产费用	=材料费用分配!I5	=外购动力费分配!J5	=工资及福利费分配!E19	=制造费用按年度计划分配率分配!E11	=SUM(B6：E6)
7	生产费用合计	=B5+B6	=C5+C6	=D5+D6	=E5+E6	=SUM(B7：E7)
8	完工产品成本	=B7-B10	=C7-C10	=D7-D10	=E7-E10	=SUM(B8：E8)
9	完工产品单位成本	=B8/F2	=C8/F2	=D8/F2	=E8/F2	=SUM(B9：E9)
10	期末在产品	=B5	=C5	=D5	=E5	=SUM(B10：E10)
11	产品成本计算单					
12	车间：基本生产车间　　（按年初数固定计算在产品成本法）　　产量：					3 000
13	产品名称：B产品　　　　　　　　2017年5月　　　　　　　　单位：元					
14	项目	直接材料	直接燃料及动力	直接人工	制造费用	合计
15	月初在产品	150	45	275	210	=SUM(B15：E15)
16	本月生产费用	=材料费用分配!I6	=外购动力费分配!J6	=工资及福利费分配!E20	=制造费用按年度计划分配率分配!E12	=SUM(B16：E16)
17	生产费用合计	=B15+B16	=C15+C16	=D15+D16	=E15+E16	=SUM(B17：E17)
18	完工产品成本	=B17-B20	=C17-C20	=D17-D20	=E17-E20	=SUM(B18：E18)
19	完工产品单位成本	=B18/F12	=C18/F12	=D18/F12	=E18/F12	=SUM(B19：E19)
20	期末在产品	=B15	=C15	=D15	=E15	=SUM(B20：E20)

按年初数固定计算在产品成本法与不计算在产品成本法最大的差异是，前者的期末在产品成本等于月初在产品成本，不再为零。由此，Excel在按年初数固定计算在产品成本法中的应用需根据月初在产品成本来决定期末在产品成本，其具体应用公式及单元格之间的关系见表11-18。

四、Excel在在产品按所耗直接材料费用计价法下的应用

若企业月末在产品数量较大，数量变化也较大，同时直接材料费用在成本中所占的比重较大，为简化成本核算，月末在产品成本只计算耗用的直接材料费用，不计算所耗用的直接人工、直接燃料及动力和制造费用。

【例11-11】名凯公司采用在产品按所耗直接材料费用计价法分配完工产品和在产品之间的费用，A产品月初在产品直接材料费用为2 000元，本期A产品完工2 000件，在产

品数量 500 件，在产品投料率 100%；B 产品月初在产品直接材料费用为 1 000 元，本期 B 产品完工 3 000 件，在产品数量 400 件，在产品投料率 50%。

下面以【例 11-1】~【例 11-7】、【例 11-9】以及【例 11-11】所涉及的生产费用的归集与分配为基础，创建"在产品按所耗直接材料费用计价法"Excel 工作表。

在同一 Excel 工作簿，"按年初数固定计算在产品成本法"Excel 工作表后插入一张空白工作表，命名为"在产品按所耗直接材料费用计价法"。在"在产品按所耗直接材料费用计价法"Excel 工作表 A1：E5 区域、A6：F16 区域和 A17：F27 区域分别设置名凯公司产量记录、A 产品成本计算单和 B 产品的成本计算单，计算 A、B 产品的完工产品成本和在产品成本。如表 11-19 所示的在产品按所耗直接材料费用计价法的 Excel 结构表。

表 11-19 在产品按所耗直接材料费用计价法的 Excel 结构表

	A	B	C	D	E	F
1			名凯公司产量记录			
2			2017 年 5 月		单位：件	
3	产品名称	月初在产品直接材料/元	产成品数量	在产品数量	在产品投料率	
4	A 产品	2 000	2 000	500	100%	
5	B 产品	1 000	3 000	400	50%	
6			产品成本计算单			
7	车间：基本生产车间		(在产品按所耗直接材料费用计价法)			
8	产品名称：A 产品		2017 年 5 月			单位：元
9	项目	直接材料	燃料及动力	直接人工	制造费用	合计
10	月初在产品	=B4	0	0	0	=SUM(B10：E10)
11	本月生产费用	=材料费用分配!I5	=外购动力费分配!J5	=工资及福利费分配!E19	=制造费用按年度计划分配率分配!E11	=SUM(B11：E11)
12	生产费用合计	=B10+B11	=C10+C11	=D10+D11	=E10+E11	=SUM(B12：E12)
13	直接材料分配率	=B12/(C4+D4*E4)				
14	完工产品成本	=B12-B16	=C12-C16	=D12-D16	=E12-E16	=SUM(B14：E14)
15	完工产品单位成本	=B14/C4	=C14/C4	=D14/C4	=E14/C4	=SUM(B15：E15)
16	期末在产品	=B13*D4*E4	0	0	0	=SUM(B16：E16)
17			产品成本计算单			
18	车间：基本生产车间		(在产品按所耗直接材料费用计价法)			
19	产品名称：B 产品		2017 年 5 月			单位：元
20	项目	直接材料	燃料及动力	直接人工	制造费用	合计

(续表)

	A	B	C	D	E	F
21	月初在产品	=B5	0	0	0	=SUM(B21：E21)
22	本月生产费用	=材料费用分配!I6	=外购动力费分配!J6	=工资及福利费分配!E20	=制造费用按年度计划分配率分配!E12	=SUM(B22：E22)
23	生产费用合计	=B21+B22	=C21+C22	=D21+D22	=E21+E22	=SUM(B23：E23)
24	直接材料分配率	=B23/(C5+D5*E5)				
25	完工产品成本	=B23-B27	=C23-C27	=D23-D27	=E23-E27	=SUM(B25：E25)
26	完工产品单位成本	=B25/C5	=C25/C5	=D25/C5	=E25/C5	=SUM(B26：E26)
27	期末在产品	=B24*D5*E5	0	0	0	=SUM(B27：E27)

下面仅以 A 产品为例分析 Excel 在产品按所耗直接材料费用计价法下的应用。

步骤一：确定资料录入区。

在产品按所耗直接材料费用计价法下，计算需要的期初在产品、产成品数量、在产品数量以及在产品投料率等资料，可以通过上一会计期间明细账余额及盘点产量直接获得。因此，在"在产品按所耗直接材料费用计价法"Excel 工作表 A1：E5 区域，设立产量记录表作为完工产品和在产品成本计算的资料录入区，其相关数据单元格做相应的背景设置。将【例 11-11】相关数据填列入本期产量记录表。

步骤二：确定期初、期末在产品成本。

在产品按所耗直接材料费用计价法，要求在产品仅按直接材料计价，在产品的加工费因在产品价值比例中所占份额较小，全部计入完工产品成本。因此，无论期初、期末在产品仅存在直接材料费用，燃料及动力、直接人工和制造费用等项目均为零；而期初在产品成本即为期初在产品直接材料费用。对应到"在产品按所耗直接材料费用计价法"Excel 工作表 A 产品的成本计算单有：

B10＝B4；

C10＝0；

D10＝0；

E10＝0。

步骤三：确定本期生产费用。

本月生产费用即为前期费用分配过程分配到"基本生产成本——A 产品"科目的费用。本期所耗直接材料费用(B11 单元格)来源于"材料费用分配"Excel 工作表分配给 A 产品的材料费用；本期所耗直接燃料及动力费用(C11 单元格)来源于"外购动力费分配"Excel 工作表分配给 A 产品的动力费用；本期所耗直接人工费用(D11 单元格)来源于"工资及福利费分配"Excel 工作表分配给 A 产品的人工费用;由于制造费用分配方法选择为按年度计划分配率分配法,本期所耗制造费用(E11 单元格)来源于"制造费用按年度计划分配率分配"Excel 工作表分配给 A 产品的制造费用。在"按在产品直接材料费用计价法"Excel 工作表中各费用项目的取数公式见表 11-19。

步骤四:合计生产费用。

在确定了期初在产品及本月生产费用之后,需将生产费用进行合计,并为在完工产品与在产品之间分配做好准备。对应到"在产品按所耗直接材料费用计价法"Excel 工作表中,有:

B12=B10+B11;
C12=C10+C11;
D12=D10+D11;
E12=E10+E11。

步骤五:计算直接材料分配率。

直接材料分配率的计算将用于确定期末在产品直接材料费用和完工产品直接材料费用。需分配的费用为本期期初在产品直接材料费用加上本期直接材料费用(即 B12 单元格),分配的标准为完工产品和期末在产品的约当产量,其分配率可表述为一件完工产品耗用直接材料费用。对应到"在产品按所耗直接材料费用计价法"Excel 工作表中,有:

B13=B12÷(C4+D4×E4)。

步骤六:计算期末在产品成本。

在产品按所耗直接材料费用计价法下,期末在产品成本仅包含了直接材料费用,其余项目费用为零。期末在产品直接材料费用等于直接材料分配率乘以期末在产品约当产量。对应到"在产品按所耗直接材料费用计价法"Excel 工作表中,有:

B16=B13×D4×E4。

步骤七:计算完工产品成本。

首先,计算完工产品总成本,本期完工产品成本等于生产费用合计减去期末在产品成本。由于期末在产品成本已经确定,因此针对 A 产品完工产品成本的计算,对应到"在产品按所耗直接材料费用计价法"Excel 工作表中,有:

B14=B12-B16;
C14=C12-C16;
D14=D12-D16;
E14=E12-E16。

然后,根据完工产品总成本和本期产量计算完工产品单位成本,对应到"不计算在产品成本法"Excel 工作表中,有:

B15=B14÷C4;
C15=C14÷C4;
D15=D14÷C4;
E15=E14÷C4。

步骤八:合计各条记录费用。

五、Excel 在约当产量比例法下的应用

约当产量比例法将月末在产品数量按完工程度折算为相当于完工产品的产量,即约当产量,然后按照完工产品产量与在产品约当产量的比例分配计算完工产品费用和月末在产品费用。

【例 11-12】名凯公司采用约当产量比例法分配完工产品和在产品之间的费用,2017 年 5 月 A、B 产品期初及本期发生费用如下:A 产品月初在产品直接材料费用为 5 600 元,燃料及动力费用为 1 000 元,直接人工费用为 9 600 元,制造费用为 5 800 元,本期 A 产品完工 2 000 件,在产品数量 500 件,在产品投料率 100%,在产品完工率 80%;B 产品月初在产品直接材料费用为 2 500 元,燃料及动力费用为 860 元,直接人工费用为 6 300 元,制造费用为 4 000 元,本期 B 产品完工 3 000 件,在产品数量 400 件,在产品投料率 50%,在产品完工率 60%。

下面以【例 11-1】~【例 11-7】、【例 11-9】以及【例 11-12】所涉及的生产费用的归集与分配为基础,创建"约当产量比例法"Excel 工作表。

在同一 Excel 工作簿,"在产品按所耗直接材料费用计价法"Excel 工作表后插入一张空白工作表,命名为"约当产量比例法"。在"约当产量比例法"Excel 工作表 A1:E5 区域、A6:F16 区域和 A17:F27 区域分别设置名凯公司产量记录、A 产品成本计算单和 B 产品的成本计算单,计算 A、B 产品的完工产品成本和在产品成本,如表 11-20 约当产量比例法的 Excel 结构表。

表 11-20 约当产量比例法的 Excel 结构表

	A	B	C	D	E	F
1			名凯公司产量记录			
2			2017 年 5 月		单位:件	
3	产品名称	产成品数量	在产品数量	在产品投料率	在产品完工率	
4	A 产品	2 000	500	100%	80%	
5	B 产品	3 000	400	50%	60%	
6			产品成本计算单			
7	车间:基本生产车间			(约当产量比例法)		
8	产品名称:A 产品		2017 年 5 月			单位:元
9	项目	直接材料	燃料及动力	直接人工	制造费用	合计
10	月初在产品	5 600	1 000	9 600	5 800	=SUM(B10:E10)
11	本月生产费用	=材料费用分配!I5	=外购动力费分配!J5	=工资及福利费分配!E19	=制造费用按年度计划分配率分配!E11	=SUM(B11:E11)
12	生产费用合计	=B10+B11	=C10+C11	=D10+D11	=E10+E11	=SUM(B12:E12)
13	约当总量	=B4+C4*D4	=B4+C4*E4	=B4+C4*E4	=B4+C4*E4	

第十一章　Excel在成本核算中的应用

(续表)

	A	B	C	D	E	F
14	分配率	=B12/B13	=C12/C13	=D12/D13	=E12/E13	=SUM(B14：E14)
15	完工产品成本	=B4*B14	=B4*C14	=B4*D14	=B4*E14	=SUM(B15：E15)
16	期末在产品	=B12 - B15	=C12 - C15	=D12 - D15	=E12 - E15	=SUM(B16：E16)
17			产品成本计算单			
18	车间：基本生产车间		(约当产量比例法)			
19	产品名称：B产品		2017年5月			单位：元
20	项目	直接材料	燃料及动力	直接人工	制造费用	合计
21	月初在产品	2 500	860	6 300	4 000	=SUM(B21：E21)
22	本月生产费用	=材料费用分配!I6	=外购动力费分配!J6	=工资及福利费分配!E20	=制造费用按年度计划分配率分配!E12	=SUM(B22：E22)
23	生产费用合计	=B21+B22	=C21+C22	=D21+D22	=E21+E22	=SUM(B23：E23)
24	约当总量	=B5+C5*D5	=B5+C5*E5	=B5+C5*E5	=B5+C5*E5	
25	分配率	=B23/B24	=C23/C24	=D23/D24	=E23/E24	=SUM(B25：E25)
26	完工产品成本	=B5*B25	=B5*C25	=B5*D25	=B5*E25	=SUM(B26：E26)
27	期末在产品	=B23 - B26	=C23 - C26	=D23 - D26	=E23 - E26	=SUM(B27：E27)

下面仅以A产品为例，分析Excel在约当产量比例法下的应用。

步骤一：确定资料录入区。

在约当产量比例法下，计算需要的期初在产品各成本项目费用、产成品数量、在产品数量、在产品投料率以及在产品完工率等资料，可以通过上一会计期间明细账余额及盘点产量直接获得。在"约当产量比例法"Excel工作表A1：E5区域，设立产量记录表，该表和A、B产品成本计算单内期初在产品项目为完工产品和在产品成本计算的资料录入区，对其相关数据单元格做相应的背景设置。将【例11-12】相关数据填列入本期产量记录表。

步骤二：确定本期生产费用。

本月生产费用即为前期费用分配过程分配到"基本生产成本——A产品"科目的费用。本期所耗直接材料费用(B11单元格)来源于"材料费用分配"Excel工作表分配给A产品的材料费用；本期所耗直接燃料及动力费用(C11单元格)来源于"外购动力费分配"Excel工作表分配给A产品的动力费用；本期所耗直接人工费用(D11单元格)来源于"工资及福利费分配"Excel工作表分配给A产品的人工费用；由于制造费用分配方法选择为按年度计划分配率分配法，本期所耗制造费用(E11单元格)来源于"制造费用按年度计划分配率分配"Excel 工作表分配给 A 产品的制造费用。"约当产量比例法"Excel 工作表中各费用项目的取数公式见表 11-20。

步骤三：合计生产费用。

在确定了期初在产品及本月生产费用之后，需将生产费用进行合计，并为在完工产品与在产品之间分配做好准备。"约当产量比例法"Excel 工作表中各项目费用合计的取数公式如下：

B12＝B10＋B11；
C12＝C10＋C11；
D12＝D10＋D11；
E12＝E10＋E11。

步骤四：计算约当总量。

约当产量比例法下，分配生产费用的分配标准为完工产品产量和在产品约当产量。而按照材料投入和加工进度两方面，在产品约当产量的计算需按成本项目的不同分别计算。"约当产量比例法"Excel 工作表中各成本项目下约当产量合计的取数公式如下：

B13＝B4＋C4×D4；
C13＝B4＋C4×E4；
D13＝B4＋C4×E4；
E13＝B4＋C4×E4。

步骤五：计算分配率。

约当产量比例法下，分配率的计算需按不同成本项目分别计算，各成本项目分配率为各项生产费用合计除以该成本项目约当产量合计。"约当产量比例法"Excel 工作表中各成本项目下分配率的取数公式如下：

B14＝B12÷B13；
C14＝C12÷C13；
D14＝D12÷D13；
E14＝E12÷E13。

步骤六：计算完工产品成本。

完工产品总成本等于完工产品产量乘以分配率，完工产品单位成本等于完工产品总成本除以完工产品产量。"约当产量比例法"Excel 工作表中完工产品成本及完工产品单位成本的取数公式如下：

B15＝B4×B14；
C15＝B4×C14；
D15＝B4×D14；
E15＝B4×E14。

步骤七：计算期末在产品费用。

期末在产品费用等于生产费用合计减去完工产品成本。"约当产量比例法"Excel 工作表中期末在产品费用的取数公式如下：

B16=B12-B15;
C16=C12-C15;
D16=D12-D15;
E16=E12-E15。

步骤八：合计各项费用。

"约当产量比例法"Excel 工作表中各项费用合计栏取数公式见表 11-20。

六、Excel 在在产品按完工产品成本计算法下的应用

采用在产品按完工产品成本计算法分配完工产品与在产品费用，其月末在产品需接近完工，或者产品已经加工完毕，但尚未验收或包装入库，为简化成本核算，将在产品视同完工产品，按完工产品和在产品的数量分配费用。

【例 11-13】 2017 年名凯公司生产 A、B 两种产品，期初及本期费用耗费情况如下：A 产品月初在产品直接材料费用为 5 600 元，燃料及动力费用为 1 000 元，直接人工费用为 9 600 元，制造费用为 5 800 元，本期 A 产品完工 2 000 件，在产品数量 500 件；B 产品月初在产品直接材料费用为 2 500 元，燃料及动力费用为 860 元，直接人工费用为 6 300 元，制造费用为 4 000 元，本期 B 产品完工 3 000 件，在产品数量 400 件。A、B 产品的在产品皆接近完工，采用在产品按完工产品成本计算法分配完工产品和在产品之间的费用。

下面以【例 11-1】～【例 11-7】、【例 11-9】以及【例 11-13】所涉及的生产费用的归集与分配为基础，创建"在产品按完工产品成本计算法"Excel 工作表。

在同一 Excel 工作簿，"约当产量比例法"Excel 工作表后插入一张空白工作表，命名为"在产品按完工产品成本计算法"。在"在产品按完工产品成本计算法"Excel 工作表 A1：E5 区域、A6：F17 区域和 A18：F29 区域分别设置名凯公司产量记录、A 产品成本计算单和 B 产品的成本计算单，计算 A、B 产品的完工产品成本和在产品成本。采用在产品按完工产品成本计算法，类似于约当产量比例法下的特殊情况，即在产品投料率和完工率都为 100%的情况。因此，Excel 在在产品按完工产品成本计算法下的应用可参见约当产量比例法，在产品按完工产品成本计算法的 Excel 结构表如表 11-21 所示。

表 11-21 在产品按完工产品成本计算法的 Excel 结构表

	A	B	C	D	E	F
1	名凯公司产量记录					
2	2017 年 5 月					单位：件
3	产品名称	产成品数量	在产品数量			
4	A 产品	2 000	500			
5	B 产品	3 000	400			
6	产品成本计算单					
7	车间：基本生产车间		(在产品按完工产品成本计算法)			

(续表)

	A	B	C	D	E	F
8	产品名称：A产品		2017年5月			单位：元
9	项目	直接材料	燃料及动力	直接人工	制造费用	合计
10	月初在产品	5 600	1 000	9 600	5 800	=SUM(B10：E10)
11	本月生产费用	=材料费用分配!I5	=外购动力费分配!J5	=工资及福利费分配!E19	=制造费用按年度计划分配率分配!E11	=SUM(B11：E11)
12	生产费用合计	=B10+B11	=C10+C11	=D10+D11	=E10+E11	=SUM(B12：E12)
13	产量合计	=B4+C4	=B4+C4	=B4+C4	=B4+C4	
14	分配率	=B12/B13	=C12/C13	=D12/D13	=E12/E13	=SUM(B14：E14)
15	完工产品成本	=B4*B14	=B4*C14	=B4*D14	=B4*E14	=SUM(B15：E15)
16	期末在产品	=B12−B15	=C12−C15	=D12−D15	=E12−E15	=SUM(B16：E16)
17			产品成本计算单			
18	车间：基本生产车间		（在产品按完工产品成本计算法）			
19	产品名称：B产品		2017年5月			单位：元
20	项目	直接材料	燃料及动力	直接人工	制造费用	合计
21	月初在产品	2 500	860	6 300	4 000	=SUM(B21：E21)
22	本月生产费用	=材料费用分配!I6	=外购动力费分配!J6	=工资及福利费分配!E20	=制造费用按年度计划分配率分配!E12	=SUM(B22：E22)
23	生产费用合计	=B21+B22	=C21+C22	=D21+D22	=E21+E22	=SUM(B23：E23)
24	产量合计	=B5+C5	=B5+C5	=B5+C5	=B5+C5	
25	分配率	=B23/B24	=C23/C24	=D23/D24	=E23/E24	=SUM(B25：E25)
26	完工产品成本	=B5*B25	=B5*C25	=B5*D25	=B5*E25	=SUM(B26：E26)
27	期末在产品	=B23−B26	=C23−C26	=D23−D26	=E23−E26	=SUM(B27：E27)

七、Excel在在产品按定额成本计价法下的应用

若企业定额管理基础比较好，各项消耗定额或费用定额比较准确、稳定，且各月在产品数量变动不大，为简化成本核算，可按照预先制定的定额成本计算月末在产品成本，然

第十一章 Excel在成本核算中的应用

后从某种产品生产费用合计中减去月末在产品的定额成本,即为完工产品成本。

【例11-14】名凯公司采用在产品按定额成本计价法分配完工产品和在产品之间的费用,A产品月初在产品直接材料费用为5 600元,燃料及动力费用为1 000元,直接人工费用为9 600元,制造费用为5 800元,本期A产品完工2 000件,在产品数量500件,A在产品原材料费用定额12元/件,A在产品机器工时定额0.7小时/件,A在产品人工工时定额1小时/件。B产品月初在产品直接材料费用为2 500元,燃料及动力费用为860元,直接人工费用为6 300元,制造费用为4 000元,本期B产品完工3 000件,在产品数量400件,B在产品原材料费用定额6元/件,B在产品机器工时定额0.7小时/件,B在产品人工工时定额0.8小时/件;机器工时单价3元/小时。人工工时单价20元/小时;制造费用每人工工时单价12元/小时。

下面以【例11-1】~【例11-7】、【例11-9】以及【例11-14】所涉及的生产费用的归集与分配为基础,创建"在产品按定额成本计价法"Excel工作表。

在同一Excel工作簿,"约当产量比例法"Excel工作表后插入一张空白工作表,命名为"在产品按定额成本计价法"。在"在产品按定额成本计价法"Excel工作表A1:F6区域、A7:F16区域和A17:F26区域分别设置在产品定额信息表和A、B产品的成本计算单,计算A、B产品的完工产品成本和在产品成本。如表11-22在产品按定额成本计价法的Excel结构表。

表11-22 在产品按定额成本计价法的Excel结构表

	A	B	C	D	E	F
1			名凯公司在产品定额信息			
2			2017年5月			单位:件
3	产品名称	在产品数量	原材料费用定额	机器工时定额	人工工时定额	
4	A产品	500	12	0.7	1.0	
5	B产品	400	6	0.7	0.8	
6	机器工时单价	3	人工工时单价	20	制造费用每工时单价	12
7			产品成本计算单			
8	车间:基本生产车间		(在产品按定额成本计价法)	产量:		2 000
9	产品名称:A产品		2017年5月			单位:元
10	项目	直接材料	燃料及动力	直接人工	制造费用	合计
11	月初在产品	5 600	1 000	9 600	5 800	=SUM(B11:E11)
12	本月生产费用	=材料费用分配!I5	=外购动力费分配!J5	=工资及福利费分配!E19	=制造费用按年度计划分配率分配!E11	=SUM(B12:E12)
13	生产费用合计	=B11+B12	=C11+C12	=D11+D12	=E11+E12	=SUM(B13:E13)

(续表)

	A	B	C	D	E	F
14	完工产品成本	=B13-B16	=C13-C16	=D13-D16	=E13-E16	=SUM(B14：E14)
15	完工产品单位成本	=B14/F8	=C14/F8	=D14/F8	=E14/F8	=SUM(B15：E15)
16	期末在产品	=B4*C4	=B4*D4*B6	=B4*E4*D6	=B4*E4*F6	=SUM(B16：E16)
17			产品成本计算单			
18	车间：基本生产车间		(在产品按定额成本计价法)		产量：	3 000
19	产品名称：B产品		2017年5月			单位：元
20	项目	直接材料	燃料及动力	直接人工	制造费用	合计
21	月初在产品	2 500	860	6 300	4 000	=SUM(B21：E21)
22	本月生产费用	=材料费用分配!I6	=外购动力费分配!J6	=工资及福利费分配!E20	=制造费用按年度计划分配率分配!E12	=SUM(B22：E22)
23	生产费用合计	=B21+B22	=C21+C22	=D21+D22	=E21+E22	=SUM(B23：E23)
24	完工产品成本	=B23-B26	=C23-C26	=D23-D26	=E23-E26	=SUM(B24：E24)
25	完工产品单位成本	=B24/F18	=C24/F18	=D24/F18	=E24/F18	=SUM(B25：E25)
26	期末在产品	=B5*C5	=B5*D5*B6	=B5*E5*D6	=B5*E5*F6	=SUM(B26：E26)

下面仅以A产品为例，分析Excel在在产品按定额成本计价法下的应用。

步骤一：确定资料录入区。

在产品按定额成本计价法下，计算需要的在产品定额信息以及期初在产品等资料，可以通过企业相关定额资料和上一会计期间明细账余额直接获得。因此，在"在产品按定额成本计价法"Excel工作表A1：E6区域，设立在产品定额信息表、部分计价信息，与各成本计算单内产量、期初在产品信息一起作为完工产品和在产品成本计算的资料录入区，其相关数据单元格做相应的背景设置。将【例11-14】相关数据填列入本期产量记录表。

步骤二：确定本期生产费用。

本月生产费用即为前文费用分配过程分配到"基本生产成本——A产品"科目的费用。本期所耗直接材料费(B11单元格)来源于"材料费用分配"Excel工作表分配给A产品的材料费用；本期所耗直接燃料及动力费(C11单元格)来源于"外购动力费分配"Excel工作表分配给A产品的动力费用；本期所耗直接人工费(D11单元格)来源于"工资及福利费分配"Excel工作表分配给A产品的人工费用；由于制造费用分配方法选择为按年度计划分配率分配法,本期所耗制造费用(E11 单元格)来源于"制造费用按年度计划分配率分配"Excel 工作表分配给 A 产品的制造费用。"在产品按定额成本计价法"Excel 工作表中各费用项目的取数公式见表 11-22。

步骤三:合计生产费用。

在确定了期初在产品及本月生产费用之后,需将生产费用进行合计,并为在完工产品与在产品之间分配做好准备。"在产品按定额成本计价法"Excel 工作表中各费用项目合计的取数公式见表 11-22。

步骤四:确定期末在产品成本。

在产品按定额成本计价法,要求在产品各成本项目费用按定额成本计算。

期末 A 在产品直接材料费用(B16 单元格)等于期末 A 在产品数量(B4 单元格)乘以 A 在产品原材料费用定额(C4 单元格);

期末 A 在产品燃料及动力费用(C16 单元格)等于期末 A 在产品数量(B4 单元格)乘以 A 在产品机器工时定额(D4 单元格)乘以机器工时单价(B6 单元格);

期末 A 在产品直接人工费用(D16 单元格)等于期末 A 在产品数量(B4 单元格)乘以 A 在产品人工工时定额(E4 单元格)乘以人工工时单价(D6 单元格);

期末 A 在产品制造费用(E16 单元格)等于期末 A 在产品数量(B4 单元格)乘以 A 在产品人工工时定额(E4 单元格)乘以制造费用每人工工时单价(D6 单元格)。

"在产品按定额成本计价法"Excel 工作表中在产品各费用项目的取数公式见表 11-22。

步骤五:计算完工产品成本。

本期完工产品成本等于生产费用合计减去期末在产品成本。本期完工产品单位成本等于本期完工产品成本除以本期产品产量。"在产品按定额成本计价法"Excel 工作表中完工产品成本的取数公式见表 11-22。

步骤六:合计各条记录费用。

八、Excel 在定额比例法下的应用

若企业定额管理基础比较好,各项消耗定额或费用定额比较准确、稳定,且各月在产品数量变动较大,可选用定额分配标准分配生产费用。即按照完工产品和月末在产品的定额消耗量或定额费用比例,分配计算完工产品成本和月末在产品成本。其中,直接材料费用按照直接材料定额消耗量或直接材料定额费用比例分配;加工费用可以按定额工时的比例分配,也可以按定额费用比例分配。

【例 11-15】名凯公司采用定额比例法分配完工产品和在产品之间的费用,A 产品月初在产品直接材料费用为 5 600 元,燃料及动力费用为 1 000 元,直接人工费用为 9 600 元,制造费用为 5 800 元;B 产品月初在产品直接材料费用为 2 500 元,燃料及动力费用为 860 元,直接人工费用为 6 300 元,制造费用为 4 000 元;定额资料见表 11-23 所示的名凯公司定额信息表。

表 11-23　名凯公司定额信息表

名称		数量	原材料费用定额	燃料及动力费用定额	直接人工费用定额	制造费用定额
A产品	完工产品	2 000	15	3.5	25	16
	在产品	500	12	2.1	20	12
B产品	完工产品	3 000	13	4.0	27	20
	在产品	400	6	2.1	16	10

在同一 Excel 工作簿，"在产品按定额成本计价法"Excel 工作表后插入一张空白工作表，命名为"定额比例法"。在"定额比例法"Excel 工作表 A1：G7 区域、A8：G19 区域和 A20：G31 区域分别设置名凯公司定额信息表、A 产品成本计算单和 B 产品的成本计算单，计算 A、B 产品的完工产品成本和在产品成本，如表 11-24 所示定额比例法的 Excel 结构表。

表 11-24　定额比例法的 Excel 结构表

	A	B	C	D	E	F	G
1				名凯公司定额信息表			
2				2017 年 5 月			单位：元
3	名称		数量/件	原材料费用定额	燃料及动力费用定额	直接人工费用定额	制造费用定额
4	A产品	完工产品	2 000	15	3.5	25	16
5		在产品	500	12	2.1	20	12
6	B产品	完工产品	3 000	13	4.0	27	20
7		在产品	400	6	2.1	16	10
8				产品成本计算单			
9	车间：基本生产车间			（定额比例法）		产量：	2 000
10	产品名称：A 产品			2017 年 5 月			单位：元
11	项目		直接材料	直接燃料及动力	直接人工	制造费用	合计
12	月初在产品		5 600	1 000	9 600	5 800	=SUM(C12：F12)
13	本月生产费用		=材料费用分配!I5	=外购动力费分配!J5	=工资及福利费分配!E19	=制造费用按年度计划分配率分配!E11	=SUM(C13：F13)
14	生产费用合计		=C12+C13	=D12+D13	=E12+E13	=F12+F13	=SUM(C14：F14)
15	费用分配率		=C14/(C4*D4+C5*D5)	=D14/(C4*E4+C5*E5)	=E14/(C4*F4+C5*F5)	=F14/(C4*G4+C5*G5)	

(续表)

	A	B	C	D	E	F	G
16	完工产品	定额费用	=C4*D4	=C4*E4	=C4*F4	=C4*G4	=SUM(C16:F16)
17		实际成本	=C16*C15	=D16*D15	=E16*E15	=F16*F15	=SUM(C17:F17)
18		单位成本	=C17/G9	=D17/G9	=E17/G9	=F17/G9	=SUM(C18:F18)
19	期末在产品		=C14−C17	=D14−D17	=E14−E17	=F14−F17	=SUM(C19:F19)
20	产品成本计算单						
21	车间：基本生产车间			(定额比例法)		产量：	3000
22	产品名称：B产品			2017年5月			单位：元
23	项目		直接材料	直接燃料及动力	直接人工	制造费用	合计
24	月初在产品		2 500	860	6 300	4 000	=SUM(C24:F24)
25	本月生产费用		=材料费用分配!I6	=外购动力费分配!J6	=工资及福利费分配!E20	=制造费用按年度计划分配率分配!E12	=SUM(C25:F25)
26	生产费用合计		=C24+C25	=D24+D25	=E24+E25	=F24+F25	=SUM(C26:F26)
27	费用分配率		=C26/(C6*D6+C7*D7)	=D26/(C6*E6+C7*E7)	=E26/(C6*F6+C7*F7)	=F26/(C6*G6+C7*G7)	
28	完工产品	定额费用	=C6*D6	=C6*E6	=C6*F6	=C6*G6	=SUM(C28:F28)
29		实际成本	=C28*C27	=D28*D27	=E28*E27	=F28*F27	=SUM(C29:F29)
30		单位成本	=C29/G21	=D29/G21	=E29/G21	=F29/G21	=SUM(C30:F30)
31	期末在产品		=C26−C29	=D26−D29	=E26−E29	=F26−F29	=SUM(C31:F31)

下面仅以A产品为例，分析Excel在定额比例法下的应用。

步骤一：确定资料录入区。

在约当产量比例法下，计算需要的期初在产品各成本项目费用以及定额资料可以通过上一会计期间明细账余额及定额制度直接获得。在"定额比例法"Excel工作表A1：G7区域，设立定额信息表，该表和A、B产品成本计算单内期初在产品项目为资料录入区，对其相关数据单元格做相应的背景设置。将【例11-15】相关数据填列入资料录入区。

步骤二：确定本期生产费用。

本期生产费用可从各要素费用分配表中获取，"定额比例法"Excel工作表中各费用项目的取数公式见表11-24。

步骤三：合计生产费用。

在确定了期初在产品及本月生产费用之后，需将生产费用进行合计，并为在完工产品与在产品之间分配做好准备。"定额比例法"Excel 工作表中各费用项目合计的取数公式见表 11-24。

步骤四：计算费用分配率。

定额比例法要求将实际发生的生产费用按完工产品和在产品定额消耗量、定额工时或者定额费用进行分配。则费用分配率需考虑不同成本项目费用的特点选择分配标准。

A 产品直接材料分配率(C15 单元格)等于 A 产品本月直接材料费用合计(C14 单元格)除以 A 产品完工产品直接材料定额费用(C4 单元格乘以 D4 单元格)加上 A 在产品直接材料定额费用(C5 单元格乘以 D5 单元格)之和；

A 产品直接燃料及动力分配率(D15 单元格)等于 A 产品本月直接燃料及动力费用合计(D14 单元格)除以 A 产品完工产品直接燃料及动力定额费用(C4 单元格乘以 E4 单元格)加上 A 在产品直接燃料及动力定额费用(C5 单元格乘以 E5 单元格)之和；

A 产品直接人工分配率(E15 单元格)等于 A 产品本月直接人工费用合计(E14 单元格)除以 A 产品完工产品直接人工定额费用(C4 单元格乘以 F4 单元格)加上 A 在产品直接人工定额费用(C5 单元格乘以 F5 单元格)之和；

A 产品制造费用分配率(F15 单元格)等于 A 产品本月制造费用合计(F14 单元格)除以 A 产品完工产品制造费用定额费用(C4 单元格乘以 G4 单元格)加上 A 在产品制造费用定额费用(C5 单元格乘以 G5 单元格)之和。

"定额比例法"Excel 工作表中各成本项目费用分配率的取数公式见表 11-24。

步骤五：计算完工产品成本。

首先，计算完工产品定额费用。即完工产品数量乘以各成本项目的单件费用定额。

其次，计算完工产品实际成本。即各成本项目下定额费用乘以其对应的费用分配率。

最后，计算完工产品单位成本。即各成本项目下完工产品实际成本费用除以本期产量。

"定额比例法"Excel 工作表中，完工产品定额费用、完工产品实际成本及完工产品单位成本的取数公式见表 11-24。

步骤六：计算期末在产品费用。

期末在产品费用等于生产费用合计减去完工产品成本。"定额比例法"Excel 工作表中期末在产品费用的取数公式见表 11-24。

九、利用 Excel 完成完工产品成本和在产品费用分配方法的选择

与利用 Excel 完成辅助生产费用分配方法选择、完成制造费用分配方法选择一样，利用 Excel 完成完工产品成本和在产品费用分配方法的选择，并不能回避会计人员按照企业实际情况选择合理分配方法的职业判断程序，但其内嵌功能可以为我们提供灵活、便捷的选择模式。

企业一旦确定采用某一种完工产品成本和在产品费用分配方法，可以通过 Excel 的程序设计，自动调用该种分配方法的 Excel 工作表，屏蔽其他分配方法 Excel 工作表。当核

算程序导入所选分配方法的 Excel 工作表下，录入完工产品和在产品费用分配的基础信息，Excel 工作表将自动完成计算分配工作。

第七节　Excel 在成本报表编制中的应用

一、成本报表的种类

成本报表是根据产品成本和期间费用的核算资料以及其他有关资料编制的，用于反映和监督企业一定时期产品成本和期间费用水平及其构成情况的报告文件。成本报表一般包括全部产品生产成本表、主要产品单位成本表、制造费用明细表以及销售费用明细表、管理费用明细表和财务费用明细表。成本报表属于内部报表，主要是为满足企业内部经营管理的需要而编制的，不对外公开。因此，成本报表的种类、格式、项目、指标的设计和编制方法都由企业自行决定。Excel 在产品报表编制中应用，必须充分考虑企业内部成本信息的需求和控制作用。

二、利用 Excel 编制成本报表

（一）成本报表格式设计

编制成本报表前，根据企业生产经营的特点及成本管理对成本信息的要求，列出企业常规编制的成本报表清单，设计各成本报表的基本格式。Excel 提供较强的编辑功能，成本报表可在 Excel 面板中做字体、边框、数字格式以及背景设置等多种自动处理。

成本报表基本格式的设计包括表头设计和表体设计。做表头设计时，需从会计四个基本假设分析成本报表的会计主体、报告的会计期间以及货币计量单位。这些内容和报表反映的主要信息作为表头，放置于 Excel 表格顶部，并进行表头的美化设计。

表体可分为项目和数据两部分，表内各项目的格式主要是利用"边框"来进行设计。对于只占用一个单元格的项目可通过"格式"中"单元格"打开"单元格格式"对话框，设计其对齐方式、字体格式、边框样式等；对于包含几列(或几行)的项目，可采用合并单元格功能，并进行相关样式设计。对于表格中数字的格式，每个数据占据一个单元格，数字的格式通过前述"单元格格式"对话框中的"数字"样式进行选择，特别注意货币符号、是否使用千位分隔符、百分号、小数点位数等。

（二）成本报表数据的表间关系

成本报表数据可分为两类：一类是基本数据，如成本报表中的"计划数""历史先进水平""上年同期数"等；一类是通过基本数据的计算获得数据，如"产品成本合计""××比率"等。

成本报表的基础数据一般较易获取，如年度计划中获取"本年计划数"，从本期产品成本及相关费用明细账中获取"本月实际数"等。这些数据都可以从前期资料中获取，其获取的途径可分为两种：一种是已有的文档资料，如年度计划，对于这种数据单元格可设置为"资料录入区"，即为已知数据；另一种是前期核算系统计算出来的数据，如本月的各类实际耗费，这种数据单元格可以通过跨越 Excel 工作表进行表间取数，减少成本会计人员录入的工作量，同时也保证了数据传输的准确性和及时性。

三、利用 Excel 编制成本报表示例

对于企业常用的成本报表可设计成各类成本报表 Excel 工作表，需要时直接应用或稍加改动便可应用。特别是在同一年中，成本报表中经常涉及的项目，如"本年计划数""历史先进水平"等基础数据较为稳定，为各期成本报表制作带来较大的便利和可比性。而"本年累计实际数"也可以通过 Excel 提供的运算方式，进行自动运算。

若名凯公司采用约当产量比例法分配完工产品和在产品成本，以【例 11-1】～【例 11-7】、【例 11-9】以及【例 11-12】所涉及的生产费用的归集与分配为基础，应用 Excel 编制"全部产品生产成本表"。在同一 Excel 工作簿中"定额比例法"Excel 工作表后插入一张空白工作表，命名为"全部产品生产成本表"。"全部产品生产成本表"Excel 工作表的表内取数及格式见表 11-25。

表 11-25　全部产品生产成本表的 Excel 结构表

	A	B	C	D	E
1			全部产品生产成本表(按成本项目反映)		
2	单位名称：名凯公司		2017 年 5 月		单位：元
3	项目	上年实际	本年计划	本月实际	本年累计
4	本月生产费用				
5	直接材料			=约当产量比例法!B11+约当产量比例法!B22	
6	燃料及动力			=约当产量比例法!C11+约当产量比例法!C22	
7	直接人工			=约当产量比例法!D11+约当产量比例法!D22	
8	制造费用			=约当产量比例法!E11+约当产量比例法!E22	
9	生产费用合计			=SUM(D5：D8)	
10	加：月初在产品			=约当产量比例法!F10+约当产量比例法!F21	
11	减：期末在产品			=约当产量比例法!F16+约当产量比例法!F27	
12	产品成本合计			=D9+D10－D11	

如表11-25所示,"全部产品生产成本表"Excel工作表中单元格数据录入共四种方式。

第一种,根据已有资料手工录入。如"本年计划"所在列数据,其背景设置为浅绿色纯色填充,该列数据需根据当年计划填列,属于基础数据,也是前文描述的资料录入区,需要手工录入比对参数。

第二种,根据同一 Excel 工作簿内不同 Excel 工作表,跨表取数。如"本月实际"所在列数据。本月实际耗费金额已经在前期成本核算工作中计算出来,在成本报表编制阶段,可直接从各类表单中直接获取相关资料。如本月全部产品耗用直接材料("全部产品生产成本表"Excel 工作表中 D5 单元格)等于 A 产品本期投入直接材料费用("约当产量比例法"Excel 工作表中 D5 单元格)和 B 产品本期投入直接材料("约当产量比例法"Excel 工作表中 D16 单元格)之和。

第三种,根据已有的 Excel 工作簿,跨库取数。如"上年实际"所在列数据,本列数据单元格背景设置为竖条纹,应根据上年 12 月份全部产品生产成本报表的当年累计数填列。如果上年 12 月份创建了成本核算的 Excel 工作簿,且在工作簿中创建了全部产品生产成本表,可通过 Excel 跨越工作簿获取相关数据。如果上年 12 月份未创建成本核算的 Excel 工作簿,则"上年实际"所在列数据所占单元格与"本年计划"所在列单元格一样,为资料录入区。

第四种,根据已有的 Excel 工作簿数据计算获取。如"本年累计"所在列数据,本列数据单元格背景设置为上斜纹,应根据本年年初至本期累计计算。如果本年上一会计期间已经创建了成本核算的 Excel 工作簿,且在工作簿中创建了全部产品生产成本表,可通过 Excel 跨越工作簿获取上一会计期间全部产品生产成本表中"本年累计"栏数据,加上当前 Excel 工作表中"本月实际"栏数据,即为当前 Excel 工作表中"本年累计"栏目数据。

练 习 题

1. 逐步综合结转分步法 Excel 模板设计

资料:某工业企业下设一个基本生产车间大量生产甲产品,成本计算上分两个生产步骤核算。第一生产步骤生产的 A 半成品,不通过半成品库直接传递给第二生产步骤进行生产。其基本生产车间采用逐步综合结转分步法计算产品成本,月末,基本生产车间生产费用在完工和在产品之间的分配采用约当产量比例法。

要求:根据资料建立该企业产品成本计算单及成本还原的 Excel 模板(见表 11-26),确定资料录入区及 Excel 结构表内各单元格的运算关系。

表 11-26 逐步综合结转分步法 Excel 结构表

	A	B	C	D	E	F	G
1	产量信息表						
2	××××年××月						单位：件
3	步骤	月初数量	本月投产数量	本月完工数量	月末在产品数量	在产品投料率	在产品完工率
4	第一步骤						
5	第二步骤						
6	第一步骤产品成本计算单						
7	产品名称：A 半成品		××××年××月				单位：元
8	项目	直接材料	直接人工	制造费用	合计		
9	期初在产品						
10	本月生产费用						
11	生产费用合计						
12	约当总量						
13	分配率						
14	完工产品成本						
15	期末在产品成本						
16	第二步骤产品成本计算单						
17	产品名称：甲产成品		××××年××月				单位：元
18	项目	半成品	直接材料	直接人工	制造费用	合计	
19	期初在产品						
20	本月生产费用						
21	生产费用合计						
22	约当总量						
23	分配率						
24	完工产品成本						
25	期末在产品成本						
26	产品成本还原计算表						
27	产品名称：甲产成品		××××年××月				单位：元
28	项目	还原率	半成品	直接材料	直接人工	制造费用	合计
29	还原前成本						
30	半成品成本						
31	成本还原						
32	还原后成本						

2. 平行结转分步法 Excel 模板设计

资料：某工业企业设有两个生产步骤，第一步骤生产甲半成品，第二步骤将甲半成品加工成乙产品。其基本生产车间采用平行结转分步法计算产品成本，月末，基本生产车间生产费用在完工和在产品之间的分配采用约当产量比例法。

要求：根据资料建立该企业产品成本计算单的 Excel 模板(见表 11-27)，确定资料录入区及 Excel 结构表内各单元格的运算关系。

表 11-27 平行结转分步法 Excel 结构表

	A	B	C	D	E	F	G
1				产量信息表			
2				××××年××月			单位：件
3	步骤	月初数量	本月投产数量	本月完工数量	月末在产品数量	在产品投料率	在产品完工率
4	第一步骤						
5	第二步骤						
6			第一步骤产品成本计算单				
7	产品名称：甲半成品			××××年××月		单位：元	
8	项目	直接材料	直接人工	制造费用	合计		
9	期初在产品						
10	本期费用						
11	合计						
12	约当总量						
13	分配率						
14	应计入产成品份额						
15	期末在产品						
16			第二步骤产品成本计算单				
17	产品名称：乙产成品			××××年××月		单位：元	
18	项目	半成品	直接材料	直接人工	制造费用	合计	
19	期初在产品						
20	本期费用						
21	合计						
22	约当总量						
23	分配率						
24	应计入产成品份额						
25	期末在产品						

(续表)

26		产品成本汇总表			
27	产品名称：乙产成品	××年××月		单位：元	
28	项目	直接材料	直接人工	制造费用	合计
29	第一步骤				
30	第二步骤				
31	总成本				
32	单位成本				

第十二章

成本计算与管理前沿

第一节 作业成本计算

一、作业成本法的含义

作业成本法(activity-based costing，ABC)的基本思想源于美国会计学家埃里克·科勒(Eric Kohler)教授于 1941 年在《会计论坛》杂志发表的论文，从 20 世纪 80 年代后期开始，该方法逐渐开始在美、日和西欧等国的企业尤其是竞争激烈和人工成本很低的高新技术企业实际应用。

作业成本法是一种以作业为基础的成本计算方法，其成本计算过程可以概括为"资源→作业→产品"。企业的全部经营活动(从产品设计、物料供应、制造流程、质检、包装到产品入库、发货、运输、销售等)都是由一系列相互关联的作业组成的，而企业每进行一项作业都要耗用一定的资源，因此，产品的成本实际上就是企业全部作业所消耗资源的总和。在计算成本时，首先把作业作为成本计算的基本对象，以经营活动中发生的各项作业来分配间接费用(在此过程中引导管理人员关注成本发生的原因——成本动因)，计算出作业成本；然后再按各项作业成本与成本对象(产品或服务)之间的因果关系，将作业成本匹配到相应的成本计算对象，最终完成成本计算的过程。要了解作业成本法就必须关注以下概念。

(一) 作业

作业是指企业在经营活动中的各项具体活动，它是作业成本计算的核心和基础。一项作业对于任何加工或服务对象，都必须是标准化的过程和办法。执行任何一项作业也都需要耗费一定的资源。作业可能是一项非常具体的活动(如车工作业)，也可能泛指某一类活动(如包含车、铣、刨、磨等的机加工作业)。

(二) 作业中心

作业中心亦称成本库，是指按同一作业动因，将各种资源耗费项目归集在一起的成本类别。显然作业中心所汇集的成本可以以相同的作业动因为标准，将其成本分配给各产品或劳务。

(三) 成本动因

成本动因也称成本驱动因素，是指决定成本发生、引起相关成本对象的总成本发生变动的那些重要的活动或事项，它是作业成本计算法的核心内容。一般而言，成本动因支配着成本行动，决定着成本的产生，并可作为分配成本的标准。在作业成本计算中，成本动因可分为资源动因和作业动因。资源动因是衡量资源消耗量与作业之间关系的某种计量标准，它反映了消耗资源的起因，运用资源动因可以将资源成本分配给各有关作业。例如，工资是企业的一种资源，把工资分配到作业"质量检验"的依据是质检部门的员工数，这个员工数就是资源动因。作业动因是将资源消耗与最终产品或劳务产出连接起来的中介，是作业中心的成本分配到产品中的标准。例如，把作业"质量检验"的全部成本按产品检验的次数分配到产品，则检验的次数就是作业动因。

(四) 作业链和价值链

作业链，是相互联系的一系列作业活动组成的链条。现代企业实际上是一个为了满足顾客需要而设计的一系列作业的集合体，从产品设计到产品销售过程的整个生产经营过程，都是由一系列前后有序的作业构成，这些作业由此及彼、由内到外相连接，形成了"作业链"。价值链是从货币和价值的角度反映的作业链。在"作业消耗资源、产品消耗作业"的过程中，价值沿作业链在作业之间转移，即形成"价值链"。

二、作业成本法的程序

作业成本法的基本指导思想是："作业消耗资源、产品消耗作业。"在此思想下，作业成本法对直接材料、直接人工等直接成本的核算与传统成本计算方法并没有不同，其特点主要体现在间接制造费用的归集与分配上。传统成本计算方法将制造费用全厂统一或按生产部门进行归集，作业成本法将制造费用归集到作业成本库。传统成本计算方法主要采用单一的直接人工工时、机器小时、原材料成本等作为分配基准，而作业成本法的分配基准是多元的，不但强调人工工时、机器小时等，也强调如工艺变更指令、机器调整准备次数、运输距离等多种成本动因。

根据作业成本法的计算原则，运用作业成本法计算产品成本的具体程序可以分为两个阶段。

第一阶段：计算作业成本和作业成本分配率。

具体步骤为：在作业分析的基础上，识别作业和主要作业，并以主要作业为主体，将同质作业合并建立作业中心，按作业中心建立作业"同质组"和"同质成本库"；将资源的费用归集到同质成本库；对于建立的同质成本库，明确并选择作业动因，计算作业成本分配率。

第二阶段：计算产品和劳务的成本。

具体步骤为：按照作业成本分配率和各产品所耗用的作业量，将各成本库中归集的制造费用追溯到各产品；在产品成本与在产品之间进行分配，计算完工产品和在产品的成本。对于完工产品与在产品之间的成本分配与传统方法并无多大区别。

三、作业成本法举例

下面举例说明作业成本法的基本计算程序。

【例12-1】某企业本月生产甲、乙两种产品，有关产量、批次、成本、工时等资料如表12-1所示。该企业当月制造费用明细表如表12-2所示。

表12-1 产品产量及耗费资料

项目	甲产品	乙产品
产量/件	250 000	50 000
生产次数/次	8	12
订购次数/次	8	12
每次订购量/件	20 000	2 500
直接材料成本/元	26 000 000	4 000 000
直接人工成本/元	2 500 000	500 000
机器制造工时/小时	500 000	300 000

表12-2 制造费用明细表

单位：元

项目	金额
材料验收成本	320 000
产品检验成本	480 000
燃料与水电成本	400 000
开工成本	240 000
职工福利支出	210 000
设备折旧	400 000
厂房折旧	210 000
材料储存成本	120 000
经营者薪金	90 000
制造费用总额	2 470 000

(一) 传统成本计算方法下的成本计算

根据上述资料,按传统成本计算方法,制造费用按机器制造工时在甲、乙两种产品之间进行分配。

$$制造费用分配率 = \frac{2\,470\,000}{500\,000 + 300\,000} = 3.087\,5(元/件)$$

甲产品应分配的制造费用 = $500\,000 \times 3.087\,5 = 1\,543\,750(元)$

乙产品应分配的制造费用 = $300\,000 \times 3.087\,5 = 926\,250(元)$

根据上述分析和计算,编制传统成本计算方法下的产品成本计算表,如表12-3所示。

表12-3 产品成本计算表

项 目	甲 产 品	乙 产 品
直接材料成本/元	26 000 000	4 000 000
直接人工成本/元	2 500 000	500 000
制造费用/元	1 543 750	926 250
总成本/元	30 043 750	5 426 250
产量/件	250 000	50 000
单位产品成本/元	120.175	108.525

(二) 作业成本计算法下的成本计算

作业成本计算的关键在于对制造费用的处理不是完全按机器制造工时进行分配,而是根据作业成本库(作业中心)与成本动因,确定各类制造费用的分配标准。经过作业成本分析,该企业设立了材料验收等作业成本库,下面分别确定各作业成本库中制造费用的分配标准和分配率。

1. 材料验收成本、产品检验成本及开工成本分配率计算

材料验收成本、产品检验成本和开工成本的成本动因是生产与订购次数,以此作为这三项制造费用的分配标准,其分配率为

$$材料验收成本分配率 = \frac{320\,000}{8+12} = 16\,000$$

$$产品检验成本分配率 = \frac{480\,000}{8+12} = 24\,000$$

$$开工成本分配率 = \frac{240\,000}{8+12} = 12\,000$$

2. 设备折旧费用、燃料与水电费用分配率计算

设备折旧费用、燃料与水电费用的成本动因是机器制造工时,以此作为这两项制造费用的分配标准,其分配率为

$$设备折旧费用分配率 = \frac{400\,000}{500\,000 + 300\,000} = 0.5$$

$$燃料与水电费分配率 = \frac{400\,000}{500\,000 + 300\,000} = 0.5$$

3. 职工福利支出分配率计算

职工福利支出的成本动因是直接人工成本，以此作为这项制造费用的分配标准，其分配率为

$$职工福利支出分配率 = \frac{210\,000}{2\,500\,000 + 500\,000} = 0.07$$

4. 厂房折旧费用、经营者薪金分配率计算

厂房折旧和经营者薪金的成本动因是产品产量，以此作为这两项制造费用的分配标准，其分配率为

$$厂房折旧费用分配率 = \frac{210\,000}{250\,000 + 50\,000} = 0.7$$

$$经营者薪金分配率 = \frac{90\,000}{250\,000 + 50\,000} = 0.3$$

5. 材料储存成本分配率计算

材料储存成本的成本动因是直接材料的数量或成本，以此作为这项制造费用的分配标准，其分配率为

$$材料储存成本分配率 = \frac{120\,000}{26\,000\,000 + 4\,000\,000} = 0.004$$

根据上述计算的分配率，将各项制造费用在甲产品和乙产品之间进行分配，其分配结果见表12-4。

表 12-4 制造费用分配表 单位：元

项 目	制造费用	甲 产 品	乙 产 品
材料验收成本	320 000	128 000	192 000
产品检验成本	480 000	192 000	288 000
燃料与水电成本	400 000	250 000	150 000
开工成本	240 000	96 000	144 000
职工福利支出	210 000	175 000	35 000
设备折旧	400 000	250 000	150 000
厂房折旧	210 000	175 000	35 000
材料储存成本	120 000	104 000	16 000
经营者薪金	90 000	75 000	15 000
合　计	2 470 000	1 445 000	1 025 000

根据上述分析与计算可编制作业成本计算表，如表 12-5 所示。

表 12-5　作业成本计算表　　　　　　　　　　　　　　　　　单位：元

项　目	甲产品	乙产品
直接材料成本	26 000 000	4 000 000
直接人工成本	2 500 000	500 000
制造费用	1 445 000	1 025 000
总成本	29 945 000	5 525 000
产量/件	250 000	50 000
单位产品成本	119.78	110.5

根据上述计算结果，作业成本计算法和传统成本计算方法的产品成本计算结果比较如表 12-6 所示。

表 12-6　作业成本与传统成本计算方法结果比较

产　品	传统成本计算法/元	作业成本计算法/元	绝对差/元	相对差/%
甲产品	120.175	119.78	0.395	0.33
乙产品	108.525	110.50	-1.975	-1.79

剔除掉各批产品所耗用的直接材料成本和直接人工成本这两个不可比因素，仅就制造费用进行比较，见表 12-7。

表 12-7　制造费用分配比较

产　品	传统成本计算法/元	作业成本计算法/元	绝对差/元	相对差/%
甲产品	6.175	5.78	0.395	6.83
乙产品	18.525	20.50	-1.975	-9.63

表 12-6 的计算结果表明，按作业成本计算法，甲产品单位成本由传统成本计算方法的 120.175 元下降到 119.78 元，相对差为 0.33%；乙产品单位成本由传统成本计算方法的 108.525 元提高到 110.5 元，相对差为-1.79%。若仅就制造费用分配进行比较，相对差分别为 6.83%和-9.63%，两者的差异更为明显。产生差异的主要原因是传统成本计算方法下，制造费用只采用单一的分配标准(一般是以工时消耗)；作业成本法下，为不同的作业成本库的耗费选择了相应的成本动因来向产品分配制造费用，从而使作业成本计算比按传统成本计算更为准确和科学。

作业成本法下使用的会计科目与传统成本计算方法一样，包括"生产成本""制造费用"(名称可改为"作业成本")以及"待摊费用""预提费用"等，但是"生产成本"和"制造费用"(或"作业成本")的二级科目及明细科目设置与传统成本计算方法有一定区别。作业成本法下，在"生产成本"科目或二级科目下设置明细账(即成本计算单)，成本计算单内需按"直接材料""直接人工""作业成本"设置专栏，其中"作业成本"栏月末根据各有关成本库分配转来的作业成本记入;"制造费用"科目可改称为"作业成本"科目,在该科目下按作业成本库名称设置二级科目或明细科目,在每个明细账户内,按作业耗用的各项资源的名称设置专栏,专栏的名称应尽量与会计准则及指南规定的制造费用明细项目名称一致,以便在对外提供财务报告时,将作业所耗用的各项资源成本还原为制造费用。

四、作业成本法的优缺点和适用范围

与传统成本计算方法相比,作业成本法的主要优点如下。

传统成本计算方法的间接费用仅指制造成本,且将成本对象所耗费的间接费用按单一的标准如直接人工工时、机器工作小时等分配到成本对象,没有衡量成本对象与间接费用之间的本质联系,容易造成成本信息的扭曲。作业成本法认为生产产品需要各种作业来完成,因此,从产品设计、物料供应、生产、销售到售后服务,作业成本法把各种作业和作业中心均纳入成本的核算范围,扩大了间接费用界限,并对不同的作业中心产生的间接费用都按照成本动因来归集,以多个分配率来分配间接成本,从而能够提供相对准确的作业成本与产品成本信息。

传统成本计算方法忽视了未使用资源和非增值作业耗费对产品成本计算的影响,影响了业绩考核的客观性。与传统成本计算相比,作业成本法更为关注未使用资源和非增值作业耗费,成本动因分析和作业中心的划分可以详细分析间接费用的增减变动原因,按作业中心划分责任中心也更有助于业绩考核,因此,作业成本法能够促使管理者关注作业中心的成本控制,消除浪费、降低产品成本,提高企业的经济效益,更好地发挥成本管理的预测、决策和控制职能。

但是,作业成本法也存在许多局限性,如成本动因的选择具有一定的主观性;在实际作业中,有些资源具有共享性,难以完全精确分析;作业中心的划分有一定难度,与成本动因不直接相关的间接费用也要选择一定的标准分配计入各作业中心,这些在一定程度上影响了作业成本法的准确性。另外,一般而言,作业成本法会增加成本计算的工作量,加大核算成本。而且,将传统成本计算方法改为作业成本法,由于两种成本核算系统的计算口径和分配原理的不同,也会使同一家企业甚至同一种产品的成本信息缺乏前后的可比性。

基于上述分析,作业成本法一般适用于间接费用所占比重较大、产品范围较宽或种类繁多、生产运行数量相差很大而且生产准备成本昂贵、产品生产工艺复杂多变而会计系统变化较小、具有先进的计算机辅助管理手段的技术或资金密集型企业。而较少适用于产品结构单一、间接费用的数额相对较小且其发生与直接人工成本相关、管理水平与会计手段均比较落后的劳动密集型企业。

第二节 作业成本管理

一、作业成本管理概述

作业成本管理(activity-based costing management,ABCM)是指管理者利用作业成本法

计算所获得的信息，进行作业分析和控制，以持续降低产品或服务成本、提高客户价值，最终增加公司价值、实现企业战略目标。作为一种新的成本核算方式，作业成本法是作业成本管理的基础，它为作业成本管理提供必要的成本信息。

随着市场竞争的日益激烈和企业内外部经营环境的改变，传统成本管理已难以适应环境演变的需要。传统成本管理主要关注产品的成本，由于传统成本计算所得到的产品成本信息的扭曲，利用它们进行成本控制往往带来较大的局限性。而作业成本管理将成本计算深入到作业层次，不仅能够提供各种更准确的成本信息，有利于企业更好地进行成本分析、控制和考核，而且能够利用所提供的成本信息，进行产品盈亏分析、成本动因分析和作业分析，指导企业有效地执行增值作业，消除和精简非增值作业，从而不断提升企业的竞争力和盈利能力。

二、作业的分类

作业分析是实施作业管理的基础，而作业分类是作业分析的基础。不同的目的有不同的作业分类标准，对作业可从不同角度进行分类分析。

（一）按业务层次或作业行为分类

按业务层次或作业行为分类，可分为单位作业、批别作业、产品作业和公司作业。这种分类的目的主要是为了计算产品成本。

1. 单位作业

这类作业是每产出一个单位的产品需进行一次的作业，它对资源的消耗量与产品的产量成正比。如每生产一件产品需进行的质量检验。

2. 批别作业

这类作业是每生产一批产品便需进行一次的作业，作业成本随批别的变化而成比例变化。如每批产品投产前的设备调试和生产准备。

3. 产品作业

这类作业是按产品品种进行的作业，作业动因随产品种类变化而成比例变化。如按产品品种进行的工艺设计和模具制作。

4. 公司作业

这类作业是为维持企业的生产条件而进行的、使所有产品都受益的作业，作业的成本不随产品数量、批别、种类的变化而变化。如安全设施和厂房维修等。

（二）按是否创造价值分类

按其是否创造价值分类，可分为增值作业和非增值作业。这种分类的目的主要是为了了解作业存在的必要性，并据以进行流程重组。

1. 增值作业

这类作业是被认为满足了企业的需要从而企业要求在价值链中予以保留的作业。一项作业是否为增值作业，必须同时符合下列三条标准：一是该作业导致加工对象状态的改变；二是该状态的变化只能由该作业实现，而不能由其他作业来完成；三是该作业使价值链中的其他作业得以进行。增值作业尽管是必需的，但也应予以改进，提高其作业效率。

2. 非增值作业

非增值作业不是企业所要求发生的作业，这类作业不应在价值链中予以保留，而应将其从价值链中消除或通过持续改善逐步消除。非增值作业对资源的消耗并不是合理消耗，其对于企业提供最终产品并不直接做出贡献。如将存货从某一个地方移到另一个地方的搬运作业，其实可以通过缩短搬运距离等方式予以改善并逐步消除，因此一般被划分为非增值作业；再如检验发现的可修复不合格品需要重新返工，则返工作业就是一项非增值作业。

另外，作业也有其他的分类方式，如按其发生的必要性，可将作业分为必需的作业和任意性作业，前者是指组织单位必不可少的作业，后者是可以根据作业者的判断进行任意选择而发生的作业。

三、产品盈亏分析和生产分析

(一) 产品盈亏分析

前已述及，传统成本计算方法容易误导成本信息、进而导致产品定价的扭曲，使各种产品的盈亏状况得不到真实的反映。要解决此问题，就应分析产品在生产过程中耗费了哪些作业、这些作业又是如何耗用企业资源的，也即运用作业成本法和历史资料重新计算或模拟计算一次产品成本。利用作业成本计算和管理的方法可以得到相对真实的产品成本和盈亏信息，从而可对产品盈亏情况进行较为客观的分析和评价。

(二) 生产分析

除了产品盈亏分析外，作业成本管理也常运用于生产分析，包括成本动因分析、作业分析等，从而指导企业有效地执行必要的作业，消除和精简非增值作业、降低非增值成本、提高增值作业的效率。

1. 成本动因分析

成本动因分析一般建立在人们对某些具体问题的观察和逻辑思考之上，而不是对价值链进行系统、全面的分析。成本动因分析的目的，就是探索各类非增值作业的根源，帮助人们从源头思考一项作业在价值链中存在的价值，从而力求摆脱无效或低效的成本动因。如搬运货物这项作业，比较明显的成本动因有货物数量、重量、体积以及搬运距离等，如果缩短仓库与车间之间的距离，就可能降低搬运货物的作业成本。又如质量检验这项作业，比较明显的成本动因有产品质量、质检次数、质检人数等，如果企业采用全面质量管理，能够有效改善产品质量、减少质检次数和质检人数，就可能降低质量检验的作业成本。

2. 作业分析

作业分析是生产分析的核心内容，是对生产过程中的各项作业的系统、全面分析。作业分析的主要目的是判断增值作业与非增值作业，计算增值成本与非增值成本，最终采取措施改善作业与价值链、提高增值作业效率和消除非增值作业。作业分析的程序有四个步骤：首先，记录从生产产品到最终完成所耗费的作业；其次，将所有作业分为增值作业和非增值作业两类；然后，计算增值成本与非增值成本；最后，反映和报告增值与非增值成本，制定出消除或减少非增值作业的计划。增值成本是企业高效率执行增值作业时发生的成本，是企业的"必要"成本，如果低效率执行增值作业，则效率差额成本为非增值成本；对于一项非增值作业来讲，它所发生的成本全部是非增值成本，虽然并非是"不必要"的成本，但却可以通过持续改善逐渐减少和消除。非增值成本的大小既说明了企业作业和价值链管理的现状，同时也明确了作业成本管理持续改善的目标和努力方向。

降低成本是生产作业分析的最终目标，作业成本管理通常采用作业消除、作业选择、作业减少、作业分享等四种方式，持续改善作业，不断降低成本。具体包括：①作业消除。对于某项作业，如果通过作业分析认定其为非增值作业，则应采取必要的措施，逐步把它消除，以节约非增值成本。②作业减少。如果无法马上消除一项非增值作业，则可以降低对它的需求；即使降低对某一项增值作业的需求，也变相地提高了其作业效率。③作业分享。即几种产品可以分享某一项作业，这样做可以避免资源和能力闲置，提高企业增益。④作业选择。如果不同的作业可以达到同等的目的和效果，则应选择成本较低的作业，以充分发挥该作业的比较成本优势。另外，企业在采取措施降低成本时，上述四种方式往往需要结合起来综合运用，也只有这样，才能达到最大化的作业效率和改进效果。

第三节 战略成本管理

成本计算和成本管理是企业日常经营管理的中心工作，成本计算为成本管理提供数据基础，成本管理的结果也需要成本计算予以反映。事实上，成本计算是成本管理的重要组成部分，及时、准确地核算产品成本，是成本管理的首要前提。随着环境的变革以及成本管理理论和实务的发展，现代成本管理形成许多新兴领域，除上述作业成本管理外，还有质量成本管理、人力资源成本管理、社会责任成本管理、环境成本管理、战略成本管理等。本书简要介绍战略成本管理的理念和方法。

一、战略成本管理概述

战略成本管理(strategic cost management，SCM)的概念最早于20世纪80年代由英国学者肯尼斯·西蒙兹(Kenneth Simmonds)提出，他认为战略成本管理就是"通过对企业自身以及竞争对手的有关成本资料进行分析，为管理者的战略决策提供所需的信息"。再后来，从哈佛商学院的迈克尔·波特(Michael E. Porter)出版《竞争优势》(1980)和《竞争战略》(1985)，到1993年杰克·桑克(John K. Shank)等提出战略成本管理具体化的模式，到 1998 年罗宾·库珀(Robin Cooper)提出了以作业成本制度为核心的战略成本管理体系，再到 2000 年爱德华·布洛克(Edward J. Blocher)等出版《成本管理：以战略为重心》一书，一直至今，作为一种新兴的成本管理会计理论，战略成本管理已经走过近 30 年的发展道路。

所谓战略成本管理就是从战略的高度识别成本动因，对企业的内外价值链进行成本管理，为战略管理的关键步骤提供战略性成本信息，帮助管理者形成和评价企业战略，以寻求持之以恒的竞争优势。战略成本管理是成本管理、管理会计与战略管理有机融合的产物，是传统成本管理顺应时代潮流变化所做出的一种变革。将成本管理、管理会计置于战略管理的循环过程，既是会计发展的需要，也是战略管理发展的需要。

在迈克尔·波特的基础上，杰克·桑克(John K. Shank)提出了一种使战略成本管理更加具体化的模式，该模式利用一系列的分析工具，为企业的成本管理提供了战略透视。该模式的主要内容包括价值链分析、战略定位分析和战略成本动因分析三个方面。

二、价值链分析

前面谈到，价值链是从货币和价值的角度反映的作业链。这种作业链既是一种生产过程，同时又是一种价值形成和增值的过程。具体来讲，价值链是为生产产品和提供劳务而发生的从设计、生产、销售到交货和对产品起辅助作用的各种活动的集合。比如通信器材的生产需要通过一系列的作业过程，包括产品设计、购买原材料、运输、加工、营销等，除此之外，也包括一些辅助作业，如人力资源管理、技术团队、会计和法律专职人员等。但是，随着对价值链的认识不断深入，战略意义上的价值链分析将价值链拓展到企业之外，这种视野下，价值链不仅包括内部价值链，也包括外部价值链，如企业与供应商、客户、竞争者等各方面形成的价值链，甚至各种价值链相互交叉、彼此连接，形成价值网络。

(一) 内部价值链分析

企业内部存在许多价值链，每个价值链可以产生价值，同时也要消耗资源。内部价值链分析，就是把价值链分解成单独的价值作业，应用具体的方法，使企业内部各价值作业优化并相互协调，然后为实现企业战略目标而进行价值作业之间的权衡、取舍和调整，以降低成本和增加企业价值。

(二) 外部价值链分析

随着市场竞争的日益激烈，企业应扩展战略视角，将价值链分析扩展到外部价值链(如行业价值链、供应商价值链、客户价值链和竞争对手价值链)，以便为战略选择和保持竞争优势提供决策信息。具体包括：

1. 行业价值链分析

行业价值链分析的内容就是把企业置身于行业价值链中，找到企业在行业中所处的竞争地位，从战略高度进行价值链分析和流程重组，逐步调整企业在行业价值链中的位置，明确成本管理重点。

2. 竞争对手价值链分析

通过对竞争对手价值链的分析，测算出竞争对手的成本水平、成本构成与成本项目支出，通过比较分析，明确竞争优劣势，寻找改进本企业价值链中作业活动上的弱项，做到取长补短和扬长避短。

3. 供应商价值链分析

企业应同供应商之间建立紧密的战略合作伙伴关系，与供应商协调进货时间和批量，帮助供应商攻克关键技术和管理难题，并在对供应商价值链进行细致分析的基础上，调整企业在价值链中的位置和范围等。

4. 客户价值链分析

企业应同客户之间建立紧密的战略合作伙伴关系，加强客户关系管理，分析客户价值链及其与企业价值链之间的联系，通过业务相互整合来减少中间交易成本。

三、战略定位分析

战略成本管理面临的首要问题是如何将成本管理与企业战略相结合。战略定位，即企业在适应战略环境的前提下，明确应采取的竞争战略，然后建立与之相匹配的成本管理战略。比如，通过考察 A 和 B 产品的价值链，我们发现：A 产品为价格充分竞争产品，所以成本问题至关重要，应重视生产环节，严格控制生产成本；B 产品为售后服务充分竞争产品，所以售后服务的特色和品质比较重要，因此应重点关注市场营销和售后服务环节。如果忽略了这些环节，就会由于战略定位不当而失去竞争优势。

在《竞争战略》和《竞争优势》中，迈克尔·波特(Michael E. Porter)提出了三种竞争战略，简述如下：①成本领先战略。成本领先战略是指通过成本预算、成本决策和成本控制等一系列成本管理流程，把成本降到最低限度，使企业成为行业中的低成本生产厂商。在与同行业竞争对手相当或相对较低的产品定价上，成本领先者的低成本优势即转化成相对高的收益。②差异化战略。差异化战略是指在产业范围内选择一种不同于竞争对手的战略，使产品的功能、质量和服务独树一帜，从而吸引消费者，给产品带来额外收益。③集中战略。集中战略是指企业把经营战略的重点放在某一特定消费领域，从而排斥其他的竞争者，使企业在该目标市场上取得竞争优势。成本领先战略和差异化战略是竞争战略的基础，而集中战略是将成本领先战略和差异化战略分别运用到某一特定目标市场的结果，企业既可以通过"成本领先战略+集中战略"寻求在目标市场上的成本竞争优势，也可以通过"差异化战略+集中战略"寻求目标市场上的差异化竞争优势。

四、战略成本动因分析

前已述及，成本动因是决定成本发生的因素。成本动因可分为两个层次：一是与企业的具体生产作业相关的成本动因，如作业量、物耗等；二是战略层次上的成本动因，如规模、质量管理、技术多样性等。与前者相比，战略成本动因对成本的影响比重比较大、更为持久。战略成本动因又可分为结构性成本动因(structural cost driver)和执行性成本动因

(execution cost driver)两类。

(一) 结构性成本动因

结构性成本动因是指决定企业基础经济结构和影响成本整体态势的成本动因。其形成常需要较长时间，而且一经确定往往很难变动。主要包括：

1. 规模
指企业的投资规模。在价值链活动的规模较大时，可带来成本节约的规模经济，但太大时也可能导致规模不经济。

2. 范围与整合
指企业为了让自己的业务范围更广泛、更直接，将企业的业务流向两端延伸。如生产商直接销售、零部件由外购转为自制等。

3. 学习经验
即通过学习和经验积累，提高作业效率，从而使成本下降。

4. 地理位置
该因素几乎对所有价值活动的成本都有影响。

5. 技术
指企业在价值活动中的技术处理方式，具有优势的技术能为企业带来持久的成本优势。

6. 多样性
指提供给客户的产品和服务种类。

(二) 执行性成本动因

执行性成本动因是指与企业执行作业程序相关的成本动因，它是在结构性成本动因决定以后才确立的。主要包括：

1. 员工对企业的向心力
即员工对企业的经营活动投入的向心力，主要影响企业的显性和隐性成本。

2. 生产能力运用
即是指在既定规模的前提下，提高生产效率的措施，如采取先进的生产管理模式、员工参与生产管理等。

3. 全面质量管理
指企业对价值链形成的全过程进行质量管理，以较少的质量成本获得最优的产品质量。

4. 联系
联系是指各价值链活动之间的关联。这种关联可分为企业内部价值链的联系和与企业外部价值链之间的联系。

5. 产品外观

产品外观指产品的外形特征，包括设计与式样。

对成本动因的划分尚无完全的定论。但结构性成本动因和执行性成本动因的划分，既能通过结构性成本动因分析为企业的规模、范围、战略目标和技术等的战略性选择提供依据，也能通过执行性成本动因分析提高企业生产要素的组合效率和运用能力，从而使价值链达到最优化而降低价值链总成本。

另外，企业也应按战略计划的要求和进度进行战略实施与控制，严格地控制各项成本动因，特别是主要价值链活动的成本动因，这样才能保证战略成本管理目标的顺利实现。在战略的计划、实施和控制过程中，对绩效进行计量和评价是战略成本管理的重要组成部分。战略成本管理绩效的计量与评价一般包括绩效指标的设置、考核、评价、反馈和激励等。

练 习 题

某厂生产 A、B 两种产品，2017 年 1 月的相关成本资料见表 12-8。

表 12-8 成本资料表

产品名称	产量/件	直接材料单位成本/元	直接人工单位成本/元
A	80	40	20
B	170	50	20

月初 A 产品在产品制造费用(作业成本)为 3 000 元，B 产品在产品制造费用(作业成本)为 4 000 元；月末 A 产品在产品数量为 40 件，B 产品在产品数量为 60 件，总体完工率均为 50%；按照约当产量法在完工产品和在产品之间分配制造费用(作业成本)，本月发生的制造费用(作业成本)总额为 61 000 元，相关的作业有 4 个，相关作业资料见表 12-9。

表 12-9 作业成本资料表

作业名称	成本动因	作业成本/元	A 耗用作业量	B 耗用作业量
质量检验	检验次数	3 000	10 次	20 次
订单处理	生产订单份数	5 000	25 份	25 份
机器运行	机器小时数	50 000	400 小时	600 小时
设备调整准备	调整准备次数	3 000	6 次	4 次

要求：(1) 用作业成本法计算 A、B 两种产品的单位成本。

(2) 以机器小时作为制造费用的分配标准，采用传统成本计算法计算 A、B 两种产品的单位成本。